Die Nachfolgestaaten der Sowjetunion

Claus D. Kernig

# Lenins Reich in Trümmern

Claus D. Kernig

# Lenins Reich in Trümmern

Schatten über Rußlands Zukunft

Deutsche Verlags-Anstalt
Stuttgart München

Die Deutsche Bibliothek – CIP-Einheitsaufnahme

Ein Titeldatensatz für diese Publikation ist bei
Der Deutschen Bibliothek erhältlich


Typografische Gestaltung: Brigitte Müller
Karten auf den Vorsätzen und Grafiken auf den Seiten 54, 276 und 277
von Ditta Ahmadi/Peter Palm, Berlin
Satz: Concorde und Frutiger (QuarkXPress) im Verlag
Druck und Bindearbeit: Clausen & Bosse, Leck
Diese Ausgabe wurde auf chlor- und säurefrei gebleichtem
alterungsbeständigem Papier gedruckt.
Printed in Germany

ISBN 3-421-05322-7

# Inhalt

# Vorbemerkung

Ein junger Präsident steht in Rußland im Jahr 2000 vor alten Problemen. Die Erneuerung von Recht, Staat, Wirtschaft und Gesellschaft ist seit dem Zusammenbruch der Sowjetunion über Anfänge, die wenige reich und viele arm gemacht haben, nicht hinausgekommen. Es gibt kaum Grund zu der Hoffnung, daß die Russen, die darüber unglücklich sind, in absehbarer Zeit Trost finden werden. Die nachfolgende Untersuchung erläutert, warum das so ist.

Dieses Buch betrachtet Elemente, Ursprünge und Perspektiven russischer Politik der Gegenwart. Es zieht eine Bilanz der Vergangenheit und erklärt damit, warum Rußland nicht vorankommt. Im Blick auf Rußland ergeben sich heute viele Fragen: Was sind die Gründe der Stagnation? An welchen Voraussetzungen mangelte es für die Errichtung einer funktionierenden Demokratie? Warum ist bis heute keine prosperierende Marktwirtschaft entstanden? Warum kommen die intellektuellen Eliten Rußlands nicht zur Geltung? Wie konnte sich die Nomenklatura zu einer Kapitalismus-Mafia mausern? Weshalb ist Rußland auf das Niveau eines Rohstoffe liefernden Entwicklungslands abgesunken? Weshalb werden die Russen aus den früheren Sowjetrepubliken verdrängt und vertrieben? Was ist heute von dem militärischen Arsenal der ehemaligen Weltmacht zu halten? Weshalb ist der Glanz der Supermacht verblaßt? Wohin geht die Reise?

Das Buch ist der Ursachenforschung gewidmet und will darüber aufklären, warum es so gekommen ist, wie die Dinge heute liegen. Zu diesem Zweck wird auf historische Tatbestände zurückgegriffen, sofern sie eine besondere Wirkung auf die gegenwärtigen Konstellationen ausüben. Das erfordert eine selektive Betrachtung. Eine umfassende Geschichte Rußlands oder der Sowjetunion findet sich hier ebensowenig wie ein Protokoll des Zusammenbruchs oder der Ereignisse seit dem Umbruch.

Es handelt sich um eine analytische Arbeit. Sie gewährt zugleich Einblick in die frühere westliche Sowjetforschung. Erkenntnisse, die während des Kalten Krieges nur mühsam zu gewinnen waren, können heute auf Grund der Einsicht in Archive in vertiefter Form vermittelt werden. Es ist aber nicht allein von Interesse, die Kausalkette vom Aufstieg und Niedergang der Sowjetmacht noch einmal aufzunehmen, um von daher die Perspektiven für Rußlands Zukunft zu untersuchen.

Die Darstellung versucht auch, einen wichtigen Tatbestand herauszustellen: Der Zusammenbruch der Sowjetunion war schon seit längerem absehbar. Der vielfach geäußerte Vorwurf, die westlichen Sowjet-Experten hätten versagt, trifft pauschal nicht zu. Es gab lange vor 1989/90 Hinweise auf einen bevorstehenden Kollaps des sowjetischen Systems; aber die Warnungen wurden von der Politik entweder nicht zur Kenntnis genommen oder nicht gebührend verarbeitet. Die mangelhafte Vorbereitung des Westens auf das, was dem Osten bevorstand, hat viele Mißlichkeiten der heute schier hoffnungslos verfahrenen politischen Lage Rußlands mit verursacht. Die vorliegende Arbeit möchte den Blick vor allem auf die bis heute wirkenden technologischen Zwänge lenken, in die sich die Sowjets verstrickt hatten, und die Berichterstattung über Rußland damit um eine nicht unwesentliche Dimension erweitern.

*CDK*

# I
# Warum Rußland nicht vorankommt

## Schon der Zusammenbruch mißlang

Die Sowjetunion ist an inneren Konstellationen und Kalamitäten zugrunde gegangen, die in wesentlichen Grundzügen erhalten geblieben sind, wenn sich auch deren äußeres Erscheinungsbild völlig geändert hat. Es ist daher nicht verwunderlich, daß der größte Teil der russischen Bevölkerung konstatiert, der Wechsel im politischen System habe keine durchgreifende Besserung der Lebens- und Arbeitsverhältnisse mit sich gebracht. Im Gegenteil ergab sich aus dem, was an politischen Veränderungen zunächst begrüßenswert erschien, unvermutet eine Vielzahl sozialer und ökonomischer Nachteile, die man zuvor nicht gekannt hatte.

Von außen betrachtet, ist es nicht viel anders. Der Zusammenbruch des Kommunismus hat zwar den Konflikt beendet, der das 20. Jahrhundert außenpolitisch am stärksten überschattete, aber die Nachfolgestaaten der UdSSR sind Sorgenkinder der internationalen Gemeinschaft geblieben, und Rußland als das Kernland der Nachfolgestaaten ist nicht berechenbarer geworden. Diese Unberechenbarkeit bezieht sich auf die Politik ebenso wie auf die Wirtschaft.

Im Innern gibt es seit zehn Jahren keinen gesellschaftlichen Fortschritt. Wo Gewinne zu verbuchen sind, kommen sie genau wie unter dem alten Regime nur einer ganz schmalen Schicht von Arrivierten zugute. Die Zusammensetzung dieser Schicht ist allerdings anders als früher, denn der Zugang führt nicht mehr über die eine allmächtige Kommunistische Partei der Sowjetunion (KPdSU).

Viele wunderten sich darüber, wie die Experten des Weltwährungsfonds und der Weltbank es fertigbrachten, dem russischen Staat und seiner Führung Fortschritte auf dem Weg der Reformen zu bescheinigen. Das Defizit im Staatshaushalt nahm beständig zu.

Die Summe der nicht gezahlten Löhne wurde immer größer. Die Aktienkurse fielen; der Bankensektor stürzte in eine Krise. Die Infrastruktur verschlechterte sich. Rechtliche Sicherheit ist und bleibt ein Problem. Die Kriminalität hat ein beängstigendes Ausmaß erreicht. Willkür kommt auch auf seiten der Staatsorgane allenthalben an den Tag. Politische Morde bleiben unaufgeklärt.

Die frühere Sowjetunion erweckte lange Zeit den Eindruck eines Staates, der zwar mit dem Manko der sozialistischen Organisationsform ausgestattet war, aber in ökonomischer, technischer und vor allem – dies ganz offenkundig – in militärischer Hinsicht ganz auf der Höhe der Zeit zu sein schien. Besondere Bewunderung erregten in aller Welt die mit Stolz hervorgekehrten Leistungen in der Raumfahrt. Mochte auch manches in diesem Riesenreich primitiv erscheinen, so beispielsweise die Versorgung der Bevölkerung mit modernen Konsumgütern, es hatte dennoch niemand den Eindruck, die Menschen müßten Not leiden oder lebten unter miserablen Umständen.

Bewegt man sich freilich heute durch Rußland, und zwar jenseits der Einzugsgebiete von Moskau und Sankt Petersburg und möglichst auch jenseits regionaler Zentren und Provinzhauptstädte, dann will man nicht glauben, daß dieses Sammelsurium von Zivilisationstrümmern vor zehn Jahren noch als Weltmacht galt; ein Konglomerat von nichts Ganzem und nichts Halbem: schlammige Straßen, geborstene Fabriken, halbfertige Siedlungen, verkrümmte Bahnschienen, geflickte Dächer und verrammelte Fenster, Dörfer mit rührend anmutenden Holzhäuschen ohne zentrale Wasserversorgung, mit primitiven sanitären Einrichtungen und daneben in endloser Anhäufung die Wohnsilos der Plattenbauten.

Spricht man mit den Menschen, erfährt man: Kaum jemand kann verstehen, wie es zu dem Wandel von der Weltmacht zum Trümmerhaufen kommen konnte. Zwar ahnten zu Sowjetzeiten viele, daß nicht alles in diesem Riesenreich so perfekt sei, wie es im staatlichen Fernsehen erschien, aber sie hielten die Differenz mehr für eine, die ihrem zufälligen Beobachtungsbereich entsprach, ohne daraus zu folgern, daß das Ganze in derart tristem Zustand wäre. Manche erwogen durchaus den Gedanken, es läge alles im Argen, und es sei auf die Dauer nichts mehr zu retten.

Viele Russen betonen heute mit Nachdruck, Michail Gorbatschow sei an allem schuld. Seine Politik habe die Sowjetunion ruiniert und zerstört. Daß er lediglich versuchte, in letzter Sekunde das Ruder herumzureißen, ist ihnen kaum begreiflich zu machen. Die Sowjetunion war mit ihrer spezifischen Kombination von politischem und ökonomischem System nicht länger lebensfähig. Die Versuche zur ökonomischen Systemtransformation hätten zur Zeit von Chruschtschow einsetzen müssen, um das politische System länger am Leben zu erhalten. Als Gorbatschow auf den Plan trat, war es bereits zu spät. Theoretisch könnten das auch die Menschen in Rußland leicht überprüfen, denn es liegen inzwischen eingehende historische Untersuchungen vor, die das belegen. Aufklärende Memoiren sind sowohl von Gorbatschow und seinen Weggenossen als auch von seinen Beratern, späteren Kritikern und von seinen politischen Widersachern geschrieben und veröffentlicht worden. Alle diese Schriften enthüllen, daß bereits in den letzten Jahren der Herrschaft von Leonid Breschnew bei einer ganzen Reihe von analytisch geschulten Mitgliedern der politischen Führungscrew die Einsicht wuchs, die Spielräume der Politik würden im Innern immer enger, und lediglich grundlegende Korrekturen könnten das System noch für einige Zeit über Wasser halten. In Rußland indessen ist die Verarbeitung dieser Literatur kein Gegenstand allgemeinen Interesses. Man hat andere Sorgen. Im Rückblick sieht das Gros der Bevölkerung nur das Unvermutete und anscheinend Überraschende des Niedergangs, ohne dessen langsames Heranreifen zu verstehen.

Freilich hatte auch Gorbatschow nicht damit gerechnet, daß die angestauten Probleme alle zur gleichen Zeit zur Diskussion stehen würden. Als Gorbatschow mit Korrekturmaßnahmen zu experimentieren begann – denn ein schlüssiges Konzept existierte nicht –, da liefen aus allen Ecken und Enden des Reiches die lange schon Murrenden, die Unzufriedenen aller Sorten und Chargen, herbei und legten die Probleme auf den Tisch, die man – zum Teil seit Lenins Zeiten – unter den Teppich gekehrt hatte: Nationalitätenprobleme und Territorialprobleme, Probleme der Stalinzeit, der großen Säuberungen, des Terrors, der Arbeitslager, solche der Destalinisierung und Rehabilitierung, Fragen der Geschichtsschreibung und Parteigeschichte, Auseinandersetzungen mit Wissenschaftlern, Schriftstellern und Künstlern, Probleme der Erziehung, der Versorgung, der Planung und der Rüstung. In jeder Hinsicht gab es Opfer und Täter, traten Ankläger und Verteidiger auf den Plan. Die Geister, die er rief, wurde Gorbatschow nicht mehr los. Auf einmal lief nichts mehr seinen gewohnten Gang. Die Büchse der Pandora war geöffnet. An eine bedachtsame, vorsichtige, Schritt für Schritt die Probleme aufnehmende Politik war gar nicht mehr zu denken.

Schuld war nicht die Politik Gorbatschows, die zum Zusammenbruch des Sowjetsystems führte, es war die ererbte Substanz dieses Riesenreichs, die Stoff für allzu viele Dramen bot. Themen, die man jahrzehntelang nicht hatte erwähnen dürfen, wurden nun plötzlich samt und sonders auf offener Bühne diskutiert. Die Hergänge, die aus den ersten Verstrickungen heraus in das allgemeine Durcheinander und schließlich zum desaströsen Ende führten, sind sowohl von einzelnen Akteuren als auch von zahlreichen Beobachtern in vielen Einzelheiten beschrieben worden. Obwohl die wesentlichen Zusammenhänge geklärt sind, bleiben dennoch viele Fragen offen.

Nachdem sich der Staub des Zusammenbruchs gelegt hatte, stellte sich heraus, daß auch der Zusammenbruch, wie so vieles andere in der Sowjetunion zuvor, nicht ganz gelungen war. Nicht mehr Funktionierendes und noch nicht Funktionierendes fanden sich ineinander verwoben. Die alte Ordnung war außer Kraft gesetzt, und die neue zeigte sich als völlig kraftlos. Daß nicht einmal die an dem Putsch gegen Gorbatschow beteiligten Militärs und Sicherheitskräfte des KGB fähig waren, einen Putsch erfolgreich durchzuführen, machte die Tragödie fast zur Komödie. Und daß der in sein Präsidentenamt zurückkehrende Gorbatschow ohnmächtig zusehen mußte, wie vor seinen Augen die Sowjetunion verschwand, der er zu präsidieren vermeinte, ließ selbst die Komödie noch zur Farce verkommen. Boris Jelzin, den Gorbatschow aus Swerdlowsk, heute wieder Jekaterinenburg, nach Moskau geholt, zunächst gepriesen und dann gedemütigt hatte, nutzte das Chaos nach dem Putsch aus, um seinen Rachefeldzug gegen Gorbatschow dadurch siegreich zu vollenden, daß er den Staatsstreich durch die Auflösung der Sowjetunion komplett machte. Auf einem eilig anberaumten Treffen beschlossen drei Herren, die niemand damit beauftragt hatte, nämlich Jelzin, Krawtschuk und Schuschkewitsch, also die Präsidenten Rußlands, der Ukraine und Weißrußlands, am 8. Dezember 1991 in einer Datscha bei Minsk: Die Sowjetunion habe als Subjekt des Völkerrechts und als geopolitische Realität aufgehört zu existieren. Gleichzeitig verkündeten sie die Gründung einer »Gemeinschaft unabhängiger Staaten« (GUS). Aber selbst die GUS blieb Chimäre.

Die verbleibende Beute war schnell in Nachfolgerepubliken aufgeteilt. Das System, das die Unionsrepubliken beherrscht hatte, ist dabei weder gänzlich verschwunden noch gänzlich erhalten geblieben. Überreste und Trümmer sind unübersehbar. Neues kann sich dem Alten gegenüber bis heute nicht voll durchsetzen. Aber das Alte ist nicht unversehrt genug, um das Neue gänzlich zu verhindern.

## Die Mixtur der Systeme

Das Sowjetsystem ist verschwunden, ein ganz anderes System ist entstanden. Wo liegen die Parallelen, wo die Differenzen? In der Sowjetunion begegnete der Sowjetbürger, wo immer er sich hinwendete, der Partei. Der Staat wurde von der Partei beherrscht; die Wirtschaft wurde von der Partei befehligt. Die veröffentlichte und die öffentliche Meinung – Presse, Funk, Theater, Film, Fernsehen, Literatur und Erziehung – waren parteilich geprägt. Selbst dort, wo die Sowjetbürger einander begegneten, stellte ihnen die Partei dafür die Organisationen zur Verfügung: Gewerkschaft, Jugend- und Sportverband und Clubhäuser für Komitees aller Sparten und Arten. Wohin der Sowjetbürger seinen Blick auch wenden mochte, die Partei war allgegenwärtig. Der Staat, die Ordnungshüter, Polizei und Gerichte, die Sicherheitskräfte, das Militär und vor allem die Wirtschaft und die Medien spiegelten wider, was die Partei wollte, oder genaugenommen, was die mittels der Partei Herrschenden im Sinn hatten. Der Partei und ihrem Einfluß war nicht zu entrinnen.

Beim Politbüro und dem Zentralkomitee (ZK) der Partei liefen alle Fäden zusammen. Zwar konnten diese nicht immer alle Angelegenheiten aufgreifen, nur allzu viele blieben liegen, aber niemand außer der Führungscrew hätte sie bearbeiten dürfen. Spricht man von den drei Sphären, *Staat*, *Wirtschaft* und *Medien*, dann konnte sich der Sowjetbürger drehen und wenden, wie er wollte, die herrschende Partei war immer schon da.

Für den Bürger Rußlands liegen die Dinge heute ganz ähnlich. Es ist zwar nicht die Partei, aber es ist eine in ihren egoistischen Interessen geeinte Clique, die wiederum Staat, Wirtschaft und Medien unter Kontrolle hält. Innerhalb dieser Clique gibt es Differenzen, wie es einst die Flügel- und Gruppenkämpfe im Politbüro und die Auseinandersetzungen zwischen Zentrale und Regionen gab. Schamlose und rücksichtslose Bereicherungssucht kennzeichnet und vereint die heutigen Oligarchen ebenso, wie in der Sowjetzeit das Machtstreben und der Genuß von Privilegien die damalige Führungscrew zusammenschlossen. Lediglich die Korruption war nicht so offensichtlich wie heute.

Formal ist zwar ein demokratisches System etabliert worden, aber was die Verflechtung von Staat, Wirtschaft und Medien anbelangt, so ist das russische Regierungssystem um Lichtjahre von jedem demokratischen System des Westens entfernt. Selbstredend gibt es auch in den westlichen Demokratien Abhängigkeiten und wechselseitige Beeinflussungen, eine Interessenliaison von herrschenden Kreisen, viel zu viele, wie manche meinen, aber Staat, Wirtschaft und Medien sind nicht monopolistisch beherrscht, gehorchen keiner Oligarchie. Regierungen und Parteien, Wirtschaftsunternehmen und Medien agieren im Westen nach konkurrierenden, ganz unterschiedlichen, vielfach entgegengesetzten Interessen. Wissenschaft, Kunst und Literatur verfolgen eigene Wege.

Die Spielregeln der kapitalistischen Wirtschaftsweise, denen sich alle Menschen im Westen fügen müssen, lassen ihre Interessen konkurrieren und differieren. In Rußland hat die Einführung dieser Spielregeln einen egoistischen Zusammenhalt der herrschenden Schichten zuwege gebracht. Reiche und Mächtige stehen auf der einen Seite, die Massen finden sich abgedrängt auf der anderen Seite und werden oligarchisch manipuliert. Wenn es bislang an einem realen Beleg für die Existenz eines Stamokaps – eines staatsmonopolistischen Kapitalismus, wie diese Kopfgeburt der bundesdeutschen Achtundsechziger hieß – gefehlt hat: In Rußland ist er heute erbracht. Wer das Rußland von heute mit der Sowjetunion von früher einerseits und mit westlichen Regierungssystemen andererseits vergleicht, wird feststellen müssen, daß sich strukturell mehr Ähnlichkeit mit der alten Sowjetunion auftut als mit den demokratischen Regierungssystemen des Westens.

## Die Fama von der Zusammengehörigkeit von Demokratie und Marktwirtschaft

Die öffentliche Meinung des Westens ist recht weitgehend von der seltsamen, auf den ersten Blick überzeugenden, von der Wirklichkeit aber nicht bestätigten Auffassung beseelt, Demokratie und Marktwirtschaft bedingten einander und gehörten zusammen. Ohne Zweifel passen sie gut zusammen. Da eine funktionierende Demokratie die Meinungs- und Pressefreiheit einschließt, sind marktwirtschaftliche Verhältnisse, gepaart mit Demokratie, für den Staatsbürger eine erstrebens- und erhaltenswerte Angelegenheit. Aber eine Notwendigkeit für dieses Zusammengehen gibt es bedauerlicherweise nicht.

Das System der Naziherrschaft kam lange mit Marktwirtschaft zurecht. Spaniens und Portugals faschistische Diktatoren hatten keine Schwierigkeit, die Wirtschaft den Marktmechanismen zu überlassen. Lateinamerika bot und bietet derartige Kombinationen. Taiwans und Singapurs Wirtschaftswunder bewiesen die Kombinierbarkeit von mangelnder Demokratie und blühender Marktwirtschaft. Nein, im Gegensatz zu immer wieder heruntergebeteten, meist neoliberal gefärbten Bekenntnissen der Ordnungstheoretiker hält die Marktwirtschaft eine geradezu beschämende Bandbreite an Verträglichkeit mit Herrschaftssystemen ganz unfeiner Art parat. Doch obwohl die Wirklichkeit das Gegenteil lehrt, bleibt das Dogma der Zusammengehörigkeit von Marktwirtschaft und Demokratie von seltsamer Stabilität.

Es mag an diesem Dogma liegen, daß beim Zusammenbruch der Sowjetunion ein gleichzeitiges Aufblühen von Demokratie *und* Marktwirtschaft erwartet wurde. Dabei wurde nur zu gern bereits das Entstehen einiger Elemente und Andeutungen des einen als ein Fortschrittssignal für das andere genommen. Gorbatschows Reformbemühungen wurden immer wieder mit solchen Kommentaren bedacht. Zu einem nicht geringen Teil huldigte auch Gorbatschow selbst dieser Meinung, wenn er augenscheinlich dachte, ein wenig Demokratie und ein wenig Marktwirtschaft würden genügen, um das marode Sowjetsystem zu sanieren. Gorbatschow und seine Mitstreiter besaßen aber weder von dem einen noch von dem anderen eine zureichende Kenntnis. Wahrscheinlich wäre es sehr viel klüger gewesen, erst einmal die Wirtschaft aus der Befehlsgewalt der Partei zu entlassen und ein solides Finanzsystem neben einer geregelten Geldwirtschaft aufzubauen, ehe man sich an die Demokratisierung des politischen Lebens begab. So hat man sich an beidem zur gleichen Zeit versucht. Das Resultat war Pfusch.

Unter Jelzin ist die Mixtur von nichts Halbem und nichts Ganzem, ist der Pfusch zum System geworden. Der Westen hat einen nicht geringen Beitrag dazu geleistet. Experten des Internationalen Währungsfonds, die darüber hinweggingen, daß man im Russischen mit bestimmten Vokabeln des ökonomischen Wortschatzes etwas anderes meint, als sie darunter verstanden haben, bescheinigten den Russen Reformwillen und sogar Reformgeschick, ohne die substantiellen Differenzen zum Westen zu gewichten. Wie soll ein Staat Kredite verwalten und abrechnen, in dem es keine Unternehmen mit Buchhaltung und Bilanzen nach einheitlichen, geschweige denn westlichen Kriterien, kaum Steuergesetzgebung, keine Finanzämter und keine Steuerverwaltung und keine geordneten Staatsfinanzen gibt? Moskaubesucher aus den höchsten politischen Etagen des Westens nahmen demokratisch klingende Parolen für bare Münze. Mit ihrer westlichen Voreingenommenheit, die bestenfalls als Ahnungslosigkeit zu bezeichnen, angemessener freilich als Narretei zu charakterisieren ist, ließen sie Jelzin als Verfechter demokratischer Werte gelten.

Der russische Staatsbürger sieht sich heute nicht mehr der Partei, sondern einer Clique gegenüber. Diese Clique rekrutiert sich zu großen Teilen aus ehemaligen Partei- und Wirtschaftsfunktionären, also aus den Reihen der früheren Nomenklatura. Sie regiert, beherrscht den Export und dirigiert die Medien. Das Bild, das die Medien von den Herrschenden zeichnen, wird auf deren Bestellung geliefert. Denn die wichtigsten Publikationsorgane und Sendestationen wurden von ihnen gegründet und werden von ihnen finanziert. Die Clique bestimmt den Tenor der Veröffentlichungen. Die Ermordung einiger Journalisten, die es wagten, Meinungen zu äußern, die sich nicht in den kanalisierten Meinungsstrom einfügten, läßt das Ausmaß der herrschenden Zwänge erkennen.

Zu den Herrschenden gesellten sich eine Reihe jüngerer Fachleute für Geld- und Währungsbelange, teils Wirtschaftswissenschaftler, teils EDV-Experten und Außenhandelsspezialisten. Die Jüngeren von ihnen haben den Bankensektor übernommen. Damit leisten sie Dienste, für die es der alten Nomenklatura schlicht an

Kenntnissen mangelt. So ist in Rußland eine Marktwirtschaft entstanden, deren Wertschöpfungseffekte vornehmlich über den Export von Rohstoffen ins Ausland gehen und deren Bereicherungseffekte nur einer schmalen Schicht zugute kommen. Die Marktwirtschaft Rußlands dreht sich wie ein Karussell um die Außenhandelseinkünfte und die damit ermöglichte Akquisition von Reichtum durch die korrupte Oberschicht, die ihre Korruptheit nicht einmal sonderlich als solche zu empfinden scheint, sondern ihren Landsleuten gegenüber ungeniert versichert, so seien nun einmal bürgerlich-kapitalistische Verhältnisse.

Die Volksvertreter wiederum verdanken ihre Einkünfte und damit ihr privilegiertes Leben in Moskau einer staatlichen Finanzkraft, die ohne die Steuerzahlungen der Exportwirtschaft in Kombination mit den internationalen Krediten schnell zusammenbrechen würde. Wenn sie ihre Privilegien nicht verlieren wollen, bleibt ihnen nichts anderes übrig, als den Herren der Exportkonzerne den Rücken freizuhalten. Damit ist eine Herrschaftsform entstanden, in der die gewählten Vertreter des Volkes nicht den Willen des Volkes vollziehen, sondern entweder den Interessen der Oligarchen gehorchen oder ausmanövriert werden.

Von einem sachlichen Zusammenhang zwischen Demokratie und Marktwirtschaft ist in Rußland nichts zu erkennen. Die vielen wohlwollenden Kommentare, die Gorbatschows Bemühungen um eine Sanierung der sowjetischen Wirtschaft und das Aufbrechen des Machtmonopols der Kommunistischen Partei in den westlichen Medien begleiteten, kommentierten im Grunde weniger die wirklichen Zusammenhänge in der damaligen Sowjetunion als vielmehr Denkmuster, die im Westen bis zum heutigen Tag gepflegt werden.

Halten wir fest: Demokratie und Marktwirtschaft geben zwar ganz allgemein gesehen ein ideales Paar für die Pflege gesellschaftlicher Verhältnisse ab, aber die beiden Partner gehen auch völlig schamlos Paarungen mit weniger ansehnlichen Liebhabern ein. Die russische Präsidialdemokratie wurde mit Jelzin als Präsidenten zu einer Karikatur demokratischer Zustände. Die russische Marktwirtschaft nimmt sich wie ein Modellbaukasten für frühkapitalistische Ausbeutungsverhältnisse aus.

## Das Erbe der zentral geplanten Tauschwirtschaft

Geldwirtschaft im westlichen Sinn hat es in der früheren Sowjetunion nicht gegeben. Die Planwirtschaft war im Grunde eine gigantische, mehr oder weniger rechnerisch abgesicherte, materielle Zuteilungs-, beziehungsweise Tauschwirtschaft. Jahrzehntelang wußte man in der von Außeneinflüssen abgeschotteten Wirtschaft genügend Routine zu entwickeln, um von der Rohstoffbasis bis zu den Fertigprodukten die Warenströme so zu lenken, daß der Wirtschaftskreislauf einigermaßen funktionierte. Dafür waren zwei Zielvorstellungen maßgebend, nämlich die Absicherung der innen- und außenpolitischen Machtbasis einerseits und eine Unruhe vermeidende Versorgung der Bevölkerung andererseits.

Die Absicherung der außenpolitischen Machtbasis erfolgte durch die Bereitstellung strategisch wichtiger Güter für das Militär, die der innenpolitischen durch die Unterhaltung polizeilicher und geheimpolizeilicher Sicherheitskräfte. Die Versorgung der Bevölkerung war aus der Sicht der Führung trotz vieler gegenteiliger Beteuerungen stets eine nachgeordnete Angelegenheit. Sicherlich hätte es die Führung gern gesehen, wenn man in der Lage gewesen wäre, die Bevölkerung reichhaltiger zu versorgen. Jahr für Jahr lenkten freilich immer wieder neue machtpolitische Zielsetzungen davon ab. Die Versorgung der Bevölkerung blieb in gewisser Weise ein notwendiges Übel. In der Planung wurde sie jedenfalls als solches gehandhabt. Die Schwerindustrie rangierte stets vor der Leichtindustrie, die Produktionsmittelindustrie vor der Konsumgüterindustrie, wie die verbrämenden Formulierungen lauteten.

Im Vaterland der Werktätigen verkauften Arbeiter und Bauern ihre Arbeitskraft an einen universell agierenden Monopolisten, den sozialistischen Staat. Und sie verkauften ihre Arbeitskraft unter jenen Mehrwert produzierenden Bedingungen, die Marx und Engels als charakteristisch für die frühe kapitalistische Wirtschaftsweise angesehen hatten. Denn der staatsmonopolistische Akteur bestimmte sowohl die Nachfrage- als auch die Angebotsseite aller Märkte. Das Ergebnis ihrer wirtschaftlichen Tätigkeit war für die sowjetischen Arbeitskräfte vom Staat immer schon vorherbestimmt. Sie mochten sich anstrengen, wie sie wollten, wie sich ihre Mühe lohnte, stand bereits vorher fest. Denn für die Gesamtheit aller Konsumgüter waren Preise ausgewiesen, die sich genau zur

Summe aller Löhne addierten. Fleiß hin oder her, Planerfüllung rauf oder runter, drüber oder drunter, die Summe aller Löhne mußte auf die Dauer (Ersparnisse abgezogen) der Summe aller Konsumgüterpreise entsprechen. Das war die im Grunde perfide Ordnungsregel der Sowjetwirtschaft. Nur so konnte die Planwirtschaft funktionieren. Im Prinzip tauschte die Bevölkerung ihre Arbeitskraft gegen die von den Planungsbehörden vorgesehene Menge von Konsumgütern. Daß dieser Tausch geldwirtschaftlich arrangiert wurde, war irrelevant. Statt mit Rubel hätte man den Tausch auch mit Gutscheinen oder Coupons vornehmen können. Eine in die Produktion hineinwirkende Kaufkraft gab es nicht. Die Konsumenten hatten nichts zu sagen.

Geld und Kredit, den Namen nach vorhanden, besaßen in der Sowjetunion lediglich rechnerische, nicht aber disponierende Funktionen im tauschwirtschaftlichen Verkehr. Wer als Ausländer Begriffe wie *Geld* und *Kredit* heute in Rußland benutzt, ruft deshalb in den Köpfen seiner russischen Gesprächspartner zwangsläufig zunächst einmal Erinnerungen an diesen sowjetischen Sprachgebrauch wach und weckt damit nicht die Vorstellungen, die unter marktwirtschaftlich geordneten Umständen aufkommen. Und selbst dann, wenn Ausländer mit Experten sprechen, die inzwischen wissen, worum es geht, können sich diese wiederum dem Rest der russischen Bevölkerung nicht in angemessener Weise mitteilen. Kaufkraft als eine wirtschaftsdirigierende Macht und Kraft blieb dem Sowjetbürger eine unbekannte Größe.

Woher hätte unter Gorbatschow das Potential an Kenntnissen und Fähigkeiten, Erfahrungen und Begabungen rekrutiert werden sollen, um Marktwirtschaft einzuführen? Der normale Verstand folgte hinsichtlich aller entscheidenden ökonomischen Begriffe und Relationen einer gänzlich anderen Logik; und diese Logik war über Jahrzehnte eingeübt worden. Sie ist generationenlang jedem Sowjetbürger von Kindesbeinen an vermittelt worden. Wie hätte man von einem Tag auf den anderen, ja, selbst innerhalb von Jahren davon loskommen sollen?

Der sowjetische Außenhandel war das einzige Bindeglied zum Weltmarkt. Nur in diesem Bereich gab es Fachleute, die einen vertrauten Umgang mit marktwirtschaftlichen Verhältnissen entwickeln konnten. Aber dieser Wirtschaftsbereich war gegenüber der Binnenwirtschaft so abgeschottet, daß die dortigen Erfahrungen keinen Einfluß auf den Binnenmarkt erlangten. Marktwirtschaftliche Kenntnisse kamen auf breiter Basis nie zustande. Diese hätten aber vorhanden sein müssen, um echte Reformen durchzuführen. Für die sowjetische Wirtschaft war der Außenhandel die letzte Brücke zu marktwirtschaftlichen Zusammenhängen. Kein Wunder also, daß er auch der erste Anknüpfungspunkt für die entstehende Marktwirtschaft in Rußland geworden ist, und schon gar kein Wunder, daß diejenigen, die an dieser Stelle ihren Kenntnis- und Erfahrungsvorsprung nutzen konnten, Milliardengeschäfte zu arrangieren wußten und unkontrolliert vom Rest der Bevölkerung ihrer Bereicherung frönen können.

Diese Konstellation führte zwangsläufig dazu, daß sich die Marktwirtschaft in Rußland bisher nur um den Exportsektor herum bilden konnte. Hier war der Verbindungstunnel in den Westen schon gegraben. Öl, Gas, Gold, Diamanten stellten die Anbindung des alten Systems an die Weltwirtschaft dar, und die Verfügung über diese Rohstoffe wurde in der Übergangsphase für die Glücksritter des neuen Systems zum Schlüssel ihres Reichtums. Ihn galt und gilt es in der Hand zu behalten. Das hat die Clique bis zum heutigen Tag glänzend gemeistert. Und damit hat es im wesentlichen sein Bewenden mit der russischen Marktwirtschaft. Der Rest – Banken, Börse, Aktiengeschäfte – wurde zu einer Beigabe von zweifelhafter Verläßlichkeit.

Die Privatisierung der früheren Sowjetwirtschaft gestaltete sich in erster Linie zu einem Wettlauf um die Beherrschung der für Exporterlöse nutzbaren Wirtschaftsbereiche. Wer bei diesem Wettlauf zu den Gewinnern zählte, gehört heute zu den Mächtigen, zu den Oligarchen, wie man sie in Rußland nennt. Für Tschernomyrdin, der von 1985 bis 1989 das Ministerium für die Gasindustrie befehligte, war es ein leichtes, sich unter den neuen Verhältnissen zum Herrn über den Großkonzern GASPROM aufzuschwingen. Daß er mit dem gaswirtschaftlichen Imperium im Rücken Dollars ins Land brachte, ließ ihn zum Regierungschef werden. Die Exportindustrie genoß seine Protektion.

Die Führungskader der Kommunistischen Partei bildeten eine Elite, die mit zunehmender Ranghöhe im Parteiapparat zugleich auch höhere materielle Privilegien genoß. Man mußte nicht unbedingt Wirtschaftsfunktionär sein, um dieser Vorteile teilhaftig zu werden. Eine rein politische oder militärische Karriere war ebenfalls automatisch mit dem Zugang zu besserer Versorgung gekoppelt. Der Aufstieg innerhalb der Nomenklatura, in jenem Personalbereich, für den die Partei besondere Akten führte, war nicht leicht, bedurfte einer geschickten Mischung von Anbiederung und Selbstsicherheit, über die nicht alle verfügten. Wer es schaffte, erhielt Wohnungsprivilegien, Einkaufsvorteile, speiste in besonderen Kantinen, brachte es zu Wagen und Chauffeur, sicherte seinen Kindern eine gute Ausbildung und wurde um seiner Beziehungen willen hofiert. Nur im Augenblick des Umschwungs waren die reinen Parteifunktionäre schlechter dran als die Wirtschaftsfunktionäre. Deren Etablierung innerhalb der heute herrschenden Clique gestaltete sich sehr viel leichter. Wer es bei der Privatisierung schaffte, erneut zum Fabrikdirektor gewählt zu werden, lag im Rennen vorn. Wer sich dabei Dollarquellen erschloß, war Sieger. Er wußte von nun an, wie er sich die vom Volk gewählten Mandatsträger gefügig machte, wenn er nicht ohnehin schon an deren Kandidatur mitgewirkt hatte. Die Spitzenreiter der Nomenklatura mit reiner Parteikarriere mußten daher Unterschlupf in den neu entstehenden Parteien suchen. Deshalb begegnen wir dort wieder den altbekannten Gesichtern.

Rußland wird heute von einer sich wechselseitig stützenden Macht- und Reichtumselite regiert. Sie mag zwei bis drei Prozent der Bevölkerung ausmachen. Umgeben ist sie von einer Reichtums- und Luxusbesorgungsmafia, die einschließlich aller Sicherheitsapparate und Leibwächter bis hinab zu den düsteren Zonen der zuweilen gedungenen Schlägertrupps und des organisierten Verbrechens zehn Prozent der russischen Gesellschaft einschließen mag. Diese nicht einmal 15 Prozent der russischen Bevölkerung bestimmen die Charakterzüge des heutigen Systems. Im Grunde wird nur von ihnen berichtet, wenn in der Weltpresse von Rußland die Rede ist. Von den 85 Prozent der russischen Bevölkerung, die im weiteren Umkreis der Metropolen oder im Hinterland des riesigen Reiches ihr Dasein fristen, erfährt man in der westlichen Welt am ehesten noch durch Filme im Fernsehen.

Die Versorgung der Bevölkerung wird von den Herrschenden nur dort berücksichtigt, wo es ihren unmittelbaren Interessen dient oder wo man, wenn Beschwichtigung allein nicht mehr weiterhilft, zur Verhinderung von Streiks gar nicht mehr anders kann. Löhne werden ungern gezahlt, und wenn, dann mit erheblicher Verspätung, zeitgerecht am ehesten für Beschäftigte im Exportbereich. Statt Geld gibt es als Entlohnung nicht selten ein Kontingent von Waren. Für die Angehörigen landwirtschaftlicher Produktionsgenossenschaften mag das noch einigermaßen erträglich sein; wer aber in einer Reifenfabrik arbeitet, muß dann einen Straßenhandel eröffnen und auf zahlungskräftige Abnehmer hoffen.

An jedem Wochenende wiederholt sich die Flucht eines großen Teils der Stadtbevölkerung in Richtung Datscha. Als solche gilt schon ein Bretterverschlag von mäßiger Wohnlichkeit mit einem Umfeld von wenigen Quadratmetern Grund und Bodens, auf denen Kartoffeln und Gemüse angebaut werden. Selbstversorgung wird groß geschrieben. Die Wälder werden auf der Suche nach Pilzen und Beeren durchstreift. Hausfrauen ziehen mit selbstgefertigter Marmelade auf die Märkte, um einige Rubel zu ergattern. Es mögen drei Viertel der Bevölkerung sein, die mit solchen Improvisationen leben. Nur hier, in dieser Mikroökonomie, steuern Angebot und Nachfrage den Preis. Und so beginnt eine Marktwirtschaft von der Pike auf, die vielleicht in zwanzig Jahren einen ausgedehnteren Umfang anzunehmen vermag.

Viele Unternehmen betreiben untereinander Tauschwirtschaft. Wurde diese früher von den Planungsinstitutionen organisiert, so muß sie heute in Eigenregie betrieben werden. Die Kompensations-Geschäfte vermeiden den geldwirtschaftlichen Verkehr, schlagen sich in keiner Buchhaltung nieder und werden an der Steuer vorbeigeführt. Ein großer Teil der Industriebetriebe kommt also gar nicht an Geld, und so wird auch von daher verständlich, warum Löhne nicht gezahlt werden können. Textilfabriken etwa entgelten ihre Vorlieferanten mit Waren. Dabei werden An- und Ablieferungen in Geldwerten – Dollar oder DM – geschätzt und dann in Ware abgewickelt. Was sich hier abspielt, ist wie Planwirtschaft, nur eben ohne die Pläne koordinierender Ministerien. Unternehmen, die mit Geld operieren müssen, unterhalten ihre Bankkonten auf Zypern und verrechnen dort mit ihren Kunden. Nichts ist wichtiger, als sich dem Würgegriff der Steuerbehörden zu entziehen. Taucht aber nirgendwo Geld auf, bleibt auch die Steuerfahndung ohne Erfolg. Der Staat geht leer aus.

Wie soll der Staat die Beschäftigten seiner Unternehmen, die Polizisten und Lehrer, die Eisenbahner und Postboten, die Beamten und Wissenschaftler entlohnen, wenn er keine Steuern einnimmt? Der Teufelskreis hat sich längst geschlossen. Das Erbe der planwirtschaftlichen Tauschwirtschaft ist die selbstorganisierte Tauschwirtschaft. Für das Gros der Unternehmen hat sich damit wenig geändert. Man gibt Ware hin und bekommt Ware zurück. Ein Verhalten nach geldwirtschaftlichen Spielregeln, Kostenrechnung, Kalkulation nach Aufwand und Ertrag, Wahrnehmung von Marktchancen, Investitionsentscheidungen mit Blick auf gewinnträchtige Absatzmöglichkeiten kommen nicht zustande. Welchen Fortschritt haben die Reformen bewirkt?

## Die selbstverschuldete Fremdbestimmtheit

Der Zusammenbruch des alten Systems hat das Anspruchsdenken der alten Kader auch in ihrer neuen Rolle, hat ihre Gewohnheit, Privilegien zu genießen, nicht geändert. Mit einer gewissen Beharrungskraft dieser alten Kader mochte man zwar gerechnet haben, in bezug auf die Geschicklichkeit, mit der sie sich den neuen Gegebenheiten anzupassen wußten, hat man sie aber unterschätzt. Wer hat sich schon Gedanken darüber gemacht, daß der Egoismus der Angehörigen der Nomenklatura nur durch aufgezwungene Parteidisziplin gebändigt war, ein Systemzusammenbruch ihn aber ungehemmt freisetzen würde? Denn in dieser Hinsicht waren den Parteifunktionären im alten System Fesseln angelegt. Zwar hatte es Korruption gegeben, aber von Fall zu Fall wurde sie an den Pranger gestellt. Jetzt stellt niemand mehr etwas an den Pranger. Die Bereicherungssucht wurde schnell zur marktwirtschaftlichen Tugend stilisiert.

Solschenizyn träumte im amerikanischen Exil, daß Rußland in einer nachkommunistischen Ära der ganzen Welt zum Vorbild werden müsse; er meinte, irgendeine wunderbare, urslawische Solidargemeinschaft würde der Menschheit den Weg in die Zukunft zeigen. Das kann heute nur als schwärmerische Verirrung gewertet werden. In der kapitalistischen Verbannung hatte er mit seiner Schelte der westlichen Lebensweise alle seine ehemaligen Verehrer und Bewunderer gehörig vor den Kopf gestoßen. Seine Rückkehr gestaltete er dann als einen von Ost nach West verlaufenden, in viele Empfangsstationen gegliederten, wochenlang ausgedehnten Einzug in sein Jerusalem Moskau, um im dortigen Fernsehen slawophile Predigten zu halten und einen panslawischen Nationalismus zu propagieren. Nach anfänglich enthusiastischer Begeisterung hat er Langeweile hervorgerufen, und man hat ihn in der modernen Form gekreuzigt, daß er aus dem Programm genommen wurde – mangelnde Einschaltquoten!

Der Prophet eines neuen Rußlands, der die Nacht- und Schattenseite des Sowjetsystems wie kaum ein anderer anzuprangern wußte, lag mit seinen Prophetien völlig daneben. Wenn auch seine Idee eines Zusammenschlusses der slawischen Nationen keinen Widerhall findet, so hat er doch unterschwellig mit seiner Ablehnung der westlichen Lebensweise eine Vorurteilsbereitschaft der Massen getroffen. Denn viele stellen sich heute die Frage, ob Rußland nicht dem Westen zum Opfer gefallen sei, ob nicht hinter dem elenden Alltag der Massen in Rußland die Geschicklichkeit des Westens stehe, Rußland seiner Reichtümer zu berauben, Rußland mit Wissen und Willen kleinzuhalten.

Die Denunziation konnte von denen, die sie hörten, sehr unterschiedlich gedeutet werden. Wenn Jelzin vor das Volk trat und öffentlich darüber klagte, wie sich das ausländische Kapital in die inneren Angelegenheiten Rußlands einmischte, sollte man dann nicht doch die Schuld für eigenes Elend im Westen suchen? Ist es der Westen, der Rußland auf dem Stand eines Rohstoffe liefernden Entwicklungslandes hält? Das Klischee vom bösen Westen gemahnte an altvertraute Sowjetpropaganda. War daran vielleicht ein Körnchen Wahrheit? Die Frage ließ sich noch aus anderer Perspektive heraus stellen: Wer in Betracht zog, daß Jelzins Hofstaat primär von dem lebte, was seine Rohstoffhändler an Devisen einbrachten, und daß seine Regierungen die Lücken im Staatshaushalt fast ein Jahrzehnt lang weitgehend damit zu stopfen suchten, was ihre Unterhändler an Auslandskrediten ergatterten, konnte durchaus auf den Gedanken kommen, daß sich der Westen – wer auch immer das ist – den Jelzin-Clan gekauft habe, beziehungsweise daß der sich kaufen ließ und das Volk verraten hat. War es das, was Putin deckte, als er in einem ersten Staatsakt dem scheidenden Jelzin den Schutz vor jeglicher rechtlichen Verfolgung zusprach?

Die Kleinaktionäre, die der Marktwirtschaft blindes Vertrauen entgegenbrachten, sind der Willkür jener ausgeliefert, die sich als Glücksritter der ersten Stunde zu Mehrheitsaktionären aufgeschwungen haben. Mißtrauen und Verdrossenheit sind für viele zu einer Grundstimmung geworden. Gleichzeitig tragen die Neureichen protzig ihr Wohlleben zur Schau. Der Nachholbedarf an privaten Vergnügungen, an Freizügigkeit, an Luxuriösem und Spleenigem, an Rock- und Pop- und Disco-Kultur ist enorm und bringt seltsame Blüten des Nachtlebens hervor. Sind das Phänomene des Übergangs, ist das ein Diktat des Westens?

Der Wahrheit ist nur schwer ins Auge zu sehen: Rußland finanziert sich nicht aus sich selbst. Rußland hat keinen Kurs auf stetige, bedachtsame und umsichtige Entwicklung hin genommen. Es hat sich in einen ökonomischen Teufelskreis hineinmanövriert. Rußlands Schicksal hängt heute vom Verkauf seiner Rohstoffe ab, das ist wahr. Das Land ist durch den Übereifer seiner Exporteure und durch die Unbedachtheit seiner Regierenden in eine Art Kolonialstatus gegenüber den hoch entwickelten Nationen des Westens abgeglitten. Nur von diesen Nationen sind Einkünfte zu erwarten, nur im Westen sitzen die zahlungskräftigen Abnehmer der Rohstoffe, über die Rußland in reichem Maß verfügt. Die Bodenschätze können jedoch nur in dem Ausmaß abgebaut werden, in dem dafür Anlagen vorhanden sind. Diese Anlagen stammen aus der Zeit der früheren Sowjetunion. Das meiste davon ist in einem desolaten Zustand. Rußland hat also nur einen begrenzten Zugang zu seinen eigenen Ressourcen. Der Export kann nicht erhöht werden, da die Anlagen das nicht hergeben. Warum werden die Anlagen nicht angemessen ausgebaut oder wenigstens zureichend repariert und gepflegt? Die Antwort ergibt sich aus der hemmungslosen Bereicherungssucht der neuen Oberschicht, der das »schnelle Geld« wichtiger ist als eine langfristige Absicherung der wirtschaftlichen Entwicklung. Die Russen haben sich selbst in eine Abhängigkeit vom Westen gebracht. Ihre durchaus vorhandene Fremdbestimmtheit ist die Konsequenz ihres eigenen Handelns.

Wohin Milliarden an ausländischen Krediten geflossen sind, scheinen auch internationale Organisationen, die diese Summen vermittelt haben, nicht genau zu wissen. Da Rußland immer am Rand der Staatspleite entlangmanövriert, lebt es gefährlich. Schon geringe Preisschwankungen auf den internationalen Rohstoffmärkten nach unten, können in Rußland fiskalische Erdbeben auslösen. Wenn die Russen das durch ein Mehrangebot auszugleichen suchen, drücken sie indessen noch mehr auf die Preise. In einer Zeit von strukturellen Wachstumsschwächen in den großen westlichen Nationen befindet man sich also in einer höchst delikaten Lage.

Rußland sieht sich völlig zurecht vom Westen abhängig: Der russische Staat vermag sich nur noch auf die Exportunternehmen zu stützen, denn die tragende finanzielle Unterstützung seiner Bürger hat er nicht mehr. Sie entziehen sich ihm, wo immer sie können, weil umgekehrt auch kein Verlaß auf seine Führung ist. Also hofiert er die Rohstoffverkäufer. Und diese benötigen immer mehr Geld für Reparaturen und zusätzliche Investitionen, um die Geldquellen überhaupt am Sprudeln zu halten. Aber Röhren für Pipelines, Pumpen, Kompressoren, Elektronik für die Logistik und andere Kapitalgüter werden nicht in Rußland produziert, sondern müssen ebenfalls aus dem Westen bezogen werden. Man ist in doppelter Hinsicht vom Ausland abhängig. Ein Teufelskreis hat sich geschlossen: Der Exporthandel erzeugt keine Binnennachfrage, sondern würgt den noch vorhandenen Rest zunehmend ab.

Dieser Effekt wird in Rußland anders interpretiert als im Westen. Es wird nicht eingestanden, daß es sich um eine selbstverschuldete Abhängigkeit handelt. Die Schuld für die mißliche Lage möchte man dem Westen, der Weltbank sowie dem Internationalen Währungsfond (IMF) zuweisen, denn diese Institutionen forderten Reformmaßnahmen, die nicht zu erfüllen seien. Die Lage wird so beschrieben, als ob die Fremden, die Amerikaner, diktierten, was in Rußland zu geschehen habe. Das entspricht dem Bild der alten Sowjetpropaganda vom bösen Westen.

Ließe sich der westlichen Politik eine hinterlistige Intelligenz im Sinne eines Masterplans unterstellen, dessen Ziel es gewesen wäre, Rußland kleinzuhalten, so könnte der Westen mit dem bisherigen Gang der Dinge vollauf zufrieden sein. Rußlands politische und ökonomische Elite erwies sich in ihrer Mischung aus Egoismus, Korruption und staatspolitischer Unfähigkeit geradezu wunderbar geeignet, den vorgeblichen westlichen Plänen zum Opfer zu fallen. Sie nahm die Kreditspritzen des Westens entgegen, die zum Leben zu wenig und zum Sterben zu viel waren, und wurde dadurch in einer Art Dämmerschlaf gehalten. In dieser Zeit konnte das von der Sowjetunion übriggebliebene strategische Waffenarsenal weder gepflegt noch weiter entwickelt werden, so daß der Weltmachtstatus endgültig verlorenging; denn dieses Arsenal ist technologisch auf dem Stand der beginnenden neunziger Jahre quasi eingefroren worden oder rostet vor sich hin. Die USA aber haben die Zeit genutzt und haben nach fünfzehn Jahren innovativer Anstrengungen ihre zu Beginn der achtziger Jahre von Ronald Reagan unter dem Stichwort *Krieg der Sterne* angekündigte *Strategische Verteidigungsinitiative* (SDI) nunmehr in die Tat umgesetzt – jedenfalls haben sie 1999 die dazugehörigen Gerätschaften erfolgreich getestet. Es ist also alles so gelaufen, wie es vermeintlich hinterlistig ersonnen war.

Unterstellung von Intelligenz in der Politik im Sinn solcher Masterpläne ist freilich – und zumal im pluralistischen Westen – nicht nur riskant, sondern absurd. Würde aber jemand den Verdacht aufbringen, es hätte einen solchen Masterplan gegeben, vom Gang der Dinge her hätte er alle Indizien auf seiner Seite. Für Analytiker, die es mit Verschwörungstheorien halten, ergibt sich hier ein phantastisches Betätigungsfeld. Daß alte Kader, die in Rußlands Führung zuhauf zu finden sind und die früher an kapitalistische Verschwörungen geglaubt haben, zu solchen Ansätzen neigen, ist nicht verwunderlich. Werden sie das zur Begründung eines neuen Nationalismus wieder ihrem Volk verkünden?

Die selbstverschuldete Fremdbestimmung Rußlands kann zurückverfolgt werden. Ihre Vorgeschichte liegt in den internationalen Beziehungen der Sowjetunion. Stalin hat mit dem Befehl, eine sowjetische Atombombe zu bauen, das Wettrüsten aufgenommen. Die vom Krieg verwüstete Wirtschaft konnte sich dadurch nicht dem Aufbau widmen, sondern mußte eine Atomindustrie forcieren. Die weitere Entwicklung des Ost-West-Konflikts hat die Kräfte aufgezehrt. Die Befriedigung der privaten Bedürfnisse blieb in der Sowjetunion so lange auf niedrigstem Niveau, bis Gorbatschow mit seiner Mannschaft feststellen mußte, daß die gesamte gesellschaftliche Entwicklung aus dem Ruder gelaufen war. Der real existierende Sozialismus war als gesellschaftliches Modell gescheitert.

Blickt man aber auf Stalin zurück, so wird man auf sehr viel tiefere geschichtliche Wurzeln des politischen Geschehens verwiesen. Die Bolschewiki haben Rußland für eine doppelte Beeinflussung aus dem Westen geöffnet, für die Industrialisierung und den Marxismus. Ansätze dafür waren vorhanden, zur systematischen Anwendung kamen sie durch die Kommunistische Partei. Vieles vom autochthonen kulturellen Erbe Rußlands ist bereits zur Zarenzeit unter dem Import technischer Zwänge und sozialtheoretischer

Phantastik verschüttet worden. Manches ist erhalten geblieben. Zu revidieren ist daran nichts mehr.

Lenins Reich liegt in Trümmern. Rußland hätte sich nach dem Zusammenbruch des Kommunismus auf sich selbst besinnen müssen, auf seine zugegebenermaßen beschränkten ökonomischen, dafür aber um so reicheren menschlichen Möglichkeiten, auf Humanressourcen, die – geeint durch gemeinsames Hoffen auf eine bessere Zukunft – sicherlich zur Erschließung ihres an Naturschätzen bestens ausgestatteten Landes in befriedigenderer Weise hätten genutzt werden können, als das heute der Fall ist. Doch Machtbesessenheit und Korruption der alten Eliten sind in das neue System übertragen worden.

Indessen gibt es keinen Abschied aus der Geschichte. Als Gandhi sich für Indiens Zukunft im nachkolonialen Zeitalter eine Welt von Ashrams ausgedacht hatte, eine Rückbesinnung auf Dorfwelten, aus denen heraus ein souveränes, seinem kulturellen Erbe verhaftetes Indien hätte entstehen sollen, hielten die ihn umgebenden politischen Führungsriegen diese Idee mehr für eine zeitenthobene Eigensinnigkeit des verehrten und bewunderten Lehrmeisters denn für realitätsverbindlich – und stürzten Indien Hals über Kopf ins Chaos. Indien hat sich bis zum heutigen Tag, also in der Spanne eines halben Jahrhunderts, noch nicht von seinem mißlungenen Aufbruch erholt. Man darf gespannt sein, wann sich Rußland aus den Fesseln und Verstrickungen des mißlungenen Zusammenbruchs des Kommunismus befreit. Die Vergangenheit wirft lange Schatten auf Rußlands Zukunft.

# II

# Wie reformiert man ein System?

## Fallbeispiel Deutschland

Die deutsche Geschichte weist im 20. Jahrhundert eine ganze Reihe von politischen Systemtransformationen auf: Vom Kaiserreich zur Weimarer Republik, von dieser zum sogenannten Dritten Reich, von der nationalsozialistischen Herrschaft zu den beiden höchst unterschiedlichen Staatsordnungen der Bundesrepublik und der DDR und schließlich von der Existenz zweier deutscher Staaten zum wiedervereinigten Deutschland. Die Wiedervereinigung hat in den neuen Bundesländern mit dem vorangegangenen politischen System der DDR in ähnlicher Weise radikal gebrochen wie die Nachkriegsordnung mit dem vorangegangenen System des nationalsozialistischen Deutschland. Die Alliierten hatten einen gründlichen Schlußstrich unter die Existenz des NS-Regimes gezogen. Es mußte in Deutschland nach 1945 gezwungenermaßen von vorn begonnen werden.

In der amerikanischen, britischen und französischen Besatzungszone wurden Staat, Wirtschaft und Medien unter dem Einfluß der Besatzungsmächte neu geordnet, wodurch notgedrungen Erfahrungen aus drei ausländischen und zudem noch unterschiedlichen Verfassungsordnungen berücksichtigt werden mußten und konnten. Aus dem puren Nichts heraus brauchte man freilich auch auf deutscher Seite nicht zu beginnen. Es gab die staatsrechtliche Vorbildung der Väter des Grundgesetzes und lebendige Erinnerungen an die Zeit vor dem Nationalsozialismus. Die Älteren wußten über die Vorbehalte monarchisch gesonnener Kritiker gegenüber der Weimarer Republik aus den zwanziger Jahren ebenso Bescheid wie über die Krisen an deren Ende. Die Nazizeit war kurz genug, um positiv wie negativ Anknüpfung an Vorangegangenes zu suchen.

Für die staatliche Ordnung der neu zu schaffenden Bundesrepublik Deutschland (BRD) wurde das Grundgesetz erarbeitet, das bis zum Tag einer möglichen Wiedervereinigung gelten sollte, um danach einer endgültigen Verfassung Platz zu machen. Die Mitglieder des Parlamentarischen Rats, die den Text entwarfen, kannten die Stärken und Schwächen der Weimarer Verfassung, und sie wußten, wie die Nazis das demokratische Staatswesen ausgehebelt hatten. So konnten sie Vorsorge für allfällig wiederkehrende Gefährdungen treffen. Der komplette Zusammenbruch des nationalsozialistischen Deutschland schnitt den Neubeginn also nicht von der Geschichte ab, das Grundgesetz entstand nicht ohne Rückbesinnung auf frühere Erfahrungen.

Nicht unwesentlich war ein weiterer Faktor: Zeit. Es war kein überstürztes Handeln gefordert. Man beriet zwar in Eile, aber keineswegs unter Zeitdruck. Auf diese Weise brauchte man keine Kompromisse einzugehen, die von momentanen Umständen diktiert wurden. Es gab keine Pressure-groups, die aus augenblicklichen Handlungszwängen heraus dazu nötigen konnten, einseitige ideologische Vorgaben zu akzeptieren. Das alles sind Momente, die für Rußland und die übrigen Nachfolgestaaten der Sowjetunion so nicht galten. Parlamentarische Räte hat es weder als solche gegeben, noch hätten sie in vergleichbarer Situation arbeiten können.

Aufschlußreich ist der Vergleich der Verfassungsgesetzgebung für die beiden deutschen Staaten in deren Entstehungsphase nach 1945. In der sowjetischen Besatzungszone lagen die Umstände ganz anders als in Westdeutschland. Die Sowjetunion diktierte dort, wie überall in den von ihr eroberten Gebieten, die *Sowjetisierung* der gesellschaftlichen Verhältnisse. Auf deutschem Gebiet war die Umgestaltung nach sowjetischem Vorbild mit dem heiklen Umstand verknüpft, daß die äußeren Erscheinungsbilder denen des Nationalsozialismus nur allzusehr glichen und lediglich ein Fahnenwechsel vollzogen wurde: Die Hakenkreuzfahne wurde eingeholt, und die rote Fahne wurde gehißt. An die Stelle der Nazipartei trat die Kommunistische Partei, die als Sozialistische Einheitspartei Deutschlands, SED, für die organisatorische Gleichschaltung aller politischen Bestrebungen sorgte. Die Nationalsozialistische Arbeitsfront wurde nicht, wie man es hätte erwarten sollen, durch die früheren Gewerkschaften ersetzt, sondern alsbald von einer Einheitsgewerkschaft, dem Freien Deutschen Gewerkschaftsbund, FDGB, abgelöst. Den Platz der Hitlerjugend nahm die Freie Deutsche Jugend, FDJ, ein. Es ergab sich Schritt für Schritt ein dem Unrechtscharakter des Nazisystem organisatorisch nur allzu verwandtes, diktatorisches System. Die Verfassung der DDR sah keine Verfassungsgerichtsbarkeit vor, öffnete also wiederum der Allmacht des Staates Tür und Tor. Die Propagierung des *Antifaschismus* als der verbindlich verordneten, geistigen und politischen Grundhaltung war von vornherein Instrument zur Kanalisierung der Medien und zur Unterbindung echter Formen von Pluralismus.

Tonangebend agierten in der sowjetischen Besatzungszone im Vordergrund die alten Genossen der Kommunistischen Partei Deutschlands (KPD), im Hintergrund die handlungsanweisenden und streng kontrollierenden Gremien der sowjetischen Militäradministration (SMAD). Zwangsläufig waren alle Führungspersönlichkeiten rückkehrende Emigranten; denn in Deutschland hatten keine führenden Genossen der KPD die Nazizeit überlebt. Wer aber nicht aus Moskau, sondern aus der falschen Richtung zurückkehrte, aus den USA oder anderen westlichen Staaten, hatte keinen guten Stand, sondern sah sich alsbald auf der Verliererseite.

Von vornherein spielte die polizeiliche Absicherung des neuen Staatswesens eine beachtliche Rolle. Mit der Einrichtung einer Kasernierten Volkspolizei (KVP) begann die Militarisierung des Systems, das heißt, der Aufbau der Kader für die spätere Nationale Volksarmee (NVA). Seit sich sogar das KZ Buchenwald wieder mit Gefangenen füllte, die keine Aussicht auf ein angemessenes, rechtliches Verfahren hatten, und dann ein der Gestapo entsprechendes, polizeiliches System durch die Einrichtung des Staatssicherheitsdienstes, der sogenannten *Stasi*, entstand, unterschied sich das neue System von dem überwundenen faschistischen nur noch in zwei gewichtigen Komponenten, in der Ideologie und im Wirtschaftssystem.

Hinsichtlich der Ideologie tappten die meisten Menschen in der DDR im dunkeln. Was der Marxismus-Leninismus, den die Sowjets verfochten, mit dem originären Marxismus zu tun habe und was ihn davon unterschied, durchschauten nur die wenigsten, war vor allem den alten Sozialdemokraten, die sich der Einheitspartei fügten, nicht klar. Die Propaganda glänzte primär mit Antihaltungen: Antifaschismus, Antimilitarismus, Antiimperialismus, Antikolonialismus, Antikapitalismus. Nur eines stellte sich ziemlich schnell heraus: Das Wirtschaftssystem gestaltete sich als Übertragung des kriegswirtschaftlichen Dirigismus auf Friedenszeiten. Mit der raffiniert vernebelnden, weil fürsorglich sozial klingenden Umschreibung: *Der Staat sorgt durch Wirtschaftslenkung für Arbeit und Lebensunterhalt seiner Bürger*, hatte man in der Verfassung der DDR geradezu floskelhaft die folgenschwere Einrichtung eines planwirtschaftlichen Systems gesetzlich verankert. Die wenigsten haben bemerkt, was dieser kleine Satz zum Ausdruck brachte. Der Rückgriff auf die sowjetischen Erfahrungen sollte auf wirtschaftlichem Gebiet den weiteren Gang der Dinge bestimmen.

Die Enteignung des privaten Industriebesitzes schuf in der DDR die Grundlage der verstaatlichten Wirtschaft im industriellen Sektor. Die Enteignung des privaten, landwirtschaftlichen Großgrundbesitzes, emphatisch *Bodenreform* genannt, deutete zunächst nicht in Richtung künftiger Kollektivwirtschaft, war aber nur ein wohl kalkulierter Schachzug, um auf diesem Umweg später die Gründung der Landwirtschaftlichen Produktionsgenossenschaften, der LPGs, nach sowjetischem Vorbild zu erzwingen. Die Währungsreform war in der DDR eigentlich nur eine Umbenennung des Zahlungsmittels, denn eine direktive Kraft konnte das Geld gegenüber der geplanten Wirtschaft nicht erlangen. Für Angebot und Nachfrage erhielt es keine steuernde Funktion.

Westdeutschland besann sich zurück auf die Marktwirtschaft, die kriegswirtschaftlich eingeschränkt, aber nie ganz verlorengegangen war, und markierte den Rückgriff auf die privat- und marktwirtschaftlichen Verhältnisse mit einer echten Währungsreform, der Einführung der D-Mark. Von nun an steuerte in Westdeutschland der Geldstrom den Warenfluß und das Dienstleistungsangebot. Auch in Westdeutschland wurde diskutiert, ob es nicht besser wäre, die dirigistische Wirtschaftsweise der Kriegszeit beizubehalten – sei es auch nur zur Verteilung des Mangels. Es waren vorwiegend Sozialdemokraten, die diese Meinung vertraten. Hierin zeigte sich ihr marxistisches Erbe, ihr antikapitalistischer Affekt, ihre dirigistische Ader, ihr träumerischer Glaube, ein demokratisches Staatswesen könne und solle die Wirtschaft unter sozialen Aspekten möglichst fest im Griff behalten. Daß sich ein anderer Ansatz durchsetzte, für den der Zigarren schmauchende Wirtschaftsminister Ludwig Erhard den Namen *soziale Marktwirtschaft* erfand, hatten die Westdeutschen nicht zu bereuen. Mit dieser Parole war auch den Sozialdemokraten der propagandistische Wind aus den Segeln genommen.

Während die Systemtransformation in der DDR als Sowjetisierung zu bezeichnen ist, als bloße Kopie eines fremden Herrschaftssystems, vollzog sie sich in Westdeutschland zwar nicht ohne Berücksichtigung, aber ohne Prädominanz ausländischer Erfahrungen, sondern erfolgte überwiegend mit Rückbezug auf Vergangenes der Vor-Nazizeit. In Rußland ist nach dem Zusammenbruch der Sowjetunion keine dieser Varianten zum Zuge gekommen. An Vergangenes konnte man nach siebzig Jahren nicht mehr anknüpfen, und eine Kopierstrategie ist im umfassenden Sinn nie erwogen worden. Schließlich wirkte sich in Rußland der Faktor Zeit ganz anders aus als in Deutschland. Bereits Gorbatschow mußte ständig unter Zeitdruck handeln; und Boris Jelzin hatte es nur allzu eilig, Rußland aus dem Verbund der Sowjetunion herauszulösen, um sich seine Machtbasis zu sichern.

Deutschland hatte nach 1945 einen kompletten Zusammenbruch hinter sich. Dafür hatte die Vorbedingung der Alliierten für die Beendigung des Krieges, das Verlangen nach *bedingungsloser Kapitulation,* Sorge getragen. Es war also weder in der BRD noch in der DDR möglich, darüber zu diskutieren, ob man dieses oder jenes aus der unseligen Nazizeit hätte beibehalten wollen oder sollen. Das hat in Westdeutschland Reminiszenzen und reaktionäre Widerborstigkeit nicht gänzlich ausgeschlossen. Alte Nazis tauchten wieder auf und pflegten Ressentiments. Es hat der Demokratie aber nicht geschadet, sondern den Zug zur wehrhaften Demokratie verstärkt. Trotz mancher Verleumdungen ist die Demokratisierung in der Bundesrepublik gelungen, denn von individuellen Skandalen abgesehen, hat es keine spektakulären Rückfälle gegeben. In der Sowjetunion gab es keinen totalen Zusammenbruch. Man wurde das Alte nicht los und brachte das Neue nicht zustande. Die Transformation endete im Chaos, das bis zum heutigen Tag nicht überwunden ist.

Die Systemtransformation der neuen Bundesländer nach dem Fall der Mauer 1989 beruhte wiederum auf dem totalen Zusammenbruch eines Systems. Auf dem Boden der DDR ging es zum zweiten Mal um die Einführung einer neuen politischen, wirtschaftlichen und gesellschaftlichen Ordnung auf Grund einer

Kopier- oder Importstrategie. Bei dem Aufbau der neuen Bundesländer war kein Rückgriff auf Vergangenes mehr nötig. Die Regierung in Bonn entsandte ein Heer von Beamten, und dieses erbrachte eine administrative Hilfeleistung von gigantischem Ausmaß, was Kenntnis, Erfahrung, Organisation, Logistik, Kommunikation anbelangte; und *last but not least* kam die Finanzkraft der Bundesrepublik als Abstützung hinzu.

Die Leistung an Wissenstransfer war so gewaltig, daß sie auf viele Menschen in Ostdeutschland überwältigend wirkte. Sie hat das zwar begreifliche, dennoch aber recht dümmliche Vorurteil vom *Besserwessi* hervorgebracht. Es hat lange nachgewirkt und ebbte erst dann langsam ab, als diesem Vorurteil das nicht minder bessere vom *Jammerossie* entgegengehalten wurde. Bis heute sind diese mentalen Mißverständnisse nicht ganz überwunden. Sie belegen nur zu deutlich, daß selbst unter nahezu idealtypischen Transformationsbedingungen die lange anerzogenen Mentalitäten in den Köpfen festsitzen. Die Ostdeutschen, dem scharfen Wind kapitalistischer Bewährungszumutungen ausgesetzt, sehnten sich zu Teilen in den gemütlichen Mief ihrer sozialistischen Tristesse zurück.

Der wahrscheinlich größte Fehler im Zuge der Wiedervereinigung Deutschlands bestand in dem Verzicht, die SED samt ihren Filialorganisationen wie einst die NSdAP zu einer verbrecherischen Organisation oder wenigstens zu einer kriminellen Vereinigung zu erklären. Das hätten die rechtliche Gesinnung und der rechtliche Sprachgebrauch der Bundesrepublik nicht nur zugelassen, sondern geradezu gefordert. In Spruchkammerverfahren hätte sich jedes SED-Mitglied – unter Auswertung der Erfahrungen der Nachkriegszeit – verantworten müssen. Makel oder Makellosigkeit der einzelnen wäre sichtbar und beurteilbar geworden. Dadurch aber, daß sich die alten Genossen der SED in einer umbenannten Partei formieren und in den Bundestag einziehen durften, ist die Wiedervereinigung mit einem politischen und moralischen Mangel behaftet, der fatale Folgen hatte und beibehält.

Der *Rechtsstaat* Bundesrepublik, der gegenüber dem *Unrechtsregime* der DDR propagiert wurde, begibt sich eines Teils seiner rechtlichen Würde, die er über Jahrzehnte verfochten hat, wenn in ihm Verständnis für staatlich sanktioniertes Unrecht aufkommt. Hatte man es gegenüber den Nazis nicht aufkommen lassen, so mußte man es auch gegenüber den Kommunisten unterdrücken.

Wie problematisch auch immer eine damit verbundene Rechtsprechung sein mag – und jeder weiß, daß es nicht anders sein kann –, es ist nicht einzusehen, daß ein Schreibtischtäter der Nazizeit nach 40 Jahren vor Gericht gestellt wird und ein solcher des SED-Regimes nach 10 Jahren verschont werden kann. Die inzwischen aufgekommene, für alle Opfer des Unrechts der DDR demütigende und beleidigende Forderung nach einem *Schlußstrich*, wie man es nennt, oder einer Amnestie möglicher Täter spricht allem Hohn, was die Bundesrepublik an positiv zu bewertender Rechtstradition in der Strafverfolgung von Tätern des Naziregimes entwickelt hat. Im Blick auf die frühere Sowjetunion ist es in gleicher Weise schwerwiegend, daß heute in Rußland die Kommunistische Partei fröhliche Urstände feiert.

Lehrreich im Blick auf Rußland ist an dem Beispiel der deutschen Wiedervereinigung auch die Größenordnung des finanziellen Aufwands. Wer bedenkt, welche Gelder in den Osten Deutschlands geflossen sind, um den von Honecker hinterlassenen Trümmerhaufen einigermaßen abzutragen, und wer überlegt, daß diese Leistung notwendig war, um lediglich 16 Millionen Menschen bessere Lebensbedingungen zu verschaffen, der mag sich ausrechnen, welcher Summen es bedurft hätte, um 280 Millionen Sowjetbürger oder mehr als 140 Millionen Bewohner der Russischen Föderation mit einer erneuerten Wirtschaft auszustatten. Dabei befand sich das Trümmerfeld der sowjetischen Industrieanlagen in einem noch weit wüsteren Zustand als das der DDR.

Gorbatschows Bemühungen hatten in finanzieller Hinsicht nie eine Chance für einen glücklichen Ausgang. Gorbatschow hat mit vollem Recht darüber geklagt, daß die westliche Welt zwar für den Golfkrieg in kürzester Zeit rund 100 Milliarden Dollar aufzubringen wußte, aber für die Sanierung der Sowjetunion, deren Probleme zu lösen ihm weltpolitisch von ungleich höherer Wichtigkeit schien, keine Hilfsprogramme von vergleichbarer Größenordnung erwägen wollte – jedoch er irrte auch hier in der Dimension. Für eine nachhaltige Anschubfinanzierung wären nach meiner damaligen überschlägigen Kalkulation, die nachträglich durch die Erfahrungen mit der ehemaligen DDR bestätigt wird, rund 3000 Milliarden Dollar notwendig gewesen. Doch selbst wenn man eine solche Summe mittels westlicher Banken hätte aufbringen können, nirgendwo wären das Wissen, die Erfahrung, die Organisationskraft, die Logistik und Kommunikation zu akquirieren gewesen, die diesen Summen einen sinnvollen und rentablen Einsatz garantiert haben würden. Dafür fehlten in der Sowjetunion nahezu alle Voraussetzungen. Inzwischen ist die Summe, die den Kosten des Golfkrieges entspricht, längst nach Rußland gegangen, ohne dort etwas gebessert zu haben.

## Sowjetische Reformversuche

Reformen innerhalb bestehender, nicht mit einem totalen Zusammenbruch konfrontierter Systeme bringen die Schwierigkeit mit sich, daß sie gegen die Beharrungskraft des Bestehenden angehen müssen. Damit man ein solches System erfolgreich reformieren kann, muß man über ein hohes Maß an Wissen verfügen: Man muß *erstens* kennen und wissen, was abgeschafft, und *zweitens*, was eingerichtet werden soll. *Drittens* ist eine genaue Kenntnis von Mitteln und Wegen erforderlich, das heißt, man muß wissen, wie der Übergang von dem einen zum anderen bewerkstelligt werden kann. In diesem umfassenden Sinn ist in der Sowjetunion nie jemand an Reformen herangegangen. Aus diesem Grund blieb alles, was unternommen wurde, von vornherein stümperhaft. Die Rede von demokratischen und marktwirtschaftlichen Korrekturen blieb phrasenhaft. Systematik stand nicht dahinter. Denn Systematik hätte systemanalytische Durchdringung der Lage gemäß dem hier genannten Triplett notwendiger Kenntnisse bedeutet.

Je eingehender die Geschichte der Sowjetunion erforscht wird, desto mehr wird man wahrscheinlich Nikita Chruschtschow als denjenigen benennen müssen, der die folgenschwerste Revision vorgenommen hat: Das war die mit moralischer Entrüstung trickreich aufgezogene Entstalinisierung. Daß man Stalins Verbrechen zugeben könnte, ohne das Machtmonopol der KPdSU aufgeben zu müssen, hätte bis zum 20. Parteitag, auf dem das 1956 gelang, niemand für möglich gehalten. Chruschtschow schaffte es. Obwohl Stalin und die Partei in eins zu setzen waren, dividierte er beide auseinander, ohne dadurch den Führungsanspruch der Partei aufzugeben. Das gelang mit einem ideologischen Salto mortale. Stalins Verbrechen seien, so lautete die Zauberformel, die Folge eines *Personenkults* gewesen. Sie hätten mehr mit dem Charakter von

Stalins Person als mit dem Charakter der Parteiherrschaft zu tun gehabt. Und nicht nur das, die Partei kehre im Gegenteil zur Lauterkeit ihrer Ideale zurück, wenn sie die von Stalin unter dem Deckmantel der Partei begangenen Verbrechen nicht kaschiere, sondern offenlege. Chruschtschow erhob es geradezu zu einem Beweis für die Unfehlbarkeit der Partei, daß die Partei selbst den Stalinismus als einen an die *Person* Stalins gebundenen Kult entlarvte.

Chruschtschows Enthüllungen trafen die Delegierten des Parteitags völlig überraschend. Der Schock war gewaltig. Was ihm mit seiner Geheimrede an Risikobewältigung gelang, blieb ein Meisterstück. Die Rede vom Personenkult war ja bei näherem Besehen nichts anderes als ein übler, ideologischer Taschenspielertrick, gehörten doch zum Kult neben der Kultfigur auch die Kultdiener; und nicht nur daß er selbst einer von ihnen war, alle Kultdiener waren ja im Saal versammelt, saßen sich auf der Bühne und im Parkett gegenüber. Aber mit der rhetorischen Geste des anklagenden Eingestehens, mit der er sogar die Mittäter quasi noch zu Opfern einer kultischen Verführung machte, wirkte Chruschtschow bei vielen, wenngleich nicht bei allen, moralisch glaubwürdig. Letztlich war nichts anderes geschehen, als daß er sich an Stelle des verruchten Stalin als ein redlicher Mann selbst empfahl.

Freilich mußte Chruschtschow die Kampagne der *Abkehr vom Personenkult*, wie die Entstalinisierung genannt wurde, alsbald mit retardierenden Momenten versehen, da sie sich in dem bis dahin eiskalt operierenden System zu einem politischen *Tauwetter* auszuweiten drohte. Zur einer Krise, die zu einer Erschütterung des Machtmonopols der Partei hätte führen können, hat sich die Entstalinisierung nicht ausgeweitet. Die Partei behielt die Macht fest im Griff. Dennoch hat Chruschtschow eine Lawine losgetreten, die – so sehr man ihr hernach auch die Bahn zu verbauen versuchte – immer wieder neue Abgänge nach sich gezogen hat. Die Kritik an Stalin weitete sich zu kritischen Stellungnahmen gegenüber dessen wichtigsten Gefolgsleuten aus. Molotow, Kaganowitsch, Bulganin, Woroschilow, Malenkow und Schepilow, die sich der Kritik widersetzten, wurden gemaßregelt und in edler Form in die Verbannung geschickt – Molotow als Botschafter in die Mongolei. Langfristig wurden der Reformkommunismus in den Staaten des Ostblocks, die Dissidentenbewegung in der Sowjetunion und der Eurokommunismus – Loslösung der Kommunistischen Parteien von der Bevormundung durch Moskau – zu folgenreichen Auswirkungen der Entstalinisierung. Bis heute liegt der Schatten des Stalinismus auf Rußland. Es ist keine harmlose Kommunismus-Nostalgie, sondern Zeichen einer tiefen psychischen und geistigen Beschädigung, die der Stalinismus hinterlassen hat, wenn noch immer Portraits von Stalin bei politischen Demonstrationen zu sehen sind.

Chruschtschows übrige Kampagnen erwiesen sich so impulsiv wie sein Charakter. Sie waren jeweils auf eng abgegrenzte Bereiche bezogen. Gelingen oder Scheitern schälten sich daher schnell heraus. Wenn die Unternehmungen mißlangen, konnten sie auch schleunigst wieder ad acta gelegt werden. So ging es mit der *Maiskampagne* und mit *Neuland unter den Pflug!* – jenem gigantischen Versuch, die kasachische Steppe und Teile Sibiriens agrarisch zu erschließen. Propagandistisch wurde so getan, als ob alle Zukunftsbelange jeweils von der nächsten Kampagne abhingen. Doch während Chruschtschow verallgemeinernd den Sieg des Sozialismus im Weltmaßstab prophezeite und kühn versprach, die Sowjetunion werde bis zum Jahr 1980 den Lebensstandard der USA einholen, stellte er de facto das System nie mehr so stark auf die Probe wie bei der Geheimrede.

Lavieren mußte Chruschtschow zu allen Zeiten. Einen ersten Versuch, ihn zu stürzen, konnte er zunichte machen. Aber in dem Moment, in dem Chruschtschow einen Schritt nicht nur in Richtung einer nur moralisch-ideologischen, sondern auch einer organisatorischen Systemveränderung wagte, wurde er gestürzt. Das war 1964, als er die Gebietsparteiorganisationen nach dem Produktionsprinzip aufzuspalten suchte. Er bemühte sich, die gesamte Partei in zwei Flügel aufzuteilen. Danach hätte es in der Sowjetunion möglicherweise zu einer Industriepartei einerseits und einer Landwirtschaftspartei andererseits geführt. Enthielt das bereits Keime für ein echtes Zweiparteiensystem? Konkurrierende, demokratische Willensbildung wäre damit durchaus zu verknüpfen gewesen. Chruschtschow nutzte diesen raffiniert ausgeklügelten Ansatzpunkt, um der Hälfte der Bevölkerung, nämlich den Landbewohnern, eine bessere Argumentationsbasis für die Bereitstellung von Mitteln im zentralen Planungssystem zu verschaffen.

Bis zum heutigen Tag ist nicht klar, ob seine Widersacher in diesem Reformansatz eine Abkehr vom strikten Parteimonopol sahen und deswegen handelten, oder ob sie nur gegen eine taktische Konsequenz angingen. Denn die intendierte stärkere Berücksichtigung der Landwirtschaft und Konsumgüterindustrie in der Planung hätte in den Augen der Militärs zu viele Ressourcen von militärstrategischen Verwendungszwecken abgezogen. Die Armeeführung und die Lobby der Schwerindustrie sahen damit Schwierigkeiten auf sich zukommen. Seit der Raketenkrise von Kuba 1962 und dem Rückzugsmanöver waren sie ohnehin gegen Chruschtschow aufgebracht. Außerdem hatte die ebenfalls 1962 erlaubte Veröffentlichung von Solschenizyns Erzählung *Ein Tag aus dem Leben des Iwan Denissowitsch*, die einen erschütternden Einblick ins Leben Stalinscher Arbeitslager gab, und die von Chruschtschow angedeutete Bereitschaft, die Zensur einzuschränken, erhebliche Kritik von seiten der Konservativen hervorgerufen. Chruschtschow wurde abgesetzt.

So lange die von Chruschtschow intendierten Reformen nur darauf abgezielt hatten, die Wirtschaftsweise rationeller zu gestalten, *wirtschaftliche Rechnungsführung*, wie man es nannte, in den Betrieben einzuführen, hatte er noch mit Beistand rechnen können, weil sich die meisten davon eine Lockerung des rigiden Planungssystems versprachen. Als sich aber herausstellte, daß sich die Zentrale davon nur eine Entlastung ihrer Arbeit ohne Schmälerung ihrer Machtposition verschaffte, ebbte der Beifall schnell ab. Denn was brachte die wirtschaftliche Rechnungsführung tatsächlich, die von einigen Wirtschaftswissenschaftlern – voran Jewgenij Liberman – vorgeschlagen worden war? Sie sollte die Effektivität der Produktion durch bessere Überwachung des Materialflusses und durch Ausnutzung noch verbliebener, innerbetrieblicher Gestaltungsmöglichkeiten steigern. Das verhalf zwar einigen Betrieben vorübergehend zu erhöhten Prämien, konnte aber gesamtwirtschaftlich an der Menge der zugeteilten Konsumgüter nichts ändern und blieb eine Maßnahme, die im Sande verlief. Breschnew nahm diese Bemühungen nicht wieder auf, wenngleich der neben ihm amtierende Vorsitzende des Ministerrats, Alexei Kossygin, eine Zeitlang daran interessiert zu sein schien.

Reform im Wissen um die drei Richtgrößen, *was ist, was soll sein, wie kann man es bewerkstelligen*, war mit nichts von alledem verbunden. An diesen drei Kriterien läßt sich ermessen, ob

Reformen von grundlegender Natur oder nur Stück- und Flickwerk sind. Reformen von außen und innen falsch einzuschätzen, sie für grundlegender zu halten, als sie es de facto sind, hat folgenden Grund: In einem politisch diktatorischen und wirtschaftlich zentral geplanten System mit Staatseigentum gehen alle Reformversuche eo ipso in die Richtung von mehr Pluralismus. Es kann gar nicht anders sein; denn Pluralismus ist die einzige Alternative. Reformen in der Sowjetunion *zeigten* daher zwar stets in diese Richtung, ob sie darauf *zielten*, ist aber eine ganz andere Frage. Hätten sie darauf abgezielt, dann hätte man das System als solches zur Disposition stellen müssen. Das war nie der Fall. Es ging um Kosmetik. Aus diesem Grund sprach man stets auch nur von *marktwirtschaftlichen Elementen*, die man in der Sowjetwirtschaft zusätzlich zu nutzen suche.

Indessen sind marktwirtschaftliche Elemente in einer zentral geplanten Wirtschaft ein Fremdkörper. Planung, die der marktwirtschaftlichen Ergänzung bedarf, beweist damit nur, daß sie unzureichend ist. Statt marktwirtschaftlicher Elemente hätte man mittels aller damals vorhandener Möglichkeiten der Datenverarbeitung höhere Präzision anstreben sollen. Die aber gelang nicht – und wir werden später sehen, daß sie überhaupt nicht gelingen konnte.

Überdies wurde von einer marktwirtschaftlichen Ergänzung der Planung vorwiegend deshalb gesprochen, weil zur gleichen Zeit in der westlichen Welt eine Umstellung von der extensiven auf die intensive Wirtschaftsweise vor sich ging. In den westlichen Marktwirtschaften ereignete sich in den fünfziger und sechziger Jahren eine betriebswirtschaftliche Revolution. So kam es durch die Verwendung von *Input-Output-Analysen* in Verbindung mit der mathematischen Methode des *linearen Programmierens* in nahezu allen Wirtschaftsbereichen zu optimierter Kombination der Faktoren, die bei der Produktion zusammenwirken. Dergleichen hätten engagierte Wissenschaftler – wie wir im Kapitel VI noch erläutern werden – natürlich gern ins Land gebracht, aber die Planer hielten aus ideologischen Gründen, mehr aber noch aus Gründen der Machterhaltung und der Absicherung der strategischen Absichten der Führung an ihren überholten Praktiken fest.

Chruschtschows Nachfolger, Leonid Breschnew, dessen Ära von Gorbatschow als die *Stagnationsphase* der Sowjetunion bezeichnet wurde, hat nicht nur weitere Reformversuche innerhalb der

Sowjetunion aufgegeben, er ließ auch den Experimenten in Prag mit dem Einmarsch der Truppen des Ostblocks ein jähes Ende bereiten. Denn die Wirtschaftsreformen in der Tschechoslowakei – allgemein als *Prager Frühling* bezeichnet – zeigten Tendenzen auf, die, wenn sie Schule gemacht hätten, eine Bedrohung der Macht des Parteiapparats nach sich gezogen hätten. Die Breschnew-Doktrin nahm für den gesamten Ostblock alles zurück, was Chruschtschow ansatzweise versucht hatte. Am Schluß sah das System so alt aus, wie Breschnew in seinen letzten, kranken Tagen.

Eine Diagnose, woran es eigentlich liege, daß man auf allen Weltmeeren und im Weltraum präsent sein kann, ohne in der Lage zu sein, die eigene Bevölkerung ausreichend mit Nahrungsmitteln zu versorgen, kam nicht zustande. Die analytische Durchdringung des eigenen Systems war gleich Null. Die wenigen, die an der Spitze unter dem Siegel der höchsten Geheimhaltungsstufe über die Faktenkenntnis verfügten, besaßen keinen analytischen Verstand; und diejenigen, die den Verstand hatten, erhielten keine Kenntnis der Fakten. Diese Konstellation machte bereits auf Juri Andropow, Breschnews Nachfolger, den Eindruck des bedrückend Unheimlichen. So ist wohl dessen Satz zu verstehen, den Gorbatschow in seinen *Erinnerungen* als für die damalige Zeit – kurz vor Breschnews Tod 1982 – aufsehenerregend herausstellt. Denn Andropow betonte in seinem Gedenkreferat zu Lenins 112. Geburtstag, »daß wir die Gesellschaft, in der wir leben, schlecht kennen.«[1] Wenn das der Chef des Komitees für die Staatssicherheit, KGB, sagte, der Andropow zu dieser Zeit noch war, dann ließ das die Zuhörer wie einen Hochseilkünstler ohne Netz in den Abgrund blicken. Wie sollte man Reformen in Gang setzen, wenn man nicht einmal das eigene System kannte?

Als Gorbatschow als dritter Generalsekretär nach Breschnew ins Amt kam, glänzte die Sowjetunion zwar als militärische Supermacht, aber binnenwirtschaftlich stand sie vor dem Ruin. Hätte Gorbatschow nun eine Geheimrede auf dem nächsten Parteitag über die Versäumnisse und Irrtümer Breschnews halten können und halten sollen, um zu enthüllen, daß Breschnew die Sowjetunion durch rüstungswirtschaftlichen Größenwahn zugrunde gerichtet habe? Das war nicht möglich. Denn Breschnew hatte die Spitzen der Partei nicht gegen sich aufgebracht, sondern mit Privilegien verwöhnt; ihm lastete man keine Verbrechen an. Ihm verdankte die

Sowjetunion eine vermeintlich gesicherte Weltmachtstellung durch ihr ständiges militärtechnisches Gleichziehen mit dem Westen. Wie hätte man das anklagen und verwerfen sollen? Ein ideologischer Taschenspielertrick stand hierfür nicht zur Verfügung.

Zum Überleben bedurfte das System wirtschaftlicher Reformen. Gorbatschow wußte sehr wohl, daß die Mittel dafür nur durch Einsparungen auf dem Rüstungssektor und durch Einschränkung der Waffenlieferungen an Entwicklungsländer zu beschaffen waren. Es gelang ihm aber nicht, das Militärbudget per Dekret zu beschneiden. Das gesamte Planungssystem war viel zu festgezurrt, um von einem Tag auf den anderen einen Kurswechsel zu gestatten. Außerdem hatten die Militärs in Andrej Gromyko, Außenminister seit 1957, den Vertreter der herkömmlichen – ideologisch klassenkämpferisch orientierten – Außenpolitik auf ihrer Seite. Der lieferte die Bedrohungsszenarien für immer neue Rüstungsrunden. Gorbatschows erste Maßnahme war daher ganz nach dem Muster von Chruschtschows isolierten Kleinkampagnen angelegt, wandte sich also dem Stück- und Flickwerk zu.

Um die Sowjetbürger zu einer im metaphorischen wie im physischen Sinn nüchternen Einschätzung der Lage zu bringen, segnete Gorbatschow die von seinem Mitstreiter Ligatschow favorisierte Anti-Alkohol-Kampagne ab. Damit sollte der weit verbreiteten Trunksucht, dem Schlendrian, dem Desinteresse an der Arbeit und der Verschwendungssucht entgegengewirkt werden. Schnapsfabriken, Brauereien und Kellereien wurden geschlossen und demontiert, ganze Weingärten in Georgien abgeholzt. Die Planer warnten vor einem verheerenden Resultat. Das trat auch prompt ein. Wodka und andere Spirituosen spielten nämlich zur Abschöpfung der Massenkaufkraft eine so eminente Rolle, daß deren Verschwinden aus den Verkaufsregalen ein Loch in die staatliche Bargeldkasse riß und dementsprechend mehr Geld auf die Schwarzmärkte floß, auf denen private Schnapsbrenner beste Geschäfte machten. Nicht einmal der ohnehin nicht vollauf aussagekräftige Staatshaushalt konnte ohne entsprechende nachträgliche Fälschung der Statistiken veröffentlicht werden, um den Mißerfolg zu kaschieren. Die Menge der sarkastischen Witze über die Anti-Alkohol-Kampagne war noch das geringste Übel, das mit ihr verbunden war.[2]

Nach diesem innenpolitischen Mißerfolg versuchte sich Gorbatschow erneut an gezielter Reduzierung der Rüstungsausgaben und ging nun den Umweg über die Außenpolitik, um den Militärs den Zugriff auf ihre Mittel zu beschneiden: Abrüstungspolitik. Das war der Versuch, indirekten Zwang auf die Rüstungsindustrie und deren Lobby, die Militärs, auszuüben. Doch die außenpolitische Kampagne wurde ihm vom Westen nicht leicht gemacht. Zu oft hatten die Sowjets auf außenpolitischem Feld ihre hochtrabenden Ankündigungen nicht wahrgemacht. Mit der Ablösung von Gromyko und der Ernennung von Eduard Schewardnadse zum Außenminister gelang der Kurswechsel. Mit dessen Hilfe wurde Gorbatschow in der westlichen Welt zur politischen Kultfigur, indem er die allgemein menschlichen Interessen an einer Beendigung des Wettrüstens über die klassenkämpferischen Interessen der Auseinandersetzung von Kapitalismus und Sozialismus erhob.

Gorbatschows weitere Karriere gestaltete sich zunächst als Eiertanz zwischen abrüstungs- und wirtschaftspolitischen Initiativen. Die abrüstungspolitischen Anregungen und Abkommen durften weder nach außen noch nach innen den Eindruck der Schwäche erwecken. Und die ökonomischen Vorhaben mußten so aussehen, als seien sie nicht allein von den Einsparungen abhängig, die man durch Reduzierung des Rüstungsaufwands zu erwirtschaften gedachte. Indessen wurde ihm das *neue Denken*, das er postulierte und das die Reformbestrebungen der *Perestroika* – dem Wortsinn nach des *Umbaus* und der *Umgestaltung* – begründen sollte, im Innern ganz unterschiedlich ausgelegt. Seinen Gegnern ging es zu weit, seinen Anhängern ging es nicht weit genug. Wieder stand man vor dem Dilemma, daß die Reformen zwar in Richtung Demokratisierung und Marktwirtschaft zeigten, aber nicht dorthin zielten.

Ein integriertes, strategisches Konzept über Ziele, Mittel und Wege der Umgestaltung des Systems unter Berücksichtigung möglicher Alternativen wurde von Gorbatschow und seinen Beratern nicht erarbeitet. Von einer systemanalytischen Durchdringung des eigenen Systems auf systemvergleichender Basis und einer klaren Einschätzung von Mitteln und Wegen konnte nicht die Rede sein. Die Berater haben zwar viele Vorschläge unterbreitet, aber von dem oben erwähnten Triplett notwendiger Vorkenntnisse für eine gezielte Systemreform läßt sich auch nachträglich, nachdem uns viele Insiderberichte vorliegen, nicht die geringste Spur ermitteln. Gorbatschow durchschaute weder die Gegebenheiten des eigenen Systems, noch wußte er genau darüber Bescheid, wohin seine Bestrebungen führen sollten, und folglich konnte er auch nicht angeben, wie zu verfahren sei.

Die Perestroika war der untaugliche Versuch am untauglichen Objekt; sie führte weder zum gelungenen Umbau, noch zum vollendeten Zusammenbruch. Sie führte zu einem Trümmerhaufen, den einige schleunigst abräumen möchten, während andere auf ihm stoisch und verzweifelt nach verwertbaren Resten suchen. Steckte hinter Chruschtschows Ansatzpunkt, die Partei in zwei Flügel zu spalten, etwas, was sich Gorbatschow hätte aneignen sollen? Möglicherweise hätte Gorbatschow in der Situation, in der sich die Sowjetunion bei seinem Amtsantritt befand, für eine ähnliche Maßnahme mehr Verständnis gefunden als Chruschtschow zu seiner Zeit. Im Licht der nachträglichen Äußerungen von Gorbatschows Kampfgefährten Eduard Schewardnadse[3], daß ihre Reformversuche naiv waren, da sie alles auf einen Schlag erreichen wollten, ohne über ein strategisches Konzept zu verfügen, daß sie beide vielmehr nur in blindem Eifer handelten, erscheint der Hektiker Chruschtschow im Rückblick sogar als höchst besonnen.

Wenn man die gelungenen Systemtransformationen in Deutschland mit den nicht gelingenden Reformen in Rußland heute vergleicht, dann kommt als entscheidender Unterschied zutage, daß die Sowjetunion keinen kompletten Zusammenbruch erlebte, daß ihr niemand eine bedingungslose Kapitulation beschert hat. Rußland findet keinen Ansatzpunkt für einen völligen Neubeginn. Rückgriffe auf Vorsowjetisches sind nicht möglich. Vorgriffe auf etwas völlig Neues werden durch zu viele Überbleibsel des Sowjetsystems verkürzt. In Deutschland ist beim Zusammenbruch des sogenannten Dritten Reiches der Nationalsozialismus verschwunden. Bei der Wiedervereinigung wurden Staatsordnung und Wirtschaftsverfassung der DDR mit einem Federstrich durch die Rechtsordnung der Bundesrepublik und die Marktwirtschaft ersetzt. In der Sowjetunion ist beim Zusammenbruch des sowjetischen Herrschaftssystems der Kommunismus *nicht* verschwunden, sondern zu nicht geringen Teilen erhalten geblieben. Damit war die Ausgangslage ganz anders. Daran leidet Rußland, daran leiden alle Nachfolgestaaten.

Die Sache mit den Kenntnissen, die für eine Systemreform vonnöten sind, ist von großer Tragweite. Wenngleich Gorbatschow das Ganze im Sinn hatte, vermochte er doch nur partielle Einsichten und Ansichten zur Debatte zu stellen. Im Für und Wider der Diskussion um einzelne Maßnahmen ging jeweils der Aspekt der Systemreform im ganzen verloren. Es durfte nie die Transformation des Systems selbst zur Debatte gestellt, und dennoch sollte sie bewerkstelligt werden. Einen in sich geschlossenen Entwurf für ein neues System hat es weder im Blick auf Politik noch auf Wirtschaft oder Medien gegeben.

Wer wußte was? Wer heute Gorbatschows Schriften über die Perestroika wieder der Lektüre unterzieht, sieht eine Fata Morgana, ein Wunschgebilde, das sich bei jedem Versuch der Annäherung verflüchtigen mußte. Eine Passage seiner Rücktrittserklärung ist von erschütternder Deutlichkeit: »Die Gesellschaft erstickte im Würgegriff des administrativen Kommandosystems. Zum Frondienst an der Ideologie verurteilt, mußte sie zudem die entsetzliche Last des Wettrüstens tragen und lebte am Rande ihrer Möglichkeiten. Alle Versuche zu partiellen Reformen, von denen es viele gab, scheiterten einer nach dem anderen. So konnte man nicht weiterleben. Alles mußte von Grund auf geändert werden.« Fazit: »Das alte System war eingestürzt, bevor das neue funktionierte.«[4]

## Defizite der russischen Entwicklung

Gorbatschows *Erinnerungen* hinterlassen den Eindruck, daß der Vorsatz, in der Sowjetunion die Marktwirtschaft einzuführen, ebenso kühn wie naiv war. Kühn war er, weil er mit dem jahrzehntelang verkündeten Dogma brach, wonach Sozialismus und Planwirtschaft zusammengehören. Naiv war er, weil er von der Annahme ausging, Marktwirtschaft sei eine Verhaltensweise, zu der man sich nur entschließen müsse, um ihrer Erfolge teilhaftig zu werden. Marktwirtschaft funktioniert indessen nur unter einer ganzen Reihe zusätzlicher Bedingungen. Zu denen gehören Privateigentum und gesicherte privatrechtliche Verhältnisse. Weder das eine noch das andere existierte in der Sowjetunion, von anderen Bedingungen völlig abgesehen.

Seit Walt W. Rostow 1963 sein Buch über *Stadien des wirtschaftlichen Wachstums* veröffentlicht hat, ist der Terminus *take off* in wirtschaftsgeschichtlichen Betrachtungen geläufig. Dieser Begriff bezeichnet den historischen Moment, in dem sich herausstellt, daß sich in agrarisch geprägten Gesellschaften dergestalt viele Veränderungen des Handwerks, der Gewerbe und des Handels ergeben haben, daß von da an ein Umschwung zur Industriegesellschaft stattfindet. Die Arbeitswelt ändert sich und mit ihr die Lebenswelt. Das Dörfliche tritt zurück. Das Städtische tritt hervor. Althergebrachte Autoritäts- und Herrschaftsverhältnisse werden einem Wandel unterzogen. Das Geld kommt als rechnerische Grundlage aller Lebensbelange zu immer größerer Bedeutung. Es sind immer weniger die nachbarschaftlichen Verhältnisse und die realwirtschaftlichen Beziehungen im unmittelbaren Umkreis, die den Gang der Dinge bestimmen. Handel zwischen Zentren und größerem Umland, Fernhandel über größere Distanzen oder das Planen von Unternehmungen, die längere Zwischenzeiten erfordern, überwiegen mehr und mehr die Tätigkeiten im überschaubaren Bereich. Arbeitsteilung wird das Grundmuster aller Verrichtungen, Spezialisierung zur wichtigsten Berufsorientierung.

Für Großbritannien gilt die Zeitspanne von 1770 bis 1775 als die des *take off* zur Industrialisierung. Die Vereinigten Staaten erlebten diese Veränderung ein halbes Jahrhundert später. Das Deutsche Reich erreichte die Umschwungphase gleichzeitig mit der Reichsgründung 1870, also mehr als ein Jahrhundert nach Großbritannien. Für Deutschland mag dabei sogar maßgebend geworden sein, daß es nach dem deutsch-französischen Krieg das Elsaß sowie Lothringen annektierte und seiner gewerblichen Wirtschaft die Wirtschaftskraft des dortigen Kohlebergbaus und der Stahlindustrie einverleibte. Inwieweit koloniale Besitzungen für Großbritannien und später für Belgien eine Rolle bei ihrem frühzeitigen Aufbruch spielten, hat die Wirtschaftshistoriker zu eingehenden Studien inspiriert. David S. Landes mit seinem Werk *Der entfesselte Prometheus* und Eric Hobsbawm mit seiner spannenden Untersuchung *Industrie und Empire* verhalfen in dieser Hinsicht zu wesentlichen Erkenntnissen.

Einen zeitlichen Rahmen für einen industriellen *take off* in Rußland festzustellen, ist im Vergleich zu den genannten Nationen äußerst schwierig. Die industriellen Regungen im Zarenreich beschränkten sich auf wenige Plätze. Sie konnten ebensowenig einen *take off* auslösen wie die Protoindustrialisierung in der ersten Hälfte des 19. Jahrhunderts an einzelnen Plätzen in Deutschland (im Ruhrgebiet und in Oberschlesien) oder in Frankreich (um Lyon herum beispielsweise). Noch zum Zeitpunkt der russischen Revolution von 1917 war das Zarenreich ein reines Agrarland. 90 Prozent der Bevölkerung waren mit der Dorf- und Gutswirtschaft verwoben. Mehr als drei Viertel der Menschen des Zarenreichs konnten weder lesen noch schreiben.

Für Revolutionäre, die in Marxschen Kategorien dachten, waren Verhältnisse dieser Art alles andere als ideale Voraussetzungen. Ein Proletariat als Voraussetzung einer proletarischen Revolution, eine Industriearbeiterschaft, die der Träger einer Revolution nach Marxschen Kriterien hätte sein können, existierte in Rußland nicht. Die Industriearbeiter, die man als Proletariat hätte bezeichnen können, machten ganze drei Prozent der Arbeitsbevölkerung aus. Lenin deklarierte daher die *Partei* der Bolschewiki zur *Vorhut des Proletariats*, einer Vorhut, die vorläufig anstelle des Proletariats auf den Plan getreten wäre. Das war eine intellektuelle Bastelarbeit, um nicht zu sagen das bolschewistische Urbild von Chruschtschows ideologischem Taschenspielertrick. Lenin legte sich die Wirklichkeit zurecht, um sie der Theorie gemäß verstehen zu können. Es ging ihm darum, seinen Mitstreitern zu suggerieren, die Massen der russischen Bauernschaft seien bereits in einer historisch reiferen Phase als der tatsächlich erreichten. Lenin focht gewissermaßen mit seiner *Vorhut* den Krieg für eine Armee aus, die noch gar nicht existierte.

Verallgemeinernd gesprochen, kann man sagen, daß sich das historische Selbstverständnis in der Sowjetunion während der gesamten Zeit ihrer Existenz von Erdichtungen dieser Art nicht mehr hat lösen können. Es reihte sich in der Sowjetunion eine historische Mystifizierung an die andere; und heute ist es in Rußland nicht viel anders. Die endlos wiederholten Parolen der Sowjets, es dem Westen industriell und technisch gleichtun zu wollen, ihn einzuholen, zu überholen, einen welthistorischen Sieg des Sozialismus über den Kapitalismus zu erringen, beruhten weder auf einem zureichenden Verständnis der Entwicklungen im Westen noch auf einer kritischen Analyse der eigenen Gegebenheiten. Die Spitzenleistungen, zu denen es die Sowjetunion in den Produktionssektoren brachte, die strategisch machtpolitischen Zwecken untergeordnet waren, basierten auf einer Gesellschaftsstruktur, die sich mit der westlichen nicht messen konnte und kann.

Das zivilisatorische Niveau der westlichen Industrienationen hat einen anderen Hinter- und Untergrund als die Gesellschaft Rußlands. Das galt bereits für das zaristische Rußland, galt für die Sowjetunion und gilt für das heutige Rußland. Einer seiner wichtigsten Charakterzüge ist die sogenannte *bürgerliche Gesellschaft*. Deren Essenz kann man als *Herrschaftsbändigung* bezeichnen. Denn diese bürgerliche Gesellschaft hat Herrschaftsstrukturen nach Art von Geschäftsbeziehungen entwickelt. Verfassungsstaaten der Moderne, die im Westen als Republiken und konstitutionelle Monarchien existieren, versetzen den Staat weitgehend in die Rolle eines Dienstleisters, der Schutz und Schirm nicht im Vasallen- und Untertanenverhältnis, sondern im Vertragsverhältnis zu erbringen hat. Steuern sind in diesem Sinn ein Preis, den die Bürger für eine Leistung zahlen – nicht für das Wohlergehen der Herrschenden!

Das instrumentelle Staatsverständnis, das den Staat in einer zwar mächtigen, gleichzeitig aber dienenden Rolle gegenüber der Gesellschaft sieht, wird auch in den westlichen Nationen immer wieder neu diskutiert. Unter sich wandelnden technischen, ökonomischen und politischen Bedingungen muß es auch realiter immer wieder bekräftigt werden. Denn auch moderne Staatsapparate tendieren dazu, ihre dienende Rolle abzulegen, um sich die Gesellschaft wenigstens zu Teilen wieder gefügig zu machen. Doch diese Tendenz kann nicht darüber hinwegtäuschen, daß im Westen die dienende Rolle des modernen Staates verfassungsmäßig gefestigt ist. Im zaristischen Rußland und in der Sowjetunion ist es nie bis zu einer solchen Staatskonstruktion gekommen, und bis zur Stunde steht sie in Rußland ebenfalls noch aus.

Zivilisatorischer Standard ist weder in Nobelpreisen und Goldmedaillen noch in Raketenstarts und Atomsprengköpfen, auch nicht in Fernseh- und Haushaltsgeräten und dergleichen Errungenschaften zu bemessen, sondern in erster Linie am Ausmaß der rechtlichen Gleichheit und an der Größe und Stärke der rechtlichen Gesinnung der Staatsbürger. Die materiellen Zivilisationsgüter der kapitalistischen Gesellschaft werden erst dann zu einem Genuß ohne Reue, wenn sie nach Erwerb und Eigentum gesichert sind. Dieser Rechtsaspekt tritt in der westlichen Welt im Alltag nicht deswegen in den Hintergrund, weil er unwesentlich, sondern weil er selbstverständlich geworden ist.

Im Zuge der Industrialisierung vollzieht sich die Wanderung vom

Land in die Städte. Die Verstädterung ist mehr als bloße Agglomeration von Menschen an einem Ort, der Stadt, sie ist zugleich Urbanisierung. Urbanität bedeutet Alphabetisierung, Berufsausbildung, Arbeitsdisziplinierung, Hygiene, Umgang mit Maschinerie, Arbeitsteilung und vieles andere mehr. Dabei tritt ein Denktypus immer mehr hervor, der kalkulatorische. Die quantitativen Relationen von Lebenskosten und Löhnen, Einnahmen und Ausgaben, von Aufwand und Ertrag, Gewinn und Verlust finden immer mehr Beachtung. Das gilt für alle, für den Staat, die Kommunen, die Unternehmen und die Familien. Rechenhaftigkeit wird zum verbindenden Glied zwischen Staat und Staatsbürgern. Buchhaltung wird zu einer Schlüsselgröße, Bilanzen werden zu Kernaussagen.

An Hand der Buchhaltung aller Wirtschaftsunternehmen kann der Staat über Finanzämter zu einer geregelten Steuererhebung kommen. Auf Grund eigener Finanzverwaltungen vermag ein aus Steuern resultierendes Finanzaufkommen ordentlicher Verwendung zugeführt werden. Kurzum, Rechenhaftigkeit ist die immer stärker werdende Denkweise, und Geld ist die entscheidende Rechengröße. Richtiges Rechnen und redliches Abrechnen bilden das Korsett, das die bürgerliche Gesellschaft zusammenschnürt und auf Figur bringt. Darüber wird um so weniger gesprochen, je mehr man sich daran gewöhnt, nur noch danach zu handeln. Gesprochen wird weit mehr über die Zwecke des Handelns: Fortschritt, Reichtum, Prestige, Wohlstand, Fortkommen, Alterssicherung, Vergnügen, Luxus, Kunst, Muße.

Alles Genannte ist mit Urbanität verbunden. Urbanität mißt man in Verstädterungsraten. Wenn mehr als die Hälfte der Bevölkerung städtisch siedelt, kann man davon ausgehen, daß sich die moderne, industriell geprägte, bürgerliche Gesellschaft gegenüber der alten, agrarisch geprägten, ländlichen Gesellschaft durchgesetzt hat. Untertänigkeit und Ehrerbietung werden damit als gesellschaftliche Regulierungsmechanismen von Gleichberechtigung und wechselseitigem Respekt abgelöst; das Volk verspürt seine Souveränität. Die politisch-rechtlich gesicherte Volkssouveränität münzt sich wirtschaftlich in rechnerisch erfaßbaren Größen aus.

Tatsächlich ist das Sinnen und Trachten vieler Menschen in der westlichen kapitalistischen Gesellschaft auf das Erlangen von Wohlstand und materiellen Gütern, auf Karriere- und Freizeitgestaltung etc. ausgerichtet. Ideelle Werte scheinen gegenüber materiellen in den Hintergrund zu treten. Dieser Eindruck ist zwar völlig richtig, bleibt aber an der Oberfläche des gesellschaftlichen Lebens haften. Die Menschen könnten sich nicht den materiellen Belangen widmen, wenn nicht die rechtliche Seite ihres Erwerbslebens vorab gesichert wäre. Der wichtigste Garant dafür ist der moderne Staat, der das Sinnen und Trachten nach Wohlstand in geregelten Bahnen hält. Der *take off* zur Industrialisierung ist in der westlichen Welt zugleich der Aufbruch zu dieser – auf krisenhaften Umwegen erreichten – rechtlichen Sicherheit gewesen. Die Urbanität wurde zum Zielbahnhof der gesamten Entwicklung.

Welche Entwicklungsphase soll man in der Sowjetunion als den Zeitpunkt des *take off,* der Initialzündung zur Industrialisierung, ansetzen? Die Zeit des Kriegskommunismus von 1917 bis 1921 kommt mit ihren Wirren dafür nicht in Frage. Die Periode der NEP, der Neuen Ökonomischen Politik, die Lenin in seinen letzten Lebensjahren zur Rettung der Sowjetherrschaft verordnete, eine Politik des Kompromisses mit privatwirtschaftlichen Initiativen, brachte ebenfalls keinen Durchbruch. Die anschließende Entwicklungsphase, die von Stalin verordnete Kollektivierung der Landwirtschaft von 1928 bis 1932, in der die dörfliche Welt zugunsten der Entwicklung der städtischen Industrie ausgeblutet und ausgeplündert wurde, hat eine Wendung zum *take off* mit sich gebracht. Denn die Zwangskollektivierung bewirkte die Abkehr von den dominierend agrarischen Verhältnissen. Es war eine grauenvolle Zeit. Sie hat Millionen von Bauern das Leben gekostet. Sie hat viele Kräfte Rußlands ausgeblutet. Nach einer Beschwichtigungspause erzwang Stalin massiv und rigoros die eigentliche Industrialisierung. Bis zum Beginn des Krieges war die *take off*-Phase im rein ökonomischen Sinn abgeschlossen. Der Umschwung wurde durch das System der Zwangsarbeitslager charakterisiert. Stalin drückte dieser Zeit den Stempel der Großen Säuberungen, der Schauprozesse und des Terrors auf. Es war die Periode der Willkür und der Verachtung von Recht und Gesetzlichkeit.

Für den industriellen Aufschwung haben zwischen 1934 und 1938 nach all den Leiden der Kollektivierung noch einmal mehr als zehn Millionen Sowjetbürger ihr Leben lassen müssen. Zur Mystifizierung der Sowjethistorie gehört die Behauptung, daß der Terror zur Unterdrückung konterrevolutionärer Kräfte notwendig gewesen sei.

Die Entstalinisierung hat mit dem Mythos Stalin gebrochen; ein moderner Staat mit garantierten Menschenrechten ist dadurch nicht entstanden. Unter Chruschtschow wurden die staatlichen Willkürmaßnahmen zwar erheblich reduziert, verschwunden sind sie aber nicht. Um das auch gesellschaftlich dingfest zu machen, braucht man lediglich auf den mangelhaften Grad von Urbanität zu blicken. Urteilt man von der Verstädterungsrate her, dann hat sich in der Sowjetunion erst in den beginnenden sechziger Jahren eine Mehrheit der Bevölkerung in städtischen Agglomerationen befunden. Rechenhaftigkeit in Geldgrößen, rechtliche Sicherheit und damit Ankunft im Zielbahnhof Urbanität waren damit noch lange nicht verbunden.

Das Untertanenverhältnis der Bürger gegenüber der Befehlsgewalt der Partei und die Ehrerbietigkeit gegenüber den Parteioberen wurde unter Breschnew im Artikel 6 der Verfassung festgeschrieben. Er räumte der Parteiführung das Monopol ein, gegenüber allen staatlichen und wirtschaftlichen Institutionen weisungsbefugt zu sein. Hierin manifestierte sich das eigentliche Defizit der sowjetischen Entwicklung. Die Parteiherrschaft etablierte sich wie eine Adelsherrschaft oder wie ein Klerikerstaat. Von diesen war sie durch ihre spezifischen Rekrutierungskriterien unterschieden. Wer diese Kriterien erfüllte, konnte bis zur Nomenklatura aufsteigen und in ihr höhere Ränge erklimmen.

Rechtlich hat sich unter Breschnew keinerlei Verbesserung, sondern eine Art Neo-Stalinismus ergeben. Was man von dem sowjetischen Staatswesen in zivilisatorischer Hinsicht zu halten hatte, verdeutlicht die Notiz Gorbatschows über jene Nacht im Februar 1985, in der er zum Nachfolger des plötzlich verstorbenen Tschernenko berufen wurde, also zum ersten Mann der zweiten Supermacht aufstieg: »Es war kurz vor vier Uhr morgens, als ich nach Hause kam. Raissa Maximowna wartete auf mich. Wir gingen hinaus in den Garten unserer Datscha. Seit wir in Moskau waren, führten wir in der Wohnung und auch im Landhaus keine politischen Gespräche mehr – man weiß ja nie... Wir liefen lange im Garten umher, redeten lange darüber, was geschehen war und was nun kommen würde.«[5] Michail flüstert mit Raissa im Garten – George Orwell läßt grüßen!

Eine Reform Rußlands wird so lange nicht möglich sein, so lange nicht diese historischen Entwicklungsanomalien korrigiert werden. Durch sie ist in vielen Jahrzehnten das Denken und Handeln von fast dreihundert Millionen Menschen der früheren Sowjetunion vermutlich für weitere Jahrzehnte festgelegt worden. Die Chance, in absehbarer Zeit aus der Tradition eines rechtlich ungesicherten Industrialismus auszubrechen, ist gering. Daß man im heutigen Rußland die alten Institutionen mit neuen Funktionen ausstattete und daß beispielsweise das Komitee für Staatssicherheit (KGB, heute SFB) den Auftrag erhielt, Steuerfahndung zu betreiben, verrät nur allzu deutlich, daß sich am Geist nichts geändert hat. Die Neigung, fremden Einflüssen die Schuld an der miserablen Lage zuzuweisen – unter Jelzin dem Westen, unter Putin dem internationalen Terrorismus muslimischer Prägung mit Blick auf die Bevölkerung im Kaukasus –, spricht ebenfalls nicht dafür, zu einer selbstverantwortlichen rechtlichen Gestaltung der russischen Gesellschaft willens oder fähig zu sein. Ein Rußland aber, das die Schuld für seine verzweifelte Lage nicht in sich selbst sucht und nicht bei jenen Russen findet, die es dorthin geführt haben, wo es heute ist, wird kein gemütlicher Nachbar des Westens sein.

# III

# Systemvergleiche

## Vom Wettstreit der Systeme

Im machtpolitischen Poker mit dem Westen hatten die Sowjets die schlechteren Karten. Der wirtschaftliche und gesellschaftliche Wandel hinkte dem Westen zu weit hinterher. Einige wirtschaftshistorische Fakten mögen das verdeutlichen: Mit dem Übergang von der Agrargesellschaft zur Industriegesellschaft und danach zur Dienstleistungsgesellschaft waren die schwerwiegendsten gesellschaftlichen Veränderungen der Neuzeit verknüpft. Die *Erwerbsstruktur* wandelte sich. Von der Landwirtschaft aus gingen die Arbeitskräfte ins Handwerk und in die Industrie. Mit dem Höhepunkt der Industriearbeit war die moderne, an das Proletariat gebundene Sozialproblematik verbunden. Durch die technische Entwicklung ergaben sich neue Berufssparten, und jede Generation mußte sich neu orientieren. Die Industrialisierung schrieb wechselnde Familiengeschichte. Später verlagerte sich der Schwerpunkt der Erwerbsstruktur in den Dienstleistungsbereich. Dieser umfassende Prozeß gehorchte dem Prinzip der Selbstorganisation. Die Sowjets suchten ihn hingegen von oben zu steuern und hielten dadurch hintan.

Statistisch läßt sich die Entwicklung durch den *Anteil der Wirtschaftssektoren am Bruttosozialprodukt* wiedergeben (Abb. 1). Dabei erfaßt man drei gesellschaftliche Stadien: Agrar-, Industrie- und Dienstleistungsgesellschaft. Die prozentualen Beiträge zum Gesamtprodukt verändern ihre Proportion. Zunächst dominiert die Agrarwirtschaft ( = Land- und Forstwirtschaft), danach die Industrie ( = gewerbliche Wirtschaft), und wenn diese ihren Höhepunkt überschritten hat, geben die Dienstleistungen ( = Finanzen, Handel, Transport, Kommunikation etc.) den Ton an. Der jeweils dominierende Sektor bestimmte den Gesamtcharakter der Gesellschaft.

**Umschichtung der Sektorenanteile am Bruttosozialprodukt**

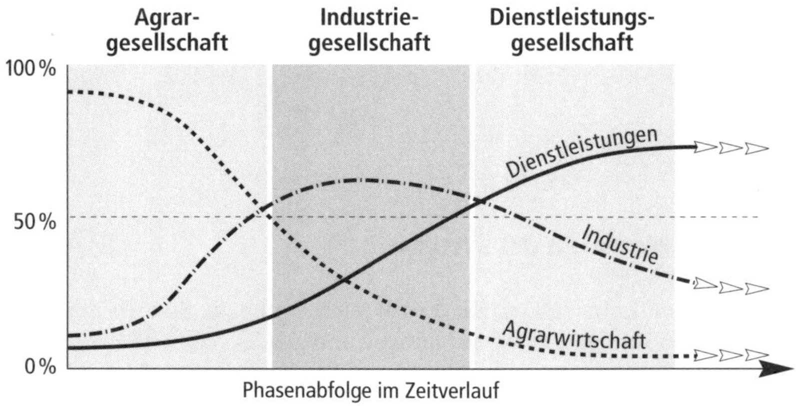


Abbildung. 1: Schematische Darstellung der Sektorenanteile am Gesamtprodukt. Der jeweils überragende Sektor bestimmt den Charakter der Gesellschaft, die sich gleichzeitig von der ländlichen zur städtischen Gesellschaft wandelt. Das Stadium der Dienstleistungsgesellschaft haben in der Realität alle westlichen Nationen erreicht, nicht aber die Sowjetunion.

Die zeitgeschichtlichen sozialen und politischen Umstände waren für jede Nation beim Übergang von der Agrar- zur Industriegesellschaft ganz verschieden. Als sich die Industriegesellschaft in Großbritannien (um 1800) durchsetzte, gab es weder Gewerkschaften noch Marxismus. Das Wilhelminische Deutschland verband mit der gleichen Entwicklungsphase hundert Jahre später (um 1900) die Existenz von politischen Parteien, von Gewerkschaften und einer marxistisch orientierten Arbeiterbewegung. Nach dem Ersten Weltkrieg waren alle westlichen Nationen mit einem fest etablierten Parteiensystem vertraut; und kurioserweise gehörte zu ihm in der Regel auch eine von Moskau aus gesteuerte Kommunistische Partei, kurios deswegen, weil sich die Kommunistische Partei der Sowjetunion im eigenen Land noch nicht im mindesten auf eine Industriearbeiterschaft gründen konnte. Als diese in den sechziger Jahren die Mehrheit der Bevölkerung ausmachte, kannte die UdSSR seit vierzig Jahren nur die Diktatur der KPdSU.

Von geradezu abenteuerlicher Verschiedenheit nehmen sich im

Rückblick die technischen Begleitumstände der diversen Industrialisierungsprozesse aus. Zur Zeit der englischen Industrialisierung wurden zu Beginn des 19. Jahrhunderts gerade Segelschiffe von Dampfschiffen abgelöst. Für Deutschland und Frankreich verknüpfte sich der Industrialisierungsprozeß bereits mit der Elektrifizierung, der rasant zunehmenden Bedeutung der chemischen Industrie und der Verbreitung des Automobils, der Telegrafie und des Telefons. Westliche Nationen paßten sich sukzessiv aneinander an. Wissenschaft, Literatur, Schul- und Ausbildungswesen, Handel, Handwerk und gewerbliche Wirtschaft konnten sich im Blick auf die Erfahrungen der Vorläufer bereits auf das einstellen, was ihnen bevorstand. Nicht so in der Sowjetunion; dort erfolgte der Aufbruch quasi Hals über Kopf, war selektiv auf Großprojekte bezogen und kein balancierter gesamtgesellschaftlicher Prozeß. Als es für die westliche Welt nach dem Zweiten Weltkrieg selbstverständlich wurde, daß es im militärischen Bereich Atomwaffen, Raketenstreitkräfte, Flugzeugträger etc., im Konsumsektor Küchen- und Waschmaschinen, Fernsehgeräte, HiFi-Anlagen und dergleichen mehr gab und neben dem privaten Pkw-Verkehr der Massentourismus aufkam, da erst reifte die Sowjetunion während der Chruschtschow-Ära zur eigentlichen Industriegesellschaft – aber ihre Industrieproduktion konzentrierte sich auf die Rüstungswirtschaft. Inzwischen hatten sich in den westlichen Gesellschaften die politischen, wirtschaftlichen und gesellschaftlichen Verhältnisse schon weitgehend aneinander angeglichen.

Die Sowjetunion übernahm zwar die technischen Errungenschaften des Westens, negierte und bekämpfte aber deren politische Strukturen. Das erwies sich etwa für die ostmitteleuropäischen Staaten, die mit dem Ende des Zweiten Weltkrieges der sowjetischen Oberherrschaft anheim gefallen waren, als besonders tragisch, da deren politische Entwicklung durch die ihnen auferlegte Sowjetisierung nicht nur aufgehalten, sondern zurücktransformiert wurde. In bezug auf den Ost-West-Konflikt konnte man mit Fug und Recht von zwei Lagern, von – wie die Sowjets es formulierten – zwei Weltsystemen sprechen. Und wenn man den missionarischen Impetus in Rechnung stellt, über den beide Seiten verfügten, so war es nur zu verständlich, einen Wettstreit der Systeme zu konstatieren.

Während die zeitlich sehr viel länger ausgedehnte Entwicklung

**USA – Entstehung des Bruttoinlandsprodukts 1950–1999**

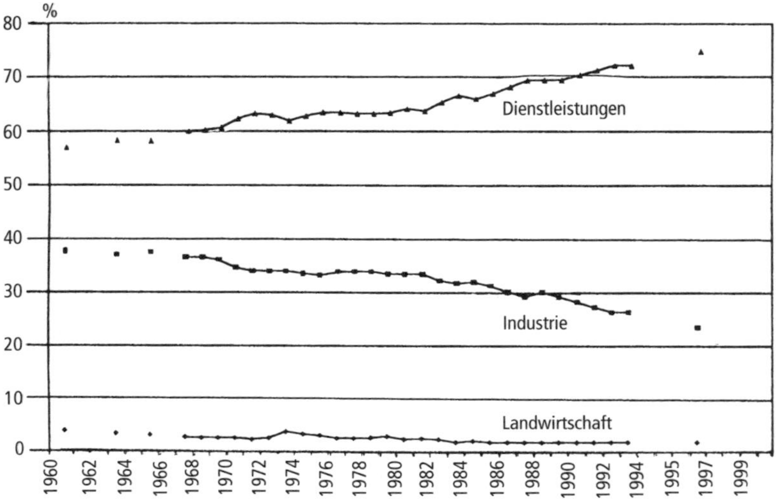


Abbildung 2: In den Jahren des Rüstungswettlaufs verfügten die USA bereits über eine Wirtschaft, die ihre zweite industrielle Revolution hinter sich gebracht hatte und ihre entscheidenden Wachstumsimpulse aus einem hoch entwickelten Dienstleistungssektor empfing.

im Westen auch den gesellschaftlichen *Wohlstand* kontinuierlich gefördert hatte, führte die nahezu schlagartige Veränderung der Arbeitsverhältnisse in der Sowjetunion zu keiner entsprechenden Verbesserung der Lebensverhältnisse. Selbst die Befriedigung der elementaren Bedürfnisse, Versorgung mit Nahrung, Kleidung und Wohnung, blieb lange im argen. Summa summarum stand die Sowjetunion im sogenannten Wettstreit der Systeme vor vier Hindernissen. *Erstens*: Sie war in den Industrialisierungsprozeß ebenso spät wie abrupt eingetreten und hatte mit erheblichen Disbalancen zu kämpfen, die durch Zwangsarbeit und GULag verstärkt wurden. *Zweitens*: Die enormen Kriegszerstörungen, insbesondere die Folgen der *verbrannten Erde* – der brutalen Praxis der deutschen Truppen, bei ihrem Rückzug nur Verwüstungen zu hinterlas-

**UdSSR – Entstehung des Bruttoinlandsprodukts 1960–1990**

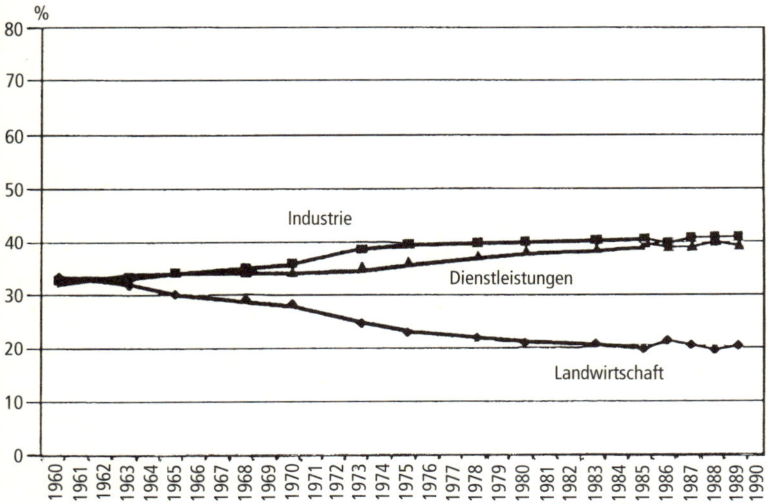


Abbildung 3: Im sogenannten Wettstreit der Systeme zwischen Ost und West hinkte die Sowjetunion um Jahrzehnte hinter der Entwicklung im Westen hinterher und war nicht in der Lage, ihren Dienstleistungssektor zu modernisieren. Das gesellschaftliche Stadium der Dienstleistungsgesellschaft hat sie nie erreicht.

sen –, beeinträchtigten zusätzlich die Versorgung. *Drittens*: Die Rüstung auf dem Niveau der Hochtechnologie verschlang enorme Ressourcen und band die fortschrittlichsten Kräfte der Gesellschaft an diesen unproduktiven Subsektor der Wirtschaft. *Viertens*: Die Sowjetunion ging beim industriellen Aufbau einen Weg, für den es keinerlei Vorbild gab, nämlich den der Planwirtschaft.

Die kurzfristige Anbahnung der Industrialisierung durch die rasant verordnete Zwangskollektivierung erfolgte ab 1928 unter Stalin ohne Berücksichtigung des sozialen Umfelds der Dörfer. Während die Lebensweise so primitiv blieb, wie sie es immer gewesen war, wurde die Arbeitsweise normiert und mechanisiert. Die Arbeit der Bauern wurde in den Kolchosen so organisiert als seien Bauern landwirtschaftliche Fabrikarbeiter unter frühkapitalistischen

Ausbeutungsverhältnissen, denn ihre Leistung hatte keine Auswirkung auf ihre Entlohnung. Sie wurden zu den am ärgsten deklassierten Arbeitskräften. Das Regime interessierte sich vorrangig für die Industriearbeiter, und dabei besonders für jene, die der Rüstungswirtschaft dienten. Auf dem Land blieb die eklatante Diskrepanz zwischen Arbeits- und Lebensweise der Hemmschuh für die erwünschten Produktionsfortschritte. Als Chruschtschow 1953 ans Ruder kam, hatte sich daran noch nichts geändert. Das trieb ihn zu dem Projekt der *Agrostädte* an, die den Unterschied zwischen Stadt und Land, zwischen städtisch industrieller und dörflich landwirtschaftlicher Arbeitsweise einebnen sollten.

Die Landbevölkerung begrüßte Chruschtschows Maßnahmen, denn sie wurde dabei vor allem durch die Zuerkennung von Ausweispapieren erstmals zu vollwertigen Sowjetbürgern. In diesem Sinn standen Chruschtschows Landwirtschaftskampagnen unter zivilisatorischem Zugzwang. Einen durchschlagenden wirtschaftlichen Erfolg hatten sie dennoch nicht. Die Lösung der agrarökonomischen Problematik wurde über die gesamte Breschnew-Ära hinweg verschleppt. Als Gorbatschow die Herrschaft übernahm, stand er vor denselben Problemen.

Während sich die Sowjetunion in den sechziger Jahren noch mit den Schwierigkeiten der Durchsetzung ihrer industriellen Revolution beschäftigte, überschritten die westlichen Nationen bereits die Schwelle zur *zweiten* industriellen Revolution. Im Westen erfolgte die Umorientierung von der extensiven auf die intensive Wirtschaftsweise und der Aufbruch ins Computerzeitalter. Der Wettstreit der Systeme verlangte freilich von den Sowjets, ihre Waffenarsenale analog denen des Westens auszubauen. Die ökonomische Basis dafür lag in der Sowjetunion jedoch ganze Zeitalterstufen unter der des Westens. Ein Vergleich der sektoralen Entwicklung in den USA und in der Sowjetunion macht das deutlich (Abb. 2 und 3).

Vergleicht man den Kurvenverlauf der sektoralen Entwicklung der beiden Supermächte für die spannendsten Perioden des Ost-West-Konflikts, dann wird ersichtlich, warum der Rüstungswettlauf mit dem Zusammenbruch der Sowjetunion enden mußte. Die statistischen Befunde für die Sowjetunion zeigen, daß sie bis zum endgültigen Zusammenbruch niemals über das Stadium der Industriegesellschaft hinausgekommen ist. Der Westen befand sich im Stadium der Dienstleistungsgesellschaft, das man zuweilen auch als das einer Konsum- oder Freizeitgesellschaft bezeichnet hat. In Ost und West standen sich daher Gesellschaften in einem ganz unterschiedlichen Entwicklungsstadium gegenüber.

Die Kurven der USA wiesen für Dienstleistungen einen Anteil von fast 70 Prozent des Bruttoinlandsprodukts aus, die der Sowjetunion lediglich um die 40 Prozent. Der technologischen Modernität Amerikas hatte die Sowjetunion nichts Entsprechendes entgegenzusetzen. In den USA spielten Dienstleistungen eine Rolle, die es in der Sowjetunion gar nicht gab. Man denke an private und öffentliche Finanzdienstleistungen, Geschäfte der Banken, Börsen und Versicherungen. Medien kamen in voller Vielfalt zu Geltung. Verkehrsdienstleistungen, Gastronomie, Touristik und Unterhaltungsindustrie weiteten sich zu selbständigen Subsektoren aus. Die Unternehmen verfügten in den westlichen Nationen über moderne Ausrüstungen und erneuerten diese am laufenden Band, indessen der akkumulierte Kapitalstock außerhalb des Rüstungssektors in der Sowjetunion veraltete.

Seinem prozentualen Anteil nach lag der sowjetische Landwirtschaftssektor immer noch zehnmal so hoch wie in den USA. Letzterer machte ungefähr 2 Prozent des Bruttosozialprodukts der USA aus, der sowjetische dagegen betrug rund 20 Prozent. Ende der achtziger Jahre befanden sich in den USA 3,2 Millionen Arbeitskräfte in der Landwirtschaft, in der Sowjetunion 33 Millionen. In den USA produzierten die Farmer mehr Getreide, als die 260 Millionen der US-Bevölkerung benötigten. Die USA hatten alle Mühe, ihr Überschußprodukt auf den Weltmärkten unterzubringen. Das war für die amerikanischen Farmer nur durch staatliche Subventionen möglich. In der Sowjetunion war die zehnfache Menge an Arbeitskräften *nicht* in der Lage, rund 280 Millionen Sowjetbürger ausreichend mit Getreide zu versorgen. Getreide wurde sogar *aus den USA importiert*. So ernährten amerikanische Steuerzahler auf Umwegen auch noch einen Teil der sowjetischen Bevölkerung. In der Sowjetunion beschäftigte allein die Verwaltung der Landwirtschaft mehr Personen, als es in den USA Farmer gab.

Das Bildklischee der sowjetischen Landwirtschaft waren Propagandaposter mit Mähdreschern, die in Verbandsformation über die Felder fahren, die Wirklichkeit dahinter aber waren die von der Armee für die sogenannte Ernteschlacht ausgeliehenen Lastwagen, aus denen beim Abtransport 10 Prozent des Getreides herausrieselte und verlorenging. Da es an Silos mangelte, mußte das Erntegut weitgehend auf geteerten Straßen zum Trocknen ausgeschüttet und hernach erneut verfrachtet werden. Bis zur Ablagerung hatte man durchschnittlich 15 Prozent der Ernte eingebüßt. Rekordernten wurden dennoch immer gemeldet, denn die Planerfüllungsmeldungen bezogen sich auf das eingebrachte Feuchtgetreide.

Der Maschinen- und Traktorenausstattung lagen in der Sowjetunion enorme Fehlinvestitionen zugrunde. Um über eine möglichst große Anzahl an Landmaschinen zu verfügen, baute man Landmaschinen in Großserien von begrenzter Typenvielfalt. Eine Anpassung an die höchst unterschiedlichen landwirtschaftlichen Vorgegebenheiten wie Gelände, Böden, Klima und regional unterschiedliche Witterungsbedingungen ließ das nicht zu. An einen optimalen Einsatz war deshalb nicht zu denken. Dem Ministerium für Landmaschinenbau machte das keinen Kummer. Es interessierte sich ohne Rücksicht auf die Bedürfnisse der Landwirtschaft lediglich dafür, die im Plan vorgegebenen Stückzahlen abzurechnen. Da außerdem im Plan die Produktion kompletter Maschinen höher bewertet wurde als die Lieferung von Ersatzteilen, blieben letztere stets Mangelware. Neue Maschinen reparierten die Kolchosbauern meist unter Demontage der zuvor gelieferten, was wiederum den Ablösungszyklus der Maschinen beschleunigte. Alle Kollektivwirtschaften fanden sich schließlich von rostenden und mit Unkraut überwucherten Maschinenparks umgeben, die sich, sortiert nach unterschiedlichen Abwrack- und Demontagestadien, auf weite Flächen ausdehnten.

Gorbatschow, der sich bereits in den späten siebziger Jahren unter Breschnew als Landwirtschaftsspezialist profiliert hatte, kannte alle diese Mängel. Ihm schwebte vor, eine Koordination der diversen Agrarministerien mit den Ministerien für Nahrungsmittel, Maschinenbau sowie der chemischen Industrie, die für die Düngemittel verantwortlich zeichnete, im Sinn eines großen agro-industriellen Komplexes zuwege zu bringen. Was er sich ausdachte, hätte eine Parallele zu dem existierenden militärisch-ökonomischen Komplex ergeben. Diese Pläne erweckten zwar Breschnews Aufmerksamkeit, kamen aber nicht zur Durchsetzung. Mit einer solchen Lösung hätte Gorbatschow die Kontrolle über fast vierzig Prozent der nicht vom Militär kontrollierten Industrie erlangt und wäre damals bereits in die oberste Führungsriege aufgestiegen. Wenngleich es dazu nicht kam, so prägten sich den Namen Gorbatschow daraufhin innerhalb der Nomenklatura auch diejenigen ein, die bislang nicht sonderlich von ihm Notiz genommen hatten.

Wie man sieht, dachte Gorbatschow Ende der siebziger Jahre noch ganz im Sinn der gängigen Logik, anstehende Probleme nicht mit Dezentralisierung, sondern mit gestraffter Zentralisierung zu lösen. Möglicherweise war sein Besuch in Kanada 1983 ein Schlüsselerlebnis, um sich eines anderen zu besinnen, und zwar in zweierlei Hinsicht: Zum einen beeindruckte ihn die unvergleichlich höhere Produktivität der kanadischen Landwirtschaft, deren klimatische Bedingungen der sowjetischen am nächsten kommen. Zum anderen kam es in Kanada zum intensiven Gedankenaustausch mit dem dortigen sowjetischen Botschafter, Alexander Jakowlew, den Breschnew 1973 wegen kritischer Äußerungen nach Ottawa abgeschoben hatte.

Die Eindrücke, die Gorbatschow in der Landwirtschaft gewann, vor allem darüber, daß Farmer subventioniert werden müssen, um mit ihrer Überproduktion zu Rande zu kommen, hat er in seinen *Erinnerungen* niedergelegt.[1] Über seine Gespräche mit Jakowlew hat er darin nicht berichtet. Von Jakowlew wissen wir aber, daß sie sich auf die Notwendigkeit tiefgreifender *Veränderungen in der Sowjetunion* bezogen. Jakowlew hat später unter Hinweis auf diese Gespräche sogar behauptet, er sei der geistige Urheber der Perestroika gewesen, die Gorbatschow nach seinen Plänen in die Tat umzusetzen suchte. Wie dem auch sei, Gorbatschow sorgte jedenfalls sofort nach seiner Rückkehr für Jakowlews Ernennung zum Direktor des *Instituts für Weltwirtschaft und Internationale Beziehungen* (IMEMO) in Moskau. Und Jakowlew wurde zu einem wichtigen Berater Gorbatschows.

Wäre Gorbatschow Anfang der achtziger Jahre nicht nach Kanada, sondern nach China gefahren, so hätte er dort ein damals noch gut funktionierendes Modell für mögliche Reformen besichtigen können. In China hatte unter verschleiernden Parolen seit 1980 eine abgestufte Reprivatisierung der Landwirtschaft stattgefunden. Sie hatte nach drei Ernten dazu geführt, eine riesig angewachsene Bevölkerung, die drei Jahrzehnte lang unter den Bedingungen sozialistischer Mißwirtschaft gedarbt hatte, ausreichend mit Nahrungsmitteln zu versorgen. Solche Wunder vollbrachte die in Form von Erbpachtverträgen erfolgte Rückgabe des Landbesitzes an die bäuerlichen Familien. In der Sowjetunion gab es in der Nomenklatura nur wenige, die einen solchen Gedanken hätten fassen können.

Die Sowjetunion wurde durch den Rüstungswettlauf im industriegesellschaftlichen Stadium festgehalten. Das hat ihr Schicksal besiegelt und das Ende ihrer Tage herbeigeführt. Die verantwortlichen sowjetischen Akteure, voran Breschnew und sein Verteidigungsminister Ustinow, haben das nicht registriert. Hätte man es ihnen gesagt, hätten sie eine solche Botschaft hohnlachend von sich gewiesen. *Quantitativ* wies die sowjetische Wirtschaft noch immer ein beachtliches Wachstum auf. Auf eine Verbesserung der privaten Versorgung hat sich dieses Wachstum ebenfalls ausgewirkt, wenngleich der Löwenanteil von der Rüstungswirtschaft absorbiert wurde. *Qualitativ* hat man es für eine Verbesserung ausgegeben, daß immer mehr Kosmonauten auf eine Umlaufbahn um die Erde befördert wurden – wovon sich die Verbraucher freilich nichts kaufen konnten. Insgesamt hat die Waffenproduktion die sowjetische Ökonomie lediglich immer stärker militarisiert, ohne an der strukturellen wirtschaftlichen Stagnation etwas zu ändern. Der Kommerzialisierung des Militärischen in den Vereinigten Staaten stand die Militarisierung des Ökonomischen in der Sowjetunion gegenüber. Mit der Kommerzialisierung des Militärischen ging in den USA zudem die zweite industrielle Revolution einher, während die Militarisierung des Ökonomischen in der Sowjetunion das Land an seine strukturelle Rückständigkeit fesselte.

Historische Vergleiche westlicher und sowjetischer Industrialisierung auf Grund statistischer Langzeitreihen wurden weder im Westen noch im Osten der Politik zugrunde gelegt, wenn sie überhaupt angestellt wurden. Mit ihrer Hilfe hätte man frühzeitiger erkennen können, daß sich die Sowjetunion zu einem Koloß auf tönernen Füßen entwickelt hatte. Als Gorbatschow sich mit Jakowlew in Kanada darüber verständigte, daß ohne Kursänderungen nicht mehr auszukommen sei, war es mehr als zwei Jahrzehnte zu spät – unterstellt, zu Beginn der Chruschtschow-Zeit sei eine Korrektur noch möglich gewesen. Das Schiff war aus dem Ruder gelaufen. Durch bloßes Umdisponieren der Allokation von Ressourcen war nichts mehr auszurichten. Und für grundlegende Reformen des Systems fehlte es der sowjetischen Gesellschaft an den zivilisatorischen Voraussetzungen politischer und rechtlicher Art.

## Was kostet das Feindbild?

Vor der Sowjetzeit spielte sich das Leben in Rußland für 90 Prozent der Bevölkerung in der Agrargesellschaft ab. Über die ländlichen Verhältnisse Rußlands machte man sich in der westlichen Welt in der Zeit vor dem Ersten Weltkrieg kaum Gedanken. Meldungen und Berichte aus Rußland stammten aus den wenigen Zentren, vornehmlich aus Sankt Petersburg. Man interessierte sich für die Politik des Zarenhofes und nahm kommerzielle Nachrichten zur Kenntnis. Große Beachtung fand die russische Literatur. Russische Romane prägten deshalb das westliche Bild dieses Landes. Inwieweit diese vornehmlich literarischen Impressionen nach der Oktoberrevolution von 1917 durch die Berichte über Sowjetrußland, durch Schilderungen von Emigranten, durch sowjetische Propaganda und durch die politische Literatur der *fellow travellers,* aber auch durch die massive antisowjetische Agitation eine Veränderung erfahren haben, ist bis zum heutigen Zeitpunkt zu großen Teilen noch unerforscht.

Wir wissen aus vielen sowjetischen Quellen von dem geistigen Aufatmen, das die Sowjetherrschaft anfänglich mit sich brachte. Vor allem auf die Menschen im Hinterland der Sowjetunion wirkte die Erneuerung befreiend. Die Prägung der Menschen durch die orthodoxe Kirche verlor an Kraft, denn mit der Vermittlung von Bildungsgütern durch ein geregeltes Schulsystem erfolgte eine gezielte atheistische Propaganda und Diffamierung der Religion. Die Ablösung des Althergebrachten durch das Neue schien eine Frage der Generationen zu sein. Gorbatschow beschreibt das für seine Familie. »Im Haus meines Großvaters ... sah ich in einem grob gezimmerten Regal zum ersten Mal gewisse dünne Broschüren. Es waren Werke von Marx, Engels und Lenin, die in jener Zeit in Fortsetzungen verlegt wurden, und auch die ›Grundlagen des Leninismus‹ von Stalin sowie Reden und Aufsätze von Kalinin standen dort. Gleichwohl hing in einer Ecke der guten Stube weiterhin eine Ikone mit einem Öllämpchen davor, da die Großmutter tief gläubig war, während unter dem Heiligenbild auf einem selbstgefertigten Tischchen Portraits von Lenin und Stalin prangten. Diese ›friedliche Koexistenz‹ der beiden Welten machte den Großvater keinesfalls verlegen... Im Dorf erfreute er sich großer Autorität. Sein Lieblingsspruch war: ›Das Wichtigste für einen Menschen ist passendes Schuhwerk, damit es die Füße nirgendwo drücke.‹ Und das meinte er nicht nur im Scherz.«[2]

Die Verhaftung dieses rührenden Mannes, der während der Großen Säuberungen angeklagt wurde, Leiter einer rechtstrotzkistischen konterrevolutionären Organisation zu sein, erschütterte den jungen Gorbatschow tief und nachhaltig. Im Dorf wurden die Familienmitglieder danach wie Aussätzige behandelt. Ein einziges Mal hörte er den Großvater über die Qualen und Folterungen berichten, die jener erlitten hatte – am Abend seiner Rückkehr. Während seiner gesamten Amtszeit konnte Gorbatschow die inneren Hemmungen nicht überwinden, sich über dieses Geschehen durch Anforderung der entsprechenden Akten aufzuklären; schließlich tat er es nach seinem Rücktritt. Dabei verschaffte er sich auch Einsicht in die Akten des Großvaters seiner Frau Raissa, der verhaftet, angeklagt und erschossen worden war – unschuldig, wie sich zeigte. Seinen eigenen Großvater hatte ein bloßer Zufall gerettet. Als Gorbatschow als letztes Oberhaupt des Sowjetstaats auf seine erste Begegnung mit diesem Staat zurückblickte, mußte er konstatieren, daß sich seine letzten Erfahrungen mit ihm so ausnahmen, wie seine ersten – erschütternd.

Gesellschaften verbrauchen nicht nur Güter, sondern auch Anschauungen. Sie wechseln ihre Leitphilosophien; geistige Strömungen kommen auf und verebben wieder. Schriftsteller reüssieren und werden vergessen. Nur modische Kleidung veraltet noch schneller als modisches Denken. Theorien kommen und gehen. Das ist für Gesellschaften, deren Lebensformen dem Wandel durch die Technik unterliegen, völlig normal. Die sowjetische Gesellschaft entwickelte sich demgegenüber alles andere als normal. Sie blieb einer Grundphilosophie verhaftet. Diese stammte aus der Tiefe des 19. Jahrhunderts, ging auf die geistesgeschichtlichen Spekulationen Hegels zurück und hieß nach deren Umorientierung ins Materialistische: *Marxismus*.

Die geistigen Abenteuer der Sowjetunion reduzierten sich darauf, den Marxismus sieben Jahrzehnte lang als gedanklichen Leitfaden weiterzuspinnen. Von originärem Marxismus konnte dabei nicht einmal die Rede sein. Der Marxismus für den Hausgebrauch hieß *Leninismus*. Der wiederum ging nicht, wie man annehmen könnte, auf Lenin, sondern auf Stalin zurück, dessen Lehren und Ansichten unter diesem Titel veröffentlicht wurden. Nach Stalins

Tod hieß die offizielle Doktrin nur noch *Marxismus-Leninismus.* Über die haarspalterische Pflege der Ideologie ließe sich vieles berichten. Die oberste Führungscrew kümmerte sich, abgesehen vom jeweiligen Chefideologen, Suslow im besonderen, nicht um die Subtilitäten der ideologischen Tüfteleien und hatte allenfalls eine vage Vorstellung von den Klassikern des Marxismus. Selbst Breschnew ließ Klassikerzitate aus Redeentwürfen streichen, da er meinte, es glaube ihm doch niemand, davon etwas zu verstehen. Am Schluß definierte Gorbatschow die Ideologie nach seinen eigenen politischen Bedürfnissen als Variable eines übergeordneten Prozesses: »Die Ideologie des Sozialismus wird sich im Rahmen jenes Prozesses ausprägen, in dem unser Land in den allgemeinen Fortschritt der Zivilisation einbezogen wird.«[3] Das sagte alles und nichts.

Die Verbreitung der neuen Ideen, die zu Beginn der Sowjetzeit wie ein belebender Lufthauch das Land durchweht hatten, führte zu dogmatischer Verhärtung und nach einiger Zeit zum Ersticken jeglicher selbständigen geistigen Regungen. Der durchschnittlich gebildete Bürger der Sowjetunion war nicht in der Lage, die Akzentverschiebungen der ideologischen Aussagen mitzuvollziehen, die unter jedem neuen Generalsekretär der Partei zu schier endlosen Erörterungen in den Parteiorganen führten. Auf dem Ozean der ideologischen Wellenbewegungen schwammen nur zwei Orientierungsbojen, an die man sich halten konnte. Es gab den Marxismus-Leninismus und es gab Feinde des Sowjetstaates. Der Marxismus-Leninismus mußte für alles und jedes als Leitschnur dienen, und immer mußten Feinde aufgespürt und bekämpft werden. Mit dem Feindsyndrom hatte es eine eigenartige Bewandtnis. Es machte das System antiquiert und konservativ.

Kommunistische Führungen haben den seltsamen Hang, mit unablässiger Betonung bereits erfochtener Siege und ständigen Hinweisen auf geschlagene Gegner, die Eigenheiten des Überwundenen zu konservieren. Dadurch werden natürlich auch Vergleiche provoziert. Selbstredend erschien die bolschewistische Herrschaft nicht weniger autokratisch als die des Zaren. Stalins Schreckensregiment überbot allen Despotismus der immer wieder angeprangerten zaristischen Herrschaft. Das merkte jeder, doch war darüber tunlichst kein Wort zu verlieren; man hätte sich um Kopf und Kragen geredet. Die sowjetische Landwirtschaftsorganisation band die

Bauern bis 1954, als Chruschtschow sie im Zuge des Programms der Agrostädte den übrigen Sowjetbürgern gleichstellte, kaum weniger streng, als die Leibeigenschaft sie gefesselt hatte. Auch das sah jedermann. Die Propagandisten brachten das Alte, das Überwundene, in nie ermüdender propagandistischer Negation immer wieder in Erinnerung, als wäre es immer noch am Leben oder könne zum Leben zurückkehren. Warum mußte die siegreiche Sowjetmacht dauernd auf die Besiegten hinweisen? War sie sich ihres Sieges nicht sicher? Wie anders hätte sie sonst von ihrer ständigen Bedrohung und Anfeindung sprechen können? Dinge, die längst erledigt waren, etwa konterrevolutionäre Regungen und parteifeindliche Aktivitäten, blieben unentwegter Wachsamkeit anempfohlen und wurden so auf gespenstische Weise am Leben erhalten. Anfeindung wurde vom Regime mit sich geführt wie die Reliquie in einer Prozession. Sie bildete in der Ideologie einen dogmatischen Gegenstand von der Größenordnung teuflischer Versuchungen im Christentum. Je weniger sie aufzuspüren war, desto dramatischer kam sie ideologisch zur Geltung. Dieser Ideologie frönend, so Gorbatschows Aussage, ging die Sowjetunion zugrunde.

In der westlichen Welt sind allein seit dem Ende des 19. Jahrhunderts ein Dutzend Leitphilosophien, ein halbes Dutzend ökonomische Basistheorien, zwei Dutzend Kunst- und Literaturstile konsumiert worden. In der Sowjetunion gab es *eine* ökonomische Theorie. Es herrschte *ein* Kunststil, der sozialistische Realismus. Die Lektüre der Memoiren von Schostakowitsch belehrt über die Qualen, die jemand auszustehen hatte, der die Gestaltungsmöglichkeiten der internationalen Musikwelt in seine Kompositionen einzubeziehen suchte. Riesige Propagandakampagnen wurden bis 1953 entfacht, um den sogenannten *Kosmopolitismus* seiner Kompositionen zu überwinden und sein Schaffen wieder den Maßstäben des sozialistischen Heimatlandes anzupassen. *Schwanensee* in Spitzenröckchen auf die Bretter zu zaubern, erschien vielen Funktionären genug der künstlerischen Emphase. Die hagere Gestalt des Chefideologen Suslow konnte gleichsam als Symbol der Enthaltsamkeit und Askese gegenüber allen kulturpolitischen Bereicherungen angesehen werden.

Wie läßt sich am besten Verständnis dafür gewinnen, daß die sowjetische Entwicklung zivilisatorisch in die falsche Richtung ging? Die Sowjetunion hatte nach den Zerstörungen des Zweiten Weltkrieges in kürzester Zeit vermocht, mit Kernwaffen, Trägerraketen, Weltraumaktivitäten, Atom-U-Booten und modernsten Kampfflugzeugen aufzutrumpfen. An Intelligenz zur Hervorbringung wissenschaftlicher und technischer Spitzenleistungen mangelte es nicht. Es existierte ein großartiges Potential an Verstand, Organisationstalent und an Fähigkeit, Theorien in Praxis umzusetzen. Die Supermacht hätte sich andernfalls machtpolitisch nicht so bewähren können, wie sie es tat. Dennoch ergaben sich Disproportionen zwischen diesen spezifisch wissenschaftlichen und technischen Einzelleistungen und dem Zuschnitt des Systems im ganzen, die den Untergang bedeuteten. Woher kamen diese Disproportionen?

In der Sowjetunion bestand nicht nur eine Diskrepanz zwischen einzelnen hervorragenden Spitzenleistungen und allgemeinem Leistungsstand von Wirtschaft und Gesellschaft, sondern im Vergleich zum Westen auch ein genereller Mangel an allgemeinen Zivilisationsgütern. In den westlichen Nationen gab es eine gemischt horizontale und vertikale Bewegung – die horizontale Bewegung als Wanderung vom Land in die Städte und die vertikale Bewegung als sozialen Aufstieg. So wurde die Gesellschaft mit den elementaren Kulturtechniken der Moderne vertraut. Die Menschen lernten allesamt Lesen, Schreiben, Rechnen. Lektüre wurde Allgemeingut, und literarische Inhalte wurden zum inneren Erlebnis der Individuen. Das verlieh Selbstbewußtsein, geistige Selbständigkeit, förderte Einfallsreichtum und Phantasie.

Die Städte machen mit öffentlichen Einrichtungen bekannt. Dazu zählen Verwaltungen, Verkehrsbetriebe und Einrichtungen der Kranken- und Altersversorgung. Das Stadtleben stiftet die Anbindung an Versorgungsnetze für Elektrizität, zentrale Wasserversorgung und Abwasserentsorgung. Es macht die Menschen, die vom Land kommen, mit verfeinerter Hygiene, mit häuslichen sanitären Einrichtungen vertraut und stimuliert die individuelle Körperpflege. So wird eine Nation in den allgemeinen Fortschritt der Zivilisation einbezogen, der natürlich ein kostspieliger Prozeß ist. Diese Ausgaben wurden im Westen zeitlich gestreckt. Es waren keine Kapitalinvestitionen für produktive Zwecke, sondern mehr als das, Kultur- und Zivilisationsinvestitionen. Aber auch sie wirkten sich produktiv aus, weil sie das Humankapital weiter entwickelten.

Sozialer Wandel verstärkt zwar die Siedlungsdichte, verdichtet aber nicht notwendig auch die zwischenmenschlichen Kontakte. Der Umgang der Menschen untereinander wird vielmehr zunehmend anonymer. Die notwendige Arbeitsdisziplin der Industrie bringt zwar neuartige Zwänge mit sich, aber die dabei ausgeübte soziale Kontrolle ist nicht mehr so persönlich wie auf dem Dorf – und das schafft neue Freiheitsräume. Daher der Slogan, Stadtluft macht frei. In allen Hochkulturen vorindustrieller Zeit hat es, alle Gewerbe eingerechnet, nie mehr als drei- bis fünfhundert Berufe gegeben; während der Industrialisierung steigt deren Zahl auf zehn- bis zwölftausend. Das bringt zuvor unbekannte soziale Gefüge und Kommunikationsbereiche hervor. Außerdem führt die Berufstätigkeit von Frauen zu veränderten Verhaltensformen zwischen den Geschlechtern. Wanderung *und* Wandel bilden die Essenz der Urbanisierung. Mit der Zeit bildet sich der Menschentypus des Städters heraus, dem die Stadt zur Heimat wird.

Die *Verstädterung* läßt sich an Hand von Einwohnerstatistiken belegen. Die statistischen Kriterien sind zwar von Land zu Land unterschiedlich, da willkürlich festgelegt werden muß, ab welcher Einwohnerzahl eine Ansiedlung als Stadt gilt, aber nichtsdestotrotz sind die Zahlen ein eindeutiges Maß. Die *Urbanisierung* hingegen ist schwierig zu messen. Neben der bloßen Zahl urbaner Einrichtungen muß auch deren Qualität und Stabilität berücksichtigt werden. Goldgräberstädte, die für kurze Zeit modern wirken, kennzeichnen noch keine Urbanität. Zur Urbanisierung gehört die Beständigkeit und Güte der städtischen Einrichtungen. Ihren Gesamtkostenaufwand kennt niemand so recht, nicht nur, weil er sich über lange Zeiträume verteilt, sondern auch deswegen, weil niemand für dessen Erfassung zuständig ist.

Im Blick auf die globalen Konstellationen unserer Tage verliert überdies der bisherige Notbehelf, Urbanisierung an Hand von Verstädterung zu messen, durch die geradezu stürmische Migration in den Entwicklungsländern noch mehr an Wert. Die Verstädterung geht in vielen Entwicklungsländern mit einer zunehmenden Verslumung einher. Diese bedeutet weitgehend sogar das Gegenteil von Urbanisierung, nämlich blanke Agglomeration von Menschenmassen und ist mehr destruktiv als konstruktiv: Es ist nur noch *Metropolisierung*, d.h. Verstädterung *ohne Urbanisierung*.

Die Verstädterung in der Sowjetunion war weder das eine noch das andere. Das Anwachsen der Stadtbevölkerung ging in der Sowjetunion nicht mit einer angemessenen Urbanisierung einher, bedeutete aber auch keine bloße Metropolisierung. Verstädterung paarte sich mit dürftiger Urbanisierung. Die Agglomeration schritt zwar schneller voran als die Urbanisierung, führte aber nicht zur Slumbildung, wenngleich die Wohnungsnot skandalös war und in den Städten der Sowjetunion zu enormen gesellschaftlichen Belastungen führte. Abbildung 4 zeigt den generellen Verlauf des Zugs in die Städte und den unterschiedlichen Stand der Dinge in Ost und West sowie in einigen Entwicklungsländern.

Bildlich gesprochen: Der Zug der Bevölkerung fährt unter einem ungeheuren Kostenaufwand in die Städte. In den USA hatte der Zug etwa um 1870 die Hälfte der Strecke hinter sich gebracht. Die Sowjetunion traf mit neun Jahrzehnten Verspätung auf demselben Bahnhof ein. Zu diesem Zeitpunkt war der Zug in den USA quasi

**Urbanisierungsprozeß**

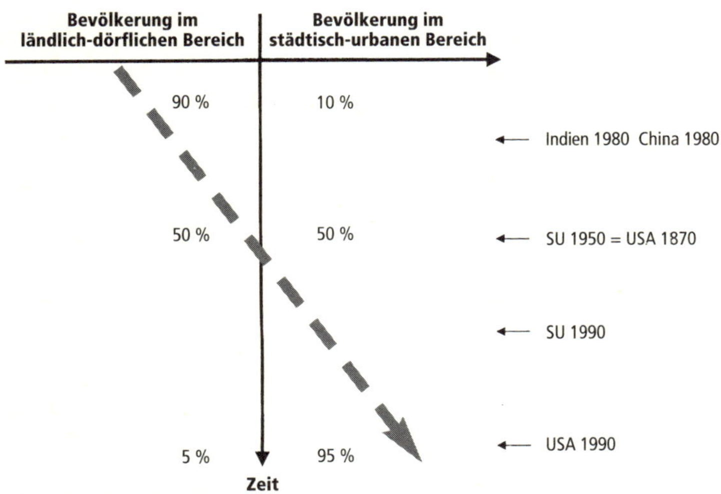


Abbildung 4: Schematische Darsrtellung der Wanderung des Bevölkerungspotentials vom Land in die Städte unter Modernisierung der Lebensweise. Die Sowjetunion wies erst 1950 einen Stand von Urbanisierung auf, den die USA bereits 1870 erreicht hatten.

bereits auf der Endstation angekommen. Die Sowjetunion kam nicht über drei Viertel der Strecke hinaus. Inzwischen hat sie sogar einige Stationen zurückgesetzt. Das ist die russische Situation heute.

Die *Kosten der Wanderung* vermag das Schema nicht zu erfassen. Um sie einzuschätzen, ist freilich noch ein weiterer Faktor hinzuzudenken, das *Bevölkerungswachstum*. Alle Industrialisierungsprozesse sind mit einem Wachstum der Bevölkerung verbunden. Wenn aber die Bevölkerungszahl steigt, verlangt das auch größere materielle Aufwendungen. Für die Urbanisierung bleibt aus diesem Grund weniger übrig. In den USA wuchs die Bevölkerung zwi-

**US-Regierungsausgaben 1940 – 1996**
in 1000 Milliarden Dollars

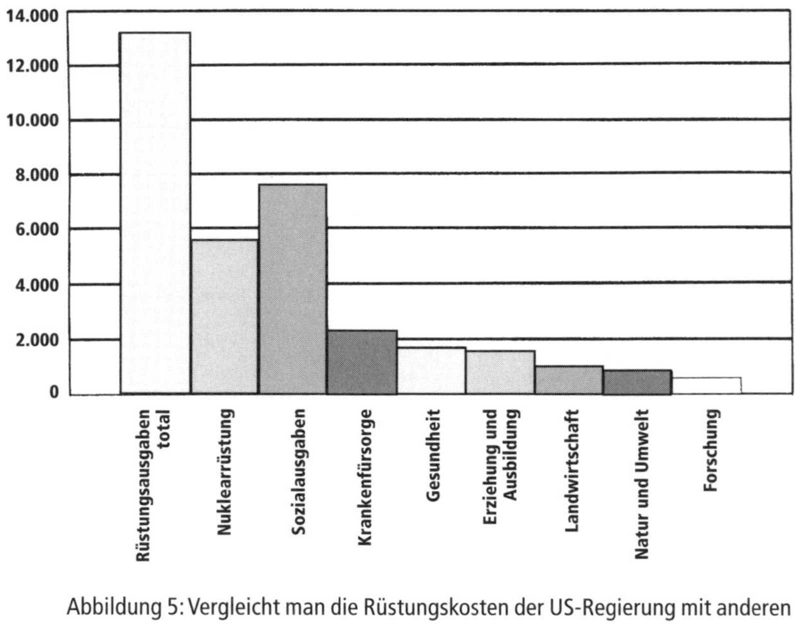


Abbildung 5: Vergleicht man die Rüstungskosten der US-Regierung mit anderen Ausgabenposten, so ermißt man die ungeheure ökonomische Belastung des Wettrüstens, in dem die Sowjetunion an materiellem Wert gleich viel aufgeboten hat wie die USA, wobei die Sowjets ihr ohnehin beschränktes Wirtschaftspotential so schwächten, daß die UdSSR letztlich daran zugrunde ging. Daß die sowjetischen Weltmachtkosten, die nicht exakt zu beziffern sind, untragbar waren, lehrt dieser indirekte Vergleich.

schen 1950 und 1990 von 200 auf 250 Millionen um insgesamt 50 Millionen, in der Sowjetunion dagegen im selben Zeitraum um 80 Millionen, nämlich von 210 auf 290 Millionen. Man muß sich deshalb fragen, welche Kalkulation einem Mann wie Chruschtschow die Kühnheit verliehen hat, ein Einholen des Lebensstandards der USA bis zum Jahr 1980 zu verkünden.

War bereits das zeitliche Zusammentreffen von Verstädterung plus Bevölkerungsvermehrung für die Sowjetunion eine enorme Belastung, so kam unter den Bedingungen des Wettrüstens eine Bürde hinzu, die von vornherein mit Urbanisierungsdefiziten erkauft werden mußte.

Da sich der Rüstungsaufwand der Sowjetunion insgesamt nicht in Geldgrößen ermitteln läßt, kann man lediglich von den US-Aufwendungen auf das zurückschließen, was es für die Sowjeutunion insgesamt gekostet haben mag, mit den USA auf dem Waffensektor gleichzuziehen. Stephen I. Schwartz hat 1998 in einem von der Brookings-Institution herausgegebenen Bericht *Atomic Audit* alle Ausgaben der US-Regierung für die Zeit von 1940 bis 1996 aufgelistet (Abbildung 5). [4]

Was für die USA als reiche Supermacht ohne Störung des wirtschaftlichen Wachstums an Kosten anfiel, mußte sich die arme Sowjetunion aus ihrem mageren Wirtschaftskörper durch Verzicht auf die Realisierung ihrer zivilen Entwicklungsaufgaben herausschneiden. Bei den ohnehin bereits gegebenen Urbanisierungsdefiziten bedeutete das für die Sowjetunion eine enorme Einbuße.

Für Vergleichszwecke ist es angeraten, lediglich die Kosten der Nuklearrüstung (mit einem Anteil von 5481 Milliarden US-$ mit dem Dollarwert von 1996) zu berücksichtigen, weil die Aufwendungen für die Armee und Rüstung im ganzen für Besoldung und Gerätewartung in den USA ungleich höher lagen. Bei der Nuklearrüstung ist die Systemanalogie am größten. An Produktenwert hat die Sowjetunion hierin nicht weniger aufwenden müssen als die USA. Die Autoren des *Atomic Audit* stellten fest, daß die Trägersysteme für nukleare Sprengköpfe das meiste Geld verschlungen haben. Entwicklung und Bau von Interkontinentalraketen, Mittelstreckenraketen, Cruise-Missiles, Atom-U-Booten, Fernbombern samt deren Ortungs-, Zielführungs- und Kommandosystemen haben mehr als die Hälfte des nuklearen Rüstungsaufwands ausgemacht. Ein Löwenanteil von ca. 3200 der insgesamt 5481 Milliarden Dollar entfiel in den USA allein auf diesen Bereich der Rüstung. Die Sowjetunion mußte den gleichen Aufwand treiben. Selbst wenn man annimmt, bei den Sowjets seien durch eine geringere Typenvielfalt und eine weniger ausgeprägte Konkurrenz der einzelnen Teilstreitkräfte Kosten eingespart worden, der Gesamtaufwand für die atomare Rüstung kann kaum unter dieser Summe gelegen haben. Denn in der Bereitstellung dieser Waffensysteme war die Sowjetunion auf gleicher Höhe mit den USA.

Umgerechnet auf die materiellen Ressourcen der Sowjetunion, handelt es sich um eine riesige Summe. Die Sowjetunion hat ihre Zukunft und das Wohlergehen ihrer Bürger der irrwitzigen Illusion geopfert, der Sozialismus könne sich als Weltsystem durchsetzen. Die Kosten für die Aufrechterhaltung des Feindbildes, das man sich seit Lenins Zeiten gemacht hatte, überstiegen jedes vernünftige Maß. Zusammen mit den Stationierungskosten sowjetischer Truppenverbände in den Ostblockstaaten, den Kosten der Bewachung einer 7000 Kilometer langen Grenze mit China, Persien und Afghanistan, deren Befestigung der innerdeutschen Grenze glich, plus den Ausgaben des Krieges in Afghanistan und den Rüstungsexporten in zahlreiche Länder der Dritten Welt mutet es fast unverständlich an, daß der Zusammenbruch nicht bereits früher eintrat.

Westliche Analytiker, die sich in der Zeit des Kalten Krieges intensiv mit der Erforschung der ökonomischen Zusammenhänge in der Sowjetunion beschäftigten, haben in den siebziger Jahren ökonometrische Modelle entwickelt, die mittels sogenannter *dollar cost comparisons* den Schluß erlaubten, daß sich die Sowjets mit ihrer Rüstung überbürdeten. Wir werden auf diese Kalkulationen später noch eingehend zu sprechen kommen. Mit den offiziellen sowjetischen Angaben waren die westlichen Rechnungen damals nicht in Einklang zu bringen. Inzwischen sind diese Differenzen durch Gorbatschows *Erinnerungen* aufgeklärt.

Gorbatschow tastete sich seit Herbst 1977 auf Umwegen und von einem ganz anderen Ansatzpunkt her an das gleiche Problem heran. Er wollte eine Denkschrift über Agrarpolitik verfassen und vertiefte sich 1980 in Methoden zur Errechnung des Nationaleinkommens, »da ich davon ausging, daß eben dort *der Hund begraben* liege«, wie es in seinen Memoiren heißt. Als er sich 1982 freilich zusammen mit seinem Politbürokollegen Ryschkow vom damaligen Parteichef Andropow einige Angaben über den Staatshaushalt erbat, lachte der erste Mann nur: »Da verlangt ihr ein bißchen viel. An den Haushalt lasse ich euch nicht ran.« [5]

Die westlichen Analytiker waren seinerzeit, wie sie heute bei Gorbatschow nachlesen dürfen, besser informiert als selbst Politbüromitglieder in Moskau: »Viele *Geheimnisse* des Staatshaushalts wurden streng gehütet und mit einigen wurde ich erst kurz vor meinem Rücktritt vom Posten des Präsidenten vertraut.« Und weiter: »Das wichtigste dieser *Geheimnisse*, daß nämlich der Haushalt *voller Löcher* war, war mir allerdings bekannt. Er wurde stets auf Kosten der staatlichen Banken subventioniert, das heißt auf Kosten der Ersparnisse der Bürger und um den Preis einer höheren Inlandsverschuldung. Offiziell hingegen verbreitete man, die Einnahmen überträfen die Ausgaben, die Bilanz sei glänzend.« [6]

In einem kleinen Kaptitel mit dem Titel *Tabuzonen* offenbart Gorbatschow, von welcher geradezu abenteuerlichen Ahnungslosigkeit selbst Angehörige der obersten Führungsschicht des Sowjetimperiums blieben und wie die Weltmacht von einer verschworenen Crew gelenkt wurde, »weil nur zwei bis drei Personen an Informationen über den militärisch-industriellen Komplex gelangen konnten«.[7] Wenngleich westliche Sowjetexperten damals sachlich recht gut über die Sowjetunion Bescheid wußten, so hätte niemand im Westen anzunehmen gewagt, daß in der Sowjetunion nicht einmal alle Politbüromitglieder über eine genaue Kenntnis der Rüstungsausgaben verfügten. Gorbatschow schreibt darüber in mehreren Passagen:

»Von jeher unterlagen alle Angaben, die Ausgaben für militärische Zwecke und überhaupt die Lage der Armee, den Zustand der Forschungen im militärisch-industriellen Komplex und Informationen darüber betrafen, inwieweit die Finanz- und Materialressourcen zu Verteidigungszwecken genutzt wurden, absoluter Geheimhaltung. Nicht einmal den Mitgliedern des Politbüros war dergleichen vollständig bekannt, ja im Grunde blieben sie so etwas wie Erfüllungsgehilfen, wenn sie ihre Unterschrift unter ›streng geheime‹ Beschlüsse setzten, ohne das Recht zu haben, irgendwelche Fragen zu stellen. Ustinow beispielsweise, der den Verteidigungsbereich lange Jahre betreute, übte eine Art Monopol in Sachen der Militärpolitik aus. Außer Breschnew wagte es kein Mitglied des Politbüros, sich dafür auch nur zu interessieren, geschweige denn Informationen anzufordern.«

»Der Außenhandel bildete eine weitere ›Tabuzone‹, im besonderen, was Rüstungslieferungen betraf. Ähnliches galt für den Handel mit Getreide, Erdöl, Erdgas und Metall. In ausländischen Nachschlagewerken fand man über alle diese Bereiche ausführliche und präzise Angaben, bei uns hingegen hütete man diese Informationen vor der Öffentlichkeit, als handele es sich um Staatsgeheimnisse.«

»Gänzlich jenseits von Information und Kritik stand schließlich auch das KGB. Das Äußerste, was von dort zu vernehmen war, war eine knappe Meldung über die Ausweisung eines Spions oder über Verbindungen eines Dissidenten mit einem ›imperialistischen‹ Geheimdienst. Überhaupt deckte man nahezu die gesamte Statistik mit dem Mantel des Schweigens zu. Angaben über die Wirtschaft, über soziale Belange, Kultur und Demographie wurden ausschließlich auf Grund eines besonderen Beschlusses des ZK und stets nur mit größeren Aussparungen veröffentlicht, vor allem was Fragen der allgemeinen ›Lebensqualität‹ betraf. Nicht anders war es in den Bereichen Kriminalität und Medizin: Das Wissenswerte wurde unter sicherem Verschluß gehalten.«

»Aber nicht nur der Rüstungsetat, sondern auch der Staatshaushalt war in seinen realen Dimensionen ein Geheimnis. Das Haushaltsdefizit wurde der Gesellschaft vorenthalten; Millionen von Sparern ahnten nicht einmal, daß zur Absicherung des Haushalts rechtswidrig der Sparkasse Mittel entlehnt wurden. Und wer wußte schon, daß der Zuwachs des Verteidigungsetats seit vielen Jahren anderthalb-, ja zweimal höher war als das geplante und das reale Wachstum des Nationaleinkommens!«

»Daher bediente man sich folgender Prozedur: Den Deputierten des Obersten Sowjets der UdSSR wurde der Entwurf für den Staatshaushalt beschlußreif präsentiert. Er enthielt den Posten ›sonstige Ausgaben‹, für die hundert bis hundertundzwanzig Milliarden Rubel veranschlagt wurden. Doch niemand von den Volksvertretern wagte es zu fragen, was diese ›sonstigen Ausgaben‹ eigentlich zu bedeuten hätten. Dabei handelte es sich um ein Fünftel des gesamten Etats – kein Pappenstiel also.«[8]

Tatsächlich sind einige Experten in der westlichen Welt im Vergleich zu den sehr spät erworbenen Kenntnissen Gorbatschows bei der Erforschung der sowjetischen Belange von beachtlicher Treffsicherheit gewesen, ohne daß ihnen Originalunterlagen zur Verfügung gestanden hatten. Interessant ist freilich, daß deren Einsichten von der politischen Klasse im Westen kaum geteilt, wenn überhaupt zur Kenntnis genommen wurden. Auf diesen Tatbestand wird im Verlauf der Betrachtung ebenfalls noch einzugehen sein.

Unter Breschnew wurde das Sowjetsystem rüstungstechnisch zugrunde gerichtet. Gorbatschow hat dafür deutliche Worte gefunden, und es ist aufschlußreich, eine weitere Passage von ihm zu lesen: »Es hat wohl einen Zeitpunkt gegeben, zu welchem der Generalsekretär und die politische Führung hätten erwägen müssen, wohin die Steigerung des Militärpotentials und der Rüstungswettlauf mit den Vereinigten Staaten führen würden, wuchsen doch in den letzten Planjahrfünften die Militärausgaben anderthalbmal, ja doppelt so schnell wie das Nationaleinkommen. Dieser Moloch verschlang alles, was um den Preis harter Arbeit und schonungsloser Ausbeutung eines Produktionsapparates erzielt wurde, der dabei auch noch völlig verschlissen wurde und besonders im Maschinenbau sowie in den extraktiven Industriezweigen einer Modernisierung bedurft hätte.

Es gab aber keine Möglichkeit, das Problem zu analysieren. Alle Zahlen, die den militärisch-ökonomischen Komplex betrafen, wurden selbst vor den Mitgliedern des Politbüros strengstens geheimgehalten. Kaum hatte jemand auch nur eine Silbe darüber verlauten lassen, daß ein Rüstungsbetrieb unbefriedigend arbeite, fiel Ustinow schon wie ein Habicht über den ›unreifen Kritikaster‹ her, und niemand im Politbüro besaß den Mut, sich ihm zu widersetzen.« So nahm die Krise, wie Gorbatschow betont, mit der Zeit »besorgniserregende Ausmaße an. Einen Ausweg konnten nur neue Lösungen in der Außenpolitik, vor allem aber ein Dialog mit den Amerikanern bieten, und vorerst kam dergleichen nicht zustande. Die Führung des Landes besaß keine Strategie, um den neuen Bedürfnissen Rechnung zu tragen; alles lief im trägen Trott der alten Politik dahin. Wir machten es wie ein Feuerwehrauto, das dorthin sauste, wo Rauch aufstieg. Doch Brandgeruch kam bereits aus vielen Regionen und Lebensbereichen der Gesellschaft.« [9]

Nicht nur der Urbanisierungsprozeß, auch die Versorgung der Bevölkerung hatte unter der Rüstung zu leiden. Einen zusammenfassenden Eindruck geben darüber die Statistiken über die Lebenserwartung in der Sowjetunion. Sie bringen die sowjetische Misere in geradezu bestürzender Weise zum Ausdruck. Die sowjetische Führung hat ihren Bürgern nicht nur die zivilisatorischen Segnungen eines Rechtsstaates und die materiellen Beglückungen eines wachsenden Bruttosozialprodukts, den Wohlstand also, vorenthalten, sondern sie mutete ihnen einen Lebensstandard zu, der ihnen im Vergleich zu allen andern Nationen auf der Erde die Lebenszeit stahl.

Nach dem Zweiten Weltkrieg stieg überall auf der Welt die Lebenserwartung, und zwar in den reichen Ländern des Westens ebenso wie in den armen und ärmsten Entwicklungsländern. Es gab aber auf dem ganzen Planeten nur eine Nation, in der die Lebenserwartung nicht nur stagnierte, sondern rückläufig war, und das war die Sowjetunion.

Da man sich von dem Feinbild nicht zu lösen vermochte, durften die Bürger der Sowjetunion – und in einem statistisch faßbaren Ausmaß auch die Bürger der sowjetisch beherrschten Staaten des Ostblocks – an den überall in der Welt zur Auswirkung kommenden Fortschritten der Medizin, der pharmazeutischen Chemie, der Hygiene, der Gesundheitsfürsorge und Altersversorgung nur begrenzt teilnehmen. Während in den Ostblockstaaten die Lebenserwartung nicht zunahm, ging sie in der Sowjetunion sogar zurück. Selbstredend wirken sich in den sowjetischen Statistiken auch die Folgen von Stalins Terrorsystem, die Konsequenzen der sowjetischen Arbeitslager, die Opfer des deutschen Überfalls und der Zerstörungen durch den Krieg sowie die katastrophalen Umweltschäden aus. Daß sich aber nach dem Zweiten Weltkrieg jahrzehntelang nichts zum Positiven wendete, war der Preis, den die Menschen für den machtpolitischen Wahnsinn zahlen mußten. Unter Jelzin ist die durchschnittliche Lebenserwartung in Rußland noch weiter gesunken.

## Die Moral in der Geschichte

Die Erörterung der Frage, warum die Französische Revolution im Terror mündete, füllt ganze Bücherregale. Die Problematik, warum in der Sowjetunion Stalins Terrorregime entstanden ist, hat ebenfalls mannigfaltige Ausdeutungen erfahren. Diverse Vermutungen, die über Stalins Beweggründe geäußert wurden, entbehren der wünschenswerten beweiskräftigen Zeugnisse. Zahlreiche Dokumente, die möglicherweise direkten Aufschluß über Stalin geben können, liegen noch immer im Präsidentenarchiv in Moskau mit dem Vermerk »Sonderakte« – der Kennzeichnung für die höchste Geheimhaltungsstufe – dem Zugriff verwehrt. Oleg Chlewnjuk hat mit seiner Untersuchung: *Das Politbüro. Mechanismen der Macht in der Sowjetunion der dreißiger Jahre*, die 1996 erschien, und zuvor in dem 1995 zusammen mit Oleg Naumow herausgegebenen Band: *Stalin. Briefe an Molotow. 1925 – 1936*, auf Grund von Akteneinsicht das Dunkel etwas lichten können. Stalins Briefe, die weitgehend Molotows Moskauer Aktivitäten von Sotschi aus dirigierten, erlauben einen Einblick in die Sphäre herrschaftspolitisch intimer Regungen des Diktators. In Erinnerung an die Millionen Opfer von Stalins Terror hat Robert C. Tucker in seiner Einführung zu der englischen Ausgabe der Briefe Stalin kurz und bündig »zusammen mit Hitler als einen der beiden größten Einzelverbrecher der Weltgeschichte« bezeichnet.[10] Wir haben uns hier der Frage zu stellen, warum der russische Zweig der marxistisch inspirierten Arbeiterbewegung mit seiner durch die Oktoberrevolution zur Macht gekommenen bolschewistischen Fraktion alles das, was ursprünglich sozial verantwortlich und moralisch gerechtfertigt begann, zum absolut Bösen wenden konnte.

Die Moral belehrt über die Balance von eigenen Antrieben und sozialen Rücksichten. Das Sittliche befähigt dazu, diese Balance zu halten. Diese Fähigkeit wird jedem in der Familie und in deren weiterem sozialen Umfeld durch Wort und Tat, Belehrung und Vorbild, Belobigung und Verpönung vermittelt. Die Erörterung des anerzogenen Moralischen hat als Lehre von der Sittlichkeit in der Ethik eine eigene Disziplin erhalten. Gutes und Böses wird dabei immer wieder problematisiert, um es neuen Gegebenheiten so anzupassen, wie sie im Leben des einzelnen und der Gesellschaft auftauchen. Die kulturspezifische Moral, die früher religiös und ethisch vielfach verabsolutiert wurde, ist im Lauf der Geschichte durch die immer weitgehendere Berührung und Vermischung der Kulturen und vor allem seit dem Beginn der Industrialisierung relativiert worden. Heute nimmt die Vorstellung von allgemeinen Menschenrechten die Stellung einer – keineswegs unproblematischen – universellen moralischen Orientierung ein, zu deren Einhaltung sich die Staaten dieser Welt in einer Menschenrechtsdeklaration verpflichtet haben.

Zu den spektakulärsten ethischen Theoremen gehörte die Lehre des schottischen Moralphilosophen Adam Smith, der die Lebens- und Arbeitsformen, die der Kapitalismus mit sich brachte, zu einer moralisch gerechtfertigten Veranstaltung erklärte, weil sie in seiner Sicht einen Automatismus in sich bargen, um egoistische Antriebe und soziale Rücksichten auszubalancieren. Die kapitalistische Wirtschaftsweise löste, ohne dies intendiert zu haben, in der Sicht von Adam Smith das allgemein menschliche Problem, Egoismus und Altruismus in die Balance zu bringen. Denn beim wirtschaftlichen Verkehr über Märkte müsse jeder zur Befriedigung seiner eigenen Interessen zunächst die Bedürfnisse anderer ermitteln und erfüllen, bevor er seinen Lohn dafür erhielte. Kapitalismus bewirke das Gute, da er ganz unumgänglich den Dienst am anderen sachlich und zeitlich vor den egoistischen Interessen rangieren lasse. Egoismus werde unter diesen Umständen erstmals in der Geschichte zu einer positiven Triebfeder des Handelns. Eigennutz speise den Gemeinnutz. Das Wohl der Nationen sei mit dem marktwirtschaftlichen Prinzip garantiert. Durch Spezialisierung und Arbeitsteilung könne zudem jeder mehr leisten als unter dem Zwang, alles und jedes selbst bedenken und tun zu müssen. Für Smith wirkte im Kapitalismus eine *unsichtbare Hand*; deshalb pries er als Moralphilosoph, der er in erster Linie war und blieb, die kapitalistische Wirtschaftsweise.

In der realen Wirtschafts- und Sozialgeschichte kam es anders, als Adam Smith verheißen hatte. Mit der Arbeitsteilung paarte sich alsbald die Klassenspaltung. Die Organisatoren der Arbeitsteilung, die Fabrikanten, welche die mannigfaltigen Erfindungen produktiv umsetzten, die Kapitalisten als Eigentümer der Produktionsanlagen, wußten den akkumulierenden Reichtum ungehemmt für sich einzubehalten. Die in die Spezialisierung hineingetriebenen Arbeitermassen dagegen verarmten. Massenelend kam auf. Der Reichtum der Nationen nahm zwar insgesamt zu, er wurde aber einseitig verteilt. Mit der im Kapitalismus angeblich automatisch funktionierenden Sittlichkeit war es nicht weit her. Die *unsichtbare Hand* griff daneben, stieß allzu viele Menschen in die Armut. Die kapitalistische Gesellschaftsordnung wurde der Kritik ausgesetzt. Marx und Engels haben daraus ihre moralisch fundierte Anklage gegen den Kapitalismus abgeleitet. Die Idee, durch die Aufhebung des Privateigentums an den Produktionsmitteln einerseits die Vorteile der Arbeitsteilung nutzen und andererseits die Erträge egalitär verteilen zu können, wurde zur kommunistischen Alternative der liberalen Kapitalismusvorstellungen. Die Arbeiterbewegung und die sozialistischen Parteien haben von daher stets den moralischen Impetus beibehalten, der ihre rechtlichen Ansprüche forcierte.

Die Geschichte der bürgerlichen Gesellschaft ist – entgegen den Prognosen von Marx und Engels – im Lauf der Zeit zur Geschichte einer zwar langsamen, aber stetigen Korrektur der gesellschaftlichen Mißstände des Kapitalismus geworden. Diese Korrektur ergab sich *nicht* auf Grund der prophezeiten proletarischen Weltrevolution, sondern wurde in langen, sozialen Kämpfen vorgenommen. Sie fand schließlich ihren Ausdruck in der rechtlichen Gleichheit. Sollte sozialer Frieden herrschen, so durfte die rechtliche Gleichheit freilich nicht nur auf politischem Terrain hergestellt werden, etwa durch Abschaffung des Klassenwahlrechts, sondern mußte vor allem auf sozialem Gebiet erreicht werden. Wirtschafts-, Arbeits- und Sozialgesetzgebung wurden so zu ganz entscheidenden Feldern der Rechtspflege in den modernen westlichen Staaten.

Die rechtliche Gestaltung der Gesellschaft, das wurde oben bereits bemerkt, ist die zivilisatorische Essenz der Urbanisierung. Was früher in den einzelnen Hausständen innerhalb der agrarisch geprägten, dörflichen Gesellschaft durch Religion, Sitte, Moral, Gewohnheit, Brauch und Überlieferung geregelt wurde, das verlor im Zuge der Migration in die Städte und durch die Differenzierung der Handwerke zur Industriearbeit an Regelungskapazität. Während über Jahrhunderte hinweg vor der Neuzeit das *corpus iuris*, die Sammlung der geschriebenen Gesetze, in ihrer Ganzheit überschaubar und als Korpus faßbar blieb, kann davon heute keine Rede mehr sein. Die bürgerliche Gesellschaft spezialisierte und differenzierte Recht und Gesetz in schier unübersehbarer Weise. Sie wurde auch im Bereich der Rechtsprechung arbeitsteilig.

Jede Gesellschaft hat in irgendeiner Weise Moral in Recht und Gesetz übersetzt, ob eingehend kodifiziert oder nur in einzelnen gerichtlichen Entscheidungen von Herrschern. Keine Gesellschaft hat das in dem Ausmaß getan wie die heutige westliche, kapitalistisch geordnete Gesellschaft. Was sich früher auf Herrschafts- und Persönlichkeitsrechte, Steuern und Abgaben, Eigentumsveränderungen, Wehrdienst und die diesbezüglichen Verfehlungen, Verletzungen und Zwiste bezog, erstreckt sich heute auf alle Lebens- und Arbeitsbereiche und hat sich zu einer Bibliothek von Gesetzen,

Vorschriften und Verordnungen ausgewachsen. Allein deren Lektüre bedarf nicht selten schon anwaltlicher Fachkenntnis.

Diese ständige Ausdifferenzierung der gesetzlichen Regelungen ist ein wesentliches Merkmal der bürgerlichen Gesellschaft. Gewohnheit, Sitte, Brauchtum und Religion sind in einer von Technik und Wissenschaft, Geldwirtschaft und Kontenführung, Banken und Börsen, Fernsehen und Computern, Autos und Flugzeugen geprägten Welt nicht mehr in der Lage, den gesellschaftlichen Umgang in seinen Einzelheiten zu regeln. Dafür sind rein moralische Regeln zu allgemein und aus diesem Grund auch zu wenig verbindlich. Über die Rechtmäßigkeit von Handlungen entscheidet heute nicht mehr die Moral, sondern das Gesetz. Der Übergang von der dominierend sittlich-moralisch, gewohnheitsmäßig und religiös geregelten Agrargesellschaft zur modernen, dominierend rechtlich geregelten Industriegesellschaft ist heute längst vollzogen. Die Quellen des Normenpotentials einer Gesellschaft wandelten sich beim Übergang von der Agrar- zur Industriegesellschaft.

Generation für Generation, Jahrgang für Jahrgang stellte sich immer stärker auf Rechtliches, auf immer detaillierter werdende gesetzliche Verordnungen ein. Das Abklingen der moralisch geprägten Verhaltensweisen und das Hervortreten der modernen, rechtlich orientierten Verhaltensweisen, die Transformation der Moral in immer mehr Rechtsvorschriften erfolgte nicht von einem Tag auf den anderen. Es geschah von Nation zu Nation zu unterschiedlicher Zeit und hat auch unterschiedliche Zeitspannen beansprucht. Stets gab es dabei eine sozialkritische Übergangsphase. Das Traditionelle ging in die Brüche, das Moderne bot noch keinen Halt. Die alte Ordnung zerbrach und die neue funktionierte noch nicht zufriedenstellend. Das Alte bestand noch neben dem Neuen, aber Verlaß war weder auf das eine noch auf das andere. Es sollte zum Drama Rußlands und der Sowjetunion werden, nicht über diese Phase hinauszukommen und diese Erbschaft der Unsicherheit auch an die Nachfolgestaaten der Sowjetunion weiterzugeben.

Nahezu alle rechtlichen Regelungen sind nichts anderes als Umformulierungen und Detaillierungen altbekannter, moralischer Regeln und religiöser Gebote in Paragraphen. Aus dem knapp gefaßten Satz »Du sollst nicht töten« leitet sich eine Serie von Paragraphen ab, die von fahrlässiger Tötung bis hin zu vorsätzlichem Mord mit schwerem Raub eine ganze Skala krimineller Tatbestände zur rechtlichen Beurteilung und gesetzlichen Verurteilung erfassen. Da hinter den meisten rechtlichen Regelungen immer noch das moralische Gebot steht, nimmt nicht jedes Individuum ständig Recht und Moral auseinander. Zwar spricht man beispielsweise von Zahlungsmoral, wenn jemand eine Rechnung zu begleichen hat, aber im Streitfall wird nicht moralisch entschieden, sondern rechtlich geprüft, was vertraglich ausgemacht war. Man spricht auch von Arbeitsmoral. Bei ihr geht es um die Einhaltung der vereinbarten Regelungen. Deren Überprüfung war in den Zeiten der kleinen Handwerksbetriebe relativ leicht. Für zwölftausend Berufe, die im Zuge des Industrialisierungsprozesses entstanden sind, hält die moderne Gesellschaft aber keine auf jede Spezifität eingehende Arbeitsmoral bereit. Hier müssen Arbeitsverträge und mit ihnen muß das Recht zum Zuge kommen.

Einige rechtliche Regelungen sind bereits in frühen Phasen des neuzeitlichen Rechtsdenkens für den *take off* zur Industrialisierung konstitutiv geworden. Dazu gehörte das Patentrecht. Heute verstehen wir unter einem Patent den Schutz für die Nutzung einer Erfindung. Ursprünglich waren Patente nur willkürlich verliehene, öffentlich verkündete Zuerkennungen (*litterae patentes*) von Nutzungsrechten für ausgesuchte Personen, also Monopole, die Herrschern und Höfen mehr Steuern einbringen sollten. Auf die Dauer wirkten sie aber restriktiv, und deswegen kam König James I. in England 1623 auf den glänzenden Gedanken, die restriktiven Monopole abzuschaffen und nur *Erfinder* von technischen und gewerblichen Neuerungen damit auszustatten, und zwar zeitlich befristet. Das regte die produktive Phantasie gewaltig an und wurde zur Voraussetzung des modernen, wissenschaftlichen, technischen und industriellen Erfindungswesens. Frankreich führte dieses innovative Patentrecht sofort nach der Revolution von 1789 ein, die Vereinigten Staaten im gleichen Jahr. In Deutschland kam es erst 1879 zu einer entsprechenden Reichsgesetzgebung. Japan zog 1885 nach.

Rußland kam nicht etwa später, sondern hatte bereits 1833 ein Patentgesetz verabschiedet. Es war also für die Entwicklung industriell-gewerblicher Wirtschaft *rechtlich* durchaus präpariert. Nur gab es in dem weiten russischen Reich kaum jemanden, der das Patentrecht nutzen wollte. So wenig wie Zar Nikolaus I. (1825-55), der es einführte, an *politischer* Modernisierung interessiert war, so wenig war es die tonangebende russische Gesellschaft in wirtschaftlicher Hinsicht, obwohl doch die Zeit allzu reif dafür war. Denn die Grundlage der Wirtschaftstätigkeit, die Leibeigenschaft, schrie so sehr nach Abschaffung wie die Sklaverei. Rußland ist nicht von der westlichen Entwicklung abgekoppelt, sondern gar nicht erst an sie angekoppelt worden. Das Patentrecht hat innovativ nichts bewirkt.

Die Tragik der gesamten nachfolgenden ökonomischen Entwicklung Rußlands liegt darin, daß unter den demoralisierenden Umständen der Jahre von 1915 bis 1925 – Erster Weltkrieg, Revolution, Bürgerkrieg und Kriegskommunismus – alle in Rußland vorhandenen Ansätze zur Entwicklung einer kapitalistischen Gesellschaft zunichte gemacht wurden. Die Privatwirtschaft mußte verschwinden, Planung mußte die Eigeninitiative ersetzen. Ein Patentrecht durfte im Sinn individueller Nutzungsrechte nicht mehr zum Zuge kommen. Technisch wurde der Übergang zur Industriegesellschaft arrangiert, *rechtlich wurde er unterbunden*. Alles wurde sozialisiert, auch der Erfindergeist. Die entscheidende Quelle für Innovationen, die im Kapitalismus deswegen so überreichlich sprudelt, weil sie rechtlich gesichert ist, wurde damit verstopft. Im Augenblick des *take off* zur Industrialisierung befand man sich wirtschaftsrechtlich an der Stelle, an der James I. 1623 in England konstatiert hatte, *so* gehe es nicht weiter. Die Konsequenz war, daß nun aller Fortschritt von der Führung das Staates abhängig wurde. Die lag von einem Tag auf den anderen in den Händen der Bolschewiki, die für sich in Anspruch nahmen, das sozial gerechtfertigte und moralisch integre Erbe der europäischen Arbeiterbewegung zu verwalten.

Der sowjetischen Gesellschaft mangelte es von der ersten Stunde an rechtlicher Sicherheit. Rechtlich abgesicherte, ökonomische Anreize wurden ihr nicht zugesprochen. Ihre Leistungsbereitschaft kam zum Erliegen. Es bedurfte daher anderer als rechtlicher Führungsmittel, um die Wirtschaft in Schwung zu bringen. Wo aber das Recht versagt, muß zur Ordnung der menschlichen Verhältnisse zwangsläufig direkt auf die Moral zurückgegriffen werden. Andere Quellen für menschliche Normen gibt es nicht. Da man nicht auf die überkommene Moral der zaristischen Gesellschaft zurückgreifen wollte, mußte eine neue Moral proklamiert werden, die *sozialistische Moral*. Das gesamte Sowjetsystem gerierte sich daher als eine moralische Veranstaltung. Bei der proklamierten Schaffung eines neuen Menschentyps gab man vor, die Moral der Weltgeschichte auf seiner Seite zu haben, wie ja auch der Marxismus aus moralischem Protest heraus geboren worden war. Aus dessen theoretischen Vorstellungen heraus hatte Lenin gegen die Zustände unter dem Zaren opponiert. Also erschien die von ihm verkörperte revolutionäre Bewegung und infolgedessen auch die Sowjetherrschaft nach der Revolution moralisch fundiert und gerechtfertigt.

Es mag im Blick auf die Fülle des in der Sowjetunion begangenen Unrechts seltsam klingen, aber die Ausübung des Unrechts durch die Sowjetmacht stützte sich auf moralische Prämissen. Moralisch fundierte Begriffe wie Ruhm, Ehre, Treue, Tapferkeit, Wachsamkeit, Vaterlandsliebe, Heimatverbundenheit, Opferbereitschaft, Kampfgeist und Heldentum sowie moralisch formulierte Verurteilungen wie Trägheit, Schädlingstätigkeit, Defaitismus, Verrat, Schande, Feigheit gehörten zum propagandistischen Grundvokabular des Systems.

In den Schauprozessen der Stalinzeit wurden die Angeklagten von dem Hauptankläger Wyschinski bezichtigt, daß im Vergleich zu ihren Verbrechen »die Freveltaten der eingefleischtesten, der niederträchtigsten, der schamlosesten und gemeinsten Verbrecher verblassen« und daß es gelungen sei, »den Schurken ihre tückischen Masken vom Gesicht zu reißen und unserem ganzen Volke und allen ehrlichen Menschen der ganzen Welt das bestialische Gesicht der internationalen Räuber zu zeigen, die mit allen Künsten und allem Geschick die Hand der Verbrecher gegen unsere friedliche sozialistische Arbeit richten«.[11] Bis zum Beginn der Prozesse hatten bereits Millionen Menschen ihr Leben für den Aufbau der sozialistischen Gesellschaft lassen müssen. Wyschinski selbst starb als international honorig behandelter Chefdelegierter der UdSSR bei den Vereinten Nationen einen ruhigen Tod in seiner Luxussuite im New Yorker Waldorf-Astoria.

Wie gehen Moral und Terror eine Synthese ein? Lenin konnte die Gesellschaft nicht mit moralischen Appellen führen. Er mußte dekretieren und die Ausführung des Dekretierten überwachen lassen. Zu diesem Zweck wurde die *Arbeiter-und-Bauern-Inspektion* ins Leben gerufen. Sie stand in der Nachfolge des zaristischen Ministeriums für die Staatskontrolle, das die russischen Behörden inspiziert hatte. Im Dienst der Bolschewiki hätte sie die übernommenen Bürokraten in der Verwaltung und die bürgerlichen Spezialisten, auf die man nicht verzichten konnte, scharf kontrollieren sollen. Doch davon konnte keine Rede sein; das Instrument blieb stumpf. Da sich die Bolschewiki aber, ob sie wollten oder nicht, des alten Verwaltungsapparates bedienen mußten, gaben sie der Sabotage durch ehemalige Kapitalisten und weiterhin amtierende Bürokraten die Schuld an der wirtschaftlichen Misere. Lenin zürnte: »Dieses schändliche Bürokatenpack *verleitet uns* dazu, Papiere zu verfassen, endlose Palaver über Dekrete abzuhalten, Dekrete zu schreiben, und die wirkliche lebendige Arbeit versinkt in einer Flut von Papier. Clevere Saboteure zerren uns vorsätzlich in diesen Papiersumpf. Die Mehrheit der Volkskommissare und anderer Regierungsbeamter tappt ahnungslos in diese Falle.« [12] Als sich die wirtschaftlichen Verhältnisse nicht besserten, verfing dieses Bürokratismussyndrom nicht länger. Die Bevölkerung erkannte darin nach kurzer Zeit die Unfähigkeit der Bolschewiki. Lenin fand 1921 die Ausflucht in der begrenzten Wiederzulassung privatwirtschaftlicher Verhältnisse, der *Neuen ökonomischen Politik* (NEP).

Da das Regime den Bürgern kein Recht einräumte, sich mit ihm und seinen Instanzen, allen voran der Partei, auf gesetzlich geregelter Basis auseinanderzusetzen, mußte es ihnen gegenüber ständig mit moralischen Ansprüchen einerseits und mit konkreten Anweisungen andererseits aufwarten. Den Appellen, Aufmunterungen und Verlockungen auf der einen Seite standen die Androhungen und Strafen für die Nichtausführung oder die nicht genügende Ausführung des Angeordneten auf der anderen Seite gegenüber. Diese Kombination wurde zum Führungsinstrumentarium Stalins. Vor ihm galt nur der uneingeschränkte Glaube an seine Führungsqualität und die bedingungslose Ausführung des Anbefohlenen. Erfolgte das Letztere nicht, so war er frustriert und erging sich im Mißtrauen darüber, daß ihm selbst seine eigenen Gefolgsleute nicht glaubten. Ob er aus Frustration oder Mißtrauen strafen ließ, führte zu dem gleichen Effekt, dem Terror. 1930 wurde die Arbeiter-und-Bauern-Inspektion zur Durchführungskontrolle der Pläne wieder ins Leben gerufen und ermächtigt, die Staatsanwaltschaft und die Geheimpolizei OGPU unmittelbar in ihre Tätigkeit einzuschalten. Verhaftungen waren an der Tagesordnung. Abschreckende Terrorurteile kamen zur Vollstreckung.

Dem Führungsstil nach traktierte die Kommunistische Partei der Sowjetunion das Volk wie autoritäre Lehrer Kinder behandeln, von denen sie meinen, man müsse sie beständig mit Lob und Tadel zu Fleiß und Gehorsam in der Erfüllung der ihnen zudiktierten Schularbeiten antreiben. Die zudiktierten Arbeiten waren für das Volk alles andere als Schularbeiten. Die Erfüllung der Pläne wurde zu einer Sache auf Leben und Tod. Das Volk ist aber keine unmündige Entität, und eine in die Modernisierung aufbrechende Gesellschaft ist nicht mit einer Kombination von moralisierenden Ansprüchen und – bei der Fülle der wahrzunehmenden Aufgaben notwendigerweise stets unzureichend bleibenden – diktatorischen Anweisungen zu führen. Tut man es dennoch, behindert man seine Modernität. Auf jene, die technisch und wissenschaftlich in der Sowjetunion zu eigener Urteilskraft kamen, konnte die offiziell verkündete sozialistische Moral angesichts der Millionen Opfer auf die Dauer nur zynisch und empörend wirken.

Das Führungsinstrument der Sowjets stellte sich ungewollt als zweischneidig heraus. So gut es zur Unterdrückung taugte, so sehr mußte es auch Widerstand in Form einer Gegenmoral hervorrufen. Diese Gegenmoral war nichts anderes als die im Stadium der Agrargesellschaft stehengebliebene moralische Grundprägung der sozialen Kleingruppen, der Familien, der Gruppen mit intimen Beziehungen auf freundschaftlicher oder auch kollegialer Basis. So viel die Sowjets für die wirtschaftliche Modernisierung taten, so viel taten sie auch ganz gegen ihren Willen zur Bewahrung der *kulturellen Rückständigkeit*, die Stalin als das Hindernis ansah, das ihn ständig in Wut und Rage versetzte, wie uns die intimen Zeugnisse der Briefe an Molotow zeigen.

Das System spaltete allenthalben die Gesellschaft. Das von Stalin eingerichtete Herrschaftssystem hat sich auch nach seinem Tod nur graduell geändert. Stalins terroristischen Führungsstil haben seine Nachfolger in einen autoritären verwandelt, der derartig viele brutale Elemente in sich barg, daß die Insassen der speziellen Lager, in denen sie ihre Strafe abgebüßt hatten, bei ihrer Entlassung die Redewendung benutzten, sie würden nun wieder in das *allgemeine Lager* überführt werden. Chruschtschow hat lediglich eine moralische Verdammung Stalins zuwege gebracht, aber keine rechtliche. Opfer wurden zwar rehabilitiert, Täter aber nicht bestraft. Breschnew hat daran nichts geändert.

So sehr das System terrorisierte oder einschüchterte, so wenig hat es aufs Ganze gesehen überzeugte Gefolgschaft erzeugt. Es hat verängstigte Fügsamkeit erzwungen. Ein Regime, das ständig Unterordnung und Disziplin einfordert, bringt zwangsläufig auch Dissens hervor. Aus begeisterten Komsomolzen wurden vielfach enttäuschte Erwachsene, die es vorzogen, sich nicht der Partei anzuschließen. Die gesellschaftliche Spaltung führte zu den Extremen, sich als Funktionär der Nomenklatura oder als Dissident zu bekennen. Für das Gros der Sowjetbürger wurde zwischen diesen beiden Polen der Gesellschaft eine andere Grundhaltung maßgebend: Gespaltenes Bewußtsein, doppeltes Denken, Zweifachdenken, *dwojemyslie*, wie der russische Begriff dafür lautet. Für die Masse der Menschen wurde dieses Zwielichtige etwas Selbstverständliches. In gewisser Weise wurde die Gesellschaft auf weiten Strecken zum Spiegel der Grundverfassung Stalins, sie war gekennzeichnet von Frustration und Mißtrauen.

Deutet man die von Gorbatschow propagierten Schlagworte *Glasnost* und *Perestroika* aus der Perspektive der Verwendung moralischer Begriffe, so sieht man, daß sie den historisch fixierten Konflikt nur auf eine andere Weise zum Ausdruck bringen. Sie nutzen auch das Vieldeutige, um nicht zu sagen das Zwielichtige, denn sie enthielten moralische Anspielungen bei gleichzeitiger rechtlicher Unverbindlichkeit. Und natürlich wirkten sie als Führungsinstrument ebenso zweischneidig wie alles Frühere. Aber konnte Gorbatschow anders? War er nicht selbst mit dem fixierten moralischen Konflikt aufgewachsen? An dem System war moralisch nichts mehr zu rechtfertigen und rechtlich nichts mehr zu retten. Es war inzwischen für beides zu spät. Die Wege waren verbaut. Gorbatschows Scheitern war programmiert. Daß er das nicht erkannt hat, weist ihn als Kind seiner Zeit und deren Umstände, als Opfer des Systems aus, in dem er groß geworden ist, und stempelt ihn letztlich auch zu dem verzweifelten Akteur, für den es im Sinn dieses Systems nicht mehr viel zu tun gab.

Gorbatschow hat Gefährten an sich gebunden, die von ihm forderten und erwarteten, daß man rechtliche Eindeutigkeit schaffen müsse. Sie regten an, der Artikel über die führende Rolle der Partei im Staat müsse aus der Verfassung gestrichen, die Verzahnung der Partei mit Staat und Wirtschaft aufgehoben, demokratische Parteien müßten zugelassen, Legislative und Exekutive getrennt, die Wirtschaft aus den Fängen der Staatsaufsicht entlassen und der marktwirtschaftlichen Regulierung überlassen werden. Seine Berater haben all das zunächst begeistert, dann kritisch und zuletzt in verzweifeltem Bemühen an ihn herangetragen. Sacharow hat es in nüchterner Skepsis gefordert. Gorbatschow ging vieles zu weit und erschien ihm verfrüht. Er blieb der vom wirtschaftlichen Niedergang getriebene Zauderer. Ihm gegenüber baute sich der Widerstand der hartgesottenen alten Garde auf. Mit bloßem Lavieren und Probieren hat er seine besten Mitstreiter verprellt. Zuletzt war er auf Grund der ihm abgerungenen und aufgezwungenen Kompromisse in seiner nächsten Umgebung nur noch von Gegnern umringt. Ist es verwunderlich, daß sie den entscheidenden Schritt wagten und seine Entmachtung erzwingen wollten? Gehört es nicht zur Logik des Systems, daß sie beim Putsch gegen ihn sogar annahmen, er könne sich auf ihre Seite schlagen?

Welche hochgradige Verachtung des Rechts in der Partei verwurzelt war, zeigte sich darin, daß kein einziges ZK-Mitglied den Putsch von 1991 gegen ihn verurteilte und siebzig Prozent der führenden Funktionäre im ganzen Land flugs mit den Putschisten einverstanden waren. Der Putsch erstickte im Widerstand der Massen. In beeindruckenden Dimensionen wurde klar, daß das Ruder, mit dem die Partei die Emotionalisierung und Moralisierung der Massen jahrzehntelang gesteuert hatte, im Volk längst auf Gegenkurs zur Partei lag. Daß hinter der entschlossenen Wendung Jelzins im Sinn der Massen gegen den Staatsstreich nichts anderes als eigenes Machtbegehren stand und daß damit der historisch fixierte Konflikt die weitere Zukunft Rußland bestimmen würde, hat damals niemand wahrgenommen

Betrachtet man die Dinge in historischer Perspektive, so muß man sagen, daß die Sowjetunion rechtlich und ökonomisch in ihrer sozialkritischen Übergangsphase hängengeblieben und letztlich darin verkommen ist. In den Nachfolgestaaten der Sowjetunion hat sich, wenn man von den baltischen Staaten absieht, an dem Zustand des Zwielichtigen nicht viel geändert. Der Reformkurs in Rußland ist bis zum heutigen Tag nur eine Fortschreibung des Dilemmas der steckengebliebenen Entwicklung, mit der kleinen Variante, daß die Verdrängungskämpfe der Herrschenden nicht mehr im verborgenen stattfinden, sondern offen zutage treten.

Die Bevölkerung Rußlands ist heute voller moralischer Anklage in bezug auf ihre Führung und voller Verachtung für die politische Klasse. Daß sie sich moralisch empören muß und sich nicht rechtlich wehren kann, ist ein Zeugnis für das Verharren in überkommenen Denkstrukturen und Handlungsmustern.

# IV

# Abschied vom Rest der Welt

## Die sowjetische Liquidierung der russischen Marktwirtschaft

In Gorbatschows Memoiren ist ein Kapitel mit der Frage überschrieben: *Wie tritt man in die Marktwirtschaft ein?*[1] Man ist geneigt anzunehmen, es handle sich um die etwas unglückliche Formulierung der Frage: *Wie führt man Marktwirtschaft ein?* Aber ähnlich wie hier möchte man viele Formulierungen korrigieren. Wenn Gorbatschow berichtet, im März 1989 sei der Beschluß gefaßt worden, den *Übergang zur planmäßigen Marktwirtschaft* herbeizuführen,[2] möchte man auch korrigieren und von einem Beschluß für den *planmäßigen Übergang zur Marktwirtschaft* sprechen. Indessen kehren Formulierungen dieser Art immer wieder, etwa wenn von *marktwirtschaftlichen Korrekturen* der Planwirtschaft oder von der Einführung *marktwirtschaftlicher Elemente* in die Planwirtschaft gesprochen wird. Selbst wenn es bei diesen Redewendungen um die taktische Finesse ging, Reformmaßnahmen gegenüber Konservativen zu tarnen, beruhen sie dennoch auf einem grundlegenden Mißverständnis von Marktwirtschaft.

Die Annahme, man könne in eine Planwirtschaft marktwirtschaftliche Korrekturmechanismen einbauen, geht auf einen irrigen Umkehrschluß zurück. Es wird gefolgert, daß dann, wenn Marktwirtschaften gewissermaßen planwirtschaftlich beeinflußt werden können, das Umgekehrte auch möglich sein müßte. Das ist aber nicht der Fall. Zwar kann man Marktwirtschaften zeitweilig mit dirigistischen Maßnahmen in eine bestimmte Richtung drängen, beispielsweise in Kriegszeiten dazu zwingen, vorrangig militärischen Bedürfnissen nachzukommen, aber die marktwirtschaftlichen Mechanismen bleiben dabei intakt. Die wichtigsten marktwirtschaftlichen Prinzipien – nämlich Privateigentum, Gewinnstreben und Steuerung der Produktion durch Nachfrage auf freien Märkten – werden dabei nicht abgeschafft, sondern zeitlich befristet eingeschränkt.

Eine sozialistische Planwirtschaft läßt sich dagegen nicht mit marktwirtschaftlichen Elementen versehen, weil die prinzipiellen Voraussetzungen dafür fehlen. Sozialistische Planwirtschaften entstehen ja gerade dadurch, daß man Privateigentum, Gewinnstreben und die Nachfrageorientierung abschafft. Was prinzipiell nicht mehr vorhanden ist, läßt sich demzufolge auch nicht mehr partiell als Korrekturmechanismus einsetzen. Eunuchen sind nicht zeugungsfähig – auch nicht ein bißchen.

Wir werden uns in den nachfolgenden Betrachtungen darauf konzentrieren, den historischen Gang der *Abschaffung* der marktwirtschaftlichen Prinzipien in der Sowjetunion nachzuzeichnen. Das ist notwendig, um den Umstand zu begreifen, daß Gorbatschow mit den Maßnahmen, die er ergriffen hat, zu keinem Erfolg kommen konnte. Die Reformillusionen ergaben sich aus dem Anblick der Sowjetwirtschaft, die nicht einmal als Planwirtschaft mehr voll funktionierte, sondern nur noch in der Rüstungswirtschaft straff geführt, ansonsten aber auf eine Fülle von Ersatzinitiativen angewiesen war. Der entscheidende Denkfehler der sowjetischen Reformer lag in der Annahme, die Schattenwirtschaft und die Schwarzmärkte funktionierten bereits nach marktwirtschaftlichen Prinzipien. So ergab sich die Illusion, man habe gewisse Korrekturmechanismen schon im Land, man müsse sie nur stimulieren, systematisch ausbauen und legalisieren. Gorbatschow hätte seine Frage also ganz anders stellen müssen: *Wie schafft man die Planwirtschaft wieder ab?*

Marktwirtschaftliche Reformen der Sowjetwirtschaft konnten von vornherein keine *Rückführung* zu einer Marktwirtschaft sein. Denn ungestörte Marktwirtschaft hatte es in Rußland lediglich vor dem Ersten Weltkrieg gegeben, und sie war überwiegend agrarisch orientiert. Ihr industrieller Part war völlig rudimentär, ging überdies mehr auf ausländisches als auf heimisches Kapital zurück. Zudem hatten während des Ersten Weltkriegs staatliche Eingriffe in das Wirtschaftsgeschehen wie überall in den kriegführenden Nationen das wirtschaftliche Gleichgewicht verschoben. Während aber in den westlichen Nationen diese Verschiebungen wieder verschwanden, wurden sie von den Bolschewiki unter den Umständen des Bürgerkriegs noch verstärkt.

Wenn zur erfolgreichen Transformation eines Systems die Kenntnis von zwei Systemen gehört, dann handelten bereits die Bolschewiki beim Aufbau der Sowjetunion aus Unkenntnis. Sie hatten keine Handlungsanweisung dafür, wie man eine kommunistische Gesellschaft aufbaut. Zum Aufbau einer kommunistischen Gesellschaft reichten die wenigen von Marx und Engels hinterlassenen Bemerkungen über Gemeineigentum an den Produktionsmitteln und über gemeinschaftliche Planung von Produktion und Konsum durch den *vereinigten Produzenten* – so ihr Ausdruck für die kommunistische Gesellschaft – bei weitem nicht aus. Es gab kein Handlungskonzept, an das sich Lenin und die Bolschewiki hätten halten können.

Der Historiker Peter Scheibert hat in seinem fulminanten Werk über *Lenin an der Macht* rekonstruiert, zu welchen irrwitzigen Konsequenzen Lenin jeden Tag aufs neue durch die Kombination von Konzeptlosigkeit einerseits und Handlungszwang andererseits verführt wurde. Historikerkollegen tun sich mit Scheiberts letztem Werk schwer. Manche erklären das damit, daß Scheibert mit stupendem Fleiß Abertausende von Einzelheiten des sowjetischen Alltags aufführt, mit denen es Lenin zu tun hatte. Freilich vermögen diese Subtilitäten den Leser mehr zu verwirren, als daß sie ihm den Zusammenhang erschließen. Das Zusammenhangslose dieser unzähligen Details macht aber gerade den Witz der gesamten Darstellung aus. Scheibert beweist mit schlagender Materialfülle, daß Lenin, nachdem er an der Macht war, keinen größeren Zusammenhang mehr herzustellen wußte, in dem er hätte handeln können. Die Zusammenhänge, die Lenin sah, stellten sich nicht ein, und jene, die sich einstellten, hatte er nicht gesehen. Kriegsfolgen, Intervention und Bürgerkrieg waren Strapazen genug, um jede Führung bis an den Rand des Erträglichen zu fordern und zu belasten. Sich unter diesen Umständen an dem Experiment einer kommunistischen Wirtschaft und Gesellschaft zu versuchen, war menschenverachtender Wahnwitz. Lenin experimentierte mit Rußland. Vielleicht wäre Scheiberts Vermächtnis zu einem Schlüsselwerk der Lenin gewidmeten Untersuchungen geworden, wenn er übergeordnete Reflexionen dieser Art nicht dem Leser überlassen, sondern selbst ausformuliert hätte. In diesem Sinn ist der Hinweis auf sein Buch zu verstehen, dessen Materialfülle schwerlich zu überbieten ist.

Die Transformation der durch den Ersten Weltkrieg bereits deformierten russischen Wirtschaft in die Sowjetwirtschaft vollzog sich in acht Perioden.

1. Kriegskommunismus 1917-1921
2. Neue Ökonomische Politik 1921-1928
3. Zwangskollektivierung 1928-1932
4. Forcierte Industrialisierung und Kriegswirtschaft 1934-1945
5. Wiederaufbau und beginnendes Wettrüsten 1945-1953
6. Ostblockintegration und Kampagnenwirtschaft 1953-1964
7. Stagnationsphase 1964-1985
8. Niedergang und Zusammenbruch 1985-1991.

Die erste Periode wurde als *Kriegskommunismus* bezeichnet. Diese Bezeichnung kam auf, als der erste Versuch der Bolschewiki, eine kommunistische Produktion und Verteilung herbeizuführen, im Chaos untergegangen war. Zur Versorgung der Roten Armee während der militärischen Intervention der ausländischen Mächte und zur Sicherung der Grundversorgung in den Städten und, *um die Arbeiter- und Bauernmacht zu retten*[3], waren alle Industriebetriebe, die Banken und die Geschäfte verstaatlicht, der freie Handel mit Nahrungsmitteln und Getreide verboten, dafür eine Pflichtablieferung bei den Bauern durchgesetzt und jedermann einer allgemeinen Arbeitspflicht unterworfen worden. Zwar gewannen die Bolschewiki in der Zeit, in der sie mit diesen Zwangsmaßnahmen operierten, den Bürgerkrieg, aber die Wirtschaft war danach ruiniert.

Der Prozeß der Verstaatlichung hatte sich als wilde Konfiskation vollzogen, nicht anders die sogenannte Pflichtablieferung von Getreide, die den Bauern abverlangt wurde. Die Arbeiterräte bemächtigten sich der Fabriken, des Geldes der Banken, der Häuser der Bourgeoisie und der Ernten der Bauern. Wie und wohin die Produktion zu dirigieren sei, woraus Löhne gezahlt und wie Steuern aufgebracht werden sollten, war unklar, blieb dem Zufall oder der Willkür überlassen. Daß sich die anfänglichen Plünderungen und Beschlagnahmungen zur Nationalisierung allen Besitzes steigern und zur andauernden, vollständigen Veränderung aller Eigentumsverhältnisse führen würden, hatte 1917 kaum jemand ernstlich vermutet. Aber aus dem Chaos bildete sich ein System der Volkswirtschaftsräte heraus, das mehr sich selbst als die Wirtschaft zu organisieren vermochte, und als Lenin bereits auf dem zweiten Kongreß dieser Räte mit dem Vorschlag aufwartete, die Unternehmen an ihre früheren Eigentümer zu verpachten, stieß er auf Widerstand. Indessen sah er deutlich, daß die bis dahin erfolgte Nationalisierung nur Durcheinander schuf.

Drei Jahre später war der Scherbenhaufen so groß, daß er seine Absicht ohne weitere Diskussionen per Dekret durchsetzen konnte. Die Bolschewiki räumten ein, gescheitert zu sein. Lenin verordnete 1921 die zweite Periode der sowjetischen Wirtschaftspolitik, die *Neue Ökonomische Politik*, weithin bekannt geworden unter dem Kürzel NEP. Das vorgeblich Neue daran war gar nichts Neues, sondern eine Rückwendung. Denn die NEP brachte einen *Rückgriff* auf marktwirtschaftliche Spielregeln und machte Zugeständnisse an privatwirtschaftliche Initiativen. Damit verknüpften sich endlich wieder wirtschaftliche Erfolge.

Die Zugeständnisse korrigierten nicht die Enteignungen. Zwei Grundlagen aller freien, marktwirtschaftlichen Wirtschaftsweise blieben weiterhin und ein für allemal verschüttet: Privateigentum und geregelte Steuerverwaltung. Privateigentum existierte auch in dieser zweiten Phase noch im Handwerk und Kleingewerbe und in der Landwirtschaft. Jedoch beschränkten Abgabenverordnungen, Zwangsabgaben und Konfiskationen die freie Verfügung darüber. Die Geldwirtschaft funktionierte nicht mehr. Das monetäre Besteuerungssystem wurde weitgehend durch Abgaben und Produktionsauflagen ersetzt. Was mittels eines Staatshaushalts hätte geregelt werden sollen, verwandelte sich immer mehr in direkte wirtschaftliche Administration. Die NEP wurde zu einem Kompromißsystem, sie zögerte die letztgültige Entscheidung über die Wirtschaftsordnung noch einmal hinaus; erst Stalin hat sie gegen das Ende der zwanziger Jahre zugunsten rigoroser Zwangswirtschaft herbeigeführt.

Die Wiederbelebung der Wirtschaft durch die NEP ging von der Landwirtschaft aus, die wieder frei agieren durfte und nur mit einer Naturalsteuer belegt wurde. Der Handel kam erneut in Schwung, die Versorgung der Arbeiter in den Städten stabilisierte sich. Zuvor verstaatlichte Industriebetriebe wurden, wenn es sich nicht um Großbetriebe handelte, an frühere Eigentümer verpachtet, um deren Erfahrungen nutzen zu können. Es kam sogar wieder zu Getreideexporten, mit denen Maschinenimporte finanziert werden konnten. Kurzum, es ging trotz Zunahme der Arbeitslosigkeit langsam aufwärts.

Mit Lenin selbst ging es indessen schnell abwärts; er erkrankte und blieb aktionsunfähig. Der ursprüngliche Erwartungshorizont, in dem Lenin seine staatsmännische Tätigkeit aufgenommen hatte, hatte darin bestanden, daß die Oktoberrevolution in den kapitalistischen Ländern des Westens eine Serie weiterer Revolutionen entfachen und so die *Weltrevolution* auslösen würde. Von den Revolutionen in den fortgeschrittenen Ländern des Kapitalismus hatte er sich Hilfe und Entlastung für das Überleben der Sowjetmacht in Rußland versprochen. Wie diese Hilfe hätte aussehen und was sie im einzelnen hätte bewirken sollen, hat Lenin nie ausgeführt. Der Erwartungshorizont mußte ohnehin erweitert werden, denn eine Revolution in den westlichen Industriestaaten blieb aus.

Enttäuscht von der Inaktivität des westlichen Proletariats wandten sich Lenins revolutionäre Erwartungen einem anderen Revolutionspotential zu, den ausgebeuteten Massen in den Kolonien der imperialistischen Mächte. Nun erhoffte er sich von deren Auflehnung gegen die Kolonialmächte den Anstoß zur Weltrevolution. Eine antikoloniale Befreiungsbewegung könne, so sein Gedankengang, die kapitalistischen Mächte der Quellen und materiellen Grundlagen ihres Reichtums berauben, dadurch soziale Spannungen im Westen schüren und schließlich das Proletariat zur Revolution anstiften. Diesem räumlich und zeitlich erweiterten Erwartungshorizont fügte sich die NEP als eine Interimsstrategie ein. Das Überleben der Sowjetmacht sollte mit Hilfe des Kompromisses gesichert werden. Auf diese Weise wurde Lenins letzte staatsmännische Tat, die NEP, in praktischer Hinsicht zu seinem Vermächtnis.

Die Vertröstung auf einen späteren Zeitpunkt, das Vertagen des möglichen Eintrittsdatums der Weltrevolution, erinnert an das Hinausschieben der Heilserwartungen im Urchristentum. Zunächst erwarteten die Mitglieder der Urgemeinde die Wiederkehr des Herrn noch zu ihren Lebzeiten. *Der Tag ist nahe herbei gekommen,* lautete der Tenor der Verkündigung. Aber aus dem Warten *über eine kleine Weile* (Hbr.10,37) ist das Warten über eine *lange Weile* und schließlich im Zuge der Kirchengeschichte die Entzeitlichung des Wartens zu einem puren *Hoffen* auf Erlösung geworden. Lenin erwartete den Ausbruch der Weltrevolution unmittelbar nach der Initialzündung in Rußland und mußte seiner bolschewistischen Urgesellschaft dann doch sehr viel weiter gespannte Erwartungshorizonte zumuten. Niemand konnte angeben, auf welche Zeitspannen man sich dabei einzurichten hatte.

Stalin dogmatisierte das Theoretische des Leninschen Vermächtnisses und liquidierte das Praktische. Lenins ungewisse zeitliche Kalkulation der weltrevolutionären Erwartung war ihm keinen Pfifferling mehr wert. Er schrieb sie in den Wind und machte aus der Notwendigkeit des *zwischenzeitlichen Überlebens* der Sowjetherrschaft das Modell vom *Aufbau des Sozialismus in einem Land.* Eines Tages würden dann alle Länder diesem Beispiel folgen. Wann? Über eine kleine Weile, über eine lange Weile? In der ökonomischen Praxis ging es Stalin um die Liquidierung der von Lenin wieder eingeführten kapitalistischen Momente in der sowjetischen Wirtschaft. Geschickt nutzte er dabei die Meinungsverschiedenheiten, welche die NEP in der Partei hervorgerufen hatte.

Die Neue Ökonomische Politik hatte von vornherein vielen Genossen ideologische Kopfschmerzen bereitet und führte nach Lenins Tod 1924 zu einer lange anhaltenden Auseinandersetzung in der Partei, die als *Industrialisierungsdebatte* in die Theoriegeschichte des sowjetischen Sozialismus eingegangen ist. Stalin, der inzwischen die Partei befehligte, gab sich mit dem langsamen Wachstum der Wirtschaft, das von der Industrie getragen wurde, keineswegs zufrieden. Er ordnete deshalb an, die Versorgung der Bevölkerung mit Konsumgütern zu verknappen, um durch erzwungenes Sparen mehr Geld für Investitionszwecke zur Verfügung zu haben. Da diese Maßnahme aber nicht genügend Geld einbrachte und ausländische Kredite, mit denen man sich hätte behelfen können, nicht aufzutreiben waren, ließen sich die zwar stetigen, aber mäßigen Wachstumsraten, die der NEP zu verdanken waren, nicht steigern. Die Abhilfe, auf die Stalin sann, führte zur *Zwangskollektivierung.*

In der dritten Periode der wirtschaftlichen Entwicklung setzte Stalin 1928 den Hebel erneut bei der Agrarwirtschaft an. In ihr war das letzte Bollwerk verbliebener privater Verfügungsmacht zu stürmen. Außerdem sollten mehr Nahrungsmittel aus ihr herausgeholt werden, um die Städte besser zu versorgen und dadurch höhere Leistungen aus der Arbeiterschaft herauspressen zu können. Die

Landwirtschaft sollte zunächst ohne zusätzliche maschinelle Ausrüstung, sondern durch bloße Umorganisation zu höherer Leistung gebracht werden. Die Kollektivierung sollte also einerseits unter dem Deckmantel der Genossenschaftswirtschaft die Verstaatlichung vollenden und andererseits zur Rationalisierung der Produktion führen. Denn von der kollektiven Großproduktion versprach man sich einen bedeutsamen Produktivitätszuwachs und damit größere Erträge. Gesteigerte agrarische Rohstoffzulieferungen – wie etwa Wolle, Baumwolle, Öl und Holz – sollten überdies die Industrieproduktion beflügeln. Erst in der Folge wollte man dann auch die Landwirtschaft aus der schneller wachsenden Industrie zusätzlich mit Maschinen und besserem Gerät ausstaffieren. Die Bauern hatten also zunächst einmal die Last der Umstellung zu tragen.

Kollektivierung der Landwirtschaft bedeutete Schaffung genossenschaftlichen Eigentums und damit die Aufhebung des persönlichen Eigentums an Grund und Boden, an Vieh, Ställen und Gerät. Es galt, in einer gigantischen Kampagne mehr als 25 Millionen landwirtschaftlicher Einzelbetriebe in Genossenschaftseigentum hineinzuzwingen und ihnen ein erhebliches Mehrprodukt abzuverlangen. Stalin hatte diese Doktrin bereits 1926 unter dem Titel *Fragen des Leninismus* als seinen Beitrag zur Industrialisierungsdebatte veröffentlichen lassen. Ein Dutzend Jahre später waren alle, die sich seiner Lehre nicht sogleich angeschlossen hatten, durch Genickschuß umgebracht oder in Kerkern verstorben. Trotzki, der zu fliehen wußte, wurde im Exil ermordet.

Der Widerstand der Bauern gegen die Kollektivierung war weit größer, als die Parteiführung, voran Stalin selbst, erwartet hatte. Im ersten Jahr konnte man nur 4 Prozent der Betriebe kollektivieren. Daraufhin wurden die Zwangsmaßnahmen 1930 so verstärkt, daß bis 1932 fast drei Viertel des Bodens kollektiver Bewirtschaftung unterlagen. Die Resultate waren bestürzend. Die Erträge gingen rapide zurück, die wirtschaftliche Situation verschlechterte sich im gesamten Land und führte schließlich zu einer Hungerkatastrophe. Da das Getreide rigoros zugunsten der Städte konfisziert wurde, um die Arbeiterschaft bei der Stange zu halten, war die Not auf dem Land weit schlimmer als in den Städten. Schier unglaubliches Elend überzog das Land. Letztendlich hat Stalin aber damit die Sowjetunion zum *take off* gebracht.

Zwischen 1932 und 1934 erhielt die zerrüttete Wirtschaft eine

Atempause. Dann setzte die vierte Periode ein, die den Aufbau der Industriegesellschaft hätte vollenden sollen. Durch den Angriff der Armeen Hitlers auf die Sowjetunion nahm sie eine andere Wendung. Sie führte in die Kriegswirtschaft. Zuvor jedoch wurden die grausamsten Kapitel der Geschichte der Sowjetunion geschrieben. Was in dieser Zeit geschah, entzieht sich trotz umfangreicher Beschreibungen nach wie vor einer schlüssigen Interpretation. Wir wissen über die Mechanismen des Terrorapparats Bescheid, aber wir wissen nicht, was Stalin in seinem Innersten bewegte. Weder literarische Schilderungen noch wissenschaftliche Untersuchungen vermögen auszuloten, aus welchen Überlegungen, Gesinnungen und aus welcher Gefühlswelt heraus er das Schreckensregiment in Gang gesetzt und in Gang gehalten hat.

Der Terror der dreißiger Jahre bewirkte eine Umpolung in den Einstellungen der Menschen. Die Angst beanspruchte alle Aufmerksamkeit. Kein Mensch dachte mehr darüber nach, daß er seines Privateigentums beraubt worden war. Niemand machte sich mehr Gedanken über die Umstülpung des Wirtschaftssystems. Der Terror löschte alle kapitalistischen Reminiszenzen aus. Die Menschen wollten nur noch überleben. Wenn es das Ziel war, bürgerliche Gesinnungen auszulöschen, so ist dieses Ziel mit dem Schreckensregiment erreicht worden, denn auch die prinzipiellen Voraussetzungen bürgerlicher Existenz und marktwirtschaftlicher Verhaltensweisen – Privateigentum, Persönlichkeitsrechte, Vertragsfreiheit und dergleichen mehr – waren wie ausradiert. *Errichtung* der sowjetischen Gesellschaft und *Vernichtung* der letzten Reste einer bürgerlichen Gesellschaft verliefen als parallele Prozesse. *Errichtung plus Vernichtung* wäre die angemessene Formel, um Stalins Politik in Kurzform zu charakterisieren.

Für die forcierte Industrialisierung war das Terrorsystem, durch das immer mehr Bauern in Lager kamen, zunächst mehr Kosten- als Nutzenfaktor. Die Sicherheitsdienste neigten, wie wir heute aus den Archiven wissen, anfänglich dazu, die Lager aus Kostengründen eher aufzulösen als aufzufüllen. Als aber Methoden gefunden wurden, das System der GULags für den Staat ökonomisch profitabel zu machen, kam der Terror auf Hochtouren.

Es gehört zum Unbegreiflichen des historischen Fortgangs der Ereignisse, daß Stalin durch seine Rolle im Krieg gegen die Deutschen neben dem internationalen Ansehen, das er sich dadurch erwarb, auch in der Sowjetunion die Stimmung wieder für sich einzunehmen wußte. Der Sieg im *Großen Vaterländischen Krieg* – so die sowjetische Bezeichnung des Zweiten Weltkriegs – hat ihm Respekt und Verehrung gesichert; und der Kult um seine Person hatte zumindest in dieser Hinsicht keineswegs nur erzwungene Seiten.

Der Krieg absorbierte nicht nur alle Energie der Menschen, sondern er brachte, so merkwürdig es klingen mag, trotz aller Opfer und Belastungen auch eine seltsame Erleichterung der Lebensumstände mit sich. Die Angst vor dem Terrorsystem verlor sich. Ein einziger Feind stand vor Augen, die Deutschen. Der *Große Vaterländische Krieg* brachte einen Schulterschluß zuwege. Die Deutschen sorgten für die Förderung eines realen sowjetischen Nationalgefühls jenseits der Propaganda. Was Stalins Terror gar nicht hätte erzwingen können, bewirkten die Okkupanten: Ein Großteil der sowjetischen Bevölkerung erlangte das Gefühl, zu einem *Sowjetvolk* zusammenzuwachsen; die Sowjetunion konnte als *Heimat*, Stalin als ihr Befreier bezeichnet werden.

Nach dem Krieg kam für die Sowjetwirtschaft die fünfte Periode, die *Periode des Wiederaufbaus*, mit der auch das Wettrüsten begann. Neben der Beseitigung der Kriegsschäden wurde in den besetzten Ländern Osteuropas das Wirtschaftssystem nach sowjetischem Muster umgebaut. Das erforderte Unterweisung und Kontrolle von sowjetischer Seite. Gegenüber dem Westen verwandelten sich die freundlichen Beziehungen in Feindseligkeit. Statt Abrüstung zugunsten eines friedlichen Wiederaufbaus kamen neue Rüstungsanstrengungen, und dies auf dem besonders kostspieligen Gebiet der nuklearen Rüstung.

Stalin muß gegen Ende des Krieges und in der ersten Nachkriegszeit wie einstmals Lenin von einer zeitlich befristeten Revolutionserwartung besessen gewesen sein. Das Marxsche Dogma einer unabwendbaren Krise des Kapitalismus erlebte eine Renaissance. Einige sowjetische Ökonomen – unter ihnen Eugen Varga – prophezeiten, daß die westliche Wirtschaft nach dem Krieg durch das Zurückströmen der Massen von Soldaten in die Erwerbswirtschaft bei gleichzeitigem Wegfall der Kriegsaufträge in die Krise kommen müsse. Revolution könne die Folge sein. Diese Spekulation verfestigte sich so sehr, daß Stalin die von den Amerikanern angebotene Hilfe zum Wiederaufbau der sowjetischen Wirtschaft schroff zurückwies. Er wollte dem Klassenfeind nicht mit Hilfe dicker Aufträge einen Ausweg aus der bevorstehenden Krise verschaffen.

An Varga, der diese Prognosen zwar als erster, aber noch vorsichtig vorgetragen hatte, verlor Stalin am Ende des Krieges sein Interesse. Statt dessen wandte er sich Wosnesenski zu, der die Untergangsprognosen sehr viel entschlossener verkündete. Zur Verblüffung der Sowjets kam alles ganz anders. Die westliche Wirtschaft schaffte nicht nur den Umstieg von der Kriegs- auf die Friedenswirtschaft, sie blühte auch noch auf. Wosnesenski, von dem sich Stalin in die Irre geleitet fühlte, wurde erschossen. Varga überlebte.

Für den Aufbau der Planwirtschaften in den Volksdemokratien des Ostblocks gab Stalin die Parole von der *Autarkie* aus. Jedes Ostblockland sollte versuchen, eine eigenständige, autarke Wirtschaft aufzubauen. Das war zwar von vornherein aussichtslos, verwies die Volksdemokratien aber auf ihre eigenen Kräfte und ersparte der Sowjetunion, auf irgendwelche Hilfeersuchen eingehen zu müssen.

In der sowjetischen Rüstungswirtschaft konzentrierte man indessen alle Kräfte auf die Atomindustrie. So gelang es, das Atombomben-Monopol der USA zu brechen. Damit hatten wiederum die USA nicht gerechnet. Das Wettrüsten nahm seinen Lauf.

Die sechste Periode der Sowjetwirtschaft stand in der Chruschtschow-Zeit unter dem Eindruck der westlichen Bemühungen um die *Europäische Wirtschaftsgemeinschaft* (EWG). Einige sowjetische Ökonomen und Analytiker erkannten darin eine neue Qualität der Zusammenarbeit der kapitalistischen Länder und rieten dringend, diese ernst zu nehmen. Sie empfahlen, daß auch der Ostblock eine wirtschaftliche Kooperation und Integration in Gang setzen sollte. Auf diese Weise entstand der *Rat für gegenseitige Wirtschaftshilfe* (RGW), das östliche Pendant zur EWG. In der Folge unternahm man weitere Anstrengungen zur Synchronisierung der Langfristpläne und zur Koordinierung der Jahrespläne. Die viel beschworene Solidarität und gegenseitige wirtschaftliche Hilfe der sozialistischen Länder führte aber weniger zu gegenseitiger als vielmehr zu einseitiger Hilfe für die Sowjetunion, das Mutterland des Sozialismus, das erste große Vaterland der Werktätigen, wie es hieß.

Über Chruschtschows Anstrengungen, mit diversen Kampagnen die Sowjetwirtschaft im Innern zu stabilisieren, haben wir bereits gesprochen. Unter dem Eindruck, daß aus einem Atomkrieg keine Seite als Sieger hervorgehen könnte, weil, wie Chruschtschow dozierte, die Atomwaffen keine Rücksicht auf Klassengegensätze nehmen, beschwor er mit der Politik der friedlichen Koexistenz den *friedlichen Wettbewerb der Systeme*, von dem er sich ein Einholen und Überholen des Westens bis zum Jahr 1980 versprach.

Die knapp zwei Jahrzehnte der Herrschaft Breschnews, 1964 bis 1982, und die Folgejahre bis 1985 unter Andropow und Tschernenko sind in die sowjetische Geschichtsschreibung als die *Stagnationsphase* eingegangen und bilden die siebte Periode des Sowjetsystems. Wie kann man sie am besten charakterisieren? Es trat ein prahlerisch ausgestatteter Neostalinismus zutage, ein autoritäres Zwangssystem mit besonderer Verwöhnung der Kader, GULag neben Dissens, Planwirtschaft mit einem hohen Anteil informeller Wirtschaftsbeziehungen. Die Weltmachtstellung der Sowjetunion schien gefestigt. Die technischen Leistungen, die sich in der Rüstung manifestierten, waren beeindruckend. Kein gewichtiges Problem der internationalen Politik konnte ohne Mitsprache der Sowjetunion verhandelt werden. Der rund um die Welt Respekt einflößende Faktor der militärischen Stärke der Sowjets barg aber den Keim des Untergangs in sich, die zivile Schwäche. Je stärker das äußere Auftreten, desto schwächer wurden die inneren Strukturen.

1977 begann Gorbatschow mit seinen Analysen in Sachen Landwirtschaft und Nahrungsmittelversorgung. In demselben Ausmaß, in dem sich die Probleme vor seinen Augen vergrößerten, schrumpften die zu ihrer Lösung verfügbaren Mittel. Als Ende 1979 die sowjetischen Truppen in Afghanistan einmarschierten, verhängten die USA ein Getreideembargo gegenüber den Sowjets. Damit fielen 17 Millionen Tonnen Getreide an Importen aus. Nach Gorbatschows Einschätzung drohte ein Zusammenbruch des gesamten Versorgungssystems, wenn man die ländliche Bevölkerung nicht besser stellte und die Landwirtschaft nicht mit moderner Ausrüstung ausstattete. Ein Drittel der Bevölkerung – 100 Millionen Menschen – mußte sich auf dem Land mit der Zuteilung von einem Zehntel aller Elektroenergie begnügen, hatte keinen Gasanschluß, bezog die Kohle auf krummen Wegen. Gorbatschow war entschlossen, seine kritische Einschätzung an Breschnew weiterzugeben. Als er im Januar 1980 mit Gromyko und Ustinow bei Breschnew am Beratungstisch saß – erstmals im obersten Zirkel zugelassen –, mußte er sich eine Stunde lang nur anhören, welche optimistischen Erwartungen Außen- und Verteidigungsminister für den baldigen Sieg in Afghanistan hegten. Als sein Bericht an die Reihe kam, fand er dafür kein offenes Ohr mehr. Alle Ressourcen waren in dieser Stunde dem Militär zugesagt worden.

Kaschiert wurde die fragile innere Konstellation der Sowjetunion durch weltwirtschaftliche Begleitumstände, mit denen niemand gerechnet hatte, weder im Osten noch im Westen: Die Ölkrise wirkte sich für die Sowjetunion überraschend günstig aus. Es war ein relativ lang anhaltender, dennoch aber ein vorübergehender Effekt, der den Zusammenbruch schlußendlich beschleunigte. Durch Ölexporte verdiente die Sowjetunion in einem Ausmaß Devisen, das alle früheren Erlöse durch Waffenexporte, Gold- und Diamantenverkäufe weit in den Schatten stellte. Man scheute sich auch nicht, die eigenen Verbündeten für Brennstofflieferungen mit Dollars zur Kasse zu bitten. Die rigorose Ausbeutung der Energieressourcen führte allerdings zum Raubbau an der Natur und an der Infrastruktur. Weite Gebiete der Tundra verödeten. Für die Erneuerung und Reparatur der Gas- und Erdölleitungen, Pumpenstationen, Kompressoren, Bohrtürme und -geräte fehlte es an Material und Transportmitteln. Wie hatte Gorbatschow erwarten können, mit seinen Landwirtschaftsproblemen Aufmerksamkeit zu finden? Das Schlimmste war, daß Breschnew mitsamt der kleinen Crew, die ihn beratend umgab, völlig siegessicher war.

In der siebten Periode der Sowjetwirtschaft steckte wie die Puppe in der Puppe bereits die achte Periode, in der alle nur erdenklichen Probleme auf Gorbatschow zukamen. Wie soll man sie nennen? Die *Periode der Reformen* wurde zur *Periode des Zusammenbruchs*. Zur Charakterisierung der Endphase der Sowjetunion bietet sich das Bild von der Puppe in der Puppe deswegen geradezu aufdringlich an, weil in jeder Krisensituation, die sich auftat, eine weitere Krise steckte. Was auch immer Gorbatschow zur Lösung von Problemen unternahm, riß neue Probleme auf. Nicht daß sie von der Sache her neu gewesen wären, aber unter der Devise von Glasnost durfte nun offen darüber gesprochen werden; und das enthüllte mit einem Schlag das ungeheure Ausmaß des sozialen und politischen Sprengstoffs, der sich über Jahrzehnte angesammelt hatte. Das war ein Effekt von *Glasnost*, den Gorbatschow in dieser Form nicht erwartet hatte.

Nach dem unglücklichen Versuch einer neuen Politik mit der Antialkoholkampagne kam als nächste Störung des Neuanfangs die Katastrophe von Tschernobyl. Dieses Unglück demonstrierte, in welchem Ausmaß sowohl die Technik als auch die Politik verschlissen waren. Um 01.25 Uhr in der Nacht auf den 26. April 1986 ereignete sich das Unglück. Am 29. April – drei Tage später – hatte das Politbüro endlich begriffen, worum es eigentlich ging, und daß man Informationen aus erster Hand benötigte. Am 2. Mai – also nach knapp einer Woche – entsandte man endlich Ryschkow und Ligatschow nach Tschernobyl. »Von nun an wurde das ganze Ausmaß der Katastrophe von Tag zu Tag deutlicher, und erst jetzt wurde klar, was zu tun war«, schreibt Gorbatschow.[4] Von Durchblick konnte indessen keine Rede sein; und der für die Atomkraftwerke verantwortliche Minister, zuständig zugleich für die gesamte atomare Rüstung, wurde seines Postens enthoben.

Zu dieser Zeit hatte sich Gorbatschow freilich gerade von Managementpraktiken der Rüstungsindustrie zu einem neuen Experiment inspirieren lassen. Er ordnete an, in der Konsumgüterindustrie Qualitätskontrollen einführen, wie sie in den von der Armeeführung kontrollierten Unternehmen üblich waren. Die Funktionäre, die den militärisch-industriellen Komplex befehligten, begrüßten zwar diese Gelegenheit dankbar, um ihre Protegés in zusätzlichen Bereichen unterzubringen, aber an der mäßigen Material- und Geräteausstattung der Konsumgüterindustrien, die den Mängeln zugrunde lag, vermochte das auf absehbare Zeit nichts zu ändern, so daß die ganze Aktion ins Leere ging. Damit war die zweite Kampagne erfolglos gelaufen.

Es blieb nichts anders übrig, als grundlegendere Reformen anzupacken. Das von Stalin inthronisierte System der Wirtschaftsführung stand damit als Ganzes zur Diskussion. Zu rütteln war daran freilich so lange nicht, so lange der Rüstungssektor mit seinen Vorgriffsrechten die Planung in die Zukunft hinein festlegte. Also mußte Gorbatschow den Umweg über die Außenpolitik beschreiten, um durch Abrüstungsverhandlungen mit dem Westen zur einer Entspannung zu gelangen, die es rechtfertigte, den Rüstungssektor zu reduzieren und die frei werdenden Ressourcen der Zivilgüterindustrie zuzuführen. Riskant war dabei aber nicht nur, daß damit ein zeitlicher Verzug von unkalkulierbarer Länge in Kauf genommen werden mußte, der Wandel in der Einstellung gegenüber dem Westen rührte vielmehr an die legitimatorischen Grundfesten des Systems. Wenn das Feindbild verschwand, wenn der Klassenkampf in der internationalen Arena gegenstandslos wurde, verschwand auch die historische, proletarische Legitimationsgrundlage der KPdSU, die ideologische Autorisation der Partei in letzter Instanz. Das rief den Widerstand aller konservativen Kräfte hervor. Die nachfolgenden gesellschaftlichen Explosionen waren von keinem Sarkophag mehr zu ummanteln. Die alten Kader meuterten. Das Militär lehnte sich dagegen auf. Die Ministerien schotteten sich bürokratisch ab. Diskussionen wurden ausgelöst. Die Presse geriet außer Kontrolle. Die Intelligenz verweigerte ihre Gefolgschaft. Die Schriftsteller nahmen kein Blatt mehr vor den Mund. Auf der Straße wurde Gorbatschow von aufbegehrenden Bürgern bedrängt. Und plötzlich stand der Vorwurf im Raum: *Das alles wäre unter Stalin nicht passiert!*

Mehr als zwanzig Jahre nach Chruschtschows Enthüllungen, nach diversen Dokumentationen, nach Filmen, Romanen, Gedichten, Bekenntnissen und Geständnissen, Gesprächen und Erinnerungen, die sich mit den Verbrechen Stalins beschäftigten, hätte man meinen sollen, weder an der Person noch am Herrschaftsstil Stalins gäbe es noch etwas zu beschönigen – es kam anders. Als Gorbatschow im März 1988 zu einem Besuch in Jugoslawien weilte, reichte man ihm den Presseartikel einer Chemiedozentin, Nina Andrejewa, Jahrgang 1938: *Ich kann von meinen Prinzipien nicht lassen.* Es war angeblich ein Leserbrief; er hatte aber die Länge eines großen Artikels. Sie kommentierte darin die Reformpolitik Gorbatschows und schalt diese als Verrat an dem von Stalin zu Ruhm und Ehre gebrachten Vaterland. Unglücklicher hätte der Zeitpunkt für ein solches Bekenntnis nicht gewählt werden können.

Schon im Jahr zuvor hatte die notwendige Abkehr von Stalins Hinterlassenschaft kritische Reaktionen ausgelöst und Jegor Ligatschow aus dem Kreis der Reformer ausscheiden lassen. Ligatschow, langjähriger Parteisekretär von Tomsk, hatte sich seit seiner Karriere in Moskau von 1983 an im Kampf gegen Korruption bewährt und war 1985 von Gorbatschow ins Politbüro geholt worden. Als treuem Parteiarbeiter ging es ihm um Reformen innerhalb der bestehenden Ordnung und nicht unter Sprengung dieser Ordnung. Ihm kam der Brief der Andrejewa gerade recht. Ja, es besteht der Verdacht, daß er ihr helfen ließ, einen ursprünglich kurzen Text zu einem langen Artikel auszuarbeiten. Darin legte die in ihrer Kindheit vom Stalin-Kult geprägte Andrejewa mit Bezug auf das Jahr der Schauprozesse, 1937, und die damals unter grausamen Repressalien geschaffenen Fakten ihr Bekenntnis zu Stalins Sowjetunion ab. Die Mehrheit der Bevölkerung hatte sie gewiß nicht hinter sich, aber die Kritiker Gorbatschows in der Partei benutzten die Gelegenheit, Einwände zu formulieren, um seine Pläne zu durchkreuzen. Absurd genug, führte die Diskussion um den Brief der Andrejewa zu einer außerordentlichen Parteikonferenz – und dadurch ging nicht nur Zeit ins Land, in der man hätte handeln sollen, vielmehr formierten sich, angeregt durch die offene Aussprache, auch die Reihen der Opponenten und Proponenten Gorbatschows – und die Zahl der Opponenten in der Partei war deutlich die größere.

Zwanzig Jahre, von 1917 bis 1937, hatte es gedauert, ehe die Spuren der russischen Marktwirtschaft in Stadt und Land ausradiert waren. Weitere fünfzig Jahre staatlicher Planwirtschaft nach Stalinschem Muster prägten anschließend das Leben in der Sowjetunion bis zu dem Moment, in dem Gorbatschow zu Reformen schreiten wollte. In diesen Jahrzehnten hatte man sich mit den Rückschlägen durch die Zerstörungen des Krieges abfinden müssen und gleichzeitig die Bürde des Wettrüstens auf sich genommen. Der zivile Sektor blieb im Vergleich zum Gesamtwachstum so unterentwickelt wie in den Vorkriegszeiten. An alldem hatte sich bis zum Erscheinen des Briefes der Andrejewa nichts geändert, aber sie bekundete, *sie könne von ihren Prinzipien nicht lassen.*

## Geistige Vorbelastungen und Versäumnisse

Zur größten geistigen Vorbelastung Rußlands wurde der Marxismus durch Inhalt und Methode seiner geschichtlichen Prognose. Marx prognostizierte einen Verlauf der gesellschaftlichen Entwicklung in Richtung auf Sozialismus mit der Vollendung in einem glücklichen Zeitalter des Kommunismus. Bei seinen historischen

Prognosen stand er im Bann des Wissenschaftsideals des 19. Jahrhunderts. Dieses Wissenschaftsideal gipfelte im Kausalitätsprinzip der klassischen Mechanik: Wenn man die Kausalfaktoren eines mechanischen und dynamischen Zusammenhangs erkannt hatte und rechnerisch erfassen konnte, ließen sich daraus künftige Zustände des betreffenden Systems ableiten. Man konnte also rechnerisch Prognosen anstellen. Das Prinzip der Kausalität hatte in der Physik, besonders in der angewandten Mechanik und deren industrieller Nutzung – im Maschinenbau – zu glänzenden Erfolgen geführt. Marx versuchte, das Kausalitätsprinzip in der Geschichtswissenschaft anzuwenden. Da zu seiner Zeit das historische Geschehen durch die Industrialisierung bestimmt wurde und Nationalökonomie eine Sache von rechnerischen Größen war, verfiel er dem Irrtum, man könne aus diesen Größen nicht nur den gegebenen Zustand des gesellschaftlichen Systems vollständig erfassen, sondern auch dessen künftige Zustände voraussagen. Ihm schwebte vor, nicht spekulativ wie Hegel, sondern rechnerisch wie Kepler in bezug auf die Planetenbahnen voraussagen zu können, worauf es mit der Weltgeschichte hinauslaufe. Dieses Wissenschaftsideal war endgültig von Newton vorgegeben worden. Und an diesem Ideal mußten sich im 19. Jahrhundert immer mehr Disziplinen messen lassen. Mathematische Berechnungen galten mehr als bloße logische Folgerungen.

Aus diesem und nur aus diesem Zusammenhang heraus wird der Ehrgeiz von Karl Marx verständlich, ökonomische Zusammenhänge rechnerisch erfassen zu wollen, um damit geschichtliche Abläufe vorhersagen zu können. Gelungen ist es nicht, und gelingen konnte es nicht, weil die Gesellschaft nicht wie ein geschlossenes Maschinensystem funktioniert, sondern ein offenes System ist, dessen Zustände sich sogar dadurch schon ändern, daß man sie zu erfassen sucht. Während solche Einsichten heute normales Abiturwissen sind, waren sie zur Zeit von Marx und noch lange danach nicht selbstverständlich.

Was Marx de facto bewerkstelligte, war eine Aufstellung von Formeln. Aber Formeln bilden allenfalls eine Vorstufe für Berechnungen. Sie müssen mit Zahlen gefüllt werden. Die Formeln verbanden bei Marx zwar gewisse Kausalfaktoren, ob es aber die wesentlichen waren und ob deren Zusammenwirken in eine bestimmte Richtung zeigte, hätte man nur durch Rechnen ermitteln können. Die Kausalfaktoren, die er kalkulierte, waren *Kapital* und *Arbeit*. Die Richtung ihres Zusammenwirkens war in seiner Sicht ein einseitig zunehmender Reichtum der Kapitalisten auf der einen und ständige *Verelendung* der Arbeiter auf der anderen Seite. Marx formulierte das als ein Bewegungsgesetz. Er hoffte, er könne dieses Bewegungsgesetz eines Tages rechnerisch anwenden. Wie Newton Ebbe und Flut auf Grund der Anziehungskraft des Mondes berechnete, suchte er Attraktion und Kontraktion von Kapital und Arbeit zu berechnen. Zu einer Berechnung mittels echtem Zahlenmaterial ist es nie gekommen. Aber in spekulativer Vorwegnahme von versprochenen, rechnerischen Ergebnissen verkündete er verheißungsvoll, die Rechnung liefe auf die Beglückung des Proletariats hinaus. Historisch werde dieses Resultat im Anschluß an eine Weltrevolution des Proletariats an den Tag treten. Wenngleich die Wirklichkeit sich nicht an die Formeln von Marx hielt, wurde die verheißungsvolle Botschaft dennoch weitergegeben. Die Massen, die diese Botschaft begierig aufnahmen, waren nicht in der Lage, deren Wahrheitsgehalt zu prüfen. So hat sich die Verheißung als Glaubenssatz verfestigt und war nicht mehr zurückzunehmen. Sie wurde zum zentralen Lehrsatz der marxistischen Arbeiterbewegung. Sie war das Dogma Lenins. Und sie wurde zum Verhängnis der Sowjetunion.

Daß Marx in bezug auf seine rechnerischen Leistungen in seinen mündlichen Berichten auch gegenüber Engels nur geblufft hatte, mußte selbst Engels lange Jahre nach 1883, dem Todesjahr von Marx, enttäuscht feststellen, als er an der Bearbeitung der Manuskripte zur Herausgabe des dritten Bandes des *Kapitals* saß, der 1894 erschien. Die Manuskripte enthielten *keine* Berechnungen. Über Formeln war Marx nicht hinausgekommen. Inzwischen hatte aber die Verheißung so nachhaltig gewirkt, daß der Glaube an ihre Wahrheit durch keine auch noch so anders geartete Wirklichkeit mehr zu erschüttern war. Auf diese Weise ist ein Gerücht zur Basis des ideologischen Gedächtnisses der Arbeiterbewegungen geworden. Lenins vergebliche Erwartung der Weltrevolution gründete sich auf ein Gerücht.

Was spezifisch russische Zustände anbelangte, so hatten sich Marx und Engels nur kritisch dazu geäußert. Das Reich des Zaren galt ihnen als Bollwerk der Restauration und in revolutionärer Hinsicht als Ärgernis. Daß gerade von Rußland das früheste und später auch das nachhaltigste Bekenntnis zum Werk von Marx und

Engels ausgehen sollte, ist eine Ironie der Geschichte. Diese Ironie hatte freilich einen spezifisch russischen Hintergrund. Rußlands Intelligenzija beschäftigte sich mit Fortschritt und Modernität vorwiegend literarisch und kaum praktisch. Sie entwickelte dabei im 19. Jahrhundert eine außerordentliche Aufnahmebereitschaft für geschichtsphilosophische Konzepte deutscher Provenienz. Die erste fremdsprachige Übersetzung des *Kapitals* war die ins Russische. Im Land der industriell rückständigsten Großmacht unter den Großmächten damaliger Zeit passierte die Übersetzung dieses Werks sogar die Zensur, weil die Zensoren meinten, es sei so unverständlich, daß es keineswegs gefährlich wirken könne.

Der gemeinsame Inhalt diverser sozialistischer Gesellschaftslehren des Westens bestand in der Botschaft, daß der Kapitalismus eine weltgeschichtliche Zwischenphase darstelle. Er werde mit oder ohne Revolution zugunsten einer besseren Weltordnung wieder verschwinden. Der Kapitalismus, so hieß es im *Manifest der Kommunistischen Partei*, löse alle althergebrachten menschlichen Bande auf und sei etwas Inhumanes. Könnten die Arbeiter die Bedingungen ihres Arbeitseinsatzes selbst organisieren, so könnten sie auch die Früchte ihrer Arbeit ungeschmälert genießen. Darin bestehe der humane Charakter des Sozialismus.

Die Vordenker des Sozialismus und Kommunismus unterschieden sich zwar in ihren Vorstellungen, *wie* der Sozialismus herbeigeführt werden könne, nicht aber darin, *daß* er herbeigeführt werden müsse. Der Impetus, *daß etwas geschehen müsse*, berührte den empfindlichsten Nerv der russischen Gesellschaft. Die herrschenden Schichten Rußlands wußten auch, *daß etwas geschehen müsse*. Denn der verlorene Krimkrieg hatte die Verletzbarkeit und das Rückständige des Zarenreiches schmerzlich und beschämend an den Tag gebracht. Rußland hatte sich seit Katharina II. jedem Reformansatz halbherzig geöffnet und letztlich doch wieder verschlossen. 1861 kam es zwar unter Alexander II. zur rechtlichen Aufhebung der Leibeigenschaft, aber im Effekt blieb sie weitgehend erhalten. Es gab auch Neuordnungen in der Justiz, in der Heeresverwaltung und bei Wahlen für die Verwaltung von Kommunen, doch als echter Fortschritt kamen sie nicht zur Geltung.

Während sich das wirtschaftliche Leben wenig veränderte, blühte das geistige auf: die russische Intelligenzija trat auf den Plan. Gesellschaftliche Aufsteiger und Aussteiger, Leute aus ärmsten Verhältnissen, die es unter Entbehrungen bis zur Universität brachten, und exzentrische junge Adlige, schlossen sich der geistigen Welt des Westens auf und knüpften daran ihre Ideen für die Zukunft Rußlands. Die russische Intelligenzija des 19. Jahrhunderts ist nicht nur für den heutigen Soziologen noch immer schwer auf den Begriff zu bringen, sie war auch für die damaligen Ordnungshüter, Polizei und Zensoren, eine leidige Angelegenheit. Die Intelligenzija pflegte alternatives Denken. Es war aber schwierig auszumachen, wo das Ungewohnte in das Ungebührliche überging. Daß dieses Denken vielfach in literarischem Gewand zutage trat, machte die Sache nicht leichter. Die Kunst der russischen Literaten, in ihrer Dichtung vor allem mit den Gattungen des Romans und der Erzählung den Leser so gefangenzunehmen, daß Fiktion und Realität eine unauflösliche Verschmelzung eingehen, Extreme wie Emotion und Rationalität, Trauer und Beglückung, Genuß und Überdruß, Brutalität und Güte, Entrücktheit und Verrücktheit verknüpft werden, läßt nur schwer auseinanderhalten, wo Bedenkliches kritisch und Erregendes anregend wird.

Im Blick auf sozialistische Ideen bildeten sich zwei theoretische Grundströmungen heraus, die der *Slawophilen* und die der *Westler*. Die Westler empfahlen für Rußland die Nachahmung des westlichen Wegs und den Aufbau einer Industriegesellschaft, die revolutionäre Kräfte entfache. Die Slawophilen wandten sich dagegen und meinten, Rußland brauche sich gar nicht erst auf den Weg des Westens zu begeben, denn wenn man es recht bedenke, habe die russische Dorfgemeinde den Kern des Sozialismus bereits in der Vergangenheit in sich getragen. Die Zukunft des Westens sei eigentlich nichts anderes als die eigene Vergangenheit. Die Slawophilen dachten zwar revolutionär, aber im Sinn einer Rückwendung. Weit entschiedener als die Slawophilen bekannten sich die *Volkstümler* oder *Volksfreunde*, russisch *Narodniki,* zu einem revolutionären Kampf gegen den Zarismus und die herrschenden Verhältnisse. Doch in Lenins Augen waren sie bei weitem nicht revolutionär genug. Er wollte mehr als nur ein *re*formiertes Rußland. Die Westler hätten Lenin näher stehen müssen, doch sie pflegten eine bourgeoise Grundgesinnung, keine proletarisch revolutionären Ideen. *Revolutionär* standen Lenin die Narodniki näher, *modernistisch* die Westler. Er befand sich also zwischen den Fronten. Die klärten sich in gewisser Weise durch die 1903 erfolgende Spaltung der russischen Sozialdemokratie in die beiden Fraktionen *Menschewiki* und *Bolschewiki*. Lenin wurde der Wortführer der Bolschewiki, die *sowohl modernistisch als auch revolutionär* argumentierten.

Hätte die führende Schicht der russischen Gesellschaft auch nur einen Bruchteil dessen, was ihre Intelligenzija im 19. Jahrhundert an Konzepten und Ideen hervorgebracht hat, auf wirtschaftlichem Gebiet bewirkt, Rußland wäre bald nicht wiederzuerkennen gewesen. Statt klarer Handlungskonzepte diskutierte man aber eine Überfülle diverser Konzepte, die sich ebenso ergänzten, wie sie sich widersprachen. Dem kam natürlich der Widerstreit der Meinungen im Westen entgegen. Und da in Westeuropa bereits Strömungen des Liberalismus, Konservatismus, Sozialismus, Anarchismus und Syndikalismus miteinander stritten, warum sollte man diesem Streit nicht noch eigene Ausrichtungen wie Panslawismus, Populismus und die staatskonforme Volkstums-Ideologie untermischen und das entstandene Konglomerat in diversen Kombinationen mit zusätzlichen religiösen und nihilistischen Varianten diskutieren? Es mußten erst Historiker kommen, um nachträglich den ganzen Ideenvorrat so zu sortieren, wie es für die Zeitgenossen nie möglich war. S. V. Utechin hat in seiner *Geschichte der politischen Ideen in Rußland* rubriziert, wie Volkstümler, Slawophile und Westler idealistische, christliche, atheistische, sozialistische, sozialromantische, aufgeklärt monarchistische, legalistische, syndikalistische, anarchistische und terroristische Ideen miteinander kombinierten. Es war ein Kosmos von Ideen. Das Negieren des Bestehenden *und* das geradezu mystisch beschwörende Verlangen, Rußland müsse einen Weg aus seiner Zurückgebliebenheit finden, war einigender Charakterzug der russischen Intelligenzija.

Lenin war weitaus zupackender als das Gros der Intelligenzija. Mit einem intellektuellen Trick hatte Lenin schon 1894 in seiner kritischen Schrift gegen die Narodniki auf Grund von Statistiken versucht, sogar für Rußland ein im Untergrund vorhandenes Proletariat nachzuweisen. Er analysierte die Arbeitsteilung in der russischen Dorfwirtschaft und meinte dabei entdeckt zu haben, daß man die *Landarbeiterschaft* – die ohne Zweifel die Mehrheit der Bevölkerung bildete – als ein verstecktes Proletariat qualifizieren könne. Er behauptete, die Landarbeiter der russischen Dorfgemeinde, die Seifensieder, Tischler, Sattler, Schmiedearbeiter etc., seien ein Proletariat, das lediglich über seinen wahren Charakter noch unaufgeklärt sei. Zwar existiere ein russisches Proletariat, aber es habe kein Klassenbewußtsein. Es sei Aufgabe der Partei, dieses Bewußtsein zu vermitteln. Damit hatte sich für Lenin das Proletariatsproblem der russischen Gesellschaft in ein Bewußtseinsproblem verwandelt.

Die russischen Marxisten nahmen die Marxsche Theorie für bare Münze. Lenin erwartete die Revolution natürlich in Westeuropa. Hier waren seiner Ansicht nach die sozialen Spannungen explosiv wie ein Pulverfaß, und hier existierte ein klassenbewußtes Proletariat. Lenin folgerte, eine Revolution in Rußland werde wie eine Lunte am Pulverfaß wirken: Sie würde die sozialistische Revolution im Westen auslösen und zur Weltrevolution führen. Ergo engagierten sich die Bolschewiki für den politischen Umsturz in Rußland. Indessen kam es zu keiner weltweiten revolutionären Explosion. Und das führte zu den beschriebenen Schwierigkeiten, wie das revolutionierte Rußland im kommunistischen Sinn zu regieren sei.

Als der Partei Lenins die russische Revolution vom Februar 1917, die von den Sozialrevolutionären und nicht von den Bolschewiki herbeigeführt worden war, durch die Oktoberrevolution quasi in den Schoß fiel, war seit der Veröffentlichung des Ersten Bandes des *Kapitals* im Jahr 1867 ein halbes Jahrhundert ins Land gegangen und eine völlig andere historische Situation eingetreten. Die Verflechtung des Staates mit der Wirtschaft war im Westen durch die Kolonialsysteme und den sich ausdehnenden Welthandel einerseits und durch die militärischen und rüstungspolitischen Engagements andererseits weit über eine rechtlich regulierende Rolle hinaus gewachsen. Die Aktiengesellschaften begründeten überdies eine neue Finanzierungsform für Unternehmen. Selbst in der westlichen Welt war das Anschauungsmuster des Klassenkampfes – hier Proletariat, dort Kapitalisten – nur noch agitatorisch zu gebrauchen. Statt der Verelendung anheimgegeben zu sein, gelang es den Arbeitern über die Gewerkschaften, die Löhne zu verbessern. Die Arbeiterschaft wurde als *Konsumenten*schicht sogar zu einer Triebkraft der wirtschaftlichen Entwicklung.

Der kapitalistische Produktionsapparat finanzierte seine weitere Ausdehnung durch die Banken und *nicht* durch die Ausbeutung des Proletariats. Im angelsächsischen wie im deutschsprachigen

Bereich – führend in Österreich – bildeten sich Volkswirtschaftslehren heraus, die das analysierten und damit weit über das hinaus führten, was Marx zu denken vermochte. Hilferding war zu Beginn des 20. Jahrhunderts der führende sozialdemokratische Theoretiker, der die Rolle des Finanzkapitals und der Banken beschrieb. Durch diese neuen Einsichten waren natürlich auch die geschichtstheoretischen Konzepte der Slawophilen und Westler in Rußland zur Makulatur geworden – was diese aber nicht registrierten. Das Absonderliche der russischen Entwicklung bestand in der Konservierung eines inzwischen veralteten Weltbildes und darin vor allem des vermeintlich prognostischen Gehalts der marxistischen Gedankengänge.

Lenin, der diese Entwicklung in der Emigration zwar verfolgt, aber theoretisch nicht mehr zeitgemäß verarbeitet hatte, befand sich nach der Oktoberrevolution – an die Spitze eines riesigen, unterentwickelten Staates katapultiert – sowohl theoretisch als auch praktisch in einer äußerst prekären Situation. Was das Praktische anbelangt, ist bereits mit der Erwähnung von Scheiberts Werk eine wichtige Studienquelle genannt. Zum Theoretischen mögen einige Hinweise genügen:

Will man das Verharren Lenins auf veralteten Lehren angemessen einschätzen, so kommt man nicht umhin, einige Kontexte der allgemeinen wissenschaftlichen Entwicklung aus der Zeit vor und nach dem Ersten Weltkrieg hier zu erwähnen. Denn sie spielten für die Entwicklung des Zeitgeists eine wichtige Rolle. In der Wissenschaft gab es nach der Jahrhundertwende spektakuläre Neuerungen. Max Planck begründete die Quantenphysik, Albert Einstein legte die Grundlagen der Relativitätstheorie. Lenins philosophische und wissenschaftliche Bildung hielt aber mit diesen Entwicklungen nicht Schritt. Das wäre nicht schlimm gewesen, denn damit stand er als Parteiführer keineswegs allein, aber im Gegensatz zu anderen tat er sich auf seine wissenschaftliche und philosophische Bildung enorm viel zugute; und auf seine Untersuchung über *Materialismus und Empiriokritizismus* war er so stolz, daß dieses Werk in Parteikreisen als Referenz für Lenins Kapazität als Wissenschaftler benutzt wurde. Es war daher eine peinliche Demontage, als der Philosoph und Physiker Anton Pannekoek, selbst kommunistischer Parteigänger, angezogen von Lenins Ruhm, dessen Werk analysierte und es schockiert als reinen Plunder – sein

Ausdruck – bezeichnen mußte. In Rußland kam das kaum jemand zur Kenntnis. Erwähnung findet es in unserem Zusammenhang nur, um zu zeigen, daß der revolutionäre Aufbruch in Rußland geistig in spekulativen, gedanklichen Sphären des 19. Jahrhunderts verblieb. Die Philosophen und Ideologen der Sowjetunion mußten noch im Raumfahrtzeitalter Lenins obskures Werk in Ehren halten.

Lenins bereits antiquiertes geistiges Erbe ging auf Stalin über, der es einer zusätzlichen Verflachung unterwarf, deren Resultat der *Kurze Lehrgang* wurde. Das Buch *Geschichte der Kommunistischen Partei der Sowjetunion KPdSU(b), Kurzer Lehrgang*, wie es im vollen Titel heißt, stellt die trivialste Fassung des Marxismus dar, die es je als offizielles Lehrbuch gegeben hat, blieb aber bis nach Stalins Tod der Weisheit letzter Schluß. Aus Lenins Ansätzen fabrizierte Stalin die bereits erwähnte Theorie vom *Aufbau des Sozialismus in einem Land*, in der die Sowjetunion zum Modell der zukünftigen Weltordnung stilisiert wurde. Chruschtschow sah das Modell durch die Entstehung des *sozialistischen Lagers* bestätigt. Selbst Breschnew hielt – zumindest deklaratorisch – noch an der Vision vom Sieg des Sozialismus im Weltmaßstab fest. Sogar Gorbatschow wuchs in eine Welt hinein, in der diese Ideologie noch immer galt. Erst die Pleite der kommunistischen Staatswirtschaft hat mit alledem aufgeräumt.

Am Ende stand die Sowjetunion nicht nur in wirtschaftlicher, sondern auch in geistiger Hinsicht vor einem Scherbenhaufen. In den Naturwissenschaften und in der Technik haben die Wissenschaftler und Konstrukteure der Waffensysteme den Anschluß an die westliche Entwicklung gesucht und gefunden. In den Sozialwissenschaften, voran in der Wirtschaftswissenschaft, fand nicht einmal eine nennenswerte Rezeption statt. Viele Erkenntnisse, die in der westlichen Welt aufkamen, diskutiert, weiterentwickelt, angewandt und dann auch wieder ad acta gelegt wurden, wenn ihre Zeit vorbei war, sind am geistigen Leben der Sowjetunion spurlos vorübergegangen. An all das kann man in Rußland deshalb heute nicht appellieren. Die geistigen Vorbelastungen bilden ein trennendes Gebirge zwischen Rußland und dem Westen.

## Die Überbleibsel

Wie das sowjetische System mit seiner Beschwörung sozialistischer Moral ständig unterschwellig der bürgerlichen Moral verhaftet blieb, so vermochte sich kaum jemand ganz von Gewohnheiten und Verhaltensweisen zu lösen, die in der alten russischen Gesellschaft wurzelten, wenngleich man diese als bürgerliche Überbleibsel denunzierte und offiziell verwarf.

Es gab in der sowjetischen Gesellschaftswissenschaft einen ganzen Theoriekomplex, der sich mit geistigen und seelischen Nachwirkungen der alten Gesellschaft, mit *Überbleibseln*, russisch *pereschitki*, beschäftigte. Irgendwie mußte man ja erklären, warum das Denken und Fühlen der Menschen augenscheinlich nicht ganz mit der Veränderung ihrer ökonomischen Verhältnisse Schritt hielt, wo doch die veränderte ökonomische Basis den geistigen Überbau der Gesellschaft hätte umformen und neu gestalten sollen. Dem war aber nicht so. Die Gesinnungen und Einstellungen vieler Menschen änderten sich nur schleppend und langsam. Schuld daran sollten die sogenannten Überbleibsel des Kapitalismus sein. Der Begriff fand vielfältige Anwendung und konnte unter Stalin auch die mangelnde Anpassung an eine neue Parteilinie bezeichnen und damit zu einer Anklage mit schwerwiegenden Folgen führen. Als Überbleibsel galten auch Ikonen, die – Gorbatschow schilderte es von seinem Zuhause – gewohnheitsmäßig hängenblieben, selbst wenn daneben im Bücherschrank der *Kurze Lehrgang* stand. Was ging in den Köpfen vor sich, die sich des einen bedienten und das andere nicht lassen konnten? Wie lange kann das Alte, das eigentlich gar nicht mehr vorhanden sein dürfte, im Neuen weiter existieren? Wie sicher ist man sich des einen neben dem anderen? Warum existieren die Orientierungsmarken zweier Gesellschaftssysteme in einem Kopf weiter?

Neal Ascherson hat in seinem spannend zu lesenden Buch *Schwarzes Meer* ein Kapitel den Geschicken der griechischen Bevölkerung gewidmet, die seit dem 7. Jahrhundert vor Christus am Rande des pontischen Gebirges im türkischen Anatolien an der Südküste des Schwarzen Meers beheimatet war. »Ihre Herrscher waren die Römer, dann die byzantinischen Kaiser, dann – für kurze Zeit – die Großkommenen, die Kaiser von Trapezunt. Danach kamen die Türken.«[5] Nach ihnen drangen die Russen ein. Als die Russen im Krieg gegen die Türkei unter Nikolaus I. in ihrem Vordringen nicht nur gestoppt, sondern zurückgedrängt wurden, schlossen sich mehr als vierzigtausend Griechen 1829 den abziehenden russischen Truppen an. Nach einer weiteren Niederlage der Russen gegen das Osmanische Reich folgten 1878 noch einmal ebenso viele, weil sie die christliche Herrschaft der Zaren einer islamischen vorzogen. Diese Griechen brachten es unter russischer und sowjetischer Herrschaft durch Handel und Bankgeschäfte, Schiffahrt, Fischfang sowie Wein- und Tabakanbau und handwerkliches Geschick nicht nur zu Wohlstand, sondern auch zu Bildung und hohem Ansehen auf der Krim, am Asowschen Meer, in Georgien und im südlichen Rußland.

In den Augen Stalins galten sie als unzuverlässig, weil sie in der Interventionszeit und im Bürgerkrieg eine Zeitlang auf seiten der Weißen gelebt hatten. Als sie im Rahmen der Russifizierung der Unterrichtssprachen in der Sowjetunion gezwungen wurden, ihre Schrift auf das russische Alphabet umzustellen, traf sie das in ihrer kulturellen Tradition wie ein Bannstrahl, gegen den sie sich wehrten. Der größte Teil der griechischen Bevölkerung der Sowjetunion wurde verbannt oder in Arbeitslager verbracht, ihre Repräsentanten als *Trotzkisten, Nationalisten* und *Spione* ermordet. Nach dem Zweiten Weltkrieg wurden sie wie die Krimtataren endgültig vertrieben und landeten unter gräßlichen Deportationsumständen zerstreut in Sibirien, Kasachstan und Usbekistan. Dennoch wußten sie aus den *Überbleibseln* in ihrem Gedächtnis ihren Kindern die angestammte Sprache, Tauf-, Heirats- und Begräbnisriten, griechische Küche, Tischsitten und Familiendisziplin beizubringen.

Nach Stalins Tod wurde ihnen eine Heimkehr gestattet, für die sie keine Adresse mehr hatten. Ihre Heimstätten waren inzwischen von anderen eingenommen. Ihre Heimatlosigkeit schien somit Dauer zu erlangen. Aber in diesem Augenblick öffnete sich ihnen ihr ursprüngliches Vaterland. Gehört doch Griechenland wie Irland, Ungarn und Polen zu den Staaten, die – wie auf eine historisch noch weitaus kompliziertere Weise Israel – ihr lange umstrittenes Territorium für *ihre Leute* offenhalten und jedem Rückkehrer einen Paß ausstellen. Und so kamen und kommen noch heute aus den mittelasiatischen Steppen und allen Fernen Rußlands Griechen nach Griechenland zurück, die sich auch nach zweieinhalbtausend Jahren noch als Griechen bezeichnen und fühlen. Sie kommen auf Grund des in ihnen bewahrten, kollektiven Gedächtnisses in ein Land zurück, in dem sie nach Dialekt, Wortschatz und Gehabe als Exoten angesehen werden. All die unglaublichen Dinge, die man ihnen angetan hat, haben sie hinter sich gelassen, ihr Griechentum haben sie bewahrt. Eines aber haben sie bislang nicht erlebt, die Modernität des Kapitalismus – und das macht sie jetzt zu Fremden in ihrer ureigensten Heimat. Aber niemand bestreitet ihnen mehr ihr Griechentum; und in diesem Sinn fühlen sie sich frei und geborgen. Die Überbleibsel des Alten haben sie durch die Fährnisse aller Zeiten hindurch gerettet. Vergleichbares läßt sich von anderen Minderheiten berichten.

Das Phänomen der über Generationen hinweg andauernden Vermittlung von Gewohnheiten, Einsichten und Lebensweisheiten wird als *kulturelles Gedächtnis* bezeichnet. Unter den Umständen rascher gesellschaftlicher Wandlungen hielt das kulturelle Gedächtnis in der Sowjetunion vielerlei Vergangenes parat, das mit den neuen gesellschaftlichen Verhältnissen nicht in Einklang stand. In den Augen der Führung war das eine Art von systemabweichendem Denken. Das erwähnte *dwojemyslie,* Zweifachdenken, kommt hier als eine kulturelle Erbschaft zutage. Die Menschen können sich dieser Überbleibsel gar nicht erwehren. Die sozialen Kleingruppen kommen von ihren in früher Lebenszeit erhaltenen Prägungen, selbst wenn sie wollten, nicht ohne weiteres los. Die Familien schleppen dieses Erbe noch lange mit sich herum, selbst wenn es offiziell bereits verpönt ist. Kompliziert wird der Umgang mit den Überbleibseln besonders dort, wo es um erwünschte Traditionspflege geht. Volkstänze und Volksmusik durften und sollten in der Sowjetunion durchaus gepflegt werden. Bestimmte literarische Traditionen wurden beibehalten und gepriesen. Es war also keineswegs leicht, immer die richtige Entscheidung zu treffen, was an Überbleibseln hervorzukehren oder besser zu verbergen war. Stellte es beispielsweise ein verwerfliches Handeln, ein Relikt kapitalistischer Grundgesinnung dar, wenn jemand Tauschwirtschaft betrieb?

Tatsächlich sind ja Reste von wirtschaftlicher Privatinitiative trotz restloser Kollektivierung in der Landwirtschaft der Sowjetunion am Leben geblieben. Es gab Parzellen des Landes, die privatwirtschaftlich bebaut werden durften. Sie waren dem Eigenbedarf der Kolchosarbeiter vorbehalten. Obwohl diese Parzellen allenfalls drei Prozent der Anbaufläche ausmachten, kamen zuletzt unter Breschnew weit mehr als die Hälfte der Eier- und ein Großteil der Geflügelproduktion von dort. Offiziell wollte man das nicht recht wahrhaben, aber inoffiziell mußte man froh sein, daß auf diese Weise ein Teil der Versorgung sichergestellt wurde. Natürlich bildete die bäuerliche Nebenproduktion, deren Erzeugnisse frei verkauft werden durften, daneben auch eine ständige Quelle für Tauschgeschäfte.

Im Lauf der Zeit haben sich in der Sowjetwirtschaft in vielen Bereichen neben dem Schwarzmarkt, der zur Dauererscheinung wurde, graue Märkte gebildet, auf denen Staatsunternehmen aktiv wurden, um Fehler und Versäumnisse der Planungsbehörden auszugleichen. Wer hier allzu lange nach erlaubt oder unerlaubt fragte, kam ins Hintertreffen. Handelte es sich dabei um schädliche oder um nützliche Überbleibsel? Einzelne Dinge konnten oft genug gar nicht anders besorgt werden. Gewiefte Fabrikdirektoren schickten Händler mit begehrten Produkten aus dem eigenen Betrieb auf den Weg, um Ersatzteile einzutauschen. Die Funktionäre des Systems, das einerseits die Überbleibsel des Kapitalismus unterdrückte, pflegten andererseits selbst solche Überbleibsel.

Neben der Planwirtschaft blieb ein Netzwerk schwarzer und grauer Märkte bestehen. Man sprach von *Schattenwirtschaft*, wenn man die von Staats wegen irregulären Wirtschaftsbeziehungen meinte. Natürlich gab es in der Schattenwirtschaft keine reguläre Preisbildung. Dennoch wußte jeder, der sich dort bewegte, nach kurzer Zeit über die Tauschrelationen Bescheid. Es gab eine Art industrialisierter Basarwirtschaft mit primär materieller Vorteilsabwägung, bei der die Geldbeziehungen nur eine nebengeordnete Rolle spielten. Persönliche Beziehungen schlugen hier weit mehr zu Buche. In ihnen lebte eine ältere Welt unter neuen Bedingungen weiter. Unter den Gesichtspunkten des kulturellen Gedächtnisses war es nur zu verständlich, daß viele Grundmuster der alten russischen dörflichen Gesellschaft in der Schattenwirtschaft der Sowjetunion wieder auflebten.

In der Sowjetgesellschaft tauchten auch die altgewohnten Hierarchien wieder auf, Überbleibsel herrschaftlicher Strukturen im neuen Gewand. Denn begonnen hat die illegale Wirtschaftsweise mit der heimlichen Besserstellung der Funktionäre. Führenden Kadern wurden Privilegien eingeräumt. Als ausgerechnet der Volkskommissar für Ernährung auf einer Sitzung vor Hunger fast vom Stuhl fiel, befahl angeblich Lenin die Einrichtung eines *Schonkostspeisesaals* im Kreml, der diesen Namen auch dann noch trug, als aus dem Restaurant längst ein exquisites Geschäft für Lebensmittel geworden war. Eine Einrichtung, die mindestens bis 1988 existierte.

Georgi Arbatow, einer der prominenten Berater Gorbatschows, der es als ehemaliges Mitglied des Zentralkomitees wissen muß, berichtet in seinem aufschlußreichen Buch *Das System*, daß praktisch niemand mehr im Speisesaal aß, »statt dessen gebrauchte man die Coupons, die man bekam, um Lebensmittel einzukaufen, und hatte auf diese Weise mehr als genug für die ganze Familie. Im Speisesaal wurden nämlich die teuersten Delikatessen verkauft, einschließlich Kaviar, besonderer Fleischsorten, die jenen in den Läden weit überlegen waren und in besonderen Fleischereien hergestellt wurden; dazu ausgesuchte Süßigkeiten und Früchte. Als ich meine Vier-Tage-Zuteilung an Lebensmitteln das erste Mal mit nach Hause brachte, konnte meine Schwiegermutter, die bei uns wohnte, nicht glauben, was sie da sah. Solche Lebensmittel waren ihr seit der Neuen Ökonomischen Politik der zwanziger Jahre, als es ausländische Konzessionen und Privatunternehmen gab, nicht unter die Augen gekommen. Auf diese Weise gaben wir weniger als 10 Prozent unseres Einkommens dafür aus, die Familie zu ernähren, während normale Bürger dafür 60 bis 70 Prozent verschwinden sahen. Zusätzlich dazu besaß das Zentralkomitee ausgezeichnete Cafeterias und eine Anzahl von subventionierten Büfetts.« [6]

Während Arbatows Schwiegermutter nach vierzig Jahren nur auf Grund der besonderen Stellung ihres Schwiegersohns erstmals wieder Lebensmittel wie in ihrer Kindheit vor Augen bekam, war das für die Elite des Systems nichts Außergewöhnliches, denn die extravagante Versorgung erstreckte sich auf alle Lebensbereiche.

»Ich hatte jahrelang in einem 50-Quadratmeter-Zimmer mit meiner Frau, meinem Sohn und meiner Schwiegermutter gewohnt, wir teilten eine Küche und zwei Bäder mit zehn anderen Familien (33 Personen zusammengenommen), und nun bekam ich meine erste eigene Wohnung, eine abgeschlossene Zwei-Zimmer-Einheit. Ich erinnere mich daran, daß meine Frau und ich dieses Glück lange Zeit nicht begreifen konnten und oft im Lauf der Nacht aufwachten und in der Wohnung herumgingen, um uns zu überzeugen, daß wir nicht träumten.«[7]

»Besondere Wohnungen gab es zuerst im Kreml selbst und in den sogenannten *Häusern der Räte.* Davon gab es mehrere in Moskau, die sich auf der Granowski-Straße, auf der Komintern-Straße (dem heutigen Kalinin-Prospekt) und anderswo befanden. Dabei handelte es sich nicht um Luxuswohnungen, aber sie waren unvergleichlich viel besser als alles, was gewöhnlichen Menschen damals zustand. Zu der Zeit tauchten auch die ersten Regierungsdatschas (mit Dienern) für die Führungsschicht auf. Später kamen Sonderkliniken, Krankenhäuser, Erholungsheime und Sanatorien hinzu sowie natürlich Dienstwagen mit Chauffeuren für den persönlichen Gebrauch.«

»Bis zu den dreißiger Jahren hatte sich all das zu einem ganzen System entwickelt, und das System hatte seine eigene Hierarchie: Mitglieder des Politbüros, Kandidaten und ZK-Sekretäre, Minister, Abteilungsleiter usw. Jede Kategorie besaß ihren eigenen Privilegienkatalog. Vor dem Krieg war die Anzahl der Menschen, die solche Privilegien genossen, recht klein, aber die Privilegien waren beträchtlich. Was die Spitze der Partei anging, so waren deren Privilegien geradezu unvorstellbar.«[8]

»Auf diese Weise bildete sich schließlich eine besondere Kaste von hohen Offiziellen der Nomenklatura heraus, die sich in den Jahren der Stagnation vom Rest des Volkes absonderte. Dieselbe Entwicklung ergab sich bei den Funktionären auf den Republik-, Regional- und Distrikt-Ebenen, die ihre eigenen *Mini-Kasten* bildeten. Das war etwas Ähnliches wie eine Aristokratie – eine Lebensstellung, die mit Ehren, einem hohen Lebensstandard und einer Menge Privilegien verbunden war. Die Kluft zwischen dieser Kaste und dem Rest der Gesellschaft erweiterte sich ständig. Die Kaste isolierte sich vom Rest des Volkes, sie besaß ihre eigene Gesundheitsversorgung, ihre eigenen Erholungsorte, sie formte ihre eigenen Clanverbindungen, ihre Kinder spielten miteinander, wuchsen miteinander auf und heirateten oft untereinander. In den Jahren der Stagnation folgte danach der nächste logische Schritt. Der Apparat versuchte ein System vererbter Macht zu etablieren ... Die Führer gingen dabei mit gutem Beispiel voran: Breschnews Sohn wurde der Erste Stellvertretende Minister für Außenhandel, und sein Schwiegersohn wurde der Erste Stellvertretende Innenminister.«[9]

Als Jelzin 1985 von Gorbatschow nach Moskau in die Spitzenführung berufen wurde, durfte er dessen frühere Datscha beziehen. »Die Datscha lag hinter einem graugrünen Zaun an der Moskwa inmitten eines riesigen Grundstücks voller Alarmanlagen und Wachposten. Der Luxus war überwältigend: Eine Vielzahl von riesigen Räumen, überall Kristall, antike und moderne Lüster, Teppiche und Eichenparkett, mehrere Farbfernseher, ein Filmvorführraum mit Billardtisch, ein Solarium und Badezimmer, in denen man sich verlaufen konnte. Drei Köche, drei Serviererinnen, ein Zimmermädchen, ein Gärtner sowie der SIL-Dienstwagen samt Fahrer standen Jelzin von nun an zur Verfügung.« In dieser gerafften Fassung gibt Wolfgang Leonhard, der akribische Beobachter der russischen Verhältnisse, wieder, was selbst den aus Jekaterinburg kommenden Gebietsfürsten Jelzin noch in Erstaunen versetzte.[10]

Während in der Zarenzeit die Adligen, die ähnlich viele Vorteile genossen, ihren Reichtum offen zu Schau stellten, mußten ihn die Angehörigen der Nomenklatura verbergen. All ihr Luxus blieb von den Lebensbedingungen eines Systems überschattet, das Angst einflößte. Angst und Unbehagen blieben Grundgefühle der sowjetischen Gesellschaft. Selbst Gorbatschow, der Ende 1980 als frisch ernanntes Politbüromitglied den in der benachbarten Datscha wohnenden und ihm aus Stawropol wohlvertrauten Andropow zum Abendessen einladen wollte, erlebte eine Abfuhr: Das ginge nicht, da das sofort Breschnew gemeldet werde und Verdacht hervorrufen müsse. »Seit dieser Zeit hatten wir keine große Lust mehr, Einladungen zu geben oder anzunehmen«, bemerkte Gorbatschow lapidar dazu.[11]

Lebenslange Gewöhnung an diese Atmosphäre der Unsicherheit und Unberechenbarkeit erklärt, warum den Menschen in der Sowjetunion das Gefühl für die Grenze zwischen Recht und Unrecht verlorengehen mußte. Wie tief das Zwiedenken in den Menschen wurzelte und wie unreflektiert es zum Ausdruck kommen konnte, läßt sich an Gorbatschow selbst studieren. »Nachdem ich zum Generalsekretär gewählt worden war, gab ich umgehend Anweisung, Sacharow aus der Verbannung zu entlassen«, konstatiert Gorbatschow[12] zu diesem Gnadenakt, der in der ganzen Welt begrüßt und gefeiert wurde. Hätte man nicht auch im Westen darüber nachdenken müssen, daß dieser Akt der Gnade gegenüber dem Nobelpreisträger von Gorbatschow formal nicht weniger willkürlich vollzogen wurde als der Verbannungsakt, den Breschnew verfügt und voller Verachtung gegenüber Protesten aus aller Welt aufrechterhalten hatte?

Mit dem Substanzverlust ihrer rechtlichen und moralischen Kategorien stand die sowjetische Gesellschaft strukturell kaum anders da als die alte russische Gesellschaft der Zarenzeit. Eine privilegierte Oberschicht war himmelweit erhoben über die Verfolgten, Verbannten und Verdammten. Auch zur Zarenzeit gab es die breiten Mittel- und Unterschichten, die wußten oder ahnten, wie es denen da oben und jenen ganz unten ergeht. In der Sowjetunion war die Lage kaum anders. Nur der Umstand, daß sich die Ernannten und die Verbannten anders rekrutierten, machte den Unterschied aus. Wer in die Ränge der Nomenklatura aufstieg, war dem alten Adel vergleichbar. Wer ins Lager kam, war Verbannten gleich, freilich unter ungleich grausameren Bedingungen – von der Zahl der Opfer ganz zu schweigen. Wie und wo richtete sich die Masse der Menschen ein, die dazwischen rangierte? Was waren die Verhaltenskriterien jenes uns in seiner Größe unbekannten Teils der Bevölkerung, der sich weder als Täter, noch als Opfer fühlte und doch zu beiden enge Beziehung haben mußte? Welche Überbleibsel waren in den führenden Sowjets vorhanden?

## Ja, mach nur einen Plan!

Die klassische Nationalökonomie berücksichtigte drei Produktionsfaktoren: Boden, Arbeit und Kapital. Das entsprach ihrem damaligen Gegenstand, analysierte sie doch primär agrarische Produktion. Dabei spielten verfügbares Land und rekrutierte Arbeitskraft der Bevölkerung die ausschlaggebende und das Kapital in Gestalt von Maschinen und Ausrüstungen eine nachgeordnete Rolle. Je mehr sich das Handwerk zur Industrie hin entwickelte, desto bedeutsamer wurde das Kapital. Heute hat man ausschließlich die Produktionsfaktoren Arbeit und Kapital im Blick und vernachlässigt den Boden, da alles, was aus dem Boden kommt, nur mittels Kapital zu erschließen ist. Land- und Forstwirtschaft benutzen Maschinen und Düngemittel, also Kapitalgüter. Bergbau und Energiewirtschaft, Erze, Kohle, Öl, Gas und Wassernutzung sind ohne Kapitalausstattung gar nicht denkbar.

Das Arbeitskräftepotential (*Faktor Arbeit*) und die Investitionen (*Faktor Kapital*) bildeten bei der staatlichen Planung in der Sowjetunion die Schlüsselgrößen, die zueinander in Beziehung zu setzen waren. Zur Versorgung der *Arbeitskräfte* mußten Güter und Leistungen für den Privatkonsum vorgesehen werden. Zu ihrer Qualifizierung gehörte ein Schul- und Ausbildungssystem. Durch ein Sozialsystem mußte dafür Sorge getragen werden, daß die Menschen im Alter oder während Krankheit versorgt werden. Die *Kapitalgüter* mußten für ihre diversen Verwendungen aufgeteilt werden. Ein Teil, der Löwenanteil, wurde dem Produktionsapparat zugeschlagen. Ein anderer Teil diente als Ausrüstung für den Staatsapparat und hier insbesondere für Verwaltung und Infrastrukturen. Ein nicht unerheblicher Teil ging in die Rüstung zur Erhaltung der äußeren Sicherheit. Das waren die grobschlächtigsten Richtgrößen.

Lenin sprach hinsichtlich der Planung noch in der Terminologie von Marx und Engels und definierte die Sowjetgesellschaft als den *gemeinschaftlichen Produzenten*, unter dem man sich die dialektische Einheit von Produzenten und Konsumenten vorstellen sollte. Denn im Sozialismus oder Kommunismus sollten die Menschen in gemeinschaftlicher Beratung beschließen, was zu produzieren wäre, und gemeinschaftlich herausfinden, was die Gesellschaft konsumieren dürfe und wieder investieren müsse. Das lief freilich auf nichts anderes als ein Bauernhofmodell von Volkswirtschaftstheorie hinaus. Zur Zeit der Abfassung des *Manifests der kommunistischen Partei*, 1848, mochte dergleichen noch angehen. Im 20. Jahrhundert war an kollektive Beratungen nicht mehr zu denken, denn die modernen, komplexen und komplizierten Wirtschaftsverflechtungen sind von keinem Beratungsgremium mehr im Detail zu überblicken.

Was nach den Vorstellungen von Marx und Engels ein *gemeinschaftlicher Produzent* hätte leisten sollen, mußte also durch Planungsbehörden ersetzt werden. Diese entwickelten in bezug auf die Arbeitskräfte eine Grundgleichung, nach der sie vorgingen. Sie lautet: *Die Summe aller gezahlten Löhne muß auf die Summe aller Preise für die verfügbaren Konsumgüter hinauslaufen.* Nach dieser Grundgleichung wird ein Teil des Bruttosozialprodukts für die Belange des Privatkonsums abgezweigt; den Rest verwaltet der Staat nach seinen Gesichtspunkten.

Wird die Grundgleichung erfüllt, dann herrscht ein gewisses wirtschaftliches Gleichgewicht: Die Kaufkraft entspricht dem Wert des Angebots. Die Menschen liefern ihre Arbeit ab und erhalten einen Lohn. Wenn sie den verausgabt haben, sind sie versorgt. Wenn die vorgesehenen Konsumgüter verzehrt sind, kann es wieder von vorn losgehen.

Wie sieht das in der Praxis aus? Eine zentral verwaltete Wirtschaft plant sämtliche wirtschaftlichen Vorgänge von den Rohstoffen ausgehend zu Fertigwaren und zu Konsumgütern hin. In einer Marktwirtschaft verläuft der Prozeß umgekehrt. Die Nachfrage nach Fertigwaren, nach kurz- und langlebigen Konsumgütern bestimmt schlußendlich den Bedarf an Roh- und Grundstoffen. In einer Marktwirtschaft signalisieren die Endverbraucher mit ihrer Geldverwendung, was ihnen wert und wichtig erscheint; und die produzierenden Unternehmen richten sich danach. In einer Planwirtschaft geben Behörden den produzierenden Unternehmen das Kommando, was sie zu produzieren haben, und teilen das Produzierte immer detaillierter auf, bis schließlich auch für den Konsumenten Waren auf dem Ladentisch liegen. Der Endverbraucher muß aber nehmen, was er dort angeboten bekommt. Er dirigiert nicht, er wird dirigiert.

Für Planungsbehörden ist es eine langwierige, meist auch als lästig empfundene Angelegenheit, die Materialverwendung bis hin zu den Konsumgütern mit allen dazugehörigen Vorgängen vorab zu berechnen. Konsumgüter haben einen langen Fertigungsweg hinter sich, ehe sie auf dem Ladentisch liegen. Vom Wald bis zum hölzernen Kochlöffel ist es ein weiter Weg. Alle forstlichen Erträge müssen errechnet und aufgeteilt werden in Grubenholz, Bauholz, Schnittholz, Brennholz, Holz für Schreiner und Tischler, Holz für die Verpackungsindustrie und für die Papierherstellung. Die Liste ist lang. Sie wird noch sehr viel länger, wenn jede Sparte weiter aufgefächert werden muß, beispielsweise Papier vom Zeitungs- bis zum (in der Sowjetunion nie zureichend berücksichtigten) Toilettenpapier, vom Papier für Buchverlage bis zur Druckerei von Banknoten. Man stelle sich das für sämtliche Verbrauchsgüter vor. Ehe jemand einen Schuh im Laden anprobiert, muß von der Viehzüchtung und ihrem vorrangigen Ziel, der Fleischproduktion, bis zur Herstellung von Leder jede Zwischenstufe bedacht werden. Wer Radio oder Fernsehen einschaltet, einen Telefonhörer aufhebt, einen Kochtopf auf den Herd stellt, den Suppenlöffel hebt, sein Bett bereitet, kann niemals vollständig nachvollziehen, was alles zu planen war, ehe er zu diesen Dingen kam. Aber alles das laden Planwirtschaften ihren Planungsbehörden an Überlegungen auf, damit neben der Versorgung aller Unternehmen auch die der Bevölkerung garantiert ist.

Es hat sich erwiesen, daß keine Instanz dieser Welt in der Lage ist, diese Aufgabe in vollem Umfang präzis zu erfüllen. Es scheitert nicht nur an der Fülle der zu verarbeitenden Daten, es scheitert auch daran, daß sich durch technischen Fortschritt die Daten laufend verändern. Eine rein materiell-physische Planung der wirtschaftlichen Abläufe von Rohstoffen bis hin zu Fertigprodukten ist immer mit Ungenauigkeiten und Kompromissen verknüpft. Sie allein aber macht es möglich, daß die Regierung ihre Bevölkerung völlig unter Kontrolle halten und die Wirtschaft allein nach ihrem Willen dirigieren kann.

Wirtschaftstheoretiker haben sich lange mit der Frage beschäftigt, ob die Kybernetik – eine Wissenschaft von Steuerungsvorgängen, wie sie größtenteils in der Natur vorliegen – Möglichkeiten bietet, ein Planungssystem auf rein materieller Kalkulationsbasis aufzuziehen. Informierte man sich beispielsweise darüber, in wie vielen Produkten Eisen und Stahl in welcher Quantität und Qualität verarbeitet ist, vom Nagel und Kanaldeckel bis zu Schrauben, Werkzeugen, Maschinen, Autoblechen, Pipelines und Panzerplatten, so ließe sich – zumindest theoretisch – durchaus bestimmen, wieviel an Rohstoff dafür erforderlich ist; und das Resultat könnte in Form von Planauflagen an die Eisen- und Stahlindustrie übermittelt werden. Rechnet man die materiellen Verknüpfungen nach beiden Richtungen durch – von den Endprodukten zu den Rohstoffen und umgekehrt –, so müßte sich ein volkswirtschaftlicher Gesamtzusammenhang auch ohne vermittelnden Geldtransfer rein materiell planen lassen.

Materiell basierte Planung und Steuerung der Volkswirtschaft verlangte von der Datenverarbeitung die ungeheure Leistung, sämtliche Material- und Leistungsströme nach Flußrichtung, Größe und Zeitablauf zu erfassen. Das setzte Instanzen voraus, die alle diese Informationen von den Unternehmen abfragen, sammeln, sortieren, vom Endprodukt bis zum Rohstoff verknüpfen, um anschließend den Produktionsprozeß in der Gegenrichtung zu steuern.

Eine solche Zentrale hätte in der Sowjetunion die *Staatliche Plankommission*, abgekürzt GOSPLAN abgeben sollen. Sie sollte quasi als volkswirtschaftliches Superhirn funktionieren. In der Praxis ist ihr das nie gelungen. Weder vermochte sie, alle Daten zu erfassen, noch gelang es ihr, sie fristgerecht zu verarbeiten, geschweige denn, deren Einhaltung im Produktionsprozeß präzis zu kontrollieren.

In der westlichen Welt sind durch die Kybernetik im Zuge der zweiten industriellen Revolution serienweise Modelle entwickelt worden, um die betriebliche Unternehmensplanung effektiver zu gestalten, wobei Unternehmenspraxis und Betriebswirtschaftslehre eng miteinander verzahnt wurden. Das *Operation Research,* die Erforschung der operativen Möglichkeiten und Chancen von Unternehmen unter Berücksichtigung von Hunderten von Variablen im Unternehmensprozeß, entwickelte sich zu einer speziellen Wissenschaft. Dadurch ergaben sich wiederum höhere Anforderungen an die Datenverarbeitung, und diese führten zur Fortentwicklung der elektronischen Datenverarbeitung und damit zum Aufstoßen der Tür ins elektronische Zeitalter.

In theoretischer Abstraktion und Spekulation könnte man natürlich im Marxschen Sinn die gesamte Volkswirtschaft mit allen ihren internen Verflechtungen als ein ins Gigantische vergrößertes Unternehmen auffassen, sozusagen als einen komplex-kompliziert gewordenen Bauernhof, und man könnte weiter spekulieren, mit entsprechend leistungsfähigen Rechnern müßte man auch den Materialfluß einer ganzen Volkswirtschaft lenken können. Von dieser Hypothese ausgehend, sollte man annehmen, Kybernetik und elektronische Datenverarbeitung hätten von Anbeginn ihrer Entwicklung an zum wichtigsten Forschungsgegenstand in der Sowjetunion werden, und die Sowjets hätten sich als die Pioniere auf diesem Feld erweisen müssen – weit gefehlt. Die Kybernetik wurde ebenso wie die Soziologie als bürgerliche Pseudowissenschaft gebrandmarkt und durfte nach einem Verdikt Stalins in der Sowjetunion nicht diskutiert werden. Selbst nach Stalins Tod konnten sich die Kybernetiker nur mit Schwierigkeiten durchsetzen. Als sie endlich Duldung erlangten, blühte zwar die theoretische kybernetische Literatur auf, aber die kybernetische Steuerungstechnik erlangte zur Verblüffung westlicher Beobachter keine Relevanz für die reale Planung der sowjetischen Wirtschaft.

Die Planung durch die Planungsbehörden war längst zum Machtinstrument geworden, mit dem die Partei ihre Herrschaft über die Gesellschaft ausübte. Diese Machtposition mit Wissenschaftlern zu teilen, die Instrumente und Methoden der Planung vielleicht sogar wissenschaftlicher Kritik auszusetzen, war für die Parteiinstanzen völlig undenkbar. Die Kybernetik hat daher zu keiner Korrektur der Unzulänglichkeiten des sowjetischen Planungswesens geführt.

Kehren wir zurück zu den Datenerfassungs- und Modellierungsproblemen. Da wir darüber aus der Sowjetunion keine Angaben besitzen, seien einige Kalkulationen auf der Basis westlicher Erfahrungen zu bedenken gegeben. Sie zeigen, daß sich zentrale Planungsinstanzen Unmögliches vornehmen, wenn sie die materiellen Zusammenhänge einer gesamten Wirtschaft nach Ist- und Soll-Zustand und darüber hinaus noch in kontinuierlicher Fortentwicklung durch technologische Neuerungen erfassen wollen.

In einer westlichen Volkswirtschaft werden für jedes Produkt in jedem einzelnen Unternehmen vom Einkauf über die Produktion bis hin zum Verkauf einschließlich Marketing und Werbung im Durchschnitt etwa 100 Koordinationsrechnungen, sprich Planverknüpfungen pro Produktionsperiode, vorgenommen. Zu planen sind Arbeitskräfte, Maschinen, Werkzeuge, Roh- und Hilfsstoffe, Zwischenprodukte, Endprodukte, Abfälle, Energie, Transporte, Anlieferungen, Ablieferungen, Lagerhaltung, Wartungen, Reparaturen, Ersatzteile, Aus- und Weiterbildung, Löhne, Gehälter, Soziales und dergleichen mehr. In Matrixform geschrieben, ergeben sich Hunderte von Feldern. Bei technologisch anspruchsvollen Produkten können sie in die Tausende gehen; beim Tante-Emma-Laden um die Ecke mögen es vielleicht nur zehn sein. Das gilt für jedes einzelne Produkt eines jeden Unternehmens.

Wie viele Planungsvorgänge resultieren daraus für eine ganze Volkswirtschaft? Ein großes Warenhaus in Deutschland oder Japan bietet ohne Farb- und Größenstaffel ca. 250 000 verschiedene Produkte an. Geht man die Preislisten für alle Produkte von der Grundstoffindustrie bis zu Supermärkten, Läden und Kiosken durch, so kommt man (nach Schätzungen) auf die Größenordnung von etwa fünf Millionen Angeboten ohne Berücksichtigung von Farb- und Größenstaffeln. Bei durchschnittlich 100 Planungsrechnungen pro Produkt beläuft sich die Gesamtmenge der Koordinationsakte in einer Volkswirtschaft demgemäß auf mindestens eine halbe Milliarde. Da alle Planungen alternativ nach unterschiedlichen Zielsetzungen variiert werden müssen und je nach Lage der vor- und nachgeordneten Märkte zu korrigieren sind, vervielfacht sich diese Zahl. In einzelnen Branchen wiederholen sich die Planungsvorgänge täglich mehrfach (Luftverkehr), in bestimmten Sparten kommt man mit saisonal wiederholten Aktionen aus (Getreideernten). Alle materiellen Größen werden überdies in monetäre umgerechnet, aggregiert, als mögliches Betriebsergebnis beurteilt und schließlich als Unternehmensplanung verabschiedet. Für eine moderne westliche Volkswirtschaft ergeben sich daher schätzungsweise zwischen 100 bis 200 Milliarden Planungsvorgänge pro Jahr. Keine zentrale Instanz kann eine solche Leistung vollbringen.

In westlichen Volkswirtschaften wird diese Leistung spielend dadurch erbracht, daß man sie den einzelnen Unternehmen überläßt. Dabei kann sich jedes Unternehmen auf seine eigenen Daten beschränken. Niemand muß für andere planen. Jedes Unternehmen orientiert sich innerhalb eines überschaubaren Marktbereichs. Da sich alle Unternehmen für ihre Berechnungszwecke des gleichen Maßstabs bedienen, nämlich des Geldes, das die Preise anzeigt, kann jeder quasi jeden anderen beurteilen. Obendrein kommt in nachträglich vorgenommener statistischer Zusammenfassung aller Umsatzziffern sogar noch eine konsistente *volkswirtschaftliche Gesamtrechnung* zustande. Alle Unternehmen leisten dafür unbeabsichtigt einen kostenlosen Beitrag. Auf diese Weise können statistische Ämter Informationen zusammentragen, die Auskünfte über Zustand und Entwicklung des gesamten Sozialprodukts geben. Aber die Gesamtrechnung ist *nicht die Voraussetzung* der einzelwirtschaftlichen Rechnung, sondern die Folge.

Die Basisdaten für ihre Zielvorgabe erhalten westliche Unternehmen kostenlos von den Konsumenten. Diese bestimmen durch ihre Nachfrage zu zwei Dritteln die Erstellung des Bruttoinlandsproduktes. Alle weiteren Planungsleistungen erledigen die Unternehmen in ureigenem Interesse und auf ihre Kosten. Da sie alle den gleichen Maßstab (Geld) für das gleiche Erfolgskriterium (Gewinn) verwenden, dürfen alle Unternehmen davon ausgehen, daß alle anderen im Eigeninteresse mit der gleichen Zuverlässigkeit planen und sie selbst dadurch zuverlässige Daten erhalten. Denn Nachlässigkeit wird auf die Dauer mit Bankrott bestraft. Das Hundertmilliarden-Planungsimpuls-Problem löst die westliche Marktwirtschaft schlicht und simpel durch Arbeitsteilung unter Verwendung von Geld.

In der sowjetischen Planwirtschaft entfiel nicht nur die Zielvorgabe durch die Privathaushalte, es gab auch nie den einheitlichen Bewertungsmaßstab Geld und das einheitliche Erfolgskriterium Gewinn. Planung beruhte auf der Verknüpfung der nackten, materiellen Größen wirtschaftlicher Vorgänge. Es bestand zu keinem Zeitpunkt der Geschichte der Sowjetunion auch nur die geringste Chance, dieser Aufgabe gerecht zu werden, und es lohnt nicht, Gedankenspiele darüber anzustellen, ob man das in Zukunft mit Supercomputern schaffen könnte. Das bleibt ein unmögliches Unterfangen, weil die Wirtschaft ihre wesentlichen Wandlungsimpulse von technologischen Durchbrüchen erhält, die ein solches Rechenmodell dauernd umstoßen und damit sinnlos machen würden. Relative Stabilität gibt es nur in den Subsystemen, in denen sich in der Marktwirtschaft die einzelnen Unternehmen einrichten. Der Wandel des Gesamtsystems ist unvorhersehbar, er hat allenfalls die Wahrscheinlichkeit von Großwetterlagen.

Die Sowjets mußten angesichts der Größenordnung der Planungsaufgaben von vornherein Kompromisse eingehen. Anders gesagt, sie mußten den *Kompromiß zum System* machen. Die Kompromisse bezogen sich auf das Datenvolumen, die Erfassungsgenauigkeit, die Vernetzung und *last but not least* auf die zuverlässige Planerfüllung. Letzteres bildet ein besonderes Handikap. Bei einer rotierenden Planung ist man nämlich auf präzise Planerfüllung deswegen angewiesen, weil man nur so zu verläßlichen Basisdaten für das Fortschreiben der Pläne in der darauffolgenden Planperiode kommt. Einmal auftretende Fehler haben die Tendenz, sich auf erweiterter Stufenleiter fortzupflanzen. Gerade in dieser Hinsicht brachte es die Sowjetunion aber zu einer närrischen Beschwörung von Störungen.

In der Sowjetunion wurden immer wieder Leistungen gelobt, bei denen die Pläne über das Plansoll hinaus übererfüllt wurden. Prototyp solcher *Helden der Arbeit* war der Bergbaukumpel Stachanow, dem es durch besondere Arbeitsvorbereitung gelungen war, sein Soll um 700 Prozent zu überbieten. Daraufhin wurde die Stachanow-Bewegung in Gang gesetzt und Übererfüllung der vorgegebenen Pläne als besondere Tugend gepriesen. Wenn es um Ernteerträge oder den Abbau von Kohleflözen ging, mochte das durchaus lobenswert sein; und dennoch verrät das Prinzip einen in das sowjetische System eingebauten Irrwitz.

Was nutzt es, wenn jemand für hundert Autos einhundertundzwanzig Lenkräder herstellt? Soll eine Felgenfabrik mehr Felgen produzieren, als es jemals Räder an Kraftwagen zu montieren und Ersatzräder bereitzustellen gilt? Wer das in der Sowjetunion schaffte, erhielt eine Prämie. Warum? Eigentlich hätte man ihn einsperren müssen, denn er brachte nur die Planung durcheinander. Was er tat, war Unsinn. Er verursachte – nach marktwirtschaftlichen Kriterien – lediglich Material-, Produktions- und anschließend Lagerkosten, also Unkosten. Seine idiotische Leistung wurde in allen Gazetten gepriesen und als vorbildlich hingestellt. Er erhielt einen Orden. Jahrzehntelang ging man so vor. Eigentlich hätte sich der Rest der Welt vor Lachen und die Sowjetführung vor Bauchschmerzen über diesen Nonsens krümmen müssen. Recht spät erst ist man gegen dieses *Prinzip der Tonnenideologie* vorgegangen.

Da die Zentrale nur die gröbsten wirtschaftlichen Gesamtzusammenhänge planen konnte, mußte eine Fülle von Ministerien geschaffen werden, die sich einzelner Branchen und spezieller Bereiche annahmen. Die Liste der Ministerien, die in der Sowjetunion die Planungsarbeit leisteten, ließ auf den ersten Blick keine besondere Ordnung erkennen. Man konnte weder eine eindeutige Zuordnung zu den drei Sektoren Agrarwirtschaft, Industrie und Dienstleistungen vornehmen noch eine Zuordnung zu Verarbeitungsstufen oder Zubringerfunktionen.

Es gab beispielsweise Ministerien für Gas, Erdöl, Erdölbohrungen, Schwermaschinenbau, Landmaschinenbau, Werkzeugmaschinenbau, Baumaterialien, Eisenbahn, Luftverkehr, Leichtindustrie, mehrere für Landwirtschaft und dergleichen mehr. Daneben gab es eigens ein Ministerium für Preisbildung, das die schwierige Aufgabe hatte, alle Güter und Leistungen mit fiktiven Preisen auszuzeichnen, damit die Planer sie gegeneinander verrechnen konnten. Damit hatte das Preisbildungsministerium zu seinem Teil auch dafür Sorge zu tragen, daß die Grundgleichung aufging und die Summe aller Löhne mit der Preissumme aller Konsumgüter und privat genutzten Dienstleistungen übereinstimmte.

Generalisierend teilte man in *Schwerindustrie* und *Leichtindustrie* ein. Im sowjetischen Sprachgebrauch hießen diese Bereiche: *Produktionsabteilung A* (*Produktion von Produktionsmitteln*) und *Produktionsabteilung B* (*Produktion von Konsumptionsmitteln*). Der Schwerindustrie wurde ständig die Priorität vor der Leichtindustrie eingeräumt. Unter Stalin war das ein unumstößliches Gebot. Nach seinem Tod durfte es zwar zur Debatte gestellt werden, das Debattieren hat aber an der Rangfolge nichts geändert. Inzwischen war nämlich eine andere Kategorisierung gebräuchlich geworden. Die Unternehmen gehörten entweder zum *militärisch-industriellen Komplex* oder rangierten neben diesem. Neben ihm hieß, sie rangierten in der Materialzuteilung und bei der Rekrutierung von geschulten Arbeitskräften hinter ihm. Gorbatschow suchte in den späten siebziger Jahren – wie erwähnt erfolglos – einen *agrar-industriellen Komplex* von gleicher Bedeutung auf die Beine zu stellen.

Die Lebensdauer der Fachministerien war ungewiß. Neugründungen, Aufspaltungen, Zusammenlegungen und Umbenennungen haben seit 1917, als man mit etwa 20 Ministerien begann, eine wechselvolle Organisationsgeschichte hervorgebracht. Jede Um- oder Neuorganisation hatte natürlich Brüche in der Datenerfassung und Datenverarbeitung zur Folge. Überschneidungen von Zuständigkeiten waren an der Tagesordnung. Große Veränderungen gab es nach Stalins Tod in der Zeit von Chruschtschow, wiederum neue nach seinem Sturz. Eine gewisse Kontinuität stellte sich unter Breschnew ein, als es annähernd einhundert Ministerien und ministeriumsgleiche Staatskomitees gab. Neun Wirtschaftsministerien besaßen stets einen bevorrechtigten Rang und existierten unangefochten ohne Unterlaß. Ihre Chefs schienen so unersetzbar wie unabsetzbar. Es handelte sich um die Ministerien des militärisch-industriellen Komplexes. Auf sie kommen wir später noch zu sprechen.

Der Planungsprozeß ging von der zentralen Plankommission aus. GOSPLAN war stets damit beschäftigt, für jeweils zwei Folgejahre einen *Jahresplan für die Entwicklung der Volkswirtschaft* auszuarbeiten. Das erfolgte einerseits auf Grund der Planerfüllungsmeldungen, wie sie vom Finanzministerium laufend eintrafen, und andererseits auf Grund eigener Perspektiv- und Langfristpläne (Fünfjahrespläne). Der fertige Entwurf des Volkswirtschaftsplans wurde danach auf dem Weg über die Fachministerien und Staatskomitees und über nachgeordnete Hauptverwaltungen den Kombinaten und Betrieben zugeleitet.

Aus dem Entwurf ersahen die Unternehmen, was sie leisten sollten und welche Ausstattung ihnen dafür zur Verfügung gestellt wurde. Dazu mußten diese nun Stellung beziehen; und die normale Reaktion bestand darin, die Anforderungen für zu hoch und die Zuwendungen für zu gering zu befinden. Dieser Intention entsprechend, arbeiteten die Betriebe, Kombinate und Hauptverwaltungen einen *Gegenplan* aus. Alle Gegenpläne gingen zunächst an die Ministerien und dann wieder an GOSPLAN zurück. Dort wurden die Monita geprüft. Der Ministerrat mußte zusammentreten und Kompromisse zwischen den Ministerien aushandeln, beziehungsweise sich von den Ministern, die den militärisch-industriellen Komplex befehligten, die endgültigen Lösungen diktieren lassen.

Nach einiger Zeit trafen die Pläne korrigiert wieder bei den Ministerien und Produktionsverantwortlichen ein. Diese konnten nun noch um sogenannte *Kennziffern* feilschen, mit denen die einzelnen Merkmale der Planverwirklichung erfaßt wurden. Lange Zeit war die Quantität, die Stückzahl, das ausschließliche Kriterium. Wer am meisten produzierte, kam mit Prämien und Zuschlägen am besten weg. So hatte sich die *Tonnenideologie* ergeben. Später führte man mit zusätzlichen Kennziffern gewisse Korrekturen ein. Ein Betrieb konnte beispielsweise besonders darauf achten, schonend mit Material umzugehen, Energie einzusparen oder Ablieferungspläne genauestens einzuhalten. Dafür gab es dann Prämien und Zuschläge. Freilich gab es auch Abzüge bei Nichteinhaltung von Plänen. Die meisten Kombinate entwickelten im Lauf der Zeit eine ausgeklügelte Mischstrategie im Überbieten und Unterbieten einzelner Pläne, um die bestmögliche Vergütung zu erlangen. Zusätzliche Direktorenfonds räumten die Möglichkeit ein, individuelle innerbetriebliche Belohnungen vorzunehmen.

Das Hin und Her bei den Plankorrekturen nannte sich *Planverteidigung*. Allein dieser Terminus macht deutlich, daß es bei der Planung keineswegs nur um objektive Sachzusammenhänge ging, sondern um Vorteile in Gestalt von Prämien und Zuschlägen, Direktorenfonds, Orden, Belohnungen und Beförderungen oder um die Wahrung regionaler und lokaler Interessen. Der ins System eingebaute Fallstrick bestand in dem Desinteresse der Betriebe, die Planauflagen nach vorgegebenen Kriterien zu übernehmen. Ihr Sinnen und Trachten war vielmehr darauf ausgerichtet, die Planauflagen im Eigeninteresse umzubiegen, womit natürlich keinem

Zulieferer oder Abnehmer gedient war. Man kann von einer in das System implantierten Tendenz zur Desoptimierung sprechen. Die Milliarden von akkuraten Planungsimpulsen, die in der westlichen Marktwirtschaft auf Grund des Gewinnstrebens für die optimale Kombination der Produktionsfaktoren sorgen, kamen hier nie zustande.

## Überlebenskünste: Schwarzmarkt und Schattenwirtschaft

Wird die Bevölkerung in der Planwirtschaft nach *ihren* Wünschen versorgt? Mitnichten, Behörden entscheiden über den Verbrauch. Benötigt jemand in Karaganda Gummistiefel, und diese sind nicht in ausreichender Menge vorgesehen oder aber nach Krasnodar zugeteilt worden, dann steht er dumm da. Für die sowjetischen Verbraucher wurde das zum Normalzustand. Planwirtschaft war für ihn stets Mangelwirtschaft. Warum? Es hieß, erst müsse der Produktionsapparat für eine bessere Versorgung in der Zukunft aufgebaut werden. In Wahrheit kam das meiste nicht dem Aufbau eines besseren Produktionsapparats zugute, sondern den Streitkräften und den hinter der Waffenproduktion stehenden Industrien, dem militärisch-industriellen Komplex. Das Märchen von einer zeitlichen Befristung der vorrangigen Berücksichtigung der Schwerindustrie vor der Leichtindustrie wurde zwar von jedem neuen Generalsekretär der Partei bei seinem Amtsantritt wieder vorgetragen; geglaubt hat es aber niemand mehr.

Im Schatten der staatlich gelenkten Wirtschaft richteten die Menschen ihre eigene Form des Wirtschaftens ein. Die Staatswirtschaft bot dafür Gelegenheit, ja, sie forderte das auf unsinnige Weise geradezu heraus. Um die Unzulänglichkeiten des Planungssystems auszugleichen, wurden die Beschäftigten dauernd aufgefordert, durch spontane Aktionen und Improvisationen Abhilfe zu schaffen. Dadurch ergab sich eine ständige Unsicherheit, die im wirtschaftlichen System eine Parallele zur Unsicherheit des politischen Systems hervorbrachte. Die Volkswirtschaftspläne wurden als Gesetz verabschiedet; die Planziele waren damit rechtsverbindlich vorgegeben. Nichterfüllung von Plänen konnte also als Vergehen geahndet werden. Mit der Stachanow-Bewegung und allen jahraus, jahrein wiederholten Kampagnen zur Planübererfüllung wurden die Beschäftigten, betrachtet man die Dinge von der rechtlichen Seite, gewissermaßen zur Mißachtung von Gesetzen aufgerufen. Beim Grobschlächtigen der sowjetischen Planung war das natürlich als Tugend gemeint. Womit man im Kern wieder bei dem unausgetragenen Konflikt zwischen Moral und Gesetz angelangt ist. Der Gesetzgeber ruft seine Bürger dazu auf, ihm als Staat, der nicht in der Lage ist, genau zu planen, mit gut gemeinten, gesetzlichen Verstößen beizuspringen. Recht und Moral bleiben verfilzt. Niemand kann sicher sein, wie sein Verhalten im Streitfall ausgelegt wird. Was heute eine Tugend ist, kann morgen ein Vergehen sein.

Die gesetzlichen Regelungen, die das Alltagsleben und die Arbeitswelt betreffen, haben für die Sowjetbürger niemals einen eindeutigen Charakter besessen; auf jeder Verhaltensebene blieb Zwielichtiges bestehen, alles war vom Gefühl der Unsicherheit überlagert. Wenn der Bürger das aber zu seinen Gunsten wendete, konnte er auch alles, was der Staat verordnete, mit einer gewissen Nonchalance betrachten. Warum sollte er etwas ernst nehmen, was sich von vornherein unscharf und ungenau, also zweideutig, anbot? Mit dieser Devise richtete er sich vor allem in der Arbeitswelt ein.

Nach der Grundgleichung des Sozialismus hätte (unter Berücksichtigung der Ersparnisse) eine Deckungsgleichheit zwischen der Summe aller Bargeldzahlungen an die Bevölkerung und der Summe aller Preise für Waren und Dienstleistungen des privaten Konsums bestehen müssen. Sie kam aber immer nur annähernd zustande. Daß sie exakt aufging, hatte ohnehin keiner erwartet. Es wurde nicht aller Verdienst auf die Ladentische geblättert. Flexibilität war eingebaut, weil die Planer mit wechselnder Sparneigung der Bevölkerung rechnen konnten. Aber selbst für das sauer verdiente Geld fand man nicht, was man suchte. Es nutzte dem einzelnen nichts, wenn er erfuhr, daß dreihunderttausend Kühlschränke produziert wurden, so lange er keinen davon abbekam. Und es nutzte ihm auch wenig, wenn er einen Kühlschrank erhielt, weil es gerade welche gab, er aber einen Herd brauchte.

Bei Korrekturversuchen stießen die Behörden auf ein weiteres Hindernis. Ergab sich heute eine *Disproportion in den Ware-Geld- Beziehungen*, wie es hieß, war sofortige Korrektur deswegen gar nicht möglich, weil die Behörden bereits mit der Planung der beiden Folgejahre beschäftigt waren. Eine Korrektur konnte daher allenfalls in zwei bis drei Jahren wirksam werden. Wer heute aber ein Hängeschloß braucht, das es vielleicht in drei Jahren gibt, will dann eventuell keines mehr, sondern eine Kloschüssel, deren Produktion in sechs Jahren vorgesehen sein könnte.

Zentrale Planung, die – von den Rohstoffen ausgehend – auf die Fertigwaren hin entworfen wird, hätte das Kunststück fertigbringen müssen, den Bedarf für Jahre im voraus zu ermitteln. Für die Sowjetunion hätte das bedeutet, für die wechselnden Bedürfnisse von knapp dreihundert Millionen Menschen die Bereitstellung von schätzungsweise einer halben Million Waren und Dienstleistungen auf mindestens drei Jahre im voraus zu berechnen. Verglichen mit einer solch gigantischen Planungsanforderung war es ein Kinderspiel, einen Satelliten exakt auf eine Umlaufbahn einzuschießen. Für eine Bevölkerung, die sich über eine Landmasse von zehntausend Kilometer von Ost nach West und auf Klimazonen von der Kaspisee bis zum Eismeer verteilte, konnte man den Bedarf nicht für Jahre im voraus berechnen.

Die sowjetischen Planungsbehörden behalfen sich so gut sie konnten mit trickreichen Maßnahmen. Um der Grundgleichung, Kaufkraft gleich Angebot, zu genügen, hatte man bereits unter Stalin begonnen, der Gleichung im Umkehrverfahren zu entsprechen: Man setzte die Preise so in die Höhe, daß sie der Bargeldauszahlung entsprachen. Das führte zwar auch zu einem Ausgleich, bedeutete aber Inflation und verdarb die Stimmung in der Bevölkerung, minderte Arbeitsdisziplin und Leistungsbereitschaft und blieb eine zweischneidige Maßnahme. Der nächste Notbehelf bestand daher stets in der Ausgabe von Bezugsscheinen. Diese wurden freilich nur allzuschnell zu einer Art Volkslotterie. Einige brauchten das nicht, wofür sie einen Coupon besaßen, andere bekamen nichts dafür, weil nicht genug vorhanden war. Die einen standen Schlange, um bei der nächsten Zuteilung vorn zu stehen, andere verhökerten ihre Coupons. Jeder kaufte sofort alles Brauchbare, gleichgültig worum es sich dabei handelte, um es gegen etwas einzutauschen, was ein anderer ergattert hatte. Manches wollte überhaupt niemand haben, so daß sich in den Verteilungsstellen eine Reihe von Produkten als Ladenhüter stapelte.

Ladenhüter bedeuten für den Staat die Zurückhaltung von Bargeld bei den Verbrauchern. Die vorgesehene Geldmenge floß nicht zu den Sammelkassen zurück, sondern flottierte auf dem Schwarzmarkt. Die staatlichen Instanzen konnten sich zwar ausrechnen, um wieviel Geld es sich dabei handelte, aber sie konnten nicht kontrollieren, zu welchen Zwecken es eingesetzt wurde. Man wußte nur, es war auf dem Schwarzmarkt. Je mehr Fehlplanungen, desto größer wurde der Schwarzmarkt. Je größer der Schwarzmarkt, desto ineffektiver die Lenkung der Arbeitskräfte. Das Problem verschärfte sich im Lauf der Zeit, langsam, aber stetig. Zuletzt blieb dem Staat gar nichts anderes übrig, als zur Abschöpfung des frei floatenden Geldes einen Teil des Schwarzmarkts selbst zu übernehmen: In besonderen Geschäften wurden deshalb besonders begehrte Waren ganz offiziell zu weit überhöhten Preisen angeboten. Die Angebote eines im Grunde staatseigenen Schwarzmarktes konkurrierten mit denen des inoffiziellen.

Wenn es um die Grundversorgung ging, empfahl sich freilich eine vorsichtigere Vorgehensweise. Brot durfte nicht knapp werden und durfte nicht zu allzu hohen Preisen verkauft werden. Zu Hungersnöten wie zu Beginn der dreißiger Jahre durfte es auf keinen Fall mehr kommen. Brot wurde deswegen vor allem für die Stadtbevölkerung billig abgegeben. Das brachte sogleich die Kolchosbauern auf einen glänzenden Gedanken: Sie kauften in den Städten *billiges Brot* in großen Mengen und fütterten damit die Hühner auf ihren Privatparzellen, um anschließend mit *teuren Eiern* wieder auf dem Schwarzmarkt in den Städten zu erscheinen. Das war ein Bumerangeffekt. Abschaffen ließ er sich nicht. Dennoch gelang es den Planungsbehörden mit einem Produkt, den Verbrauchern das Geld aus den Taschen zu locken: Wodka.

Der Verkauf von Spirituosen wurde zur *ultima ratio* der Planungsinstanzen und, wie wir wissen, zum ersten Stolperstein der Reformversuche von Gorbatschow. Die Suche nach Trost im Alkohol war in Rußland seit alten Zeiten verbreitet. Die Zahl der amtlich registrierten Alkoholiker belief sich in den achtziger Jahren auf fünf Millionen. Der Pro-Kopf-Verbrauch betrug knapp elf Liter reinen Alkohols jährlich, der entsprechende Umsatz belief sich auf 80 bis 100 Milliarden Rubel. Chruschtschow hatte dem Übel mit Preiserhöhungen zu begegnen versucht – vergeblich. Unter Breschnew wurde kaum etwas unternommen. Gromyko, der im Gespräch unter vier Augen das Bedrohliche des Problems anzusprechen suchte, wurde von Breschnew lakonisch beschieden, der russische Mensch brauche nun einmal Alkohol. Gorbatschow dagegen kalkulierte ernsthafter:

»Am betrüblichsten aber war wohl, daß der Staat angesichts eines totalen Defizits an Konsumgütern kein anderes Mittel sah, die Geldzirkulation aufrechtzuerhalten, als das Volk regelrecht zum Trinken zu verleiten. Es mag makaber klingen, doch war es die reine Wahrheit. Die Lücke zwischen der kolossalen Geldmasse und dem kläglichen Warenangebot wurde durch Spirituosen ausgefüllt, wobei vor allem die Produktion von gesundheitsschädlichen, minderwertigen Getränken, die der Volksmund als ›Bormotucha‹ (Murmelwein) bezeichnet, gesteigert wurde. Der Schriftsteller W. Below bemerkte dazu einmal: ›Die Geldscheine zirkulierten, wie sich die Finanzleute auszudrücken pflegen, mit der Geschwindigkeit der täglichen Erdumdrehung: Werkkasse – Taschen der Werktätigen – Kneipe – Tasche der Einkassierer und erneut Werkkasse. Kurz und gut, man hat eine neue ökonomische ›Gesetzmäßigkeit‹ entdeckt.‹«[13]

»Worin lagen die Ursachen für die Trunksucht? Es gab eine Reihe davon: die keineswegs leichten Lebensbedingungen, ungeordnete Lebensverhältnisse, das niedrige Kulturniveau, aber natürlich auch die Tatsache, daß viele Bürger keine Möglichkeit sahen, sich zu verwirklichen oder das zu sagen, was sie dachten. Die erdrückende gesellschaftliche Atmosphäre förderte Charakterschwäche und Minderwertigkeitsgefühle und gemahnte fast dazu, die Angst vor einer rauhen Umwelt zu ertränken.«[14]

Daß die Antialkoholkampagne planungswirtschaftlich zu dem Desaster wurde, vor dem die Fachleute gewarnt hatten, kann man verstehen. Die Milliarden Rubel, die das staatliche Spirituosenmonopol einkassiert hatte, mußten zwangsläufig auf dem Schwarzmarkt erscheinen. Nach dem Fehlschlag der Antialkoholkampagne und den Mißerfolgen in den Versuchen, das Managementsystem der Rüstungswirtschaft auf die Leichtindustrie zu übertragen, wuchs deshalb Gorbatschows Bereitschaft, das zentral geplante Wirtschaftssystem mit *marktwirtschaftlichen Elementen* anzureichern. Auch das führte zu nichts Halbem und nichts Ganzem. Als dann zuletzt Marktwirtschaft im echten Sinn und vollem Ausmaß zur Debatte stand, war es zu spät. Warum sie aber bis heute nicht funktioniert, vielmehr nach der Wende in Rußland zum Nomenklatura-Kapitalismus verkommen ist, erklärt sich, wenn man sich mit weiteren Einzelheiten der Vergangenheit befaßt.

Die ständigen Manipulationen der Grundgleichung des Sozialismus blieben auf seiten der Bevölkerung nicht ohne Gegenreaktion. Ehe die Erwerbstätigen in der Rolle des Konsumenten auftreten, haben sie ja zuvor in der Rolle der Produzenten zunächst einmal das geschaffen, wovon ihnen der Staat einen Teil zum Verzehr übrigließ. Warum sollten sie also tatenlos zusehen, wenn sich Staat und Nomenklatura zuerst bedienten, um ihnen dann den Rest zu überlassen? In ihrer Rolle als *Werktätige* war die Bevölkerung ständig verpflichtet, primär für die Sowjetmacht zu arbeiten. Stets mußten die von der Partei deklarierten Ziele vorrangig erfüllt werden. Die hehren Ziele mochten von der Propaganda wie auch immer umschrieben, gepriesen und verklärt werden, der Mensch braucht weniger Verklärung als vielmehr Ernährung. Die Beschäftigten wußten sich zu helfen. Sie nahmen sich ihren Teil, wo immer sich dazu eine Gelegenheit bot. Sie stahlen und nannten das *Abzweigen*. Die Betrogenen wurden zu Betrügern. Der Staat drängte sie unablässig in diese Rolle. Sie nahmen es sich nicht vor, sondern nahmen es hin, um etwas abzubekommen. Man sprach deshalb auch nicht von betrügen, sondern von *beschaffen*.

Was mußte man sich beschaffen? Schuhe, Hosen, Jacken, Kleider und Unterwäsche. Äpfel, Apfelsinen, Fleisch, harte Wurst, Käse, Dosenmilch, Sonnenblumenöl, Zucker, Süßigkeiten, Wein, Wodka und Zigaretten, Medikamente und Watte, Sofa, Sessel, Kühlschrank, Waschmaschine, Nähmaschine und Auto samt Ersatzteilen, Bücher, Kinokarten, Theater- und Konzertkarten, Fahrkarten und eine Unterkunft an einem Urlaubsort. Schwierig war es, an Flugkarten, ganz schwierig an Wohnungen, Telefonanschlüsse, bessere Schulplätze und Studienmöglichkeiten in Zentren, vielleicht sogar in Moskau heranzukommen. Unmöglich erschienen Auslandsreisen. Einige der leichter beschaffbaren Dinge ließen sich durch Abzweigen besorgen. Bei Warentransporten ließ sich auf einem Zwischenstopp das eine oder andere um- oder abladen. In kleinen Mengen konnte aus dem Betrieb etwas mitgenommen werden. In Kantinen und Küchen fiel immer etwas ab. Der eine brauchte dieses, der andere hatte jenes. Vermitteln und Tauschen zahlte sich immer aus.

Am wichtigsten waren Beziehungen. Schaffner, Taxifahrer, Lastwagenfahrer, Verkäuferinnen, Kellner, Köche, Disponenten, Torwachen, Passierscheinkontrolleure, Tankwarte, Monteure in Reparaturwerkstätten, Materialverwalter, Lagerarbeiter, Beschäftigte bei

Sammelstellen und Ablieferungszentralen waren als Bekanntschaften sehr zu pflegen. Das *Volkseigentum* wurde durch die Vermittlung guter Bekannter in einem nicht geahnten Sinn zu einem gewissen Teil wirklich zum Eigentum des Volkes. Dem Sowjetbürger war diese Selbsthilfe selbstverständlich geworden. Es half, die Lebensbedingungen zu verbessern. Kaum jemand hat das als kriminell empfunden. Die Pflege von Beziehungen auf dem Hintergrund einer gewissen Illegalität stärkte auch Vertrauen zueinander. Kumpanei war ein Nebeneffekt von Schummelei und Schieberei. Die Übergänge von wechselseitiger Hilfe zur Bestechung wurden fließend. Wer zu weit ging, konnte vor den Kadi kommen. Spektakulär und kaum wiedergutzumachen war ein Ausschluß aus der Partei.

Selbstredend wurden schwerwiegende Fälle in der Presse behandelt. Die Bevölkerung, die das zur Kenntnis nahm, ging deswegen nicht auf die Barrikaden, sondern folgerte daraus nur, daß es um ihre kleinen Verfehlungen nicht so schlimm bestellt sein könne, wenn sich die Genossen in mittleren und höheren Etagen als noch weit größere Betrüger erwiesen. In ihrem Eifer, schlampiges Arbeiten, Mogeleien und Betrug zu kritisieren, ließen die sowjetischen Pressezensoren törichterweise am laufenden Band sowohl moralisch empörte als auch satirische Darstellungen aller möglichen Verfehlungen drucken. Kein Mensch weiß, ob damit mehr Nachahmung als Abschreckung hervorgerufen wurde.

Die Planwirtschaft verschwamm mit dem angrenzenden Schwarzmarkt und der Schattenwirtschaft. Die interessanteste Übergangszone lag innerhalb der Fabrikationsstätten in besonderen Abteilungen, die eine Art Rettungsstation, Erste-Hilfe-Station und Notverbandsplatz für den Produktionsablauf, die Ersatzteilbesorgung und schnelle Reparaturen darstellten. Kein Fabrikdirektor kam umhin, sich eine besondere Halle, *zech*, einzurichten, und jeder suchte sich dafür die geeignetsten Charaktere als *zechowiki* – wie sie dem Spitznamen nach bald hießen – aus. Sie waren etwas Besonderes, keine richtigen Abteilungsleiter und erst recht keine Direktoren, aber für beide lebenswichtig und ihrerseits auf beide angewiesen.

Die Abteilungen für besondere Zwecke, die mit harmlosen Tarnnamen versehen und mit vielen Sperriegeln verschlossen untergebracht waren, vollbrachten das Kunststück, Material in Bargeld zu verwandeln. Hier wurden Dinge produziert, die sich gegen hohe Summen verkaufen ließen, Rubel in eine schwarze Kasse brachten, aus der dann Anschaffungen für den Notfall bestritten werden konnten. Es handelte sich um die sogenannte *linke Ware*. Sie sah aus wie reguläre Ware, war aber in keinem Plan vorgesehen. Hierbei ging es keineswegs nur um Güter des täglichen Bedarfs. Tonnenweise Ernteerträge, serienweise Gerätschaften, zuweilen ganze Fabrikausrüstungen wurden auf diese Weise verhökert. Brachte man solche Waren in den regulären Handel, so fielen sie gar nicht auf, konnten aber daraus ohne Berechtigungs- und Zuteilungsscheine wieder entnommen werden, und zwar gegen bares Geld. Die Direktoren der Fabriken machten gemeinsame Sache mit ihren Kollegen in den staatlichen Handelsorganisationen. Und so spann sich ein Netz von Beziehungen, von Betrieb zu Betrieb, von einer Branche zur anderen, über ganze Regionen hinweg.

Der Zaubertrick bestand darin, daß mit dieser nicht registrierten Ware eine Verbindung von Produktionsmitteln mit barem Geld zuwege kam. Geld und Ware waren regulär nur im Konsumbereich miteinander verknüpft. Im Produktionsbereich gab es dagegen nur die Verrechnung mit Planziffern. Im regulären Verfahren hätte jede dieser Transaktionen zwei bis drei Jahre Zeit in Anspruch genommen. Auf dem grauen Markt wußte man sich auch über große Entfernungen hinweg schnell zu behelfen. Ohne solche Maßnahmen war das eigene Plansoll nicht zu erfüllen. Davon aber waren Stellungen und Beförderungen abhängig und davon hingen die Prämien ab. Die Schattenwirtschaft nistete sich in das System ein. Offiziell war sie ein Krebsgeschwür, inoffiziell ein Lebenselixier. Die *zechowiki* nahmen eine Stellung als Hexenmeister in dem System ein, verborgen und doch höchst wirksam.

## Rubel, Geld und Katzenschwänze

Wir kommen zu einem Kapitel, das die Türe für die entscheidenden Einsichten öffnet. Man muß sich klarmachen, daß Rubel und Geld zwei verschiedene Dinge sind. Das mag seltsam klingen, existierte doch das Geld, das die Sowjetbürger in der Tasche trugen und auf den Ladentisch legten, in gemünzten und gedruckten Rubeln. Und in der Sowjetwirtschaft verfertigten die Betriebe Bilanzen, in denen

Rubel als Recheneinheit galten. Die meisten Menschen hielten deshalb die Rubel hier und die Rubel dort für ein und dasselbe. Dem war aber nicht so.

Wir, die wir in westlichen Marktwirtschaften aufgewachsen sind, lernen von Kindesbeinen an zwei Dinge: Geld ist Geld; und: Nachfrage steuert das Angebot. Das zu wissen, reicht zum Verständnis der Marktwirtschaft völlig aus, wenn man sie aus der Perspektive des Verbrauchers sieht.

Was geschieht in der Marktwirtschaft mit dem Geld, wenn es in der Ladenkasse angekommen ist oder auf das Konto eines Lieferanten überwiesen worden ist? Es dient in gleichartiger Weise zu Kalkulationen wie zuvor beim Endverbraucher. Der Geschäftsinhaber verwendet es nach seinen geschäftlichen Plänen, zweigt Löhne und Gehälter für sich und seine Mitarbeiter ab, zahlt Steuern, und setzt dann den Rest des Geldes ein, um neue Erträge zu erwirtschaften. Er hat erneut die Regale zu füllen, den Laden zu putzen, die Schaufenster zu dekorieren, seine Leute zu beschäftigen, um wieder und wieder Geld in die Kasse zu bringen. Wenn er die Regale füllt, bezahlt er den Großhändler. Was geschieht mit dem Geld, wenn es auf dessen Konto verbucht wird? Der Großhändler macht das, was der Einzelhändler zuvor getan hat, auf erweiterter Stufenleiter. Die Hersteller von Fertigwaren, danach die von Halbzeugen und Maschinen und schließlich die von Rohstoffen verfahren in der gleichen Weise. Zwischendurch verdienen Transporteure und Dienstleister jeder Art einen Anteil: Bahn, Post, Werbeagenturen, Medien, Hotels, Restaurants, Vergnügungs- und Urlaubsstätten etc. Die Banken führen die Konten und verdienen daran auch nicht schlecht. In der Vorgehensweise bestehen zwischen den diversen Wirtschaftsunternehmen überhaupt keine und zwischen ihnen und den Privathaushalten keine großen Unterschiede: Jeder ist bestrebt, sein Geld auf möglichst bequeme Weise einzunehmen, und jeder überlegt, wie er es möglichst günstig wieder anlegt. Der Staat betrachtet diese wirtschaftlichen Vorgänge in der westlichen Welt mit dem Wohlgefallen des unbeteiligten Dritten, der sich von jeder Transaktion einen steuerlichen Anteil für seine Zwecke verbuchen läßt.

In Marktwirtschaften bedarf es keiner Zentrale, die sich einen Überblick über die Gesamtheit aller Zusammenhänge verschaffen muß, um den Wirtschaftsprozeß in Gang zu halten. Jeder Privathaushalt und jeder Geschäftshaushalt braucht nur nach zwei Seiten Ausschau zu halten: Er muß wissen, woher er sein Geld bekommt, und überlegen, wofür er es verwendet. Darin unterscheidet sich der Tante-Emma-Laden nicht vom Weltkonzern. Ein Blick auf die Konkurrenz genügt, um den Anschluß nicht zu verpassen. Privathaushalten ist angeraten, ihre Arbeitskraft zeitgerecht auf die Anforderungen einzustellen.

Das ganze System der marktwirtschaftlichen Zusammenhänge reagiert auf die Impulse, die von der Nachfrage ausgehen. Die Impulse werden in Form von Geldbeträgen vermittelt. Wenn Millionen von Familien ihr privates Budget verplant haben, signalisiert sich das über alle Ladentische und Verkaufskontore hinweg, und zwar automatisch durch alle Branchen hindurch, transformiert die Nachfrage nach Personenwagen in Anforderungen an die Stahlindustrie, die Kunststoff- und Lackindustrie. Selbst die Ölkonzerne pumpen nicht mehr Öl aus der Nordsee, als sie auf Grund der Nachfrage unterzubringen wissen.

Durch ihre Budgetüberlegungen lenken die Privathaushalte mit dem Geldstrom den Güterstrom. Denn die Güter und Leistungen schwimmen dem Geld entgegen. Die Privathaushalte empfinden nicht einmal, daß es ihre Steuerungskapazität ist, die auf die Wirtschaftsunternehmen den entscheidenden Einfluß ausübt. Ihr bescheidenes Budget erscheint ihnen im Vergleich zu den Summen, über welche Unternehmen, Banken und Staat verfügen, so schmal, daß sie sich ohnmächtig vorkommen. Die wirtschaftliche Macht der Verbraucher ist in ihrer Summe aber die größte innerhalb einer Volkswirtschaft. Wenn sie als solche von den Verbrauchern nicht wahrgenommen wird, dann nur deshalb, weil sie dafür viel zu sehr aufgesplittert ist. In den westlichen Volkswirtschaften gehen zwischen 60 und 70 Prozent des Gesamtabsatzes von Gütern und Leistungen auf vorherige Dispositionen von Privathaushalten zurück. Mehr als die Hälfte aller volkswirtschaftlichen Zusammenhänge ist also bereits kostenlos geplant.

Die sowjetische Planwirtschaft hatte sich diesen enormen Vorteil von vornherein verscherzt. Sie beschäftigte Millionen von Bürokraten in der Planung. Dabei schoben diese nur eine vorab schon nach Art und Güte, Menge und Zeitpunkt, Preis und Lieferbedingungen von Staats wegen bestimmte Palette von Gütern und Leistungen zu den Haushalten hin. Zur andauernden Bevormundung der Privathaushalte gesellte sich also ein nicht kalkulierbarer Aufwand an bürokratischen Leistungen.

Sowjetische Betriebe nahmen auf Grund ihrer Produktion kein Geld ein. Sie erhielten materielle Vorleistungen und gaben wieder materielle Leistungen ab. Für die Produktion war das Geld nicht nötig. Von den Roh- und Grundstoffen spielte sich bis hin zu den Fertigwaren alles ohne Geld ab. Nur wenn es um das Auszahlen der Löhne ging, kam ein Bote ins Haus und brachte Geld. Das hatte er von einer Geldsammelstelle empfangen, bei der die Handelsorganisationen das von den Verbrauchern einkassierte Geld abgegeben hatten. Die im Zitat von Gorbatschow beschriebene Zirkulation war tatsächlich alles, was es an Geldzirkulation in der Sowjetwirtschaft gab: Werkkasse – Tasche der Werktätigen – Kneipe (wir ergänzen: staatliche Läden und Handelsorganisationen) – Tasche der Einkassierer – Werkkasse – usw.

In der Sowjetunion wurde alles Bargeld hinter dem *ersten* Ladentisch sofort eingesammelt und auf die Geldsammelstellen der Bank getragen. Die Geldeinnahmen des staatlichen Einzelhandels hatten keinerlei weiterwirkende, wirtschaftslenkende Funktion. Im Grunde interessierte es den Handel überhaupt nicht, was in die Kasse kam. Das Einkassieren war eine rein physische Angelegenheit. Man brachte die Münzen und Scheine auf die Bank, damit die Banken sie wieder an die Betriebe zurückspeditierten, um dort erneut Lohntüten füllen zu können. Es gab in der Sowjetunion keinen Geldkreislauf. Es fand lediglich ein Einsammeln des Geldes und ein erneutes Austeilen statt.

Hinter den Ladentischen des sowjetischen Einzelhandels galten ganz andere Gesetze als hinter den Ladentischen in der westlichen Welt. In der Sowjetunion hatten die Leiter der Verteilungsstellen nichts zu kalkulieren. Sie erhielten eine Zulieferung von Waren und eine Liste, welche Preisschilder sie daran zu befestigen hatten. Hier interessierte keine Rentabilität, keine Gewinn- und Verlustrechnung. Interesse am Kunden bestand nicht. Käufer wurden daher von vielen Verkäufern als lästig betrachtet. Die Rubel in den Händen sowjetischer Verbraucher waren kein Geld, sondern nur ein mit dem Namen *Rubel* versehener Bezugsschein. Nur wenn das Sortiment breit genug streute, konnte man ihn variabel einsetzen, konnte man statt Zahnpasta etwa Streichhölzer kaufen.

Erst auf dem schwarzen Markt erlangte der Rubel eine gewisse *eingeschränkte* Geldfunktion. Eingeschränkt deshalb, weil der Verbraucher selbst dort das Angebot nicht bestimmen konnte, sondern akzeptieren mußte, was von sich aus auf dem Schwarzmarkt erschien. Der Schwarzmarkt war kein Käufer, sondern ein Verkäufermarkt. Aber er bot eine gewisse Auswahl an begehrten Gütern; und deshalb interessierte es die sowjetischen Verbraucher, die größtmögliche Menge an Rubel auf den schwarzen Markt zu bringen.

Der signifikante Unterschied zwischen einem Zuteilungsrubel und echtem Geld wurde in der Sowjetunion dadurch vernebelt, daß auch im Rahmen der Produktion und des Handels von Geld und Preisen gesprochen wurde. Es existierten der Terminologie nach Großhandelspreise, Abgabe- und Aufkaufpreise und andere Preise mehr. Indessen handelte es sich bei den Rubelbeträgen, die dabei angegeben wurden, stets nur um fiktive Größen. Es war mit dem Wort »Rubel« eigentlich nur von materiellen Größen die Rede. Dieser Taufakt war ein Notbehelf. Die materielle Planung in der Sowjetunion beschäftigte sich mit physischen Einheiten, mit Tonnen Kohle, Eisen, Stahl, Öl und Getreide, mit Kubikmetern Gas, Quadratmetern Stoffen, Kilowatt Strom und dergleichen mehr. Diese Größen mußten auf jeder Produktionsstufe in andere physische Einheiten umgerechnet werden. Für den Lokomotiv- und Waggonbau wurden daraus Stückzahlen, für den Transport waren es Tonnen/Kilometer. Nur deswegen, weil es viel zu umständlich wurde, ständig in andere Einheiten umzurechnen, verwendete man statt dessen Rubelgrößen. Man hätte die Menge der physischen Einheiten niemals in ihrer Gesamtheit planerisch in den Griff bekommen, wenn man sie nicht auf zuvor festgesetzte Rubelsummen bezogen hätte, die man Preise *nannte*, indessen sie keine echten, sondern nur *fiktive* Preise waren.

Die Preise repräsentierten keine Kosten, sondern waren abkürzende Bezeichnungen für Mengen. Man hätte genausogut in *Katzenschwänzen* oder in *Hasenohren* rechnen können. Unzählige westliche Kaufleute und Unternehmer, die in die Sowjetunion kamen und etwas von Preisen hörten, haben daraus auf eine Parallele zur westlichen Preisbildung geschlossen. Die Wirklichkeit sah anders aus: Nie hat in der Sowjetunion jemand gewußt, was die Dinge wirklich kosteten. Was man am Schluß nach Bilanzierung aller *Katzenschwänze* wußte, war lediglich, wie die Mengen zueinander paßten und an welchen Ecken und Enden es mangelte.

Darin kam zwar Knappheit zum Ausdruck, aber Rentabilität war dadurch nicht zu ermitteln.

Es ist anzunehmen, daß mehr als neunzig Prozent aller früheren Sowjetbürger keine Ahnung davon hatte – und wahrscheinlich bis zum heutigen Tag nicht weiß –, daß die Rubelgrößen, von denen im Produktionsbereich die Rede war, mit den Bargeldrubeln, die sie zum Eintausch der Konsumgüter in die Hand bekamen, nichts gemein hatten. Ja, selbst die Rubel in der Lohntüte waren nicht mehr als ein Berechtigungsschein für Warenbezug, es sei denn, daß sie auf dem schwarzen Markt eine gewisse Geldfunktion erlangten.

Die Betriebe und Kombinate, die Kolchosen und Handelsorganisationen konnten die Rubelgrößen, mit denen sie abrechneten, niemals als Nachfrageinstrument einsetzen. Bei ihnen trafen Güter und Leistungen ein, und von ihnen wurden Güter und Leistungen abgegeben. Wollten sie zu irgendeiner Beweglichkeit kommen, so mußten sie ihrerseits den Schleichweg in den Bargeldsektor suchen. Dafür hatten sie ihre *zechowiki.* An dieser Stelle gab es den Übergang von der Planwirtschaft in die Schattenwirtschaft.

Die Schattenwirtschaft und die Schwarzmärkte spiegelten zwar etwas Marktwirtschaftsähnliches vor, es handelte sich aber nur um vermarktenden Umgang mit abgezweigten Materialien, halblegal beschafften Resten und illegal auf Nebengeleise verschobenen Gütern und Leistungen des planwirtschaftlichen Systems, das dadurch weder seine Charakterzüge verlor, noch etwa verschwand. Es handelte sich bei den grauen und schwarzen Märkten um eine unter Marktkriterien erfolgende Verwertung abgezweigter Produkte; aber die Märkte, die sich dabei bildeten, wurde dadurch nicht zu Käufermärkten, sie steuerten nicht das Angebot und die hinter ihm stehende Produktion.

Bei der Schattenwirtschaft nutzte man großteils abgezweigte Ware, die das unzulängliche Planungssystem im Lauf der Zeit in immer größerem Ausmaß anfallen ließ. Da sich die schwarzen Märkte inzwischen zur Alltagswirklichkeit verdichtet und die schattenwirtschaftlichen Beziehungen im Lauf der Zeit zu einer unverzichtbaren Korrekturinstanz ausgeweitet hatten, ist es nicht verwunderlich, daß einige Reformkräfte um Gorbatschow die Schattenwirtschaft für den Ansatzpunkt einer Entwicklung in Richtung Marktwirtschaft hielten. Sie rief den Eindruck hervor, hier handle es sich bereits um *marktwirtschaftliche Elemente* des sowjetischen Wirtschaftssystems. Auf diesen Eindruck mag auch Gorbatschows seltsame Formulierung zurückgehen: *Wie tritt man in die Marktwirtschaft ein?*

In den strategisch wichtigen Industrien, die von der Planungszentrale ohnehin mit den besten Materialzuwendungen bedacht wurden, hatte die Verwertung der überschüssigen Materialien schon lange zuvor zu einer offiziellen Seitenlinienfertigung geführt. In der Flugzeugindustrie wurden aus Titanabfällen federleichte und höchst stabile Kinderwagen nebenher produziert. Kameras, Kühlschränke, Fernseher, Wecker, Uhren, kamen schon lange serienweise aus Werken der Rüstungsindustrie. Sie gelangten zu besonderen Preisen auf den Markt, bildeten einen Teil des verstaatlichten Schwarzhandels – oder dienten der Auffüllung schwarzer Kassen in den Rüstungsfirmen. Was kostet ein Kinderwagen, wenn seine Herstellung auf der Kapitalinvestition eines militärischen Luftfahrtunternehmens beruht? Was kostet ein Fernseher, den ein Unternehmen für elektronische Ausrüstungen der Streitkräfte nebenher in Serie auflegt?

Die Verwendung von Geld – im echten Sinn – hätte der Partei möglicherweise das schmähliche Ende ihrer Herrschaft erspart. Der Preis dafür wäre gewesen, dem Verbraucher in der Sowjetunion die Bestimmung über die Produktion zu überlassen. Daß die Partei dabei nicht alle Dispositionskraft hätte aufgeben müssen, hat der Westen bewiesen, der auf dem Umweg über Steuergelder seine Staatsführungen in die Lage versetzt, ihren politischen Zielen zu folgen. Geldwirtschaft will aber begriffen werden.

Geld hat vier Funktionen: Geld funktioniert als Tausch- oder Zahlungsmittel, als Wertmesser zur Preisbildung, als universelle Recheneinheit zur Bilanzierung und schließlich als Mittel zur Wertaufbewahrung. Die Rubel der Sowjetwirtschaft sind in diesem Sinn nie Geld gewesen. Die wirtschaftlichen Leistungen wurden in der Sowjetunion nie im echten Sinn geldlich bemessen.

Es gibt nur eine Instanz im kapitalistischen Westen, deren Leistungen im Rahmen des marktwirtschaftlichen Verkehrs nicht vollauf nach geldlichen Kriterien bemessen werden, den Staat. Der Staat muß nicht mit derselben Strenge wie die Unternehmen nach den Kriterien von Gewinn und Verlust bilanzieren. Er verdient sein Geld nicht so wie alle anderen. Er räumt sich vielmehr den grandiosen Vorteil ein, seine Einnahmen per Steuergesetzgebung anzufordern. Nur Staatsinstitutionen sind in dieser großartigen Position. Die Sonderrolle des Staates in den westlichen Demokratien ist gewollt, um den Staat dafür freizusetzen, die allgemeinen Belange wahrzunehmen. Übertreibt es der Staat dabei mit seinen steuerlichen Anforderungen, dann verdirbt er den Wirtschaftssubjekten die Lust und Laune am Arbeiten. Sie fliehen dann entweder dorthin, wo sie steuerlich besser gestellt sind, oder sie wählen bei den nächsten Wahlen die Regierung ab, die ihnen zu viele steuerliche Belastungen auferlegt. Auf diese Weise wird auch der Staat in die Disziplin genommen.

Ausgerechnet diese Institution, die bereits in Marktwirtschaften eine Ausnahmestellung für sich in Anspruch nehmen darf, der Staat, wurde in der Sowjetunion zur alleinigen Instanz für die Steuerung der Wirtschaft. Unter der zusätzlichen Bedingung verstaatlichten Eigentums an den Wirtschaftsunternehmen gingen damit alle Selbstregulierungsmechanismen der Wirtschaft verloren. Wie gewinnt man das ersatzlos Verlorene wieder zurück? Die Frage von Gorbatschow, wie man in die Marktwirtschaft eintritt, war in diesem Sinn rührend naiv, denn sie fragte, wie man wieder auf die Beine kommt, wenn sie einem zuvor amputiert worden sind. Die Krücken der Schattenwirtschaft waren Notbehelf, aber keine Heilung.

## Rubel, Valuta und bestürzende Einsichten

Die einzige Anknüpfung, die der Sowjetwirtschaft an geldwirtschaftliche Verhältnisse verblieb, war der Außenhandel, das sogenannte *Außenhandelsmonopol* des Außenhandelsministeriums. An dieser Stelle kam die Sowjetwirtschaft mit dem Welthandel und mit echter marktwirtschaftlicher Preisbildung in Berührung. Sowjetische Betriebe hätten hier erfahren können, was ihre Produkte auf dem Weltmarkt wert sind. Sie haben es dennoch nicht zu wissen bekommen.

Das Außenhandelsmonopol besaß eine raffinierte Konstruktion. Sie erlaubte die Anbindung an die westliche Welt und sorgte gleichzeitig für gebührende Distanz der sowjetischen Zulieferer und Warenempfänger zum ausländischen Partner. Die Anbindung bezog sich auf die technischen Aspekte der Geschäfte, die Distanz auf die monetären Belange. Aus der Sowjetwirtschaft heraus wurden inländische Waren an das Außenhandelsmonopol geliefert und ausländische Waren von dort empfangen. Innerhalb der Sowjetunion verrechnete das Ministerium in *Rubel*; gegenüber den Lieferanten und Empfängern im Ausland rechnete das Ministerium in *Dollar* oder anderer harter Währung ab. Rubel waren ein Verrechnungsmittel, Dollar waren Geld. Verrechnungsrubel und Valuta kamen dabei nie miteinander in Berührung.

Zur Abwicklung des Außenhandels bestanden innerhalb des Außenhandelsministeriums Rücken an Rücken zwei Verrechnungssysteme. Wandte sich das Ministerium der heimischen Wirtschaft zu, erhielt es (inländische) Waren und lieferte (ausländische) Waren zurück. In welchem monetären Verhältnis diese Waren zueinander standen, blieb den Vertretern der heimischen Wirtschaft verborgen. Wandte sich das Ministerium dem ausländischen Partner zu, so kaufte es (ausländische) Waren gegen Dollar und verkaufte (inländische) Waren ebenfalls gegen Dollar. Welchen Verrechnungswert in Rubel diese Waren innerhalb der Sowjetunion hatten, erfuhr wiederum der ausländische Partner nicht. Auf der dem ausländischen Markt zugewandten Seite fanden Dollargeschäfte statt; auf der dem inländischen Bereich zugewandten Seite fanden nur Rubelverrechnungen statt. Geld auf der einen Seite und Verrechnungsrubel auf der anderen blieben streng getrennt. Das innere Preisgefüge der Verrechnungspreise blieb vom echten Preisgefüge der Weltmärkte unberührt. Die ihrem Bruttoprodukt nach zweitgrößte Volkswirtschaft der Welt wußte die Zahlungsbilanz des Außenhandels in keinen rechnerischen Zusammenhang mit der Wertschöpfung ihrer eigenen Volkswirtschaft zu bringen. Ansonsten erweckte die Sowjetunion hinsichtlich ihrer Außenhandelsaktivitäten im Westen den Eindruck eines ganz normalen Partners. Ganz besonders wurde immer wieder ihre vorbildliche Zahlungsmoral gepriesen.

Kein sowjetischer Kombinatschef durfte sich nach eigenem Gutdünken ins Ausland begeben und irgendein ihm günstig erscheinendes Geschäft beginnen. Dafür hätte er weder Maßstäbe noch Mittel gehabt und schon gar nicht einen Paß bekommen. Kein Ausländer konnte umgekehrt in die Sowjetunion reisen, um sich dort eigenständig nach einem lukrativen Geschäft umzusehen. Jeder hatte das Außenhandelsmonopol des Außenhandelsministeriums zu respektieren und seine Geschäfte über dieses abzuwickeln.

In der ersten Nachkriegszeit war der Außenhandel unter Stalin klein geschrieben worden. Die diesbezüglichen Pläne umfaßten nur ein geringes Transfervolumen. Es wurden zwar alle Mittel aufgeboten, wenn es um strategisch wichtige Güter ging, aber ansonsten hütete man sich vor Bindungen gegenüber dem Westen. Weltwirtschaftliche Zusammenhänge wurden noch immer unter dem Aspekt einer bevorstehenden Krise des kapitalistischen Systems betrachtet. In den späten fünfziger Jahren wurde dann das *Institut für Weltwirtschaft und Internationale Beziehungen* (IMEMO) gegründet, das sich langsam von der ideologischen Voreingenommenheit freimachte. Der Chef des Instituts, Arsurmanjan, rekrutierte hochbegabte Ökonomen, die auf Grund des ökonomischen Zusammenschlusses der Westeuropäer in der Europäischen Wirtschaftsgemeinschaft (EWG) andere Entwicklungen prognostizierten und die sowohl die Wirtschaftshilfe als auch die Waffenlieferungen der Sowjetunion an Entwicklungsländer in der Hoffnung auf Auslösung revolutionärer Bewegungen mit großer Skepsis betrachteten. Asurmanjan sorgte sogar für eine Übersetzung des berühmten Lehrbuchs von Paul A. Samuelson *Economics* aus dem Amerikanischen ins Russische. Zum ersten Mal gab es damit in der Sowjetunion Ansätze zu einer nicht von vornherein parteilich eingestellten Sozial- und Wirtschaftswissenschaft. Die Wirkung des IMEMO kann in dieser Hinsicht kaum hoch genug eingeschätzt werden. Das Institut warnte auch davor, daß die Sowjetunion ins Hintertreffen geraten könne, wenn sie keinen Anschluß an die zweite industrielle Revolution finde, die im Westen die Industriegesellschaft in die Dienstleistungsgesellschaft verwandelte. Asurmanjan war durch Anastas Mikojan abgesichert, einen der großen Überlebenskünstler in verantwortlichen Stellungen der Sowjetführung, Politbüromitglied und damaligen Ersten Stellvertretenden Vorsitzenden des Ministerrats der UdSSR, in dessen Familie Asurmanjan eingeheiratet hatte. 1983 lancierte dann Gorbatschow, wie bereits erwähnt, seinen späteren ökonomischen Chefberater, Alexander Jakowlew, auf den Chefposten dieses Instituts.

Sieht man von einzelnen Abteilungen für Konjunkturprognosen zur Entwicklung der Welt-Rohstoffmärkte ab, so vermochte das *Institut für Weltwirtschaft und Internationale Beziehungen* sicherlich keinen direkten Einfluß auf die Außenhandelsplanung der Sowjetunion zu nehmen. Ein gewisses zögerliches Umdenken hat es aber bei der politischen Führung in Gang gebracht. Als Gegenstück zur EWG wurde daraufhin der *Rat für gegenseitige Wirtschaftshilfe* (RGW) ins Leben gerufen. Die Laufzeiten der Langfristpläne der Länder des Ostblocks wurden aufeinander abgestimmt. Und es kam zu verstärktem ostblockinternen Handel. Breschnew erwog sogar Vorschläge zum erweiterten Handel mit dem Westen und ließ sich zu ersten Schritten der Entspannungspolitik überreden.

Umfangreiche Handelsabkommen, Inanspruchnahmen großer Kredite, Getreideimporte, Kompensationsgeschäfte und umfangreiche Einzelprojekte erweckten in den siebziger Jahren den Eindruck, die Sowjetunion suche eine echte Integration in den Weltmarkt. Unablässige Rüstungsanstrengungen, enorme Waffenlieferungen in Spannungsgebiete und die Tätigkeit von mehr als hunderttausend militärischen Beratern in Entwicklungsländern sprachen für einen anderen Kontext. Die Frage, welchen Kurs die Sowjetunion steuern werde, bewegte nicht nur westliche Analytiker, sie wurde auch innerhalb der Sowjetunion intensiv diskutiert. Heute wissen wir, daß sich Mitte der siebziger Jahre eine Kluft zu öffnen begann, die später unüberbrückbar wurde. Sie war zunächst nur einen Spalt breit, öffnete sich dann aber immer mehr. Denn seit Mitte der siebziger Jahre wirkten völlig neue und überraschende Veränderungen der weltwirtschaftlichen Gegebenheiten auf die sowjetische Wirtschaft: Die Ölkrise.

Zu der bereits 1960 in Bagdad von Vertretern der Länder Irak, Iran, Kuwait, Saudi-Arabien und Venezuela gegründeten *Organization of Petroleum Exporting Countries*, OPEC, stießen 1970 Algerien, Gabun, Indonesien, Quatar, Libyen, Nigeria und die Vereinigten Arabischen Emirate hinzu. In Form eines Rohstoffkartells setzte die erweiterte OPEC mit einem Schlag eine gemeinsame Erdölpolitik durch. Das führte zu einem sprunghaften Anstieg der Rohölpreise und veränderte schlagartig die weltwirtschaftlichen Beziehungen. Es entstanden enorme Defizite in der Leistungsbilanz vieler Länder, und ganz besonders kamen Entwicklungsländer zu Schaden. Die Mitgliedsstaaten der OPEC profitierten enorm. Mit ihren Petrodollars tätigten sie Anlagen auf westlichen Finanzmärkten. Ein Teil der Überschüsse floß über den Internationalen

Währungsfonds in die Entwicklungshilfe, ein anderer Teil führte zu Aufträgen in den westlichen Industrienationen. Im weltwirtschaftlichen Spiel wurden die Karten neu verteilt. Während die Verteuerung der Erdölpreise im Westen eine Energiekrise bewirkte, sah sich die Sowjetunion plötzlich mit Trümpfen ausgestattet. In Sibirien hatte man im Gebiet von Tjumen *schwarzes Gold*, riesige Schätze an Erdgas und Erdöl, entdeckt. Die politische Führung der Sowjetunion sah wieder einmal den Westen in der Krise und betrachtete das eigene Land als Gewinner. Ohne Skrupel und ohne Rücksicht auf Solidarität mit den Armen dieser Welt schloß sich die Sowjetunion handelspolitisch dem Ölkartell an. Die Entwicklungsländer wurden von ihr ebenso auf Dollarbasis zur Kasse gebeten wie nach einiger Zeit auch die eigenen Verbündeten im Ostblock. Die Petrodollars finanzierten eine neue Runde der sowjetischen Rüstungspolitik.

Mit einem hatte man auf sowjetischer Seite nicht gerechnet: Die Erpressungstaktik der OPEC führte im Westen nicht zu einem Niedergang der Wirtschaft, sondern zu energiepolitischen Anpassungen und verstärkten Rationalisierungsmaßnahmen. Die Elektronik erlebte einen ungeheuren Aufschwung, es entstanden neuartige Produktionsstrukturen, zu denen die Innovationen in der Regel- und Steuerungstechnik einen entscheidenden Beitrag leisteten. Während die Öffentlichkeit im Bann der Jugendrevolte lebte und marxistisches Gedankengut jeglicher Provenienz die Druckerpressen in Gang hielt und vor allem das Ende des Vietnamkrieges Schlagzeilen machte, vollzog sich – nahezu im Windschatten öffentlicher Aufmerksamkeit – der abschließende technologische Umbau der westlichen Industriegesellschaften in die modernen Dienstleistungsgesellschaften. Als die deutsche 68er Bewegung mit einer seltsamen Mischung aus Intellekt und Gewalt noch einmal das Proletariat auf die Bühne der Weltgeschichte zu hieven versuchte, verschwanden gerade die letzten Reste des Industrieproletariats in der westlichen Gesellschaft. Die Sowjetunion, die sich mit den OPEC-Staaten am Einkassieren der *wind-fall-profits* beteiligte, verschlief freilich ihrerseits die Gunst der Stunde, die sie zu einer umfassenden Modernisierung ihrer Industrien hätte nutzen können, und forcierte statt dessen ihre Rüstungswirtschaft. Alle gegenteiligen Ratschläge von seiten sowjetischer Wissenschaftler fruchteten nichts. Arbatow schilderte später die Lage in folgender Weise:

»Aber als ich diese Ereignisse viele Jahre später rückblickend analysierte, kam ich zu dem unvermeidlichen Schluß, daß das Hauptopfer der OPEC die Sowjetunion war. Dies traf insbesondere deshalb zu, weil die hohen Ölpreise mit unserer Erschließung des Öl- und Gasvorkommens bei Tjumen zusammenfielen. Wir sahen den Export dieser unersetzlichen Ressourcen als ein Allheilmittel an. Und niemand, auch ich nicht, verstand, daß das alte Sprichwort, daß nichts so sehr korrumpiert wie unverdienter Reichtum, sich auf Länder ebenso bezieht, wie auf Individuen.«[15]

»Warum sollte man sich die Mühe machen, eine eigene Wissenschaft und Technologie zu entwickeln, wenn man im Ausland ganze Fabriken kaufen konnte? Wer sollte sich bemühen, radikale Lösungen für das Ernährungsproblem zu finden, wenn es so leicht war, Millionen Tonnen von Getreide und große Mengen an Fleisch, Butter und anderen Produkten – aus Amerika, Kanada und Westeuropa zu kaufen? Warum sollte man die schrecklich rückständige Bauindustrie reformieren, wenn es finnische, jugoslawische oder schwedische Baufirmen gab, welche die wichtigsten Bauprojekte übernahmen; wenn man knappe Materialien importieren konnte, die Leitungen und Installationen aus Westdeutschland, Tapeten und Möbel aus anderen westlichen Ländern?«[16]

Als Arbatow diese Passagen 1991 veröffentlichte, war der Untergang der Sowjetherrschaft längst besiegelt. Das war zwanzig Jahre nach dem Erscheinen der in seinem Institut erarbeiteten Denkschrift über die wissenschaftliche und technologische Revolution in der westlichen Welt. Jetzt schien er zu bereuen, daß er sich nicht schon früher denen angeschlossen hatte, die bereits Anfang der achtziger Jahre »zu dem Schluß gekommen waren, daß man nicht mehr darum kämpfen sollte, das System zu reformieren, sondern darum, es zu zerstören«.

In einem langen geschichtlichen Prozeß hatte sich die Sowjetunion in gesellschaftlicher und wirtschaftlicher Hinsicht vom Rest der Welt isoliert. Die Berührungspunkte, die noch bestanden, betrafen den Rüstungswettlauf, den Außenhandel und die Versuche zur Beeinflussung von Nationen in der Dritten Welt, sich gegen den Westen zu stellen. Die Einflüsse, die von diesen Berührungspunkten ausgingen, wirkten sich zwar auf die innere Lage in der Sowjetunion aus, aber sie veränderten nichts am isoliert dastehenden gesellschaftlichen und wirtschaftlichen System. Der Rüstungswettlauf absorbierte alle Kräfte und beraubte die zivilen Zwecken dienenden Wirtschaftsbereiche weiterer Entwicklungsmöglichkeiten. Unter dem Aspekt, die ökonomische Bürde der Rüstung erträglicher zu machen, hatte sich auch Breschnew dazu bequemt, auf Verhandlungen über Rüstungsbeschränkung mit den Amerikanern einzugehen. Der Außenhandel hatte nach der Erschließung enormer Gas- und Ölvorkommen im Kontext der OPEC-Politik eine enorme Bedeutung angenommen. Mit den Erlösen aus den Rohstoffverkäufen ließen sich überall die Lücken schließen. Schließlich finanzierte man mit diesen Erlösen auch den Aufwand, den die Unterstützung Kubas erforderte und den die Versuche zur Bildung von Stützpunkten in der Dritten Welt mit sich brachten.

Der Einmarsch sowjetischer Truppen in Afghanistan führte auf Grund des daraufhin von den Amerikanern verhängten Handelsembargos zu Beginn der achtziger Jahre zu einer empfindlichen Einschränkung des Handlungsspielraums der sowjetischen Führung. Die innere Krise, die das zur Folge hatte, ließ nach Alternativen suchen. Daß dabei unter Gorbatschow die eigentlich illegalen und systemwidrigen, aus Verlegenheit geborenen inneren Notbehelfe der Schattenwirtschaft als Ansatz zu echten Alternativen aufgefaßt wurden, zeigte neben der hochgradig wirtschaftlichen Isolierung der Sowjetgesellschaft auch deren tiefsitzende zivilisatorische Entfremdung vom Rest der Welt an. Wäre diese Entfremdung nicht so groß gewesen, hätte man das Fehlen von Privateigentum, privatrechtlichen Verhältnissen, Geld und Märkten, Finanzverwaltung und Steuersystem als Hinderungsgrund für schrittweise und partielle Reformen erkennen müssen. Zur Sicherung des Übergangs zu einem neuen System hätte man das alte System von Grund auf gezielt und konsequent umbauen müssen. Mit *marktwirtschaftlichen Elementen* und einem *Übergang zur planmäßigen Marktwirtschaft* befand man sich dafür auf einem Holzweg.

## Hauptverbandsplatz Partei

In allen früheren Ostblockstaaten kam einige Jahre nach dem Umschwung eine bemerkenswerte Kommunismus-Nostalgie an den Tag, zwar nicht im Sinn einer Restaurierung des alten Systems, aber in Form einer Sehnsucht nach dem einfachen Leben. Die neuen marktwirtschaftlichen Verhältnisse zwangen jung und alt zu Emsigkeit und mühevollem Umdenken. Von Älteren forderte das einen unangenehmen Neuanfang, den sie dem Lebensalter nach nicht mehr leisten konnten. Aus ihrem Blickwinkel betrachtet, schien früher manches besser gewesen zu sein.

War es besser? Es war sicherlich nicht besser, aber es war bequemer im Sinn der Gewöhnung an den sozialistischen Trott, der dem einzelnen keine große Verantwortung auferlegte. Die Traumvorstellung der meisten Menschen bestand nach dem Umsturz in der Kombination von Vorteilen marktwirtschaftlicher Versorgung mit den Bequemlichkeiten eines zentral geregelten Gangs der Dinge. Die neuen freiheitlich demokratischen Verhältnisse luden dazu ein, solchen utopischen Idealvorstellungen fordernd Ausdruck zu verleihen, und das kam natürlich automatisch denen zugute, die diese nostalgischen Vorstellungen zu einem parteipolitischen Programm machten – den Verfechtern der alten Ideale, den früheren Kommunisten. In Deutschland wurde bei der Systemablösung 1945 eine ähnliche Entwicklung gezielt unterdrückt. Die ehemaligen Nazis durften sich nicht zu politischen Stimmführern machen. In allen postkommunistischen Staaten wurde den kommunistischen Parteigängern hingegen die Möglichkeit dazu eingeräumt; und da die Nostalgie ein Massenphänomen war, konnten sie damit ihr politisches Spiel treiben.

Bis zum heutigen Tag unterstützen sich abgehalfterte alte Kader und frühere einfache Parteimitglieder sowie wehleidig gesonnene Mitläufer wechselseitig in einer Renaissance kommunistischer Bewegungen. Die alten Kader, die auch unter Putin wieder in die Duma gewählt wurden, sind weitgehend jene Funktionäre, die als die eigentlichen Verlierer der Jelzin-Ära zu gelten haben, weil sie den Zusammenbruch des alten Systems während dieser Zeit nicht egoistisch mit der Besetzung neuer lukrativer Positionen für sich zu nutzen verstanden. Gewählt werden sie von den verarmenden und deshalb den neuen politischen Verhältnissen ablehnend gegenüberstehenden Massen. Welche Zukunft dieser Allianz beschieden ist, läßt sich noch nicht ausmachen. Putin, der den militärisch-industriellen Sektor der Wirtschaft zu neuem Leben erwecken möchte, gibt dieser Allianz zwar Auftrieb, lenkt damit aber die Wirtschaft auf eine Bahn, die zur gesellschaftlichen Krise Rußlands führen muß. Ob sich diese Krise bis zu einer mit der Zeit fällig werdenden Generationenablösung hinauszögern läßt, ist zu bezweifeln. In der Gestaltung der großen Politik werden die von den Kommunismus-Nostalgikern unterstützten Politiker wahrscheinlich noch längere Zeit einflußreich bleiben.

In den restaurativ eingestellten Kreisen wird der Glaube geschürt, daß ohne Gorbatschow und die ihn unterstützenden Reformkräfte der Zusammenbruch des Kommunismus vermeidbar gewesen wäre, daß jedenfalls das alte System durchaus noch einige Zeit hätte überleben und in dieser Zeit vielleicht auch neue Kräfte hätte sammeln können. Tatsächlich hat Gorbatschow den auf Systemerhalt ausgerichteten Kräften den Todesstoß versetzt, als er die Kandidatenaufstellung für die Wahlen zum Obersten Sowjet reformierte und die manipulierten Verfahren zur Auswahl der Abgeordneten abschaffte. Damit wurde das Führungsmonopol der Partei signifikant eingeschränkt. Zwar geschah das in der gegenteiligen Absicht, die Vitalität der Partei anzustacheln, aber das mißlang gründlich. Die Parteimitglieder fühlten sich im Stich gelassen und von der Zentrale verraten.

Gorbatschow scheint die Leistungen der lokalen und regionalen Parteiorganisationen zur Korrektur von Mängeln und Versäumnissen des zentralen Planungssystems völlig falsch eingeschätzt zu haben. Er hat damit ein großes Potential von Idealismus, wohlmeinendem Engagement und faktischer Sanierungskapazität wirkungslos gemacht. Indessen war die Erosion des Systems ohnehin bereits so weit fortgeschritten, daß damit eine zwar nicht intendierte, dennoch aber zustande kommende *Beschleunigung* des ohnehin schon nicht mehr vermeidbaren Niedergangs herbeigeführt wurde. Die unteren Parteiorgane erkannten, daß Gorbatschow die Maßnahmen zur Sanierung des Systems an der falschen Stelle ansetzte. Da sich Gorbatschow darin aber nicht beirren ließ, deuteten sie seine Maßnahmen später nicht lediglich als eine Beschleunigung, sondern fälschlich als die eigentliche *Verursachung* des Systemkollapses.

Die Erosion der KPdSU, des umfänglichsten politischen Machtkomplexes, den das 20. Jahrhundert gesehen hat, nahm zu Beginn des Jahres 1987 offene Formen an. Die Erosion selbst hatte zwei Jahrzehnte zuvor mit Chruschtschows Geheimrede auf dem 20. Parteitag der KPdSU begonnen. Während der langen Breschnew-Ära wurde sie mittels Samisdat vorangetrieben. Denn die Dissidenten enthüllten die Geschichte der Partei Stück für Stück als eine Geschichte des Schreckens und der Untaten; und dieses Aufarbeiten der Vergangenheit wirkte auf viele Parteimitglieder – die einfachen sowohl als auch die des Partei-Establishments – zwiespältig. Dadurch haben sich drei Gruppen herausgebildet, erstens diejenigen, die diese Sicht der Dinge ablehnten und bestritten, zweitens jene, die diese Sicht übernahmen, bestätigten und vertieften, drittens die Unentschiedenen, im Zwiespalt Verharrenden. Stalinisten und Neostalinisten standen getrennt von Unentschiedenen gegen Dissidenten, die aus der Partei ausgeschlossen wurden. Damit war das eingetreten, was seit den ältesten Zeiten der Partei am meisten gefürchtet wurde, die Spaltung. Das faktische Auseinanderfallen in Parteiflügel mit völlig unterschiedlichen Ansichten wurde aber nicht offiziell gemacht, so daß sich organisatorisch einander anerkennende Fraktionen hätten herausbilden können. Vielmehr unterdrückten die Konservativen mit allen Mitteln die Aufklärer, so daß diesen nur der Weg in die Untergrundkommunikation des Samisdat blieb (siehe hierzu das Kapitel VII).

Für alle drei Gruppen verschärfte sich das Problem, wie man mit der Vergangenheit umgehen sollte. Generationenlang waren junge Menschen durch die Schule und die Jugendorganisation der Partei, den Komsomolzenverband, dazu erzogen worden, die Mitgliedschaft in der Partei als etwas Ehrenvolles, Verantwortliches und Besonderes zu betrachten und anzustreben. Die Aufnahme in ihre Reihen war nur mit Anwartschaft von einiger Dauer, der Kandidatenzeit, möglich. Aber nach den offiziellen Eingeständnissen von Chruschtschow, den vielen notwendig gewordenen Rehabilitierungsmaßnahmen und den aus dem Samisdat-Untergrund kommenden Berichten sah es für viele Parteimitglieder nachträglich so aus, als hätten sie mit ihrer Anwartschaft die Aufnahme in eine Verbrecherbande angestrebt. Wie vertrug sich das mit ihrem individuellen Ehrgefühl und ihrer persönlichen Integrität? Wo waren die Grenzen zu ziehen? Wer von denen, die seit Jahrzehnten am Ruder und noch immer in den obersten Rängen der Partei vertreten waren, gehörte zu den Verbrechern und wer nicht? Zweifelsohne hatte ja Stalin seine Helfer und Helfershelfer. Wer zählte zu den Opfern? Gorbatschow sprach sich im Februar 1987 dafür aus, im Hinblick auf die Vergangenheit dürfe es keine weißen Flecken geben. Literatur und Medien sollten die offiziell aus dem Gedächtnis gestrichenen Vorkommnisse beim Namen nennen und die verfemten und verfolgten Personen wieder erwähnen dürfen.

Bereits Ende Januar 1987 unterbreitete Gorbatschow auf einer ZK-Tagung einen Vorschlag, der auf eine zumindest partielle Demokratisierung des politischen Führungssystems zielte: Bei Wahlen zu Entscheidungsgremien sollte künftig sowohl auf unterer als auch auf mittlerer Ebene nicht mehr parteilich, sondern frei entschieden werden. Später wollte man das auch für die zentralen Instanzen einführen. Frei Aufgestellte würden dann auch in der Verwaltung und innerhalb der Wirtschaft Leitungsfunktionen übernehmen können, was bis dahin nur parteilich Lancierten vorbehalten war. Chruschtschow war seinerzeit sogleich gestürzt worden, als er den Vorschlag machte, die Partei in zwei Interessenflügel aufzuspalten, die Landwirtschaft und Industrie vertreten sollten. Und nun dieses! Keiner stürzte deswegen den Reformer Gorbatschow; aber es spalteten sich die Reihen: Modernisierer scharten sich um ihn, Altgediente sonderten sich ab. Der Klärung der Frage, wie man mit der Vergangenheit umgehen solle, war man damit keinen Schritt nähergekommen. Im Gegenteil, im Lager der Modernisierer suchten *radikale* Reformer Gorbatschow dazu zu bringen, mit der Partei überhaupt zu brechen, während eher *gemäßigte* Reformer darauf drängten, Reformen und Fragen der Vergangenheitsbewältigung nicht miteinander zu vermischen, die Herrschaft der Partei also unangetastet zu lassen.

Die KPdSU war bis dahin das Nervensystem der Sowjetunion. Die führende Rolle der Partei war sogar durch die Verfassung abgesichert, und so spielte sie durchaus rechtmäßig in den Regierungsorganen, in der Verwaltung, der Wirtschaft, der Wissenschaft, der Kultur, den Streitkräften und den Sicherheitsorganen sowie in der auswärtigen Politik die entscheidende Rolle. Was immer in den staatlichen oder gesellschaftlichen Institutionen beschlossen wurde, ging entweder auf vorherige Beschlüsse und Weisungen der Partei zurück oder mußte von den entsprechenden Parteiorganen überprüft und gebilligt werden. Die Partei erhob den Anspruch, die Gesellschaft in ihrer Gesamtheit zu repräsentieren, sozusagen deren veredeltes Spiegelbild zu sein.

In der Realität mußte sich die Gesellschaft freilich einem Spiegelbild fügen, das die Wirklichkeit verzerrt wiedergab. Denn die Partei verkörperte nicht den Willen des Volkes, sondern umgekehrt verkörperte die Gesellschaft den Willen der Partei, präziser gesprochen, den Willen des Parteichefs und seines Politbüros. Die Parteifunktionäre und die einfachen Parteimitglieder sahen ihre Hauptaufgabe in der Umsetzung zentraler Beschlüsse in gesellschaftliche Aktivitäten. Das erforderte einen ständigen Kampf gegen Disziplinlosigkeit, Nachlässigkeit, Schlamperei und bürokratischen Starrsinn in Verwaltungen und Wirtschaftsbetrieben. Gleichzeitig mußten diese Institutionen von den unteren Parteiorganisationen auf Trab gebracht werden, um zusätzlich zu ihren zentral zugeteilten Aufgaben örtlichen Belangen gerecht zu werden.

Die der Zentrale nachgeordneten Parteiorgane kontrollierten bis hinunter zu den kleinsten Zellen der Partei in erster Linie, wie die Beschlüsse des Politbüros in die Tat umgesetzt wurden. Wenn in irgendwelchen Institutionen irgend etwas nicht funktionierte, hatten Parteiorgane tätig zu werden. Die Partei beanspruchte dabei eine unanfechtbare Autorität. Kein Parteimitglied wäre auf den Gedanken gekommen, gegen die Beschlüsse seiner oberen Organe zu handeln, selbst wenn ihn die Parteidisziplin deswegen in persönliche Konflikte stürzte.

Für die Autoritätsstruktur der KPdSU hat sich immer wieder der Vergleich mit der päpstlichen Autorität in der katholischen Kirche aufgedrängt. Richtig daran ist, daß im kirchlichen Leben der Katholiken die päpstliche Autorität in gleicher Weise als unanfechtbar angesehen wird wie in der KPdSU die Autorität des Parteivorsitzenden und des Politbüros. Die autoritäre Kraft des Parteivorsitzenden war aber ungleich größer, als es die eines Papstes heute noch sein kann. Denn die sowjetische Partei bestimmte in ihrem Aktionsbereich alle Lebensbelange. Die päpstliche Autorität dagegen reicht heute nur noch wenig über das kirchliche Leben hinaus. Und wo doch, gerät sie fast immer in Konflikt mit anderen Autoritäten. Nicht so die Autorität der sowjetischen Parteichefs.

Mitgliedschaft in der Partei war Partizipation an ihrer Macht und Autorität. Das einfache Parteimitglied stand dabei im Licht und zugleich auch im Schatten der Macht zentraler Instanzen. Parteimitgliedschaft verhalf zu einem besonderen gesellschaftlichen Status. Für die Kommunikation innerhalb der Partei galt das Prinzip des *demokratischen Zentralismus*. Damit war vorgeblich gemeint, daß die Ansichten und Ratschläge der untersten Parteigremien von Stufe zu Stufe bei den oberen zu Gehör gebracht, diskutiert, bewertet und dann zur Grundlage von Beschlüssen genommen wurden. Gab es aber erst einmal einen Beschluß, dann mußte dieser ohne Wenn und Aber akzeptiert und durchgeführt werden, gleichgültig, ob ein einzelnes Parteimitglied in dem Beschlossenen seine ursprünglich geäußerte Meinung noch erkennen konnte – wenn es denn eine eigene Meinung hatte.

Das Prinzip zentraler Beschlußfassung auf Grund dezentraler Meinungsbildung und Beratung ist eine der vielen existierenden Formen von Menschenführung; und grundsätzlich ist gegen das Prinzip des demokratischen Zentralismus nichts einzuwenden. Große Industriekonzerne führen in der westlichen Welt auch nicht anders. Die KPdSU war freilich weit mehr als ein Konzern, dessen Tätigkeit in der Regel auf einen bestimmten Sektor der Wirtschaft beschränkt ist. Die KPdSU war, unter diesem Vergleichsgesichtspunkt gesehen, ein Universalkonzern. Sie kümmerte sich um alle Lebensäußerungen der Sowjetgesellschaft. Es gab nichts, was nicht zum Gegenstand parteilicher Aufmerksamkeit wurde. Und es war dieser Charakterzug der Partei als eines Universalkonzerns, der das Prinzip des demokratischen Zentralismus seiner demokratischen Elemente beraubte und daraus etwas ganz anderes machte. Kein Parteimitglied erfuhr jemals, nach welchem Gesichtspunkt und auf Grund welchen Anratens die Beschlüsse der Zentrale zustande kamen. In Wahrheit entsprangen sie der Willkür. Das Prinzip des demokratischen Zentralismus war ein Propagandaklischee zum Übertünchen eines permanenten Volksbetrugs. Da überdies die obersten Parteiautoritäten den Parteimitgliedern per Ideologie vorschrieben, was sie zu denken hatten, durften sie ohnehin nur anraten, was ihnen zuvor insinuiert worden war. Das Prinzip des demokratischen Zentralismus der KPdSU war ein verlogenes Prinzip.

Im alltäglichen Leben der Sowjetgesellschaft interessierte man sich kaum dafür, das Prinzip des demokratischen Zentralismus auf seine Widersprüche hin zu untersuchen. Im Alltag interessierte einerseits, was der Durchführung von zentralen Direktiven im Weg stand, und andererseits, was an Wünschen auf lokaler Ebene unerfüllt blieb, weil in den zentralen Plänen dafür nichts vorgesehen war. Die Parteifunktionäre waren also zwischen zentralen Direktiven und lokalen Forderungen hin- und hergerissen. Der Alltag wurde auf regionaler und lokaler Ebene von vielen Widrigkeiten des

Lebens bestimmt: Hier fehlte eine Hühnerfarm, dort eine Schule, da eine Verbindungsstraße. Heute war die Kanalisation verstopft, morgen kamen keine Ferngespräche zustande. Busverkehr war unzuverlässig. Das war sowjetischer Alltag.

In den Memoiren von Ligatschow finden sich zwei aufschlußreiche Zeugnisse für den Konflikt zwischen zentralen und lokalen Belangen. Jegor Ligatschow, von der ersten Stunde an Mitstreiter Gorbatschows, später aber dessen erbitterter Gegner, gehörte in den frühen sechziger Jahren dem Parteikomitee von Tomsk an und war dort 1965 zum Ersten Sekretär gewählt worden. Die Provinz schien damals ohne Bedeutung, ja es gab sogar Überlegungen, sie kurzerhand mit Nowosibirsk zu verschmelzen, als just in diesem Augenblick das für Atomrüstung zuständige *Ministerium für mittleren Maschinenbau*, das Jefim Slawski innehatte, eine seiner Produktionsstätten dorthin verlagerte.

Slawski befehligte den größten und mächtigsten Bereich innerhalb des militärisch-industriellen Komplexes der Sowjetunion. Ligatschow erhielt den Besuch eines Abgesandten von Slawski, eines Generals, der für die Verlagerung zuständig war. Der Zufall wollte es, daß dieser auch aus Tomsk stammte und dort auch als Parteimitglied registriert war. So ergriff Ligatschow erfreut diese Gelegenheit, den General in heimatlicher parteilicher Verbundenheit um Hilfe beim lokalen Straßenbau zu bitten, da es um die Verkehrswege vor Ort schlecht bestellt war. Zu seiner Verblüffung erlebte Ligatschow eine hochnäsig formulierte Abfuhr: »Das Vaterland hat uns unterschiedliche Aufgaben zugeteilt, Jegor Kusmitsch. Wir können uns nicht von unseren Aufgeben ablenken lassen, indem wir der Landwirtschaft helfen.«

Ligatschow erläuterte daraufhin, es handle sich nicht um eine persönliche Bitte, sondern um ein Anliegen des Provinzparteikomitees, das er repräsentiere; aber auch das zeitigte keinen Erfolg. Sein Gesprächspartner wurde lediglich ungeduldig und herrschte ihn lauttönend an. Daraufhin drohte Ligatschow dem General kurzerhand, er werde ihm den Parteiausweis abnehmen, sagte es, griff zum Telefon und teilte auch dem Minister Slawski mit, sein General werde wahrscheinlich ohne Parteiausweis zurückkommen. Berücksichtigt man, daß er damit dem auf der Höhe seiner Macht befindlichen Chef der sowjetischen Atomrüstung nahelegte, die Parteidisziplin des von ihm entsandten Generals zu überprüfen, kann man sich ausmalen, daß er sich auf einen ungleichen Machtkampf eingelassen hatte.

Acht Tage später aber hatte der Minister Slawski – wohl abwägend, was der akkurat wirkende, neuernannte Provinzparteisekretär aus dieser Angelegenheit noch machen würde – den General gegen einen anderen ausgetauscht; und dieser neue Mann sorgte sodann unter Einsatz von Mitteln der Atomindustrie in Tomsk für eine Serie von Neuerungen: Neben einem großen Molkereikomplex entstanden Hühnerfarmen und Gewächshäuser. Darüber hinaus erfolgten riesige Hilfsprogramme für die Landwirtschaft. Ein Wissenschaftszentrum und höhere Bildungsanstalten wurden errichtet. Der Bau eines großen Werkes der Petrochemie kam in Gang. Aus dem Budget des Ministeriums ließen sich die Mittel für diese Zwecke offensichtlich problemlos abzweigen. Für Ligatschow persönlich wirkten sie sich als ein Karriereschub aus, denn sie begründeten seinen Ruf als Organisator.

An diesen Vorfall fühlte sich Ligatschow erinnert, als ihn – inzwischen hatte er in Moskau untere Ränge erklommen – Generalsekretär Andropow 1983 beauftragte, die Baumwollgeschäfte des Parteichefs von Usbekistan, Scharaf Raschidow, des zehnfachen Trägers des Leninordens, zweifachen Helden der sozialistischen Arbeit und Kandidaten des Politbüros, zu untersuchen, weil größere Unregelmäßigkeiten ruchbar geworden waren. Wieder stand ihm ein ungleicher Machtkampf bevor. Raschidow, den Ligatschow mit nötigem Respekt um ein Gespräch ersuchte, hörte sich beim ersten Treffen verdutzt an, wovon die Rede sein solle, und fragte Ligatschow aufgebracht und zornig, wer er, der Genosse Ligatschow, denn sei, und ob er wisse, wen er in ihm, Raschidow, vor sich habe und zu wem er spreche. Ligatschow kamen die Vorgänge von Tomsk, die lange zurücklagen, wieder in den Sinn; aber im vorliegenden Fall konnte Ligatschow nicht mit dem Entzug des Parteiausweises drohen. So setzte er pflichtgemäß und verantwortungsbewußt seine Untersuchungen in Gang – und diese legten sodann den größten Korruptionsskandal von Parteioberen in der Geschichte der Sowjetunion offen.[17]

Raschidow hatte ein usbekisches Baumwollimperium aufgezogen, das nicht nur gegenüber der Moskauer Zentrale annähernd sechs Millionen Tonnen Baumwolle, die nie existierten, in den Plänen abgerechnet hatte, sondern die Baumwollieferungen in der

Sowjetunion mit Kompensationsgeschäften von unglaublicher Größenordnung verknüpfte, von denen an die hunderttausend Usbeken ihren Segen abbekommen hatten, am meisten freilich die dortige Parteiführung, die sich Villen bauen ließ, Chauffeure, Köche, Hauspersonal beschäftigte und im Reichtum schwamm; und all das vermutlich nicht ganz ohne Wissen von Breschnew, dessen Schwiegersohn später für seine angebliche Verwicklung in diese Vorgänge bestraft wurde. Die Angelegenheit hatte aber auch unmittelbare Folgen: Zwei Monate nach dem Gespräch mit Ligatschow war Raschidow tot. Herzversagen? Selbstmord? Niemand hat es je erfahren. Raschidow hatte das System zu seinen Gunsten genutzt und gemeint, seine Verbindung nach Moskau mitsamt dem heimatlichen Clanzusammenhalt gebe ihm genügend Absicherung für sein gigantisches Mafia-Unternehmen.

War es wirklich so grundverschieden, was Raschidow für Usbekistan erreicht und was Ligatschow gegenüber Slawski für Tomsk durchgesetzt hatte? Der Unterschied war in dem Sinn eklatant, daß Raschidow nicht haltmachte, wenn es um persönliche Bereicherung ging. Aber an welcher Stelle war die Trennungslinie zu ziehen? Von Raschidows gigantischem Schwindel profitierte ganz Usbekistan, von Ligatschows erpresserischem Druck auf Slawski profitierte die Provinz Tomsk – und Ligatschows Karriere.

Gorbatschow holte sich Ligatschow auf Grund der tapferen Aufdeckung der usbekischen Korruptionsaffäre zwei Jahre später, 1985, ins Politbüro und wählte ihn zu einem seiner engsten Mitarbeiter. Aber Ligatschow, der zunächst ganz auf Gorbatschows Seite stand, entpuppte sich als einer seiner ärgsten Kritiker von dem Moment an, in dem Gorbatschow die Verkrustungen der Partei generell aufzubrechen suchte und die Parteiherrschaft in der herkömmlichen Form als Hindernis für die Perestroika überhaupt erachtete. Hier schieden sich die Geister. Ligatschow fühlte sich dem Parteiapparat verpflichtet. Ihm waren die Klagen und Anklagen der von der Zensur befreiten Medien über die Partei zuwider. Ligatschow wollte *Geist, Gewissen und Ehre der Epoche*, wie sich die Partei auf ihrem Banner pries, erhalten wissen. Die Kritik an der Partei und vor allem die zunehmend kritische Darstellung der Parteigeschichte nahm er als ein Anzeichen der Schwäche und ein Menetekel des Niedergangs der Sowjetunion. Daran wollte er keinen Anteil haben.

Wo immer das sowjetische System in der Versorgung der Bevölkerung versagte, war die Parteiorganisation gefragt. Mit allen Mißständen hatten sich sogleich die *lokalen* Parteikomitees zu beschäftigen. Das galt nicht nur für Dinge, die aus irgendwelchen Gründen nirgendwo eine Zuständigkeit fanden, wie etwa der Bau eines Schwimmbads, von dem keiner wußte, ob sich die Gesellschaft für Sport und Technik, die Schulbehörde oder das nächste Industriekombinat darum kümmern sollte. Ähnliches traf auch auf Belange zu, die eigentlich hätten geplant sein müssen: Betriebe sahen ihre Planerfüllung gefährdet, weil die Zulieferungen nicht rechtzeitig erfolgten, der Strom ausfiel, Ersatzteile fehlten und dergleichen mehr. In diesem Fall hatten die *Betriebs*parteileitungen einzugreifen.

Bei derartigen Mißlichkeiten beschäftigten sich die Parteiorgane genaugenommen freilich nur mit den Folgen des Handelns und Unterlassens ihrer eigenen Partei. Aber nun ging es nicht darum, solche Sachverhalte prinzipiell zu erörtern, sondern so schnell wie möglich Abhilfe zu schaffen. Die Parteiorgane agierten auf lokaler und regionaler Ebene wie Sanitätspersonal auf einem Hauptverbandsplatz; hier war Eile geboten, kam es auf Improvisation und Einfallsreichtum an. Es entbehrte zwar nicht einer gewissen Peinlichkeit für die Parteimitglieder, daß das System niemals fehlerlos funktionierte, aber gleichzeitig bot es auf diese vermaledeite Weise auch Gelegenheit, sich auszuzeichnen, sich für Ordensverleihungen, Belobigungen und Beförderungen zu empfehlen. Und so mogelte man sich damit durch, daß man die Prinzipien pries und von Fall zu Fall sanierte, was prinzipiell nicht funktionierte.

Direkt vor Ort erwarben sich die unteren Parteiorgane mit ihrer verdienstvollen Tätigkeit, die Fehler des Systems auszubügeln, manche stolze Anerkennung. Daraus resultierte eine gewisse Solidarität zwischen Partei und Bevölkerung, die ideologisch verbrämt werden konnte. Daß sich Bürger bei Schwierigkeiten an die Partei um Hilfe wandten, wurde als Vertrauensbeweis gedeutet. Und auch als außenstehender Betrachter kann man sich vorstellen, daß sich die Partei in dieser spezifischen Alltagsrolle für den einfachen Bürger der Sowjetunion recht respektabel ausnahm.

Im Lauf der Jahre entstanden fulminante Netzwerke von Vorsorge- und Aushilfsorganisationen, die im System überhaupt nicht vorgesehen waren, ohne die das System aber schon sehr viel früher kollabiert wäre. Als Beispiel seien die *Gorki Automobilwerke* angeführt. Wie allen Unternehmen waren ihnen durch GOSPLAN Ablieferungstermine auferlegt, was Verpflichtungen für längere Zeiträume mit sich brachte. Lieferten sie auf Grund irgendwelcher Behinderungen nicht zur rechten Zeit an ihre Abnehmer, wurden ihnen Zuschläge und Prämien entzogen. Sie mußten also Mittel und Wege finden, solche Behinderungen auszuschließen. So wandten sie sich an die regionalen Parteiorgane, die es mit ihren Verbindungen nach oben fertigbrachten, auf welche Weise auch immer GOSPLAN dahingehend zu beeinflussen, daß die Automobilwerke 5 Prozent ihrer produzierten Autos vom Typ *Wolga* für die Region abzweigen durften. Mit einem Teil dieses Kontingents konnte das Automobilwerk auf dem grauen Markt Ersatzteile eintauschen und Behinderungen abbauen. Mit dem Rest operierte das regionale Parteikomitee, versorgte beispielsweise Ärzte und Veterinäre, die beweglich sein mußten, und begann andere Tauschgeschäfte. Es konnte passieren, daß ein Parteivorsitzender von anderswoher anreiste und anbot, 200 *Wolgas* gegen soundsoviel Tausend Tonnen Getreide aus der oder anderen Gegend zu vermitteln. Neben und hinter der Planwirtschaft etablierte sich so eine außerplanmäßige Tauschwirtschaft, der graue Markt.[18] Gorbatschow hat auf diese Weise Boris Jelzin näher kennengelernt, der ihm Maschinen aus Swerdlowsk gegen Nahrungsmittel aus Stawropol lieferte.

Ellman und Kontorovich haben in ihrem Buch *The Destruction of the Soviet Economic System*, für das sie in den neunziger Jahren vielfältige Untersuchungen vornahmen, Hunderte von Zeugnissen über die Existenz und Funktionsweisen des tauschwirtschaftlichen Subsystems zusammengestellt. Die befragten Akteure waren nahezu allesamt stolz auf die Leistungen, die sie damals vollbracht haben. Sie sahen darin besondere Verdienste, von denen sie meinten, sie seien ganz im Sinn der Perestroika. Auch Gorbatschow wollte in diesem Subsystem die Keime einer Marktwirtschaft erkennen. Seine Idee aber, dieses Subsystem durch die Einbeziehung von Nichtparteimitgliedern in die regionalen und lokalen Entscheidungsgremien noch flexibler zu machen, war für die agierenden Funktionäre wie ein Schlag ins Gesicht. Sie empfanden die Neuregelungen als eine Mißtrauensäußerung, statt belobigt, fühlten sie sich getadelt. Und ihre Reaktion war daraufhin zunächst Widerstand, Beschwerde, und wenn alles nichts half, Resignation sowie schließlich Rückzug aus ihren Hilfs- und Sanierungsfunktionen – mit der Folge einer dramatischen Verschlimmerung der allgemeinen Lage.

In der Sowjetunion gab es zur Bezeichnung der inneren Widersprüche des Systems einen Slogan, der die Dinge einerseits beim Namen nannte und sie gleichzeitig geschickt verschleierte. Er hieß: *Wie das Leben lehrt....* Wenn ein Parteifunktionär sagte, *wie das Leben lehrt...*, dann räumte er Mißstände ein; gleichzeitig warb er um Verständnis für dergleichen Unvermeidliches, weil das Leben, wie jeder weiß, Überraschungen bereithält. Das *Leben* war eine Kategorie, der man unbeschadet einen größeren Stellenwert einräumen konnte als dem *Planen*. Gorbatschow hat seine Politik insgesamt unter die Devise *Wie das Leben lehrt...* gestellt, denn es waren die Realitäten des Lebens, die den Kurs der Perestroika diktierten. So kam auch sein berühmtes Diktum zustande: *Wer zu spät kommt, den bestraft das Leben.*

Die oberen Parteifunktionäre der Republiken befanden sich, was die Dinge anbelangte, die *das Leben* lehrte, in der heißesten Problemzone. Bei ihnen liefen die Meldungen über alle Schwierigkeiten zusammen, die eine ganze Republik oder ein Gebiet betrafen; und für sie war es weit schwieriger, sanierend tätig zu sein. Wenn sie etwas ändern wollten, mußten sie sich entweder nach oben an zentrale Instanzen wenden oder nach unten den regionalen Zusammenhalt der Kader auf der Suche nach spezifischen Lösungen beschwören. Beides schloß Risiken ein und wollte nach Vor- und Nachteilen gut abgewogen werden. Das Leben der Angehörigen der zweiten Machtstaffel, wie dieses Funktionärskorps genannt wurde, war freilich so ausschließlich der Parteiarbeit gewidmet, daß sie die Partei über alles stellten. Von daher war ihnen Gorbatschows Relativierung der Parteiherrschaft ebenso zuwider wie sein Bemühen, mit der Vergangenheit zu brechen. Mit seinen Maßnahmen forderte Gorbatschow also zunehmend den Widerstand der Republiken heraus. Der Zusammenhalt der Union wurde dadurch in Frage gestellt. Gorbatschow lud sich dadurch zusätzlich die Last auf, sich auch noch um einen neuen Unionsvertrag kümmern zu müssen, mit dem der Zusammenhalt gesichert werden sollte.

Als im März 1988 der Brief der Nina Andrejewa erschien, das Antiperestroika-Manifest, wie es sogleich genannt wurde, eine Abhandlung, die ganz den Geist der braven Parteiarbeiter der unteren

Etagen atmete, bejahte Ligatschow eine Reihe grundsätzlicher Punkte dieses Bekenntnisses zur Partei. Er konnte so wenig von seinem Engagement an der Partei loskommen, wie die Andrejewa von den lebensbestimmenden Prinzipien zu lassen vermochte, mit denen sie aufgewachsen war. Aus den Republiken kamen ebenfalls zustimmende Äußerungen zu dem Brief.

Alles in allem hatte sich eine verhängnisvolle Eigendynamik ergeben: Tatsächlich lähmte Gorbatschow völlig ungewollt mit den Maßnahmen, die er eigentlich zu Revitalisierung des Sowjetsystems ergriff, einen zentralen Lebensnerv des Systems. Gorbatschow wollte die ihm unabdingbar erscheinenden, ökonomischen Reformen durchsetzen. Er war überzeugt, dies sei ohne eine Änderung des *politischen* Systems nicht möglich, weil es keine ökonomische Entscheidung gab, bei der die Partei nicht von oben herab das erste und das letzte Wort behielt. Aus diesem Grund meinte er, man müsse die *Partei an der Basis* in die Konkurrenz zu anderen demokratischen Kräften zwingen, um ihr dadurch frischen Lebensatem einzuhauchen. Diese Herausforderung sollte die unteren Parteietagen in die Lage versetzen, verstärkt eigene Ansichten zu entwickeln. Am demokratischen Zentralismus interessierte ihn tatsächlich das Demokratische, nicht das Zentralistische.

Für das Netzwerk der gesellschaftlichen Selbsthilfe war dies eine verhängnisvolle Entscheidung. Jahrelange, in vielen Fällen jahrzehntelange Bekanntschaften, Freundschaften und Beziehungen zwischen Parteibossen und Wirtschaftsfunktionären hatten es ermöglicht, Wirtschaftsunternehmen in den Dienst lokaler und regionaler Interessen zu stellen und umgekehrt, regionale Unterstützung für Unternehmen vor Ort zu mobilisieren. Wenn ein Unternehmenschef seinen Betriebsparteisekretär warnte, die Planerfüllung sei gefährdet, Prämien könnten nicht gezahlt, Zuschläge nicht gewährt werden, weil es an diesem oder jenem fehle, dann sprang der Parteisekretär ein und fischte mit seinem Netz von Beziehungen so lange nach zusätzlichen Ressourcen, bis nach der altväterlichen Weisheit, eine Hand wäscht die andere, Abhilfe geschaffen war. Tendenziell lief alles darauf hinaus, Hilfsmittel aus dem übermäßig privilegierten Sektor des militärisch industriellen Komplexes abzuzweigen.

Hinter der offiziellen Staatswirtschaft entstand im Lauf der Zeit eine Schattenwirtschaft von enormen Ausmaßen. Investiertes Kapital und Nutzen für die Schattenwirtschaft standen zueinander weitgehend in einem irrwitzigen Verhältnis; für den geringen Ertrag war der Aufwand unsinnig hoch. Wenn Panzerfabriken nebenher Laserpointer und Angelgerätschaften produzierten, konnte man nur noch ökonomischen Schwachsinn attestieren. Die eingefügte Tabelle[19] gibt einen Eindruck von diesem Mißverhältnis.

**Produkte von Unternehmen des militärisch-industriellen Komplexes für die Schattenwirtschaft**

| Ministerium | Produkte |
|---|---|
| Flugzeugindustrie | Kameras, Staubsauger, Alarmuhren, Kinderwagen, Aluminium-Küchengeschirr, Schneeräumer, Passagier-Kleinflugzeuge |
| Fernmeldeindustrie | Tonbandgeräte, Fernsehgeräte, Sprechfunkgeräte, Faxgeräte |
| Rüstungsindustrie | Angelgeräte, Fotoapparate, Motorräder, Laserpointer und Lasergerätschaften, optische Ausrüstungen für Wissenschaft und Industrie |
| Elektronikindustrie | Radioempfänger, Fernsehgeräte, Computer, Telefonausrüstungen, Lasergeräte |
| Allgemeiner Maschinenbau | Fernsehgeräte |
| Maschinenbau | Fahrräder, Kühlschränke, Elektrorasierer, Samowars, Standbohrmaschinen |
| Mittlerer Maschinenbau | Atomkraftwerksausrüstungen und -ersatzteile |
| Radioindustrie | Telefonapparate, Fernsehgeräte, Radioempfänger, Tonbandgeräte, Computer |
| Schiffsbau | Vergnügungsschiffe (Motor– und Segelschiffe), Schiffe für Transportzwecke aller Art, Bohrplattformen, Bewässerungsanlagen |

Der verdrehten systeminternen Logik der Sowjetwirtschaft gemäß hatte der ökonomische Unsinn aber durchaus segensreiche Effekte. Bei der territorialen Streuung der rüstungsindustriellen Unternehmen über die gesamte Union interessierten sich Direktoren und Belegschaften natürlich ganz besonders in entlegenen Gebieten für die Verbesserung der lokalen Infrastruktur. Brauchte man eine neue Straße, einen Milchhof, eine Hühnerfarm, ein Theater, so kam das später wieder den Beschäftigten in den strategisch wichtigen Industrien zugute. Denn erst einmal nach Omsk, Irkutsk oder Wladiwostok versetzt, interessierten sich die Mächtigen der Rüstungswirtschaft für die regionale Entwicklung in gleicher Weise wie die Einheimischen. Und so kamen die Wundertaten zustande: Aus einem ihrer Betriebe kamen die Bagger, aus dem anderen der Teer, aus dem dritten die Arbeitskräfte, aus dem benachbarten Rayon die Kabel, aus der nächsten Provinz die Röhren – alles im Tauschverfahren. Nichts war in irgendwelchen Plänen vorgesehen. Kein Mensch hat je die Kosten errechnet, die damit verbunden waren. Alle Erfolge waren halb legal, halb illegal. Aber es waren Segnungen. Die lokalen Zeitungen berichteten über den bravourösen sozialistischen Aufbau. Die Komsomolzen feierten eine Einweihungsparty. Der Sozialismus lebte und siegte. Das alles zerstörte Gorbatschow, der doch im Grunde genau dasselbe im Sinn hatte, nämlich den militärisch-industriellen Komplex abzubauen.

Was als demokratische Vitalisierung des sowjetischen Systems gedacht war, erwies sich durch die Relativierung der Funktionärsmacht als Lähmung des schattenwirtschaftlichen Hilfssystems. In der westlichen Welt wurde die Öffnung des politischen Systems durch Zulassung von frei aufgestellten Kandidaten zu den Wahlen für die lokalen Sowjets und schließlich auch zum Volksdeputiertenkongreß vom März 1989 als Erfolg der Perestroika gefeiert. In der Sowjetunion wurde diese Öffnung als ein Ventil benutzt, aufgestaute Vorbehalte gegenüber örtlichen Kadern abzureagieren. Vier Jahre lang warteten die Menschen bereits auf die Verbesserung ihrer Lebensverhältnisse, die mit der Perestroika angekündigt worden waren. Inzwischen hatten sich die Verhältnisse nicht verbessert, sondern ersichtlich verschlechtert. Zur freien Meinungsäußerung ermuntert, nahm man nun kein Blatt mehr vor den Mund.

In den Versammlungen, die zur Kandidatenaufstellung führten, profilierten sich immer mehr extrem eingestellte Kräfte, Neostalinisten hier und Dissidenten dort. Von der Masse der Unentschlossenen und Ratlosen wandten sich die einen nach hier und die anderen nach dort und sorgten so für wachsende Polarisierung. Vor Ort, wo man sich kannte, war es natürlich leicht, mit Verweis auf bestimmte Vorkommnisse gezielte Kritik an einzelnen Funktionären zu üben, die dann zu ihrer großen Verblüffung reihenweise aus den Listen gestrichen wurden. Sie waren aber nicht nur verblüfft, sie wurden vor allem verbittert.

Natürlich war es leicht, die bisherigen Führungsgremien mit Leuten zu durchsetzen, die einen vernünftigen Eindruck machten und mit guten Vorschlägen aufzuwarten wußten. Nur verfügten sie nicht über die gewachsenen Beziehungen untereinander, die den Zugriff auf Ressourcen erlaubten. Sarkastisch bemerkt Ligatschow in seinen Memoiren, er habe in seiner Auseinandersetzung mit Slawski bereits 1965 aufgezeigt, »was ein Schritt auf dem Weg zur Umwandlung der militärischen Industrie genannt werden kann«.[20] Das hieß mit anderen Worten, er sei schon zwanzig Jahre vor Gorbatschow auf den glänzenden Gedanken gekommen, die Verteidigungsindustrie für lokale und regionale Zwecke zum Wohle der Bevölkerung zu nutzen, ohne dabei die Weltmachtstellung der Sowjetunion zu schmälern oder gar wie Gorbatschow zu ruinieren.

Der unbedacht forcierte Rückzug vieler Kader aus ihren regionalwirtschaftlichen Engagements und der Ruin des halblegalen schattenwirtschaftlichen Hilfssystems der Sowjetunion brachte freilich eine Konsequenz mit sich, die sich für die Zeit nach dem Zusammenbruch als die eigentlich verhängnisvolle auswirken sollte: Die materiellen Potentiale der Schattenwirtschaft wurden im Untergrund weiter gehandelt. Das halblegale schattenwirtschaftliche System verschwand zu großen Teilen im Illegalen. Waren kamen immer mehr auf den Schwarzmarkt. Die inflationären Tendenzen stiegen; ausländische Währungen wurden unter der Hand zu einem wichtigen Zahlungsmittel. Die viel gepriesenen Reformen verschlechterten in den Augen des größten Teils der Bevölkerung die wirtschaftliche Lage.

Die Kritik an Gorbatschow wuchs. Eine erkleckliche Anzahl besonders cleverer Funktionäre begann bereits mit der Privatisierung der schattenwirtschaftlichen Ressourcen. Die mafiosen Strukturen und Verbindungen wurden aufgebaut, an deren Schaltstellen bereits die späteren Oligarchen saßen. Man begreift diese Zusammenhänge erst dann zureichend, wenn man sich vor Augen hält, daß im Zentrum der Sowjetwirtschaft nicht nur während der Herrschaft Gorbatschows, sondern bis nach dem Zusammenbruch noch immer der militärisch-industrielle Komplex als Moloch die Ressourcen aufzehrte. So weit in die Zukunft hinein war die Ressourcenvergabe in den Plänen festgelegt worden. Das Wettrüsten war historisch gesehen längst zu Ende, da liefen die teuersten Produkte, die ihm ihre Entstehung verdankten, überhaupt erst vom Stapel: 1993 wurde beispielsweise das letzte der Mehrzweck-Atom-U-Schiffe an die Flotte übergeben, die dreistufige interkontinentale Feststoffraketen mit 10 nuklearen Gefechtsköpfen fünffachen Hiroshima-Kalibers bis zu 8300 Kilimeter Entfernung verschießen konnten. Bis 1997 lief die Produktion weiter. Dreizehn Boote dieser Art entstanden in Sewerodwinsk am Weißen Meer und in Komsomolsk am Amur. Über achtzig dieser U-Boot-Giganten wurden insgesamt gefertigt.[21]

Die Klagen über die reale Entmachtung der regionalen und lokalen Kader pflanzten sich in der Partei von den unteren Chargen zu den höheren fort, erreichten schließlich auch die Zentrale und kamen damit bei Gorbatschow und wieder im Politbüro an. Dort wurde Gorbatschow von seinen Gegnern bedrängt, die ihm einen Kompromiß nach dem anderen abrangen. Je mehr er nachgab, desto mehr suchten ihn seine engsten Berater zum endgültigen Bruch mit der Partei zu überreden. Weil er sich aber gerade ihnen widersetzte, verprellte er die Besten unter den Getreuen. Schewardnadse formulierte das mit klaren Worten: »Zu den einen ist er außergewöhnlich nachsichtig oder gleichgültig, zu den anderen dagegen aufgebracht-intolerant. Die einen zerstören beinahe vor seinen Augen das Hauptwerk seines Lebens, er aber scheint das nicht zu bemerken. Andere versuchen, dieses Hauptwerk zu retten, stoßen aber bei ihm auf Unverständnis.« [22]

Die Erosion der Partei, des größten politischen Machtgebildes des 20. Jahrhunderts, war 1989 so weit fortgeschritten, und die Enttäuschung der Reformanhänger war inzwischen so groß, daß Gorbatschow seine Macht auf kein zuverlässiges Fundament mehr gründen konnte. Er hätte die Unterstützung aller gebraucht, war aber nicht mehr in der Lage, zwischen Freund und Feind zu unterscheiden. Gorbatschow wurde zwar vom gemischt zusammengesetzten Volksdeputiertenkongreß für fünf Jahre zum Präsidenten gewählt, schien also abgesichert, aber die unvorhergesehenen Ereignisse machten ihn endgültig zum Gejagten und Getriebenen. In dieser Situation entschlossen sich die Enttäuschten, Jelzin und an seiner Seite Sacharow, zur Gründung einer interregionalen Gruppe von Dumaangehörigen, die beschleunigte Reformen forderten und Gorbatschow das Zepter aus der Hand nahmen.

Anfang 1990 forderte Gorbatschow, die Verankerung des Machtmonopols der KPdSU aus der Verfassung zu streichen. Obwohl er dafür Zustimmung erhielt, vermochte er seinen Kritikern auch damit nicht mehr den Wind aus den Segeln zu nehmen. Enthusiasten unter den Reformern nahmen es zum Signal, ihrerseits konkurrierende Parteien zu gründen. Zum gleichen Zeitpunkt rief auch Shirinowski eine Liberal-Demokratische Partei Rußlands aus, die nur dem Namen nach liberal, in Wahrheit ultranationalistisch und antisemitisch war. Die Sozialdemokratische Partei der Russischen Föderation hielt ihren ersten Kongreß ab; und wenig später formierte sich die Demokratische Partei Rußlands. Als sich Gorbatschow, inzwischen auch Staatspräsident, im Juli 1990 wieder zum Generalsekretär der KPdSU wählen ließ, verfügte er zwar über die nominell größte Machtposition, die jemals ein einzelner in der Geschichte des Sowjetsystems innehatte, de facto war er aber nur noch einer unter vielen miteinander konkurrierenden Politikern im innenpolitischen Spiel der Kräfte.

Gorbatschows Konkurrenten überließen ihm gern die Verantwortung für den Zusammenbruch der DDR und den Zerfall des Ostblocks. Als das Nobelpreiskomitee im Oktober 1990 Gorbatschow für den Friedensnobelpreis nominierte, weil er den Kalten Krieg zu Ende gebracht und der Welt ein neues Zeitalter eröffnet hatte, da war Jelzin bereits aus der Partei ausgetreten und schickte sich an, dem außenpolitisch viel gerühmten Mann innenpolitisch ein unrühmliches Ende zu bereiten. Ein Jahr später, am 24. August 1991, trat Gorbatschow als Generalsekretär der KPdSU zurück. Der mißlingende Putsch, der Jelzins Aufstieg nicht weniger bedrohte, als er Gorbatschows Sturz beschleunigte, hat den Prozeß vorangetrieben, der später die mafiosen Elemente unter der Präsidentschaft Jelzins als Oligarchen an den Tag treten ließ. Übrig geblieben ist eine Kommunismus-Nostalgie, der Putin mit machtpolitischer Umsicht möglicherweise einen neuen Heimatboden verschaffen wird.

V

# Chefkonstrukteure des Systems

## Selektiv nachahmende Industrialisierung

Warum ist Rußland heute auf dem Stand eines Entwicklungslandes? Und warum wird es möglicherweise Jahrzehnte dauern, ehe sich, wenn überhaupt, an den Verhältnissen Rußlands grundlegend etwas ändert? Aus welchen Gründen hat die stark erscheinende Sowjetunion ein dergestalt schwaches Rußland hinterlassen?

Die Bevölkerung der Sowjetunion verarmte darüber, daß Spitzenleistungen nur auf dem strategisch wichtigen Gebiet der Rüstung, aber nicht zugunsten einer modernen Ausstattung der gesamten Industrie und des privaten Konsums erbracht wurden. Die Spitzenleistungen bezogen sich auf sterilen Konsum. Heute sind sie zu nichts mehr zu gebrauchen, denn sie fallen auch für Exportzwecke aus. Rußlands Bevölkerung wird daher auf absehbare Zeit arm bleiben. Das einzige, was der früheren Sowjetunion über längere Zeit neben ihren enormen Waffenexporten in erheblichem Umfang Geld einbrachte, der Verkauf ihrer Rohstoffe, wird zwar von den Russen wieder betrieben, aber die Erlöse werden von einem korrupten Regime aufgezehrt und kommen dem Wohlstand der Bevölkerung nicht zugute. Rußland befindet sich wirtschaftlich auf dem Niveau eines Rohstoffe exportierenden Entwicklungslandes. Wird es auf diesem Stand verharren? Welche Chancen zeichnen sich für Rußland in der Zukunft ab?

Das Land muß heute wirtschaftlich und technisch notgedrungen an die Vorleistungen der Sowjetunion anknüpfen. Deren technisches Vorbild war der Westen. Den Sowjets ging es um den Nachbau der industriellen und technischen Errungenschaften des westlichen Kapitalismus, freilich unter sowjet-sozialistischen Führungsbedingungen. Die technischen Entwicklungslinien wurden im Westen vorgezeichnet. Die Sowjetunion imitierte. Bei der Imitation war Eile geboten, denn der Stand der westlichen Entwicklung sollte in möglichst kurzer Zeit eingeholt werden. Gleichzeitig mußten Kosten gespart werden. Aus diesem Grund suchte die Sowjetunion bei ihrer Entwicklung Umwege zu vermeiden. Die Entwicklung ging deshalb nicht in die Breite, sondern zielte auf ausgewählte Sektoren und darin auf Höchstleistungen.

Stalins entwicklungspolitische Ansichten und Absichten waren von einem Pragmatismus geprägt, den er mit allen Mitteln durchzusetzen trachtete. Umfängliche Eigenentwicklungen wurden in seinem Land zugunsten der preiswerten Übernahme schon vorhandener Techniken des Westens vermieden. Solange der Westen darin seinerseits einen geschäftlichen Vorteil erblickte, stand dem auch nichts entgegen. Maschinen und Anlagen gingen bis zum Kriegsbeginn in die Sowjetunion genauso wie auf andere Märkte. Die Sowjetunion wurde behandelt wie jeder andere Handelspartner auch.

Bei der Waffenentwicklung und -erprobung arbeitete die Sowjetunion eine Zeitlang besonders eng mit dem Deutschen Reich zusammen. Das hatte auch auf deutscher Seite einen pragmatischen Hintergrund. Durch den Friedensvertrag von Versailles waren den Deutschen hinsichtlich ihrer Armee und Rüstung enge Fesseln angelegt worden, die sie durch Kooperation mit den Sowjets, die Versailles nicht anerkannten, heimlich abzustreifen suchten. Reichswehr und Rote Armee arbeiteten daher in den zwanziger Jahren gemeinsam an bestimmten Projekten, und das wurde besonders für die Entwicklung der sowjetischen Luftstreitkräfte bedeutsam. Eine Reihe von Ingenieuren war bei Junkers ausgebildet worden. Maschinen von Junkers und Heinkel wurden in Rußland in Lizenz gefertigt und zuweilen einfach nachgebaut. Da nach dem Ersten Weltkrieg die wichtigsten Hersteller von Jagdflugzeugen in Holland, Frankreich, Italien und England kaum mehr Nachfrage zu verzeichnen hatten, war es der Sowjetunion ein leichtes, sich mit ausländischem Gerät einzudecken. Zu einer zweiten Phase enger Kontakte mit Deutschland kam es in der Zeit des Hitler-Stalin-Paktes. Die Sowjetunion lieferte reichlich Rohstoffe an das Deutsche Reich und profitierte ein zweites Mal von den Entwicklungen im deutschen Flugzeugbau.

Man plagte sich nicht mit zeitraubenden Grundlagenforschungen und Entwicklungen, sondern suchte deren Ergebnisse aus dem

Ausland zu übernehmen, um sie sofort in die Praxis umzusetzen. Im technischen Bereich vertraute man also vollständig der westlichen Rationalität. Was technisch und wirtschaftlich für den Westen gut war, galt auch für die Sowjetunion als erstrebenswert. Andererseits gab es die marxistischen Vorbehalte gegen das westliche Wirtschaftssystem. Die sowjetische Entwicklung sollte nicht kapitalistisch, sondern sozialistisch verlaufen; und die sowjetinterne Entwicklungspolitik mußte Rücksicht auf den niedrigen Qualifikationsgrad ihres Arbeitskräftepotentials nehmen. Während es für den Sozialismus kein fertiges Rezept gab, bot sich für die Lenkung wenig ausgebildeter Arbeitskräfte das Führungsschema des Militärs an: Ein Stratege befiehlt, wohin es geht und was zu erledigen ist. Sicherlich hat sich Stalin als ein solcher Stratege gefühlt. Man könnte auch vom Führungsschema einer Bildungsanstalt sprechen, in der ein Lehrer den Weg weist; tatsächlich hat Stalin das Epitheton des weisen Lehrers gern auf sich beziehen lassen. Die Erfolge seiner Wegweisungen waren freilich recht zwiespältig. Anfänglich einfach und überzeugend klingende Grundkonzepte entpuppten sich bei der anschließenden Durchführung als höchst kompliziert, hatten tückische Folgen und standen hernach recht fragwürdig da. Stalin machte dafür dann andere verantwortlich, denen er mangelndes Verständnis vorwarf oder Sabotage unterstellte.

Das Konzept für die Kollektivierung der Landwirtschaft war zunächst eine in die Landwirtschaft übertragene Kopie von Fließbandarbeit, wie sie Ford in die amerikanische Automobilproduktion eingeführt hatte. Man könnte genausogut von einer Militarisierung der landwirtschaftlichen Arbeit sprechen. Der ländliche Schlendrian sollte durch Disziplin und Arbeitsorganisation überwunden werden. Und um dabei Zeit und Geld zu sparen, sollte eine Produktivitätssteigerung der sowjetischen Landwirtschaft durch Aufstellung von Arbeitsbrigaden mit rein organisatorischen Maßnahmen, ohne vorherige zusätzliche Maschinenausstattung, herbeigeführt werden. Stalin triumphierte zu früh, als er im Dezember 1929 an Molotow schrieb: »Die Kolchosbewegung wächst stürmisch. Natürlich mangelt es an Maschinen und Traktoren (wo sollen die auch herkommen!); aber schon die einfache Zusammenfassung der Arbeitsgeräte der Bauern bringt eine kolossale Vergrößerung der Anbaufläche (in einigen Rayons bis zu fünfzig Prozent!) An der unteren Wolga sind 60 Prozent der Wirtschaften in Kolchosen umgewandelt (bereits umgewandelt!). Unseren Rechten treten vor Staunen die Augen aus den Höhlen...«[1]

Die bloße Neuorganisation der landwirtschaftlichen Produktion entpuppte sich dennoch als ein trügerisches Konzept. Zum Organisationsprinzip von Ford gehörte die Maschinerie des Fließbands. Die landwirtschaftlichen Brigaden brauchten ebenfalls zusätzlich Ausrüstung, und deshalb ordnete man jeweils einer Reihe von Kolchosen als Neuerung eine Maschinen-Traktoren-Station (MTS) zu. Diese Stationen erledigten mit speziellem Personal die Maschinenarbeit auf den Kolchosfeldern oder liehen die Maschinen lediglich aus. Damit wollte man nicht nur Kapital sparen, sondern auch den Bauern ermöglichen, sich ganz auf ihre Feldarbeit und Viehwirtschaft zu konzentrieren, ohne zusätzlich technischen Verstand zur Wartung der landwirtschaftlichen Maschinerie aufbringen zu müssen. Das machte einen vernünftigen Eindruck und hatte zudem einen günstig erscheinenden Nebeneffekt: Knappe maschinelle Ausrüstung verlangte die Bindung der Arbeitskräfte an die Landwirtschaft; Abwanderung in die Städte war verboten. Der Aspekt, die Sowjetunion könne so auch einen kontrollierten und regulierten Verstädterungsprozeß zuwege bringen, erregte die Bewunderung vieler westlicher Demographen, die nicht erkannten, aus welcher Notlage heraus die Maßnahmen geboren waren. Die Erfolge der Kollektivierung nahmen sich alsbald ganz anders aus als erwartet: Die Ernteausfälle forderten Millionen Todesopfer, und weitere Millionen brachte man in die Arbeitslager. Sie fielen auch für die Migration in die Städte aus. An diese brutale Form der Regulierung von Verstädterungsraten hatten die westlichen Demographen allerdings nicht gedacht.

Die viel gepriesenen Maschinen-Traktoren-Stationen brachten zwei weitere Nachteile mit sich. Einen haben wir bereits genannt: Die als Rationalisierung gedachte Reduzierung des Landmaschinenbaus auf wenige Typen führte über das ganze Land hinweg zu einer uniformen Ausstattung der MTS, und so konnte auf die höchst unterschiedlichen Boden- und Witterungsverhältnisse und die diversen landwirtschaftlichen Arbeitsbedingungen in den verschiedenen Regionen der Sowjetunion keine Rücksicht genommen werden. Das verursachte Ertragseinbußen. Der zweite Nachteil zeigte sich erst auf längere Sicht: Die den Bauern ersparte Mühe hinsichtlich der Anschaffung und Wartung der Maschinen hielt ihre allgemeine technische Bildung insgesamt auf niedrigem Niveau. Mit wachsender Allgemeinbildung der Stadtbevölkerung wirkte die Landbevölkerung zunehmend zurückgebliebener.

Die ländliche Bevölkerung wehrte sich gegen die Kollektivierung, und damit behielten Stalins Kritiker recht, die das vermutet hatten. Wenn diese aber gehofft hatten, Stalin würde das einsehen, lagen sie falsch. Stalin isolierte seine Kritiker innerhalb der Partei und setzte mit einer ihm ergebenen Mannschaft seine Konzeption mit brachialer Gewalt durch. Die Kritiker wurden ebenso bestraft wie die sich widersetzenden Bauern. Wie es mit den Kritikern endete, wissen wir, mit Schauprozessen und Todesurteilen. Die widerspenstigen Bauern kamen in die Zwangsarbeitslager.

## Wie kam GULag ins System?

Das Prinzip der angeblich höheren Vernunft trat, wie hätte es anders sein sollen, in Gestalt der zentralen Planung auf und nahm 1928 die Form des ersten Fünfjahresplans an, dessen landwirtschaftliche Aspekte wir soeben beschrieben haben. Die industriellen Aspekte rangierten in ihrer Bedeutung für die Entwicklung des Landes und damit in den Augen der Führung freilich weit höher. Der Aufbau einer modernen Industrie sollte unter den praktisch noch nirgendwo erprobten Bedingungen des Sozialismus erfolgen. Lediglich materiell und technisch gesehen, gaben die westlichen Industrienationen das Vorbild für den industriellen Aufbau ab. *Was* zu tun war, stand außer Frage. *Wie* es bewerkstelligt werden sollte, wenn man dafür kein freies Unternehmertum nutzen wollte, war nirgendwo erprobt worden und konnte deshalb nur experimentell angegangen werden. Das Experiment bildete hier freilich den Ernstfall und barg enorme Risiken in sich. Der industrielle Aufbau war daher trotz des Heranziehens allen im Land rekrutierbaren ökonomischen Sachverstandes ein gewagtes Unterfangen. Hinzu kam, daß die ökonomischen Theoretiker, die Stalin mit der Ausarbeitung des ersten Fünfjahrplans beauftragte, zum einen Persönlichkeiten waren, denen er mißtraute, weil sie bürgerlicher Herkunft waren, zum anderen konnten sie auf keinerlei Vorbilder außer kriegswirtschaftlichen Regulierungsmechanismen zurückgreifen.

Für die Globalsteuerung von Industrialisierung existierten wenige von Marx und Engels angedeutete Konzepte. Einige davon gingen auf Skizzen der utopischen Sozialisten zurück. Die Utopisten hatten visionär ausgemalt, wie man eine ganze Gesellschaft in all ihren Belangen von einer gelehrten Instanz aus zentral lenken könne. Marx und Engels stellten sich darunter das klug ratschlagende Gremium eines sogenannten *assoziierten Produzenten* vor, eine Versammlung, die im Sinn einer gesamtgesellschaftlichen Beratung in erster Linie darüber nachzudenken habe, wieviel des Gesamtprodukts die Gesellschaft wieder investieren müsse und welcher Anteil zum Konsum zur Verfügung stehe. Für die Praxis war das alles unbrauchbar. Wolfgang Leonhard hat in seinem Buch über *Die Dreispaltung des Marxismus* alle relevanten Stellen gewissenhaft zusammengetragen, um zu demonstrieren, wie ernüchternd nichtssagend sie für moderne Gesellschaften sind.[2]

Stalin konnte auf keine Konzepte der Klassiker des Marxismus zurückgreifen, sondern mußte sein eigenes Konzept verfolgen. Die Industrialisierung entfaltete sich daher in der Sowjetunion wie *Aufklärung von oben* durch absolutistische Herrscher. Stalin betrieb nationale Ökonomie wie die Verwaltung eines privaten Haushalts, nur eben in sehr viel größeren Dimensionen, blieb dabei aber theoretisch wie praktisch auf dem Stand der frühen Nationalökonomie des 19. Jahrhunderts stehen. Mit der Grundidee – *Vorbildrolle der westlichen Technik* – wiederholte sich die Vorbildrolle Englands für den Kontinent: *Nachbau von Maschinen* einerseits und die *Übernahme von technischen Verfahren* andererseits. Da Stalin aber die Übernahme von *Produkt- und Prozeßtechnologie* an die besonderen politischen Umstände und Interessen der Sowjetunion anzupassen befahl, war man immer wieder mit Schwierigkeiten konfrontiert, für deren Lösung noch kein theoretisches Konzept existierte.

Zu den politischen Besonderheiten der sowjetischen Industrialisierung gehörte die Disziplinierung der Bevölkerung durch Verhaftungen, drakonische Strafmaßnahmen und Gefangenenlager und daneben – verwoben damit – Stalins parteiinterne Auseinandersetzung mit seinen Kritikern. Bereits zu Beginn der Kollektivierung waren Gefängnisse und Arbeitslager überfüllt. Die Sicherheitskräfte waren überfordert, und die Überwachung war deswegen teilweise so lax geworden, daß die Lager nicht einmal mehr dazu geeignet waren, Verbrecher abzuschrecken. Die Aufrechterhaltung der Gefängnisse und Lager erforderte mehr Mittel, als im Sinn von Umerziehung und Arbeitsleistung Nutzen aus ihnen hervorging. Das war für den Staat teuer und wenig effektiv. Aus diesem Grund ordnete Stalin an, die Gefangenenlager soweit wie möglich zu reduzieren, um die dafür eingesetzten Mittel für Industrieprojekte freizubekommen. So ging man dazu über, Gefängnisse und Lager weitgehend aufzulösen und Delinquenten zunehmend mehr zu Zwangsarbeit ohne Inhaftierung zu verurteilen. Das heißt, Verurteilte mußten 25 Prozent ihres Arbeitslohnes, wo immer sie auch beschäftigt waren, an beaufsichtigende Gefängnisbehörden abliefern. Ausgehend von einem Achtel aller Verurteilten, die 1928 solche Zwangsabgaben zu leisten hatten, steigerte man deren Anteil bis 1935 auf die Hälfte. Sogar des Mordes Angeklagte und Verurteilte fielen darunter.

Während die Zahl der wegen krimineller Delikte einsitzenden Gefangenen dadurch zwar einerseits zurückging, sprang sie aber andererseits wegen der seit Beginn der dreißiger Jahre in Massen verhafteten Bauern, die sich gegen die Kollektivierung zur Wehr setzten, wieder in die Höhe. Das brachte wieder erhöhte Ausgaben mit sich, die man zugunsten von Industrieprojekten hätte einsparen sollen. Die Kosten-Nutzen-Rechnung änderte sich schlagartig, als Stalin 1930 der OGPU die Verantwortung für den Bau des Weißmeer-Kanals übertrug.

Seit der formellen Gründung der *Union der Sozialistischen Sowjetrepubliken,* UdSSR, von 1922 gab es die *Vereinigte Staatliche Politische Verwaltung,* OGPU, als zentrales Sicherheitsorgan. Dieser wurde 1930 die Leitung der Miliz und der kriminellen Fahndung unterstellt, und sie gründete im gleichen Jahr auch die Staatliche Lagerverwaltung (Gosudarstwennoje uprawlenije lagerjami), GULag. Da einerseits freie Arbeitskräfte für schwere Erdarbeiten und das Holzfällen schwierig anzuwerben waren, andererseits eine Lohnsumme für sie vorgesehen war, beschloß die OGPU, die Baustellen als *Gefängnisse* zu organisieren, von der Lohnsumme die Lagerkosten zu bestreiten und den Rest einzubehalten. Das machte die Lager zu gewinnbringenden Einrichtungen. Damit hatte man zwei Fliegen mit einer Klappe geschlagen. Die sich ständig erhöhende Gefangenenzahl störte nicht mehr, die Kosten waren gedeckt, und die Lager konnten sich in einen Wirtschaftsfaktor verwandeln. Das Vorbild machte von da an Schule: Die Ausbeutung der Goldquellen entlang des Flusses Kolyma, der Bau des Moskau-Wolga-Kanals und der Aufbau des riesigen Eisenhüttenkombinats Magnitogorsk wurden daher 1931/32 nach gleichen Prinzipien aufgezogen.

Im Juli 1934 änderte man die übergeordnete organisatorische Struktur und richtete das *Volkskommissariat für Inneres,* NKWD, wieder ein, das vor der Staatsgründung schon einmal existiert hatte. Die OGPU wurde nicht gänzlich aufgelöst, sondern als *Hauptverwaltung für Staatssicherheit* eingegliedert. Die Leiter waren der Reihe nach die berühmten und berüchtigten Geheimdienstchefs in der Zeit der *Großen Säuberungen:* Genrich Jagoda (hingerichtet 1938), Nikolai Jeschow (hingerichtet 1940) und Lawrenti Berija (hingerichtet 1953). Die *Staatliche Lagerverwaltung,* GULag, blieb wie sie war und wurde zu einem nie mehr abgeschafften Bestandteil des sowjetischen Herrschaftssystems.

Die einzelnen GULags waren seit 1931/32 an der Zufuhr von Gefangenen geradezu interessiert. Nichtige Gründe, wie beispielsweise das Sammeln von Ähren auf abgeernteten Kolchosfeldern, reichten für Verhaftungen aus. Als man begann, sogar Kolchosbauern, die ihre Pläne wegen unzureichender Geräteausstattung nicht zu erfüllen vermochten, wegen Sabotage festzunehmen, Ingenieure und Spezialisten wegen mangelnder Planerfüllung und Arbeiter bereits für schlechte Leistungen mit Gefängnis zu bestrafen, war niemand mehr sicher, nicht von heute auf morgen einer der Strafmaßnahmen zum Opfer zu fallen. Ab 1940 konnten Verfehlungen wie Verspätung bei Arbeitsbeginn von mehr als zwanzig Minuten mit Gefängnis bestraft werden. Von 17 Millionen Opfern dieser Vorschriften verschwanden vier Millionen als Zwangsarbeiter und Häftlinge mit erschwerter Haft in den Lagern.

Der Vorsitzende des Obersten Gerichts der Russischen Föderation berichtete 1933 an Stalin und Molotow, daß allein in der ersten Hälfte dieses Jahres 738 000 Personen von den Gerichten abgeurteilt wurden und in der zweiten noch einmal 687 000. »In diesen Zahlen sind viele Personengruppen, die Repressalien anderer Art ausgesetzt waren, noch gar nicht erfaßt – zum Beispiel diejenigen, die bei der Ausgabe von Pässen an die Stadtbevölkerung ausgesiedelt, als ›vagabundierende Elemente‹ in Hungergebieten festgenommen wurden und viele andere. Die Massenverhaftungen führten zu überfüllten Haftanstalten und Untersuchungsgefängnissen: Schon im Mai 1933 wurden hier bereits 800 000 Menschen festgehalten. Stalin und Molotow waren gezwungen, am 8. Mai 1933 eine Sonderinstruktion zu unterzeichnen, die die Reduzierung der Zahl der Häftlinge auf 400 000 anordnete und weitere nichtsanktionierte Verbannungen und Verhaftungen untersagte.«[3]

Der Terror, mit dem die Masse der insgesamt schlecht ausgebildeten Arbeitskräfte zu höheren Leistungen gezwungen wurde, war bis 1934 ein Zusammenspiel von ganz gezieltem Despotismus einerseits und seltsamen, zum Teil bürokratisch diktierten Zufällen wie den Verlegenheitslösungen zur Einsparung von Gefängniskosten andererseits. Erst die Systematisierung des Terrors durch die OGPU und das NKWD führte nach 1934, nach dem rätselhaften Mord an Kirow, zu den *Großen Säuberungen,* durch die fortan jede Kritik an Stalins Maßnahmen und jeder Widerstand dagegen im Keim erstickt wurde. Damit wurde die magische Grenze zum Jakobinismus hin überschritten.

Martemjan N. Rjutin – der 1929 ZK-Bevollmächtigter für die Kollektivierung war, von diesem Posten aber 1930 abgeschoben wurde – verfaßte 1932 zwei gegen Stalin gerichtete Schreiben: *Stalin und die Krise der proletarischen Diktatur* und den Appell: *An alle Mitglieder der KPdSU(B).* Schockiert von den Zuständen forderte er den Abbruch der forcierten Industrialisierung. Zusammen mit denen, die seinen Appell ebenfalls unterzeichnet hatten, wurde er verhaftet und aus der Partei ausgeschlossen. Stalin verlangte seine Hinrichtung. Sergej Kirow hingegen, Politbüromitglied und Erster Sekretär des Leningrader Gebietskomitees, hatte Einwände gegen eine derart drakonische Strafmaßnahme. 1934 wurde Kirow aber plötzlich ermordet. Bis heute ist der Mord nicht aufgeklärt. Die allgemein verbreitete Annahme, daß Stalin ihn befohlen hat, stützt sich darauf, daß Stalin diesen Mord seinen politischen Gegnern anlastete und so die *Großen Säuberungen* der Partei mit den Moskauer Schauprozessen in Gang setzte, womit er seine Herrschaft endgültig konkurrenzlos machte. Andrej Sinjawskij hält es Stalins Sinn für schwarzen Humor zugute, daß er Kirows Andenken pflegen, dessen Ruhm verkünden und Städte nach ihm benennen ließ, quasi »ein Ausdruck heimlicher Dankbarkeit für Kirows gewaltsamen Tod«.[4] Rjutin wurde 1937 erschossen.

Die *Errichtung* des Sozialismus in einem Land und die Vernichtung aller Gegner Stalins waren zwei einander ergänzende Prozesse. Die Umsicht, mit der Stalin alles aufgriff, was dem industriellen Aufbau diente, hatte ihre Kehrseite in der Brutalität, mit der Widerspruch und Widerstand dagegen unterdrückt wurden. Hatte es in den zwanziger Jahren gegolten, den Widerstand der parteiinternen Opposition der Leningrader Gruppe zu brechen, so war Anfang der dreißiger Jahre der unionsweite Widerstand der Bauern zu überwinden, und Mitte bis Ende der dreißiger Jahre wurden die Altbolschewiken und ehemaligen Getreuen, denen Stalin nicht mehr traute, den Terrorexzessen ausgesetzt. *Errichtung plus Vernichtung* läßt sich als Formel benutzen; es waren parallele Forderungen.

Hinsichtlich des industriellen Aufbaus interessierte sich Stalin, vor allem, wenn es um Rüstungsbelange ging, bis ins Detail für technische Einzelheiten. Und bei der Vernichtung seiner Feinde scheint er ebenfalls mit akribischem Aufwand die Opfer und Strafmaße im einzelnen bestimmt zu haben. Mit seiner Versessenheit aufs Detail täuschte Stalin indessen mehr Sachverstand vor, als er in Wahrheit besaß. Im ökonomischen und technischen, im wissenschaftlichen und kulturellen Bereich hat er vielfach die Akzente verkehrt gesetzt. Und bei der Vernichtung der Feinde kamen die besten Kräfte des Landes ums Leben. Die Intensität, mit der beide Prozesse parallel betrieben wurden, hat Stalin mit einer mythisch empfundenen Aura umgeben: *creator et nihilator,* Schöpfer einer neuen und Zerstörer einer alten Gesellschaft. Viele lernten ihn dadurch fürchten und hassen, andere ihn verehren und lieben. Zu den letzteren gehörten vor allem die Angehörigen jener jüngeren Generation, denen der industrielle Aufbau zu Chancen in Technikerlaufbahnen verhalf. Begabten jungen Spezialisten des Waffenhandwerks verhalf Stalin zu kometenhaftem Aufstieg; und sie dankten es ihm mit hohem Einsatzwillen.

## Abwege statt Abkürzungen

Unter der Zielsetzung, die kapitalistische Welt in ihrem Entwicklungsvorsprung möglichst rasch einzuholen und nach Möglichkeit zu überholen, wurden zuweilen Kapriolen geschlagen, mit denen sich die Sowjetführung der Lächerlichkeit preisgab. Das größte

Aufsehen erregte Stalins Einmischung in die Agrobiologie. Stalins Interesse an landwirtschaftlichem Aufschwung verleitete ihn dazu, sich von Züchtungsmethoden einen Erfolg zu versprechen, die ihm aus der Schule des Pflanzenspezialisten Mitschurin durch den Agronomen Trofim Lyssenko eingeredet wurden. Nach dessen Erkenntnissen brauchte man sich gar nicht auf den langen Entwicklungsweg zu begeben, den westliche Nationen beschritten hatten, um agrarische Erfolge zu erringen. Unter Ausnutzung neuer Formen der Pflanzenzüchtung würden sich, so behauptete er, die gleichen landwirtschaftlichen Erfolge, wie sie der Westen aufwies, viel schneller und überdies rentabler erzielen lassen.

Mitschurins und Lyssenkos Theorien enthielten freilich Behauptungen, die im Widerspruch zu gesicherten Erkenntnissen der Biologie standen. Stalin ließ sich aber nicht einmal von den in aller Welt anerkannten Biologen, die in der Sowjetunion arbeiteten, davon überzeugen, daß die beiden Pflanzenzüchter in geradezu närrischer Weise die Bedeutung der Genetik verkannten und ihre Ideen bloße Scharlatanerie waren. Er setzte vielmehr seine Hoffnung auf Lyssenko, und das in einem Ausmaß, daß diese die Oberhand über die sowjetische biologische Forschung erlangen konnte. Die langfristigen Folgen waren verheerend: Im Ungeist des Lyssenkoismus wurden ganze Akademikergenerationen von Biologen und speziell Agrobiologen über drei Jahrzehnte lang, von den dreißiger bis zu den späten fünfziger Jahren, ausgebildet.

Stalin nahm tatsächlich die angeblich sensationellen Resultate von Pflanzenkreuzungen des Obstzüchters Mitschurin in der Interpretation des Biologen Lyssenko für bare Münze. Daß er sich davon einen rapiden Aufschwung der sowjetischen Landwirtschaft versprach, mochte als seine Wunschvorstellung zur damaligen Zeit nur allzu verständlich sein. Die Hungersnöte machten höhere Ernteerträge dringend nötig. Mitschurin und Lyssenko verhießen zu diesem Zweck eine landwirtschaftliche Wunderwaffe – die freilich keine war, denn, wissenschaftlich gesehen, handelte es sich um baren Unsinn.

Zum Unglück für die sowjetischen Biologen, die in den dreißiger Jahren in der Genetik weltweit führend waren und der Sowjetunion auf diesem Gebiet zu anerkannten Glanzleistungen verholfen hatten, kam Lyssenko ein biologiegeschichtlicher Ladenhüter zupaß: Marx und Engels hatten im 19. Jahrhundert zugunsten von

Lamarcks Lehre von der Vererbung erworbener Eigenschaften plädiert, weil sie in Darwins Lehre von der natürlichen Zuchtwahl im Kampf ums Dasein eine verabscheuenswürdige Widerspiegelung des gesellschaftlichen Klassenkampfes zu erkennen vermeinten. Mitschurin und Lyssenko beriefen sich über ihren Experimenten auf diese Äußerungen und brachen damit in der Sowjetunion auch noch eine völlig absurde Debatte gegen den Darwinismus und für den Lamarckismus vom Zaun.

Obwohl das Thema seit der Begründung des Neodarwinismus durch Weismann längst als erledigt anzusehen war, erlangte es dennoch in der Sowjetunion wieder eine eminente Bedeutung, weil die sowjetische Ideologie mit ihrer These, man könne durch entsprechende Umweltanpassung einen neuen Menschentyp, eben den *sozialistischen Menschen*, schaffen, an den Lyssenkoismus anzuknüpfen war. Diese Lehre sprach zwar aller darwinistisch abgesicherten Biologie und Genetik Hohn, war aber politisch opportun. So konnten und durften die seriösen Biologen der Sowjetunion diesem Unsinn nicht widersprechen. Damit noch nicht genug, sie wurden sogar gezwungen, den Weltkongreß für Genetik abzusagen, der auf Grund ihrer Verdienste für 1937 eigens nach Moskau einberufen worden war.

Zum allgemeinen Entsetzen aller Fachleute rund um die Welt wurde der hervorragende Genetiker Nikolaj Wawilow verhaftet; er starb 1943 in einem der berüchtigten GULags um Magadan. Dem internationalen Ruf der sowjetischen Wissenschaftler hat die Affäre um Lyssenko, die zu allem Überfluß unter Chruschtschow eine langanhaltende Neuauflage erfuhr, weit über die Biologie hinaus nachhaltig geschadet. Sie bewirkte, daß auch ernst zu nehmende Forschungsergebnisse sowjetischer Wissenschaftler international zuweilen mit Skepsis betrachtet wurden. Die vermeintliche Abkürzung des Entwicklungswegs der sowjetischen Landwirtschaft erwies sich auf Grund dieser Vorgänge nicht nur als zusätzlicher Umweg, sondern auch als blamabler Abweg.

Da Stalin fachlich nicht in der Lage war, wissenschaftliche Probleme, wie sie sich allenthalben im Zuge der Industrialisierung ergaben, aus eigener Kenntnis heraus zu beurteilen, er die Dinge aber auch nicht aus der Hand geben wollte, blieb ihm gar nichts anderes übrig, als immer wieder Rat einzuholen. Über die Fülle der technischen Angelegenheiten, über die er sich persönlich unterrichten ließ, kann man nur erstaunt sein. Dennoch vermied er dabei die Verzettelung, in die sich Lenin hatte hineinziehen lassen. Fast alle Besprechungen wurden in Gegenwart eines oder mehrerer Mitglieder des obersten Führungsgremiums geführt. Zugegen waren in erster Linie Molotow, von 1927 bis 1957 Vollmitglied des Politbüros, Kaganowitsch, von 1930 bis 1957 in gleicher Funktion, Marschall Woroschilow, 1926 bis 1960 Politbürovollmitglied, Anastas Mikojan, 1935 bis 1966 Vollmitglied, und schließlich Malenkow, der von 1939 an Sekretär des ZK war und erst 1947 Vollmitglied im Politbüro wurde. Doch auch deren Beisein konnte keine höhere Kompetenz in bezug auf technische und wissenschaftliche Belange gewährleisten.

Das Führungssystem, das auf den Mann an der Spitze ausgerichtet war, ist in der Sowjetunion zur Routine geworden. Selbst wenn sich der erste Mann mit dem gesamten Politbüro beriet, sei es zur Vororientierung oder zur Feinabstimmung, blieb das letzte Wort bei ihm. Führungssysteme dieser Art haben Stärken und Schwächen. Zu den Stärken gehört, daß der Mann an der Spitze das Sagen behält und über nahezu alles bestens informiert wird. Zu den Schwächen gehört, daß selbst die engsten Mitarbeiter sachliche Differenzen nur ungern zur Sprache bringen, weil keiner von ihnen wissen kann, ob das vom Mann an der Spitze sachlich aufgenommen oder als Affront ausgelegt wird. Stalins wahrhaft mörderischer Umgang mit kritisch gesonnenen Personen gemahnte zu ständiger Vorsicht. Die Jasager genossen folglich die besondere Gunst und blieben beständig in nächster Nähe des Mächtigen. Ein solches Führungssystem neigt daher eo ipso zur Gerontokratisierung. Diese birgt aber angesichts ständiger wissenschaftlicher und technischer Innovationen ein schwerwiegendes Problem in sich. Es besteht nämlich die Gefahr, daß sich die Führungscrew in jahrzehntelangem Umgang miteinander in Anschauungen bestätigt, die nicht mehr zeitgemäß sind. Stalin, Chruschtschow und Breschnew haben den Beweis dafür geliefert.

Alle drei erlagen einer Selbstüberschätzung. Sie ließen sich in technischer Hinsicht von Konstrukteuren orientieren, die ständig den letzten Stand der *westlichen* technischen Entwicklungen in der Sowjetunion zur Anwendung zu bringen hatten. Mit Blick auf die ihnen verständlich gemachten praktischen Konsequenzen entging ihnen aber, was dafür zuvor an Grundlagenforschung notwendig gewesen war. Ihr Sinn fürs Praktische blieb ohne Kenntnis der theoretischen Voraussetzungen. Sie orientierten sich an den Resultaten und hatten das Gefühl, auf dem laufenden zu sein. Was das bedeutete, zeigte sich in der Agrobiologie. Die eigenen Spezialisten wurden verkannt, und die Grundlagenforschung im eigenen Land wurde unterschätzt. Auf die Dauer mußte das zu einer völligen Verkehrung in der Steuerung des sowjetischen Systems führen; und tatsächlich ist es so weit gekommen: Die steuernden Impulse wurden, lange bevor man sie in der Sowjetunion wahrnehmen konnte, in der Grundlagenforschung des Westens gesetzt. Die Sowjetunion blieb ein Sklave des technologischen Diktats der westlichen Welt. Wahrgenommen hat das lange Zeit niemand.

## Ziehsohn einer neuen Generation: Alexander Jakowlew

Was Stalin die Sicherheit verlieh, mit technischen Dingen auf dem laufenden zu sein, waren seine Erfolge im Umgang mit einer ganzen Reihe von Konstrukteuren aus der jüngeren Generation, die ingenieurtechnisch auf dem Gebiet der Rüstung arbeiteten. Von ihnen hat er sich zu Recht bestens beraten gefühlt, und durch deren Förderung ist die Sowjetunion in militärischer Hinsicht zu weit besseren Fortschritten als auf anderen Gebieten gekommen. Stalin hat Wissenschaftlern, die sich der angewandten Forschung widmeten, hervorragende Arbeitsbedingungen verschafft, und selbst dann noch, wenn sie ihm politisch mißliebig waren, ließ er ihnen eher noch im Gefängnis ein Labor einrichten, als auf ihre Dienste zu verzichten. Alexander Jakowlew, der Flugzeugkonstrukteur, hat in seinen 1972 erschienenen Memoiren eingehend von dem Umgang berichtet, der in diesem Metier für Stalin typisch war.

Am 27. April 1939 saß Jakowlew in Stalins Arbeitszimmer im Kreml neben Molotow und Woroschilow und wurde vom Kremlherrn befragt, worauf seine erfolgreichen Konstruktionen zurückzuführen seien. Er hatte das schnellste Flugzeug auf die Piste gebracht, das bis dahin in der Sowjetunion fabriziert worden war. Für Jakowlew hatte Stalins ruhige Art zu sprechen und dessen Angewohnheit, entspannt im Zimmer auf und ab zu schlendern, die anfängliche Nervosität annähernd verscheucht. So erläuterte er in dem Eckzimmer mit den holzgetäfelten Wänden und der gewölbten Decke, der Totenmaske Lenins in einer Glasvitrine, einem Bücherschrank mit Lenins gesammelten Werken, der Großen Sowjetenzyklopädie und dem Brockhaus-Efron, dem gespannt lauschenden Triumvirat, das ihm im Lebensalter um rund zwei Jahrzehnte voraus war, das Geheimnis seines Erfolges: *Aerodynamik*.

Vibrationen, die zu Trudeln und Schwingungsbrüchen führten, wurden für die Piloten zu einer immer größeren Gefahr, als stärkere Antriebsmotoren immer höhere Fluggeschwindigkeit ermöglichten. Einerseits galt es, die besseren Motoren zu nutzen, andererseits gute Flugeigenschaften zu bewahren. Durch geschickte Auswahl von Werkstoffen allein war dem Dilemma nicht beizukommen. Stabilere Bauteile bedeuteten in aller Regel höheres Gewicht. Gerade das galt es zu vermeiden, wollte man höhere Fluggeschwindigkeit erreichen. Die neue Wissenschaft der Strömungslehre zeigte den Weg zu gesicherter Manövrierfähigkeit. Jakowlew hatte sich daher um verbesserte Profilgebung bemüht. Stalin wollte es kaum glauben. »Das grenzt ans Wunderbare«, schwärmte er, »das ist eine Revolution der Luftfahrt.« Sogleich wurde besprochen, wie es mit dem Konstruktionsbüro von Jakowlew weitergehen sollte. Dann kritzelte Marschall Woroschilow nebenher etwas auf ein Stück Papier, schob es Stalin zu, der las, nickte zustimmend – und Jakowlew erfuhr, daß er den Lenin-Orden, einhunderttausend Rubel und eine SIS-Limousine erhalten würde.[5]

Inmitten von Zeitumständen, die durch Furcht, den Schrecken des Terrors und die Vernichtung angeblicher Feinde gekennzeichnet waren, stand der Ingenieur im Alter von 33 Jahren, gemessen an den sowjetischen gesellschaftlichen Verhältnissen, plötzlich reich wie ein Millionär da. Am nächsten Morgen fand Jakowlew seine Mutter, die ihn spät hatte heimkehren hören, in Tränen aufgelöst. Ich komme vom Milchholen nach Hause, klagte sie, und muß von irgend jemand, der dir am Telefon gratulieren will, hören, was passiert ist. Warum erfahre ich das nicht von dir? Nicht weniger überrascht war das ganze Jakowlew-Team, dessen sämtliche Mitglieder den Lenin-Orden erhielten. Wenige Tage später diskutierte Stalin erneut mit dem jungen Konstrukteur.

Bei diesem Treffen ging es um den Entwicklungsstand der Flugzeugindustrie in Deutschland, England und Frankreich. Jakowlew meinte voller Respekt, er habe in Stalin nahezu einen Flugzeugexperten vor sich, derart zielgerichtet erschienen ihm dessen Fragen. Nachdem er mit Stalin erörtert hatte, man könne eventuell den Klimow-Motor mit einer Flugzeugkanone von Schipitalni ausstatten, führte ihn Stalin in den angrenzenden Raum, in dem die Präsidiumsmitglieder der Partei mit allen Chefs der sowjetischen Luftfahrtindustrie in heftige Diskussionen verstrickt waren. Allgemeine Sorge bereitete nämlich die Flugcharakteristik bestimmter Kampfflugzeuge, die sich bereits in Serienproduktion befanden und hinsichtlich der Bewaffnung nicht die Stärke der ME 109 erreichten – der deutschen Messerschmitt-Maschine, die bereits im Spanienkrieg ihre Überlegenheit gezeigt hatte.

Innerhalb kürzester Zeit sah sich Jakowlew gedrängt, sich in Konkurrenz zu anderen Konstrukteuren auf dem für ihn völlig neuen Feld der Kampfflugzeuge zu versuchen, und zwar mit schnellstmöglichem Erfolg. Er kalkulierte, die Amerikaner würden für eine solche Aufgabe etwas mehr als zwei Jahre benötigen. Aber Stalin lachte ihn nur aus, er sei doch kein Amerikaner und solle einmal zeigen, »was ein junger, russischer Ingenieur kann«. Knapp ein Jahr später war die YAK-1, Jakowlews Produkt, auf der Startbahn. Mikojan (MiG) und Lawotschkin (LaGG) präsentierten kurze Zeit danach ebenfalls ihre aus der gleichen Aufgabenstellung hervorgegangenen Konstruktionen.

Die Namen aller dieser Konstrukteure sollten in der Folgezeit stark beachtet werden. Von Jakowlews Flugzeugen wurden während des Krieges etwa siebenunddreißigtausend Stück in systematisch verbesserten Typen an die Front gebracht. Während des Krieges stieg er zum Ersten Stellvertretenden Minister für die Flugzeugindustrie auf. Mikojan, der zusammen mit Gurewitsch konstruierte, daher das Kürzel MiG, wurde mit seinen Maschinen in der Zeit des Kalten Krieges für westliche Experten zum Gradmesser für den militärischen Fortschritt der Sowjetunion. Ähnliche Bedeutung erlangten Iljuschin, Suchoi, Antonow, Polikarpow und der Doyen der sowjetischen Luftwaffenkonstrukteure, A. N. Tupolew. Mit ihnen allen war Stalin bereits in den dreißiger Jahren in direktem Kontakt.

Während um sie herum die großen Säuberungen der dreißiger Jahre ihre Opfer forderten, konzentrierten sich die Experten der Rüstung auf theoretische Probleme und technische Fragen. Es galt, den ehrgeizigen Anforderungen der Führung und gleichzeitig den technischen Standards der Rüstung anderer Nationen zu genügen.

Über dem Ganzen lag die ständige Anspannung, Disparates versöhnen, das heißt, vor dem Hintergrund einer unterentwickelten Wirtschaft überzüchtete Projekte durchführen zu müssen. Priorität genossen die Streitkräfte. Es ging dabei um die Konstruktion von Panzern und Panzerabwehrkanonen ebenso wie um die Weiterentwicklung von Artilleriegeschossen, um den Flugzeugbau und die Herstellung jeglicher Art von militärischem Gerät. Stalin war darauf bedacht, den Konstrukteuren denkbar günstigste Arbeitsbedingungen einzuräumen. Unter den gegebenen Umständen des überhasteten Aufbaus der Industrie konnten diese nach westlichen Maßstäben zwar nicht immer ideal sein, in Relation zur sowjetischen Umwelt aber waren sie von exorbitanter Güte.

Stalins Engagement für die militärische Absicherung der Sowjetmacht durch Rüstung war ebenso groß wie für die innenpolitische Stabilisierung seiner Herrschaft durch Schrecken. Um beides auf einen Nenner zu bringen, griff er zu makabren Kombinationen. So wurden Gelehrten-GULags eingerichtet, *scharaschki*, Gefängnisinstitute für Forschung. Die bei Junkers in Deutschland geschulten Ingenieure Tupolew und Petljakow arbeiteten jahrelang unter diesen Umständen. Ihr Überleben hing am seidenen Faden ihrer Erfindungsgabe. Tomaschewitsch, der das Pech hatte, daß mit einem seiner Prototypen der berühmte Testpilot Tschkalow ums Leben kam – dieser war wie Lindbergh in Amerika ob seines Transatlantikflugs in der Sowjetunion als Polarflieger umjubelt –, landete sofort im Gefängnis. Auch Suchoi, dessen Überschalljäger beim Probeflug unter Schallgeschwindigkeit blieb, kam prompt in Gewahrsam. Ganze Hangars innerhalb von Flugzeugfabriken wurden mit allem Zubehör in Gefängnisse umgebaut und komplette Gefängnisanstalten mit Labors ausgerüstet. Hunderte von Konstrukteuren der Luftwaffe arbeiteten darin. Nicht anders erging es einer Reihe von Konstrukteuren im Bereich der Geschütz- und Geschoßentwicklung. Als sie aus den Gefängnissen entlassen wurden, Würdigung genossen und Orden empfingen, mußten sie ihre Lebensläufe so umschreiben, daß diese Schreckensperioden vertuscht blieben. Solschenizyns Roman *Der erste Kreis der Hölle* hat das Thema der *scharaschki* aufgenommen. Lew Kopelew hat es in *Tröste meine Trauer* dokumentarisch und biographisch abgehandelt.

Doch zurück zur Aerodynamik, die sich für Jakowlew so entscheidend auswirkte. Es war Mstislaw Keldysch (1911-1978), der als Mathematiker hinter diesem Fach stand und 1938 ein bahnbrechendes Werk über die Vibration von Tragflügeln geschrieben hatte. Solange es dabei nur um mathematische Theorien ging, hatte Stalin dafür keinen Blick. Weder er noch seine Genossen im Politbüro oder im Zentralkomitee der Partei verstanden auch nur das geringste davon. Jakowlew demonstrierte ihm die praktische Bedeutung dieser Mathematik. 1942 erhielt Keldysch erstmals den Stalin-Preis, 1946 zum zweiten Mal für weitere Arbeiten, die rüstungstechnisch wichtig waren. Später, von 1961 bis 1975, war Keldysch Präsident der Akademie der Wissenschaften.

Anders als bei der neuen Wissenschaft der Kybernetik, die für die sowjetische Planung von ausschlaggebender Bedeutung hätte werden können und deren Fehleinschätzung durch Stalin den rechtzeitigen Aufbruch der Sowjetunion in das Zeitalter der modernen Datenverarbeitung verhinderte, war Stalin angesichts der praktischen Anwendungsmöglichkeiten der Strömungslehre sofort von ihr überzeugt und förderte sie. So gehörte Keldysch wie die Chefkonstrukteure zu denen, die in der Sowjetunion ungestört ihrer wissenschaftlichen Arbeit nachgehen durften und auf diese Weise ihre persönlichen Fähigkeiten auszuschöpfen vermochten. Zur Beurteilung geistiger Fähigkeiten benutzte Stalin nur ein einziges Kriterium: *Praxisbezug*. So eindeutig dieses Kriterium freilich klingen mag, so irreführend wirkte es sich aus.

Praxisbezug im Sinn der Errichtung des Neuen und der Vernichtung des Alten galt auf allen Gebieten. Das Problem, das damit verbunden ist, erfaßt man erst, wenn man sich die gleitenden Übergänge vor Augen hält, die von wahren zu falschen Einschätzungen führen. Es gibt Erkenntnisbereiche, in denen auch Laien meinen mitreden zu können. Aus der Kirchengeschichte ist die Parteinahme von Gläubigen für Häretiker bekannt. Sie führt zur Sektenbildung. Die massenhafte Zuneigung theologischer Laien zu Andersdenkenden kann geschichtswirksame Tatbestände stiften. Um die Zuneigung von Herrschern zu Querdenkern ist es nicht anders bestellt. Treffen wissenschaftliche Theorien, die objektiv falsch sind, den subjektiven Geschmack von Herrschern, dann können sie auf eine vermaledeite Weise bestimmend wirken. Das war in der Sowjetunion wiederholt der Fall. Solche Wahrheitsverschiebungen können sogar von einem Fach auf ein anderes überspringen, und anfänglich harmlos und nebensächlich erscheinende Verfälschungen vermögen ein katastrophales Ausmaß anzunehmen. Die Parteioberen der Sowjetunion wurden im Lauf der Zeit Meister und damit auch Opfer derart katastrophaler Entwicklungen.

Die Parteispitze mußte bei dergleichen Diskussionen, wenn diese ihren geistigen Horizont allzuweit überschritten, vor eigenen Festlegungen wohl oder übel entweder auf Fachleute hören oder sich deren Vermittlung bedienen. Jakowlew ist ein Beispiel dafür, daß es gut ausgehen kann. Aber es konnte auch anders kommen. Geriet die Führung an die falschen Mittelsmänner oder agierte sie auf Grund bloßen Verdachts ihrer Sicherheitsorgane, so konnte das verhängnisvolle Konsequenzen haben. Leonid Kurchjewski, der Konstrukteur der rückstoßfreien Artilleriegeschosse, ein Pionier der Artillerie-Raketentechnik, und Sergej P. Koroljow, der Vater der sowjetischen Weltraumraketentechnik, landeten im GULag, weil sie zuvor von Marschall Tuchatschewski gefördert worden waren; diesen aber ließ Stalin wegen angeblicher Zusammenarbeit mit dem deutschen Geheimdienst hinrichten.[6] In diesem Fall waren die Mittelsmänner doppelt mit Blindheit geschlagen. Zum einen waren die sowjetischen Sicherheitsdienste auf eine intrigante, mit gefälschtem Material herbeigeführte Denunziation hereingefallen, mit der man von deutscher Seite aus Tuchatschewski der Verfolgung durch das NKWD auslieferte. Zum anderen malträtierten sie unschuldige und überdies höchst verdienstvolle Wissenschaftler. Weder NKWD noch Spezialisten – siehe das Beispiel der Agrarbiologie – boten der Führung eine verläßliche Garantie dafür, auf dem rechten Weg zu sein.

Gegentendenzen zur politischen Pragmatisierung der Wissenschaft hat es durchaus gegeben. Der Physiker Jakow Frenkel ging 1931 gar so weit, klipp und klar zu konstatieren, weder Engels noch Lenin seien für die Physiker eine Autorität und es gebe, Klassenkampf hin oder her, keine proletarische Mathematik oder proletarische Physik. Obwohl kühn und gewagt, überlebte er. Je mehr sich die Vertreter der exakten Wissenschaften den ideologischen Voreingenommenheiten des politischen Systems ausgesetzt fanden, desto mehr versuchten sie, Freiräume für die Wahrung strikt akademischer Kriterien in Forschung und Lehre zu retten. Die Studienansprüche waren dementsprechend hoch. Fächer wie Physik und Mathematik, aber auch Disziplinen der Chemie und praktischen Medizin, die ideologisch nicht so leicht zu penetrieren waren wie Biologie, hielten die Anforderungen auf hohem Niveau und verlangten von den Studierenden beachtliche Anstrengungen. Eine Promotion bedeutete beispielsweise in der Sowjetunion soviel wie eine Habilitation in Deutschland, das heißt, den Befähigungsnachweis zur Lehre an der Universität. Wer sich vollauf der Wissenschaft widmete und seine Bedeutsamkeit dadurch unterstreichen konnte, daß seine Arbeiten im Ausland Beachtung fanden, stieg in der sowjetischen Wissenschaftshierarchie auf und traf auch bei den Parteigremien auf mehr Duldsamkeit.

Die Krönung der wissenschaftlichen Laufbahn stellte eine Mitgliedschaft in der Akademie der Wissenschaften dar. Die Angehörigen der mehr als hundert Institute der Akademie der Wissenschaften galten als die hochrangigste Verkörperung der sowjetischen Intelligenzija. Im Parteiestablishment verwandelte sich die Duldsamkeit ihnen gegenüber aber erst von dem Moment an in einen gewissen Respekt, in dem die Wissenschaft praktisch wurde, das hieß in aller Regel, daß sie zur wirtschaftlichen, insbesondere zur rüstungswirtschaftlichen Verwertung oder zur ideologischen Gängelung der Massen taugte. Eignung dieser Art kam durch die Berufung von Wissenschaftlern in staatliche Kommissionen zum Ausdruck.

In Sachen Aerodynamik erfuhr Stalin von Jakowlew, daß es damit Positives auf sich habe. Der Beweis war durch die erfolgreiche Konstruktion erbracht. Die im Hintergrund stehende Mathematik von Keldysch hatte also praktische Relevanz. Ohne den Beleg des praktischen Nutzens seiner Mathematik wäre man ihm mit Mißtrauen, allenfalls mit Gleichgültigkeit begegnet. Mißtrauen anderen gegenüber war ohnehin Stalins Grundeinstellung. Dasselbe galt für seine engsten Mitarbeiter, die ihn im zentralen Führungsgremium umgaben. Sie mißtrauten einander ebenso, wie ihr Herr und Meister ihnen mißtraute.

## Zwischen Urteil und Vorurteil

Welche Unsicherheit bei der Beurteilung von Wissenschaft und Technik letztlich bestehen blieb, erfährt man aus Jakowlews Memoiren. Ihm gegenüber, den er wie einen Ziehsohn behandelte, reflektierte Stalin eines Tages über die Problematik, das praktisch Relevante zu erkennen:

»Ein Konstrukteur«, sagte Stalin, »ist an kreativer Arbeit engagiert. Was ein Konstrukteur oder Wissenschaftler hervorbringt, kann sich als gut oder schlecht herausstellen, genauso wie das Gemälde eines Malers oder das Buch eines Autors gut oder schlecht sein kann. Der einzige Unterschied ist, daß man das Talent des Malers oder des Dichters sofort an Hand des Bildes oder der Verse beurteilen kann. Ein Blick auf ein bizarres Gemälde genügt, um daraus zu schließen, daß der Maler einen Knacks im Hirn hat. Mit einem Konstrukteur ist das nicht so einfach: Sein Projekt kann auf dem Papier höchst interessant aussehen, aber ob es sich als gut oder schlecht erweist, bemerkt man erst beträchtlich später, nachdem eine ganze Mannschaft alle ihre Kräfte dazu beigesteuert hat und beachtliche Summen investiert worden sind. Und ein Konstrukteur hat nicht immer Erfolg. Die meisten Konstrukteure sind viel zu enthusiastisch, zu selbstsicher darüber, daß sie und nur sie allein recht haben; ihre überzüchtete Eitelkeit und das charakteristische Mißtrauen von kreativ Schaffenden bringt sie dazu, ihre Fehler den Vorurteilen gegenüber ihnen und ihren Erfindungen zuzuschreiben.«[7]

Es ist durchaus aufschlußreich, diese Äußerung Stalins etwas näher zu betrachten. Stalin sieht sich bei technischen Projekten einem Risiko ausgesetzt, das ihn bedenklich stimmt. *Man muß abwarten*, wie es sich in Wirklichkeit mit den Dingen verhält, die sich auf dem Papier gut ausnehmen! In dieser harmlos anmutenden Äußerung begegnet uns der Übermensch in seinen Schranken. Auch Stalin kommt bei der Beurteilung des technischen Projekts nicht über das hinaus, was der erste Blick ihm nahelegt. Verständlich, wie sollte er das als Laie auch anders können? Bei der Beurteilung eines Kunstwerks verrät Stalin dagegen eine bemerkenswerte Kombination von Selbstsicherheit und Borniertheit:

»Ein Blick... genügt«, um eine künstlerische Leistung einzuschätzen. Ein Blick reicht für ihn aus, um zu wissen, ob ein Maler im Kopf nicht ganz richtig ist. Woher weiß er das? In der Tat hat sich Stalin gegenüber künstlerischen Produktionen stets in dieser spontanen Weise verhalten. Das wagt nur ein Kunstsachverständiger oder ein Kunstbanause. Stalin war ein vollendeter Kunstbanause. Beim Hören von Musik kam es ihm nicht in den Sinn, zu erwägen oder auch nur zu fragen, welche Kompositionsprinzipien beispielsweise hinter einem Werk von Schostakowitsch stehen; er hörte Ungewohntes – und verbot weitere Aufführungen. Einmal kurz Hinhören genügte ihm; und er ließ eine Kampagne gegen den Volksfeind Schostakowitsch ins Laufen bringen, weil dieser ihm nicht volkstümlich genug komponierte. Wie kam Stalin auf diesem Feld zu seinem Vorurteil? Schlug hier eine familiäre Prägung und Sozialisation durch? Sind dem Georgier Stalin vielleicht Lieder seiner Heimat, liturgische Litaneien, die seine Schulzeit begleiteten, zum Maßstab musikalischen Geschmacks geworden? Ohne Sinn für geschmackliche Weiterentwicklung geriert sich der Banause als Kunstlehrer. Ein Blick genügt! Stalins Präferenzen wurden für die Sowjetunion eine ästhetische Katastrophe in Permanenz. Darauf ging die Bevorzugung des »Zuckerbäckerstils« in der Architektur, die kitschige Verzierung der Moskauer Metro, die Muskelprotzenskulptur, die Betonung der heroischen Gebärde und der höfischen Anordnung von Personen in der Malerei, kurzum der gesamte sogenannte sozialistische Realismus in der Kunst aller Sparten zurück.

Theoretisch neue wissenschaftliche Einsichten blieben Stalin so fremd wie künstlerische Neuerungen, ja, sie waren ihm von Grund auf verdächtig. In der Musik wollte er statt neuer Kompositionen Volkstümliches hören. In der Biologie unterstützte er statt abstrakter Genetik die Rübenzüchter. Statt die Atomforschung, für die es in Moskau, Leningrad und Charkow bereits weltberühmte Vertreter gab, nach den ersten ernsten Hinweisen auf die möglichen Folgen der Kernspaltung zu forcieren und auszuweiten, schnitt man in der Sowjetunion den russischen Gelehrten die Auslandskontakte ab und verbot ihnen den Bezug wissenschaftlicher Zeitschriften aus dem Westen.

Lediglich dann, wenn wissenschaftliche Neuerungen bereits ins Technische, in Konstruktionspläne und Zeichnungen und schließlich in Ingenieurprojekte zu überführen waren, zogen sie die Aufmerksamkeit Stalins und seiner Mannschaft auf sich und begannen plausibel zu werden. Aber selbst dann erschienen ihm die Konstrukteure wegen der maßlosen Eitelkeit, die er unterstellte, noch immer als unzuverlässige Subjekte, mit denen man sich wohl oder übel mit viel Geduld bis zum Schluß abzugeben hatte. Und der Schluß war entweder der Erfolg eines Projekts oder das Ende eines Konstrukteurs.

Das sowjetische Vorgehen in Sachen Industrialisierung kam aus seiner strukturellen Antiquiertheit nicht heraus. Die wichtigsten industriellen Vorhaben der Sowjetunion orientierten sich am Stand und Fortgang der westlichen Entwicklung. Die technischen Errungenschaften des Sozialismus waren Nachbauten der kapitalistischen Wirtschaft. Sie beruhten aber nicht auf dem Wettbewerb um Gewinne und Verdienstchancen, sondern erfolgten auf Kommando. Mit ihrer Kommandogewalt nahm die zentrale Führung natürlich das Risiko auf sich, der gesellschaftlichen Entwicklung eine falsche Richtung zu geben. Um dieses Risiko möglichst gering zu halten, beschränkte sie ihr Vorgehen daher auf Entwicklungspfade, die im Westen bereits begangen waren, auf Projekte, die dort bereits ihre Bewährungsprobe bestanden hatten. Wo Wissenschaftler der Sowjetunion in der Lage gewesen wären, selbst neue Wege zu weisen, in der Atomforschung, der Genetik und Kybernetik, wußte die Führung nicht angemessen zu urteilen, sondern fiel falschen Vorspiegelungen, opportunistischen Vorschlägen und auch Scharlatanerien zum Opfer.

Worauf aber beruhte die technische Entwicklung des Westens? Sie ging in aller Regel auf eine den Anwendungen weit vorauseilende *zweckfreie Forschung* zurück. Die Technikgläubigkeit des 19. Jahrhunderts bestärkte den Glauben an den Wert von Wissenschaft an sich. In den westlichen Industrienationen wurde viel Geld für Erkenntnisse um der puren Erkenntnis willen ausgegeben. Man sprach von Wissenschaft im Sinn von Wahrheitssuche als einem Wert an sich. Sobald die Grundlagenforschung freilich Anwendungsmöglichkeiten erkennen ließ, traten Interessenten auf den Plan und überführten die zweckfreie Forschung in eine zweckbezogene. Diese wurde nun nicht mehr im Sinn der vertieften Erkenntnis, sondern mit Blick auf Vermarktung und Gelderwerb betrieben.

Eine dergestalt langwierige, breit aufgefächerte, industrielle Entwicklung mit einer geradezu luxuriös anmutenden Wissenschaftskultur im Hintergrund konnte und wollte sich die Führungsmannschaft der Sowjetunion nicht leisten. Sie konnte es nicht, weil sie dafür im eigenen Land weder über die Mittel noch über die personellen Ressourcen verfügte. Sie wollte es nicht, weil sie nicht genügend Zeit zu haben meinte. Es sollte alles in kürzerer Zeit bewältigt werden. Die Sowjets stiegen daher in die Entwicklung immer an Stellen ein, an denen die Anwendung, der Praxisbezug, schon zutage lag. Das war kostengünstiger und schneller. Eine Eisen- und Stahlindustrie, Chemieindustrie und Elektrizitätswirtschaft nach westlichem Muster aufzuziehen, schien so unumgänglich wie risikolos. Ausländische Patente zu nutzen oder, besser noch, Produkte aufzukaufen und nachzubauen, erwies sich als billige Entwicklungsstrategie.

Die sowjetische Entwicklungspolitik wies niemals Alternativen auf, denn solche hätte man nur aus eigener Grundlagenforschung heraus erkennen können. Nichts ist also verständlicher als Stalins Bemühen, zunächst einmal nachholende Entwicklung zu betreiben. Konstrukteure, die etwas bereits Konstruiertes adaptierten und es auf Grund der dabei gewonnenen Erfahrungen nach einiger Zeit auch aus eigener Kraft weiterzuentwickeln vermochten, mußten daher zu Günstlingen Stalins werden.

Wir müssen hier zur Charakterisierung Stalins und des von ihm eingeschlagenen Entwicklungspfads einen Terminus einführen, der zunächst in sich widersprüchlich klingen mag, dennoch die Sache trifft: Der sowjetische Entwicklungsweg ist der eines handwerklichen Nachbaus der Industrie. Wie sich ein Geselle durch Nachahmung in die Kunst seines Meisters einübt, übte sich die Sowjetunion in die Kunst des Westens ein, Industrien auf die Beine zu stellen. Der Meister, der Westen, hatte es vorgemacht, der Geselle, die Sowjetunion, machte es nach. War man im Westen in der Nachahmung des englischen Vorbilds nicht in gleicher Weise vorgegangen?

## Dramatische Fehleinschätzungen: Deutscher Überfall und amerikanische Atombombe

Die schmähliche Niederlage der Sowjetarmee zu Beginn der deutschen Offensive bewirkte nicht den Zusammenbruch des Sowjetsystems. Hitlers Erwartung, auf räumlich riesigem Kriegsschauplatz die Blitzkriegserfolge im Westen wiederholen zu können, erfüllte sich nicht. Die sowjetischen Truppen stoppten die deutschen Armeen vor Moskau. Daß der Wintereinbruch dieses verschuldet habe, war ein schlechtes Argument der deutschen propagandistischen Selbstbeschwichtigung. Winter ist kein überraschendes, sondern ein jahreszeitlich recht gut vorhersehbares Phänomen – zumal in Rußland. Das Ziel, die Sowjetunion zu zerschlagen, wurde jedenfalls nicht erreicht. Den ursprünglichen deutschen Plänen gemäß konnte der Feldzug als mißlungen gelten. Das Steckenbleiben der Deutschen und das Zutrauen, das die sowjetische Bevölkerung in der Stunde der Not trotz des vorangegangenen Terrors zu ihrer Führung faßte, stärkte vielmehr einen unbändigen Widerstandswillen. Daß Stalin persönlich in Moskau blieb, wurde vielen Sowjetbürgern zu einem Signal des Siegeswillens und zum Ansporn, die bedrohliche Situation zum Besseren zu wenden. Und es gelang. Diese Tatsache ermöglichte es Stalin, zu seinen Lebzeiten jegliche Diskussion über die Gründe für den Zusammenbruch der Front zu Beginn des Krieges zu unterbinden.

»Lenin hat uns einen Staat hinterlassen, und wir haben ihn verspielt«, sei die Äußerung gewesen, mit der Stalin seine, gegen alle wohlbegründeten Meldungen der Nachrichtendienste und Warnungen der Westmächte aufrechterhaltene Meinung, Hitler werde nicht angreifen, als falsch quittierte. »Lenin hat uns einen Staat hinterlassen, und wir haben darauf geschissen«, heißt die mildere von zwei weiteren Versionen, die darüber kursieren. Dann aber geschah das Faszinierende: Als in Moskau das Donnern der Geschütze an der Front zu hören war und das Mündungsfeuer den Horizont markierte, an dem der Feind stand, als der Ansturm der deutschen Armeen abgeblockt wurde und die Eroberung der sowjetischen Hauptstadt abgewehrt war, da hatte sich bereits schier Unbegreifliches abgespielt. Unter Bombenangriffen und Hunger und unter den gleichen widrigen Umständen – verschlammten Straßen, verstopften Bahnlinien, Kälte und Schnee –, unter denen die Deutschen litten, brachten elf Millionen Arbeiter der Rüstungsfabriken in übermenschlicher Anstrengung den Transport der Maschinen, Werkzeuge, Materialien von mehr als 1300 der größten Industriebetriebe der Sowjetunion in Richtung Sibirien zuwege. Die Deutschen hatten nahezu die Hälfte der Bevölkerung und das Territorium von 60 Prozent des industriellen Potentials der Sowjets überrannt. Für die Sowjetunion hing alles davon ab, im Osten wieder die Produktion von Panzern, Artillerie, Flugzeugen, Infanteriewaffen und Munition aufnehmen zu können. Nach dem chaotischen Aufbruch dauerte es nicht länger als drei Wochen, bis beispielsweise Jakowlews Werk am neuen Ort wieder produzierte, drei Monate später war der frühere Ausstoß erreicht, elf

Monate später verließen siebeneinhalb Mal mehr Flugzeuge die Fabrik als zuvor.[8]

Die 1942 gestartete sowjetische Frühjahrsoffensive war zwar nicht sonderlich erfolgreich, aber auch die Deutschen verfehlten ihr Ziel. Die deutsche Sommeroffensive erreichte im Osten Stalingrad und im Süden das Schwarze Meer, jedoch die eigentliche strategische Aufgabe, nämlich die begehrten Ölfelder um Baku am Kaspischen Meer einzunehmen, wurde nicht erfüllt. Stalins Befehl 227: »Keinen Schritt mehr zurück!« war Ende Juli 1942 wie ein Aufschrei, der die heikelste Situation des Kriegsgeschehens markierte. Danach bauten die Sowjets aus dem Osten heraus die Kräfte auf, mit denen sie im Februar 1943 die Wende bei Stalingrad herbeiführten, um dann, Schlacht um Schlacht sich vorankämpfend, 1945 Berlin einzunehmen.

Jakowlew war nach kurzer Zeit, die er in Sibirien zur Organisation des Flugzeugbaus verbracht hatte, wieder nach Moskau zurückbeordert worden. Im verschneiten und halb umzingelten Moskau mußte er bei Stalin antreten. Nach seiner Schilderung fand er Stalin in Moskaus bedrohlichster Stunde, ruhig in seinem Zimmer auf und ab wandernd. Ein Band Gorki lag – offen, Seiten nach unten – auf dem Stuhl vor dem etwas verkrumpelten Sofa, auf dem Stalin augenscheinlich kurz zuvor noch geruht hatte. Und während Stalin die Pfeife bedächtig mit dem Herzegowina-Blüten-Tabak aus der schwarz-grünen Zigarettendose füllte, übermannte Jakowlew der Eindruck, von Stalin gehe eine ungeheure Willens- und Führungskraft aus. Jakowlews besorgte Frage, ob man Moskau werde halten können, erhielt die Antwort: »Das ist im Augenblick nicht die Hauptsache, möchte ich sagen. Die Hauptsache ist, so schnell wie möglich die Reserven aufzubauen. Wir werden uns mit denen eine Weile länger herumzuraufen haben; und dann gehen wir daran, sie zurückzuschlagen.«[9]

Was immer man Stalin an Versäumnissen in bezug auf die Kriegsvorbereitung vorzuwerfen hat – die Militäranalytiker verfügen darin über eine lange Liste –, im Blick auf den weiteren Fortgang des Krieges hat er recht behalten. Die verhängnisvolle Fehldeutung aller Meldungen über die deutschen Angriffsvorbereitungen, die überhebliche Zurückweisung der gerechtfertigten Warnungen, die ihm übermittelt worden waren, hat er nur ein einziges Mal als seinen Fehler eingestanden. Später war davon nicht mehr die Rede;

im Gegenteil, die Fehler zu Kriegsbeginn wurden so umgedeutet, daß sie in dem Licht glänzten, eine besonders hintergründig überlistende Strategie gewesen zu sein. Nach der Wende bei Stalingrad hat das fast zweieinhalb Jahre beanspruchende Vordringen der sowjetischen Armeen bis Berlin alle Aufmerksamkeit Stalins absorbiert. Es mag daran und zugleich auch an seinem mangelnden Sinn für theoretische Zusammenhänge gelegen haben, daß er dabei ein zweites Mal die Zeichen der Zeit falsch deutete. Weder er noch seine hochrangigen Genossen waren in der Lage, die Signale aufzunehmen, die aus der Atomforschung kamen. Zum eigenständigen Verständnis fehlte es ihnen an entsprechender Vorbildung. Den wirklichen Experten wollten die Männer der obersten Parteiriege aber nicht trauen.

Die zweite dramatische Fehleinschätzung reifte im Hintergrund langsam heran und wurde Stalin blitzartig bewußt, als nach dem Abwurf der Atombomben auf Hiroschima und Nagasaki die Japaner sofort die Waffen streckten. Ein neues Kapitel der Weltgeschichte war aufgeschlagen worden. Stalin hatte nicht bemerkt, wie es vorab geschrieben worden war und hätte es doch durchaus wissen können: Die sowjetische Auslandsspionage sammelte während des Krieges alle Nachrichten über die westliche Atomforschung, aber die politische Führung, die sie erhielt, voran Berija, wußte sie nicht zu deuten. Die sowjetischen Physiker hingegen, die auf Grund von weit weniger Informationsmaterial mit richtigen Auslegungen aufwarteten, fanden bei der Führung kein Gehör. Daß Stalin nur dann ein Meister im Ausreizen von sachlichen Möglichkeiten und menschlichen Fähigkeiten war, wenn es um die *Fortentwicklung* bereits vorhandener Techniken ging, während die Einschätzung von *Neuentwicklungen* nicht sein Metier war, erwies sich hinsichtlich der Atombombe als ein Manko mit überaus tragischen Folgen für die Sowjetunion.

Sowjetische Physiker hatten seit Sommer 1940 wiederholt versucht, die politische Führung auf die eventuellen praktischen Konsequenzen der Entdeckung der Kernspaltung durch Otto Hahn und Fritz Strassmann vom Dezember 1938 aufmerksam zu machen. Denn durch die Kernspaltung wurden explosionsartig ungeheure Mengen an Energie freigesetzt, und eine eventuelle militärische Nutzung dieser Entdeckung konnte man sich durchaus vorstellen. In der Sowjetunion hatte die Entdeckung genausowie im

Westen ein fulminantes Echo in den einschlägigen Fachkreisen ausgelöst. Die sowjetischen Physiker erfuhren die Tatbestände freilich erst mit der Verspätung, mit der die westlichen Zeitschriften umständlich bei ihnen eintrafen.

Die beiden Chemiker Hahn und Strassmann orientierten im Dezember 1938 die Physikerin Lise Meitner, die als Jüdin kurz zuvor Deutschland in Richtung Skandinavien verlassen hatte, über ihre Entdeckung, da sie sich von ihr eine physikalische Erklärung des Phänomens versprachen. Lise Meitner fand nicht nur eine Erklärung, sondern informierte in Kopenhagen zur Jahreswende 1938/39 auch Niels Bohr davon. Bohr stand vor der Abreise nach den USA und sprach dort Mitte Januar mit Enrico Fermi sowie Ende Januar auf einer Konferenz in Washington über diese Entdeckung. Bis zum Jahresende 1939 erschienen mehr als hundert Publikationen über das Thema. Der Gedanke an eine nicht nur einmalige Kernspaltung, sondern an eine fortlaufend verkettete Energiefreisetzung lag nahe und entzündete die Phantasie der Physiker. Denn auf Grund einer Kettenreaktion eröffnete sich die Aussicht, eine unerschöpfliche Energiequelle zu erschließen – möglicherweise aber auch eine Atombombe zu bauen.

Im April 1939 publizierte der Franzose Joliot in der Zeitschrift *Nature* einen Artikel, der bereits Kalkulationen enthielt, wie man eine Kettenreaktion herbeiführen könne. Ebenfalls im April machten in Deutschland einige Physiker ihre Regierung auf die möglichen Konsequenzen aufmerksam, mit dem Resultat, daß im September 1939, also kurz nach Kriegsbeginn, im Kaiser-Wilhelm-Institut entsprechende Forschungen in Gang gesetzt wurden, deren Ergebnisse aber nicht mehr veröffentlicht werden durften. Anfang August warnte – angeregt von dem Atomphysiker Szilard – in den USA Albert Einstein den Präsidenten in einem Schreiben vor der Gefahr, daß die Deutschen eine Superbombe entwickeln könnten. Und ebenfalls auf Szilards Drängen hin stellte man das Publizieren von weiteren Forschungsergebnissen weitgehend ein. Großbritannien war sodann auf Grund eines Memorandums von Wissenschaftlern aus Birmingham das erste Land, das eine Regierungskommission einsetzte, um die Möglichkeiten der Herstellung einer Atombombe zu studieren. Es handelte sich um das Maud-Komitee, das im Juli 1941 seinen Bericht vorlegte. Dieser Bericht wurde die Grundlage für das amerikanische Manhattan-Projekt, das zum Bau der Bomben führte, die den Krieg gegen Japan beenden sollten. In diesem Zusammenhang wurde der Atomspion Klaus Fuchs bedeutsam, ein nach England emigrierter deutscher Physiker, der nicht nur diesen Bericht kannte, sondern auch zu der britischen Delegation gehörte, die am Bau der Bombe teilnahm. Von den Sowjets als Agent geworben, lieferte er die Skizzen, die den viel zu spät zum Zuge kommenden Atomforschern der Sowjetunion bestätigten, daß sie sich mit ihren Bemühungen auf den richtigen Weg begeben hatten.

In der Sowjetunion hatten sich die Physiker sofort für das Problem der Kettenreaktion interessiert. Wenngleich sie nicht den Eindruck hatten, daß der Sprung von der Grundlagenforschung in die Anwendung eine Sache der nächsten Zukunft sei, baten sie dennoch bereits im Juli 1940 Bulganin, der die chemische und metallurgische Industrie beaufsichtigte, um Hilfestellung für Forschungen, damit der Anschluß gegenüber dem Westen nicht verlorengehe. Da für experimentelle Untersuchungen spaltbares Material benötigt wurde, übergab Bulganin die Angelegenheit der Akademie der Wissenschaften, die sich um entsprechende geologische Erkundungen kümmern sollte. Von da ab liefen die Bemühungen in umständlicher Weise weiter. Stalin – wir betonten das bereits – hielt nicht viel von der Angelegenheit, die alle Welt in Aufregung versetzte, und Beeilung deshalb nicht für geboten.

Der Skepsis gegenüber den Physikern geht eine lange Geschichte voraus. Die meisten Gelehrten kamen aus den bürgerlichen Kreisen des vorrevolutionären Rußland, entstammten angesehenen Familien, waren zu nicht geringer Zahl Juden. Die Bolschewiki hielten es für gänzlich unwahrscheinlich, daß ihre Politik deren Unterstützung finden könnte. Daß Wissenschaftler auf Informationsaustausch mit der internationalen Gemeinschaft ihrer Fachkollegen bedacht waren und in erster Linie Wert auf ihr Ansehen in diesen Fachkreisen legten, machte sie der Partei gegenüber suspekt. Und in der Tat zeigte eine Reihe von wissenschaftlichen Koryphäen, die in der Sowjetunion beheimatet waren, Experten von Rang und künftige Nobelpreisträger, keinerlei Interesse, etwa in die Partei einzutreten. Berühmtheiten wie die beiden Atomphysiker Kapiza und Markow, der Mathematiker Bogoljubow oder Sokolow, der Geophysiker, blieben ihr fern. Man warf den Wissenschaftlern vor, daß sie für ihre rein theoretischen Forschungen teure Institute in

Anspruch nahmen, ohne dabei für den Aufbau der Sowjetunion etwas Handfestes zu leisten. Und weil man von ihnen inzwischen auch schon gar nichts praktisch Bedeutsames mehr erwartete, war auch die Bereitschaft äußerst gering, ihre Hinweise auf die Konsequenzen der neuesten Entdeckungen der Atomphysik besonders ernst zu nehmen.

Höchst widerwillig beschäftigte sich Stalin 1942 mit Meldungen, wonach die Deutschen möglicherweise an einer Atombombe arbeiteten. Sollte man deshalb die Kernforschung in der Sowjetunion unterstützen? »Und wieviel wird uns das kosten?« fragte Stalin den zum Rapport angetretenen Chef für Angelegenheiten der Wissenschaft im Verteidigungsrat, Sergej Kaftanow. Der schätzte 20 Millionen Rubel für den Anfang. »Und was kriegen wir dafür?« gab Stalin zurück, beantwortete jedoch seine Frage sogleich selbst: »Wahrscheinlich gar nichts. Oder?« und schaute auf sein Gegenüber. Kaftanow meinte, es lohne, die Summe zu riskieren. Stalin glaubte an einen Bluff, während die Dinge in Wahrheit doch ganz anders lagen: In den USA war das Manhattan-Projekt, das den Gang der Weltgeschichte in andere Bahnen lenken sollte, bereits auf dem Weg. Mit einer Verspätung von drei Jahren begriff Stalin das dramatische Ausmaß seines Versäumnisses.[10]

Selbst als Berija 1942 in seiner Eigenschaft als Volkskommissar des NKWD, gleichzeitig Chef des Sicherheitsdienstes, bereits den Inhalt des geheimen britischen Maud-Berichts über die Möglichkeit zur Konstruktion der Bombe dank sowjetischer Spionage genau kannte, sprach Stalin noch von einem Propagandatrick. Die intensive Teilnahme sowjetischer Physiker an der Atomforschung hatte nie etwas für ihn bedeutet. In seiner Sicht handelte es sich um Forschungen ohne praktische Konsequenzen. Als der Krieg das Land verwüstete, mußten die Atomphysiker einen Platz in den Rüstungsbetrieben einnehmen. Kurtschatow – dessen spätere Arbeit der Sowjetunion den Rang der atomaren Supermacht einbrachte – entwickelte für den Schiffsbau entmagnetisierten Stahl, um Kriegsschiffe vor der Gefahr von Haftminen zu schützen. Chariton und Seldowitsch, die beiden herausragenden Atomwissenschaftler der Sowjetunion, beschäftigten sich mit Treibstoffen für die Katjuscha-Geschütze, die berühmte Stalinorgel – während der Konstrukteur, der diese überaus wirksamen Geschosse ursprünglich entwickelt hatte, im GULag einsaß und dort umkam.

Chariton und Seldowitsch waren zwar noch 1941 zu wichtigen theoretischen Einsichten über die kritische Masse gekommen, die eine Kettenreaktion auslösen könnte, aber es fehlte unter den Kriegsumständen an experimentellen Möglichkeiten zur Überprüfung. Flerow, ein experimentell orientierter Atomphysiker, der nach Kasan entsandt wurde, um Sturzkampfbomber zu entwickeln, sorgte sich so sehr um die Versäumnisse seines Landes in der Atomforschung, daß er schließlich im Frühjahr 1942 – von der Front bei Woronesch –, innerlich aufgebracht, einen alarmierenden persönlichen Brief an Stalin schrieb. Darin teilte er seine Besorgnis darüber mit, daß in den wissenschaftlichen Journalen des Westens keinerlei Publikationen über atomare Kettenreaktionen mehr gedruckt würden, was darauf hindeute, daß sie wegen waffentechnischer Konsequenzen geheimgehalten werden. Darüber hinaus wurde Stalin gemeldet, daß Deutsche im besetzten Gebiet nach radioaktiven Materialien fahndeten. Es dauerte bis 1943, ehe Stalin dem Drängen nachgab und die gezielt auf Waffenentwicklung ausgerichtete Kernforschung zuließ. Zu spät, wie sich zeigen sollte, seiner Überzeugung nach aber immer noch zu früh und zu aufwendig in Relation zu den übrigen Anforderungen des Kriegs. Für ihn handelte es sich um Bemühungen zur Herstellung eines besonders wirksamen Sprengstoffs. Außerdem: Von den Physikern, die für die Forschung in Frage kamen, war keiner Parteimitglied, viele von ihnen Juden – alles verdächtig. Kurtschatow trat 1943, als er das Management des Bombenforschungsprojekts übernahm, in die Partei ein, weitere führende Wissenschaftler erst in den fünfziger Jahren.

Stalins Einsicht kam 1945. Der Krieg war gewonnen. Die Nachkriegsordnung schien sich politisch Stalins Vorstellungen anzunähern. Truman wisperte Stalin am runden Tisch in Potsdam eine Information über die neue Waffe zu. Stalin dankte freundlich. Truman meinte, Stalin habe vielleicht nicht recht verstanden, worum es ginge. Stalin meinte, er brauche keine Neugier oder Überraschung an den Tag zu legen; er wußte ja, daß es sich um die Atombombe handelte; in der Sowjetunion waren die Konstrukteure inzwischen ebenfalls damit beschäftigt. Wozu die Aufregung? Die Weltveränderung, die von der Bombe ausgehen sollte, ahnte er nicht. Die Amerikaner, die sie zum Einsatz brachten, hatten eine andere Einstellung. Überdies waren sie sich dessen sicher, daß sie einen gewaltigen Vorsprung gegenüber ihrem sowjetischen Kriegsalliierten gewonnen hatten.

Vier Tage vor der Konferenz von Potsdam, am 13. Juli 1945, wandte sich die japanische Regierung mit dem Ersuchen an Moskau, den früheren Ministerpräsidenten, Prinz Konoye, zu empfangen, der ein Schreiben des Kaisers überbringen wolle, in welchem Hirohito um die Vermittlung Stalins für eine Beendigung des Kriegs mit den USA bitten würde. Stalin hatte kein Interesse an dieser Vermittlerrolle. Ihm lag nicht an einer Kapitulation der Japaner, bevor er mit seinen Truppen selbst auf diesem Kriegsschauplatz aufgetreten war. Denn seine Absprache mit den Alliierten lautete, daß die Sowjets spätestens drei Monate nach einem Ende des Kriegs in Europa ihrerseits Japan angreifen sollten. Japan durfte aus sowjetischer Sicht nicht vor dem Einheimsen einer fernöstlichen Kriegsbeute kapitulieren. Ende Juli beschied daher Molotow die japanische Bitte negativ. Am 6. August wurde Hiroshima ausgelöscht, drei Tage später Nagasaki. Japan kapitulierte. Zwischen den beiden Bombenabwürfen erklärte am 7. August die Sowjetunion den Japanern den Krieg. In höchster Eile und mit größter Mühe gelang noch vor dem Ende der Kapitulationsverhandlungen ein sowjetischer Vormarsch im Fernen Osten.

Ein technologischer Durchbruch hatte wie mit einem Federstrich nicht nur dem japanischen Kaiserreich, sondern dem Zeitalter herkömmlicher kriegerischer Auseinandersetzungen zwischen Weltreichen ein Ende gesetzt. Das Aufbieten aller Kräfte für den Sieg in Europa, die jahrelange ungeheure Anstrengung von sowjetischer Seite, erschien Stalin ob des rigoros vernichtenden atomaren Spektakels plötzlich wie verlorene Liebesmühe: Mit einer Atombombe auf Berlin wäre wahrscheinlich von einem Moment auf den anderen in gleicher Weise ein Sieg über die Deutschen zu erringen gewesen! Alexander Werth hat in seinem eindrucksvollen Werk *Russia at War, 1941-1945,* deutlich geschildert, wie deprimiert man in Moskau auf den Einsatz der Atombombe reagierte und wie gelähmt die Führung wirkte.[11]

Zu der Fehlkalkulation am Beginn des Kriegs kam nun die Fehleinschätzung am Ende hinzu. Seit 1941 hatte man Stalin über die militärischen Anwendungsmöglichkeiten der Kernspaltung informiert; er hatte nicht begriffen, worum es ging. Von einem Tag auf den anderen konnte es nun nicht mehr schnell genug gehen, um selbst in den Besitz einer solchen Waffe zu gelangen. Knapp drei Wochen nach Abwurf der Bomben, am 22. August 1945, unterrichtete der Militärische Geheimdienst, GRU, den sowjetischen Militärattaché in Ottawa, welche Unterlagen Stalin schnellstmöglich zu sehen wünschte: Dokumente über »den technischen Prozeß, Zeichnungen, Berechnungen.« Kurtschatow erhielt die Anweisung keinen Aufwand zu scheuen, vielmehr alle Mittel einzusetzen, um so schnell wie möglich ans Ziel zu gelangen, denn nun galt wieder die Devise »ob es sich als gut oder schlecht erweist, bemerkt man erst beträchtlich später, nachdem eine ganze Mannschaft mit allen Kräften dazu beigetragen hat und beachtliche Summen investiert worden sind«.

## Die Chefkonstrukteure des Ruhmes ...

Kurtschatow gab Stalin zu bedenken, ob nicht die Kosten einer nuklearen Rüstung angesichts der Mittel, die der Wiederaufbau des zerstörten Landes erfordere, zu hoch seien. Stalin schlug nicht nur solche Bedenken in den Wind, sondern gab nachträglich auch noch den Physikern die Schuld an den sowjetischen Versäumnissen: »Wenn ein Kind nicht schreit, weiß die Mutter nicht, was es will. Verlangen Sie, was immer Sie wollen. Es wird Ihnen nichts abgeschlagen!«[12] Von diesem Moment an nahm der plötzliche und viel gerühmte Aufstieg der Sowjetunion zu einer nuklearen Supermacht und damit aber auch der langsame und stetige Abstieg bis zum endgültigen Ruin der Sowjetmacht unaufhaltsam seinen Lauf. Die Sowjetführer wichen nach Stalins Tod nicht mehr von dem eingeschlagenen Weg ab; und die Chefkonstrukteure sorgten dafür, daß sie Kurs hielten.

Wie wir heute wissen, hatte der vom sowjetischen Geheimdienst angeworbene John Cairncross – der lange Zeit von den Briten nicht erkannte fünfte Mann der *Cambridger Fünf* – den Maud-Bericht bereits neun Tage nach Abfassung 1941 an Moskau übermittelt. Nach dem deutschen Überfall auf die Sowjetunion entschloß sich der in Deutschland geborene und 1933 nach Großbritannien ausgewanderte Physiker Klaus Fuchs Ende 1941, die Sowjets über alles zu informieren, was er durch seine Beteiligung an der britischen Atomforschung in Erfahrung bringen konnte. Da er 1943 mit der britischen Mission zum Manhattan-Projekt in die USA entsandt wurde, avancierte er zum Top-Spion der Sowjets in den Vereinigten Staaten und lieferte von dort aus die detaillierten Skizzen für die Konstruktion der Bombe. Klaus Fuchs hat seinen sowjetischen Partnern zwar weniger zu neuen Einsichten verholfen, als man anfänglich meinte, durch ihn kam es aber zur Bestätigung von wichtigen Erkenntnissen, die sie inzwischen auch gewonnen hatten. Das hat den Sowjets viele umständliche Überprüfungen erspart und ihnen einen Zeitgewinn von schätzungsweise einem Jahr beschert. Flerows erster Entwurf für den Zündmechanismus einer kritischen Masse war im Prinzip bereits richtig; und dieser äußerst wichtige Tatbestand wurde durch die Unterlagen von Fuchs bestätigt.

Berija verfügte auf Grund der sowjetischen Spionage damals bereits über ein ganzes Archiv von Informationen, das die Erkenntnisse der sowjetischen Wissenschaftler vorwegnahm. Die Logik der Forschung hatte sie zwar auf eine Spur gebracht, aber sie wußten nicht, ob es tatsächlich dieselbe Spur war, auf der man sich auch im Westen vorwärtsbewegte. Berija hätte ihnen die Bestätigung dafür leicht liefern können, aber von Berija erfuhren sie nichts; er hielt sie im Sinn von Stalins Verdikt, daß es sich nur um Propaganda handle, zurück. Erst im März 1943 ließ Berija durch Molotow, dem er das Material anvertraute, Kurtschatow Einsicht nehmen. Eingesperrt in Molotows Arbeitszimmer durfte es Kurtschatow drei Tage lang studieren. Daß die Sowjets anschließend weit schneller vorankamen, als die Amerikaner vermuteten, die sich im Besitz eines Monopols wähnten, lag an Hinweisen, die aus den bei Berija gestapelten Unterlagen hervorgingen. Statt diverse alternative Methoden – der ganz essentiellen Isotopentrennung beispielsweise – mühsam ausprobieren zu müssen, konnten sie nun unter Vermeidung von Umwegen schneller voranschreiten. Wieder lernten die Sowjets aus der Anwendungsforschung. Erneut stiegen sie in Praxisnähe in ein Unternehmen ein.

Keiner der führenden Sowjets verstand etwas von den Dingen, die in den ersten Nachkriegsjahren unter großem Aufwand und Schmälerung der Mittel für den Wiederaufbau in der Atomrüstung vor sich gingen. Stalin hatte sich zum allgemeinen Entsetzen inzwischen wieder der ideologischen Disziplinierung der sowjetischen Intelligenzija zugewandt, die sich in seinen Augen nicht patriotisch genug verhielt, sondern Anerkennung im Westen suchte. Als zwei sowjetische Mediziner eine Arbeit über Krebsbehandlung in den USA veröffentlichen ließen, wurde 1947 auf Grund dieses eigentlich belanglosen Vorfalls eine riesige Kampagne gegen Kosmopolitismus in Gang gesetzt. *Kosmopolitismus* war seiner Bedeutung nach ein Schlagwort, an dessen Stelle man auch *Antisemitismus* hätte lesen können. Schdanow agierte als derjenige Exekutivfunktionär, der mit dieser Parole neue Säuberungen organisierte. Die *ewigen Studenten*, wie Stalin die Gelehrten nannte, die mit theoretischen Arbeiten international zu reüssieren trachteten und damit – wie es abfällig hieß – Kriecherei gegenüber dem Westen betrieben, sollten sich besser praktischen Problemen in ihrer Heimat widmen, statt Ruhm im Ausland zu suchen.

Zu allem Überfluß kam eine neue Kampagne zugunsten von Lyssenko in Gang, Lyssenko hatte den Kampf gegen die Genetiker wieder aufgenommen und versuchte nun, seine Kampagne über die Biologie hinaus zu einer Entlarvungs- und Bestrafungsaktion gegen *schädliche Neigungen zum Idealismus und Kosmopolitismus* in allen Wissenschaftsdisziplinen auszuweiten. Als idealistische Irrtümer galten auch die Theorien der modernen Physik. So kam es, daß für März 1948 eine Konferenz einberufen werden sollte, die den Physikern inmitten ihrer Mühe um die Konstruktion der Bombe verbieten würde, der Relativitätstheorie und der Quantenphysik zu folgen, die als Ausgeburten dekadenten Denkens verschrien wurden. Berija erkundigte sich vorsichtshalber bei Kurtschatow, was es mit diesen Theorien auf sich habe; und Kurtschatow erklärte ihm kurz und bündig, daß Stalin ohne diese Theorien seine Bombe nicht bekommen werde. Er legte Berija nahe, die unsinnige Konferenz zu verbieten, denn die Physiker hätten andere Sorgen. Berija wagte keinen Alleingang. Stalin willigte schließlich ein: »Lasse sie in Frieden. Wir können sie später immer noch erschießen!«

Berija wiederum in seiner Sorge, die Erprobung des Prototyps der Bombe könne mißlingen, hatte inzwischen eine Liste fertig, wer im Fall des gescheiterten Tests zu Tode, wer zu lebenslänglich, zwanzig oder weniger Jahren Arbeitslager verurteilt werden sollte. Kurtschatow waren, beginnend mit August 1945, fünf Jahre Zeit eingeräumt worden. Nach vier Jahren setzte er den Test für den 24. September 1949 an. Unter größter Spannung begaben sich die Verantwortlichen und ihre Kontrolleure im Testgelände in die Beobachtungs- und Kommandobunker. Es verlief alles nach Plan. Die Sensation war perfekt. Das Kernwaffenmonopol der Vereinigten Staaten war gebrochen. Die Sowjets hatten gleichgezogen. Die Wissenschaftler atmeten auf. Berija durfte an die Preisverleihung gehen. Die Liste wurde in umgekehrter Reihenfolge benutzt. Statt Erschießung gab es den Orden *Held der sozialistischen Arbeit*, obendrein Datscha plus Geldprämie, und für lebenslänglich *Leninorden* usw. Kurtschatow, am meisten gefeiert, erhielt zur besonderen Belobigung eine Datscha auf der Krim. Die Geschichte kennzeichnet, selbst wenn sie nicht vollauf verbürgt sein mag, die schauerlich bedrückende Stimmung, die inzwischen wieder im Land herrschte.

Vor dem Test mußten alle Verantwortlichen über die getroffenen Vorbereitungen direkt bei Stalin und Berija Bericht erstatten. Den auf Kurtschatow folgenden Chariton fragte Stalin zu dessen fassungslosem Erstaunen, ob man die Ladung nicht auf zwei kleinere Bomben aufteilen könne, damit man noch eine auf Vorrat habe. Stalin hatte von allen physikalischen Darlegungen über die Parameter zur Herstellung einer kritischen Masse nichts verstanden. Verblüfft über die Naivität dieser Frage, verneinte Chariton ohne weitere Erläuterung, und Stalin begnügte sich mit der getroffenen Feststellung.

Von den ständig referierten technischen Zusammenhängen der Kernwaffenherstellung hatte weder Stalin noch irgend jemand aus der obersten Führung etwas aufgenommen. Die Berichte der sowjetischen Wissenschaftler über die Kontrollinspektionen von Partei- und Sicherheitsinstanzen vor Ort in Arzamus-16 sind voller Zeugnisse über hanebüchene Fragen, Bemerkungen, Unterstellungen und Verdächtigungen. Ausgehend von dem Vorwurf, Kurtschatow habe sich wahrscheinlich absichtlich nur mit Juden umgeben, gingen die Verdächtigungen bis zur Vermutung raffiniert eingefädelter Sabotage. In dem wohl gründlichsten Werk über die sowjetische nukleare Rüstung von David Holloway, *Stalin and the Bomb*, finden sich mannigfach Belege über diese erschwerenden Umstände der sowjetischen Wissenschaftler während ihrer Arbeit. Außerhalb des Kontextes von Holloways Buch traut man sich kaum, die Stupidität und Ignoranz, gegen die sich die Wissenschaftler behaupten mußten, mit Beispielen zu belegen, so unglaublich erscheinen sie.

Die erschreckende Ignoranz, die hier zutage kam, ging zu weiten

Teilen auf den gesellschaftlichen Umstand der übertriebenen Geheimniskrämerei des sowjetischen Systems zurück. Spionage, Geheimnisverrat, Sabotage, Diversantentum waren gängige Anklagepunkte. Man fragt sich, was in einem System, das in allen wesentlichen Punkten vom Nachbau lebte, eigentlich geheimzuhalten war. Was hätte man beim Bau der Bombe verraten können, wenn deren Konstruktion nichts anderes darstellte als die Parallelkonstruktion zu einem bereits vorhandenen amerikanischen Vorbild? Und galt das nicht für alle Produkte und Produktionsverfahren, die in der Sowjetunion erst im Entstehen waren, als sie im Westen bereits existierten?

Sacharow gab eine eindrucksvolle Schilderung seiner Arbeitsbedingungen, als er unter solchen Geheimhaltungsvorschriften bei der Sondergruppe von Tamm im *Physikalischen Institut der Akademie der Wissenschaften*, FIAN, in Moskau seine Tätigkeit begann: »Wir bekamen ein Zimmer zur Verfügung gestellt, zu dem außer uns niemand Zutritt hatte. Der Zimmerschlüssel wurde in der geheimen Abteilung aufbewahrt. Alle Aufzeichnungen waren in besonderen Heften mit durchnumerierten Seiten zu machen. Nach der Arbeit hatte man sie in einen Koffer zu legen, der mit einem persönlichen Siegel versiegelt wurde, worauf man in der geheimen Abteilung alles gegen Unterschrift abgab.«[13] Später, von 1953 bis 1957, umgaben ihn wie Kurtschatow und Chariton außerdem zwei sogenannte Sekretäre, Offiziere der Leibwache, hochrangige Mitarbeiter einer Sondereinheit des Staatssicherheitsdienstes, die ihn ständig unter Beobachtung hielten.

Woher aber bezog Sacharow zuweilen seine Kenntnisse? Als 1953 vor dem Test der ersten sowjetischen Wasserstoffbombe auf dem Weg zum Testgelände in letzter Minute klarwurde, daß man die radioaktive Verseuchungsspur noch berechnen müßte, die sich bilden und große Gefahren mit sich bringen würde und auf die man bis dahin keinen Gedanken verwendet hatte, mußte man dafür *amerikanische Unterlagen* auswerten. Dazu Sacharow: »Zur Klärung der Lage wurden einige Gruppen gebildet, und wir arbeiteten parallel in unseren Hotelzimmern, ohne uns Ruhe zu gönnen, fast rund um die Uhr; nach einigen Tagen hatten wir mit Hilfe eines amerikanischen Buches über die Wirkung von Atomwaffen – des ›Schwarzen Buches‹, wie wir es einfach der Farbe seines Einbandes wegen nannten – die notwendigen Schätzungen vorgenommen:

hinsichtlich der Explosionsstärke, der meteorologischen Lage, Bodenart und der Turmhöhe.« Zu dem *Schwarzen Buch* vermerkte er: »Es diente uns lange als Handbuch bei den Versuchen und bei der Diskussion der militärischen Nutzung von Kernwaffen und der Schutzmaßnahmen. Ende der fünfziger Jahre erschien eine russische Übersetzung, die aber nicht in den Verkauf kam, sondern für den Dienstgebrauch bestimmt war...«[14] So wurden die sowjetischen Atomforscher also dafür bewacht, daß sie nicht das ausplaudern konnten, was sie ihrerseits nur den Unterlagen des Gegners zu entnehmen wußten. Und ausgerechnet in den Jahren, in denen der Nachbau der Bomben lief, »wütete in der Presse, in den für Wissenschaft und Kultur zuständigen Institutionen und in der Lehre die von oben inszenierte Kampagne gegen die ›Kriecherei‹ vor dem Westen«. Für jede Entdeckung oder Erfindung wurden russische Urheber ausfindig gemacht. »›Rußland ist die Heimat der Elefanten‹ war ein Witz jener Jahre.«[15]

Je stärker und absurder die sowjetische Führung das geistige Leben zu beeinflussen suchte, desto mehr mußte sie sich nach Lage der Dinge in den Augen der sowjetischen Intelligenz lächerlich machen. Da man aber sein Leben riskierte, wenn man im Ernst auch nur die leiseste Andeutung in dieser Richtung machte, mußte der Tod Stalins wie eine Erlösung wirken. Die Chefkonstrukteure gewannen in dem Maß an Selbstbewußtsein, in dem sie mit ihren Projekten technische Erfolge erzielten, die denen des Westens vergleichbar waren. Je länger das Wettrüsten andauerte, desto mehr entrückte ihre Arbeit der Willkür und Kontrolle der *politischen* Führung und um so stärker liierte sie sich mit den strategischen Planungen der *militärischen* Führung. Diese Planungen gehorchten der Irrationalität der wechselseitigen Ost-West-Verdächtigungen und nahmen eine Eigendynamik an. Es entstand sogar so etwas wie eine systemübergreifende Solidarität mit den Ingenieuren auf der anderen Seite. Als beispielsweise die sowjetischen Ingenieure den mit den Amerikanern aufgenommenen Wettlauf zum Mond sehr zu ihrem Bedauern wegen Problemen mit ihren Raketen abbrechen mußten, saßen sie zum Schluß in ihren Forschungsstätten an den Fernsehern, beobachteten mit Anteilnahme den amerikanischen Alleingang und wünschten ihren amerikanischen Kollegen und deren Raumfahrern einen glücklichen Ausgang ihres Unternehmens.

## ...und die Chefkonstrukteure des Ruins der Sowjetunion

Es lassen sich drei Phasen der immer stärker werdenden Mitbestimmung der Chefkonstrukteure unterscheiden. In der ersten Phase befaßte sich Stalin persönlich mit ihnen und spielte sie gegeneinander aus, um sie zu Höchstleistungen zu zwingen. Die zweite Phase brachte eine gewisse Verselbständigung der Chefkonstrukteure mit sich und führte zu ihrer Teamarbeit. Diese Phase setzte noch unter Stalin ein und dauerte bis zu Chruschtschows Sturz. Danach erlangten in der dritten Phase die Chefkonstrukteure sogar die Oberhand über die politische Führung, indem sie zusammen mit der militärischen Führung den Kurs der rüstungstechnischen und rüstungswirtschaftlichen Entwicklungen bestimmten. Zwar rangierten sie offiziell weit hinter der politischen Führung, der faktischen Bestimmungskraft nach brachten sie freilich die politische Führung in ihr Kielwasser.

In der ersten Phase wurden die Chefkonstrukteure noch weitgehend von Stalin persönlich herbeizitiert, angehört, befehligt und der besonderen Verantwortung von Mitgliedern des Politbüros unterstellt. Diese sorgten für die Koordination mit den Ministerien und den Planungsbehörden sowie den regionalen Instanzen in den Republiken. In dieser ersten Phase dominierten Projekte der konventionellen Rüstung. Die Übergangszeit brach mit Beginn der atomaren Rüstung an, die gegen Kriegsende eine deutliche Wende markierte. Stalin war auf Grund seiner begrenzten Kenntnis der Materie nicht mehr in der Lage, die Dinge im einzelnen mit den Konstrukteuren zu diskutieren. So beauftragte er Berija mit der Überwachung und Kontrolle. Der verstand von der zugehörigen Physik ebenfalls nichts, so daß sie einen Experten als Generalmanager walten lassen mußten: Kurtschatow. Dieser berichtete später, daß er bei Berichterstattungen den Eindruck erlangte, Stalin interessiere sich kaum mehr für die sachlichen Belange, sondern sei lediglich voller Ungeduld am baldigen Erfolg interessiert. Er faßte daher seine Berichte so kurz wie möglich. Da auch Berija keine Ahnung von der Materie hatte, sah Kurtschatow das Risiko des gesamten Projekts mehr und mehr auf seinen Schultern lasten. Aus diesem Grund führte er einen Stilwandel in der Projektabwicklung herbei. Er setzte die einzelnen Projektgruppen nicht, wie Stalin das bislang getan hatte, gegeneinander, sondern miteinander an. Unter Kurtschatows Obhut kam es zur Teamarbeit.

Das Miteinander bestimmte die zweite Phase. Neben Kurtschatow erlangte Sergej Koroljow eine gleichrangige Bedeutung. Während Kurtschatow für den Bau der Bombe verantwortlich war, hatte Koroljow für die neuen Trägersysteme des Kernwaffeneinsatzes zu sorgen, die Raketen. Sein Aufgabengebiet war sehr viel weiter gefächert als das Bombenprojekt. Denn die Zusammenführung der großen Baugruppen für die Raketen – Triebwerke, Treibstoffe, Steuerungsmechanismen, Radar- und Zielführungssysteme und schließlich die atomaren Sprengköpfe selbst – verlangte nicht nur technische Meisterschaft, sondern auch enormes Managementgeschick. Zu den bodengestützten Abschußrampen für die Raketen kamen die luftgestützten, die Bomber, hinzu und alsbald auch die seegestützten, vor allem U-Boote. Alle diese Trägersysteme mußten parallel zueinander entwickelt werden. Darüber hinaus ergab sich die Raketenabwehr als ein immenses, völlig neues Aufgabenfeld.

In dieser Phase störte Chruschtschow durch seine Hektik und die Widersprüche seiner Programme. Er war anfänglich der Meinung, die Luftwaffe habe gegenüber den Raketenstreitkräften völlig ausgespielt. Und mit der vorübergehend lauthals propagierten, später wieder relativierten Einsicht, daß ein mit Kernwaffen geführter Krieg sinnlos sei, begünstigte er sogar eine Zeitlang Abrüstungs- und Truppenreduzierungsprogramme. Aber gerade wegen der Unsinnigkeit eines nuklearen Krieges wurden die konventionellen Streitkräfte wieder wichtig, und so mußten sie in der Planung weiterhin berücksichtigt werden. Die militärischen Gesichtspunkte erlangten langsam, aber stetig ein Übergewicht über die politischen. Chefkonstrukteure und Generalität rückten näher zusammen. Chruschtschow, der aus innenpolitischen Gründen gleichzeitig die Landwirtschaft fördern und deshalb die Prioritäten zuungunsten des Militärs verschieben wollte, brach sich darüber politisch das Genick. Sein Sturz wurde aus dem Bereich des militärisch-industriellen Komplexes heraus initiiert.

In der dritten Phase wirkte sich die irrwitzige Eigendynamik des Rüstungswettlaufs zwischen Ost und West voll aus. Jede Seite suchte sich gegen einen Überraschungsschlag zu wappnen und baute Raketenabwehrsysteme auf. Da deren Wirkung durch die Entwicklung von Mehrfachsprengköpfen wieder aufgehoben wurde, bildeten sich die Systeme der Zweitschlagskapazität heraus. Die Logik des Bedrohungs- und Vernichtungswillens verlangte nach der Fähigkeit, als überraschend von einem gegnerischen Atomschlag getroffene Weltmacht in einem letzten Aufbäumen mit dem als *Zweitschlag* bezeichneten Gegenschlag den Angreifer wenigstens nachträglich noch in den Tod schicken zu können. Durch diese Zweitschlagskapazität sollte der Gegner davon abgeschreckt werden, einen Überraschungsangriff zu versuchen. Mit dem Ausbau des Abschreckungssystems hatte der Rüstungswettlauf auch die Apparatur für den möglichen Doppelselbstmord der Weltmächte hervorgebracht: Denn am Schluß verfügten beide Seiten über eine garantierte Zweitschlagskapazität.

Eine Entwicklungslogik dieser Art mutete den Chefkonstrukteuren immer neue Aufgaben zu. Wurden sie gelöst, so fand sich die Gegenseite herausgefordert, darauf zu reagieren. Preschten die Amerikaner vor, hatten die Sowjets gleichzuziehen, und umgekehrt. Der immanenten Logik gemäß ist ein solches Spiel nahezu endlos. Selbst wenn es auf einem Rüstungssektor auf naturgegebene Grenzen stößt, weil beispielsweise die rein physikalischen Möglichkeiten voll ausgereizt sind, kann der Wettstreit in anderen Bereichen fortgeführt werden, so auf dem Gebiet der chemischen oder biologischen Waffensysteme. Die Chefkonstrukteure erhielten also immer neue Aufgaben und ihre Arbeit verschlang immer mehr Mittel. Zusammen mit der militärischen Führung legten sie immer mehr Eigenständigkeit an den Tag, bis sie unbeabsichtigt zu den Architekten des wirtschaftlichen Ruins wurden. Die Rüstung gehorchte nicht mehr den Regierenden, sondern nur noch ihrer inhärenten technischen Dynamik.

Der faktischen Bestimmungskraft nach verwandelte sich das politische System für die Konstrukteure zuletzt in eine Art technisches Hilfskorps. Nominell war es herrschend, real befand es sich in einer Sklavenrolle gegenüber den Konstrukteuren. Breschnew fügte sich nicht nur in diese Rolle, er gerierte sich so, als hätte er sie selbst erfunden und hielte die Zügel fest in der Hand. Wenn diese Phase als die Stagnationsphase bezeichnet wird – eine Charakterisierung, die aus der Gorbatschow-Ära stammt –, dann war das bereits eine viel zu milde Formulierung. Die materiellen Kräfte der Sowjetunion wurden zunehmend vom Militär aufgezehrt. Die Wirtschaft befand sich im Niedergang.

Für die Umkehrung der realen Bestimmungskraft können wir ein Zeugnis aus einer sowjetischen Quelle beibringen. Im Jahr 1995 erschien in Moskau das zweibändige Erinnerungswerk von Boris Tschertok *Raketen und Menschen.* Der Verfasser gehörte zur Schar der Chefkonstrukteure. Seine Memoiren atmen den gleichen Geist, der etwa Bücher von Sven Hedin, Berichte über Polarforscher, Schilderungen von Bezwingern des Mount Everest oder auch Abenteuerromane auszeichnet. Tschertoks Text würde sich als Vorlage für Filmthriller bestens eignen. Wanderte er doch als Raketenkonstrukteur unter Stalin auf dem schmalen Grat zwischen technischem Erfolg und politischer Verbannung. Entweder glückte es ihm, den Start einer Interkontinentalrakete und deren genaue Landung im Ziel zu bewerkstelligen, oder er mußte gewärtigen, eventuell selbst in einem Arbeitslager zu landen. Tschertok war der Mann, dem ein großer Teil der Auswertung deutscher Erfahrungen mit der V 2, der Raketenkonstruktion Wernher von Brauns in Peenemünde, oblag, als er die Hinterlassenschaft der unterirdischen Fertigungsstätte dieser Raketen nach dem Krieg in Thüringen übernahm.

Tschertok formuliert ein ganz eindeutiges Urteil über die Bestimmungskraft der Konstrukteure: »Die Minister und Regierungsbeamten, die unmittelbar mit der raketenkosmischen Thematik befaßt waren, hatten der Autorität des Rates der Chefkonstrukteure nichts entgegenzusetzen. Teilweise waren sie an seiner Arbeit beteiligt. Die Regierungsstrukturen des sowjetischen Staates insgesamt, die über die reale ökonomische und politische Macht verfügten, unterstützten die technischen Vorschläge der Räte.«[16] Im Grunde enthält diese Einschätzung eine Bankrotterklärung für die politische Führung der Sowjetunion. Denn wenn die Regierungsaktivitäten maßgeblich nach den Vorschlägen der Chefkonstrukteure ausgerichtet wurden, dann war aus der Politik eine abhängige Größe geworden, hatte sie ihre Eigenständigkeit eingebüßt. Berücksichtigt man zusätzlich, daß die entscheidenden technisch-technologischen Impulse des Rüstungswettlaufs aus den USA und nicht aus der Sowjetunion kamen, dann lief die UdSSR am Gängelband der USA. Der sowjetische Staatsapparat vermochte sich der Tatsache nicht zu erwehren, daß amerikanische Waffenexperten indirekt die Sowjetunion regierten.

Die einzige Entscheidung, mit der sich die sowjetische politische Führung noch zur Beherrschung des eigendynamisch gewordenen

Entwicklungsverlaufs hätte aufschwingen können, konnte nur noch darin bestehen, das Rennen aufzugeben. Das hat dann Gorbatschow versucht. Analysierte man aber die Chancen, die ihm dafür noch verblieben, dann war das Ergebnis: Null. Die Eigendynamik des Rüstungswettlaufs besaß nämlich stets einen in die Zukunft hinein wirkenden Schwung. Die Militärs formulierten ja ihre Wünsche für verbesserte oder neue Waffensysteme gegenüber den Chefkonstrukteuren mit einem großen zeitlichen Vorlauf vor der Einführung der Systeme in den Streitkräften. Folglich mußten deren Konstruktionen ebenfalls frühzeitig in materielle Anforderungen gegenüber den für Rüstung zuständigen Ministerien umgesetzt werden. Diese Anforderungen ergingen dann an die Planungsbehörden (GOSPLAN), wurden schließlich im engsten Kreis des Politbüros abgesegnet und legten damit den Lauf der Dinge auf Jahre hinaus im vorhinein fest. Eine Reihe von Rüstungsvorhaben, die Gorbatschow zu stoppen suchte, kam erst unter Jelzin zum Stillstand.

Eine vierte Phase der Kooperation von politischer Führung und Chefkonstrukteuren, die unter Gorbatschow die Prioritäten hätte wieder umkehren sollen, konnte es nicht mehr geben. Die Pläne reichten viel zu weit in die Zukunft hinein. Das System des Rüstungswettlaufs beherrschte durch seine Binnenlogik bereits den Mann, der es wieder dem Regierungsgeschick unterwerfen wollte. Gorbatschow kam zu spät. Und wer zu spät kommt, den bestraft das Leben.

Die General- und Chefkonstrukteure haben das System groß und stark gemacht und es gleichzeitig ruiniert. Beides konnten sie tun, weil sie sich mit ihrem gesellschaftlich ins Heroische verbrämten Egoismus auf ihre ingenieurberufliche Tätigkeit beschränken durften, ohne über die Kosten und die Folgen ihrer Tätigkeit nachdenken zu müssen, mehr noch, weil sie beständig ermuntert wurden, nichts anderes zu tun. Der Preis dafür wurde so hoch, daß darüber alles zerfiel.

Nach langer Beobachtung stehe ich nicht an, in der Institution des Rats der Chefkonstrukteure einen wesentlichen Funktionsmechanismus des sowjetischen Herrschaftssystems entschlüsselt zu sehen. Diese Institution sorgte dafür, daß die sowjetische Führung der Bevölkerung gegenüber immer mit Erfolgen auftrumpfen und ihren Führungsanspruch rechtfertigen konnte. Die Chefkonstrukteure sonnten sich, stolz auf ihre Leistungen, im Licht der allgemeinen Bewunderung. Daß der Sowjetgesellschaft der Preis dafür abgepreßt wurde, konnten und wollten sie nicht zur Kenntnis nehmen.

## Hochtechnologie im Handwerksverfahren

Erkenntnisse der Grundlagenforschung, die technologische Durchbrüche versprechen, führen immer erst nach rund 15 Jahren zu neuartigen Produkten und Produktionsverfahren. So lange dauert es im Schnitt, ehe Industrien mit ihrer zweckbezogenen Forschung und Entwicklung das zweckfrei Erforschte auf den Markt bringen können. Im Grunde kann man also 10 bis 15 Jahre vor Markteinführung schon erkennen, was auf die Märkte zukommt. Dazu gehört freilich das Gespür für die Umsetzungsmöglichkeiten von zweckfreier Grundlagenforschung in zweckbezogene Anwendungsforschung. Dieses Gespür erwirbt man am ehesten durch Erfahrung in der unternehmensinternen zweckbezogenen Forschung und Entwicklung. Diese Erfahrung ging den sowjetischen Chefkonstrukteuren weitgehend ab. In aller Regel stiegen sie zu einem Zeitpunkt in die Entwicklung ein, an dem im Westen bereits die Vermarktung neuer Produkte bevorstand.

Für den Bau von Panzern, einer Stärke der Sowjets, erwarben sie vor dem Zweiten Weltkrieg in England die Nachbaurechte eines Panzertyps von Vickers-Armstrong und kauften in den USA einige Prototypen der Kettenlaufwerke des genialen Panzerkonstrukteurs Christie mit Einzelradfederung. Die langandauernden Entwicklungsarbeiten hatte das Ausland geleistet. In der Sowjetunion kombinierte man die besten Baugruppen und kam so mit dem T-34 heraus, dessen Weiterentwicklung über den T-54 bis hin zum T-80 als Erfolgsserie zu bezeichnen ist. Chefkonstrukteur war seit 1940 Alexandr Morosow, der diesen Posten bis zu seinem Tod vier Jahrzehnte lang innehatte.[17]

Bei der Fertigung von Fluggerät galt das besondere Augenmerk dem Erwerb von Antriebsaggregaten. Mikulin baute Flugmotoren von Bristol und BMW nach, Klimow solche von Junkers und Hispano-Suiza sowie nach dem Zweiten Weltkrieg das Nene-Triebwerk von Rolls-Royce, Schwetsow spezialisierte sich auf Wright. Die Großmeister des sowjetischen Flugzeugbaus, die immer wieder Fremdleistungen aufgreifen und zusammenfassen durften, nahmen so im Lauf der Zeit eine herausragende Stellung ein. Antonow, Iljuschin, Kamow, Mil, Mikojan, Gurewitsch, Suchoi und Tupolew verfolgten als General- oder Chefkonstrukteure über Jahrzehnte hinweg, meist bis zu ihrem Tod, Entwicklungslinien, die stets parallel zu den westlichen verliefen. Auch wenn sie mit durchaus eigener Handschrift schrieben, war ihnen der Text im Grunde immer schon vordiktiert.[18]

Einigen Besatzungen amerikanischer B-29 Bomber, deren Maschinen bei Angriffen auf Japan beschädigt worden waren, gelang während des Kriegs noch eine Notlandung auf sowjetischem Gebiet. Die Sowjets gaben weder die Maschinen heraus, noch ließen sie die Besatzungen frei. Vielmehr baute Tupolew nach dem Muster der B-29, des modernsten Bombers der damaligen Zeit, den ersten Fernbomber der Sowjetunion. Die amerikanischen Besatzungen starben in Lagerhaft.

Nach dem Krieg besuchten sowjetische Konstrukteure westliche Luftfahrtschauen. Sie sahen den ersten britischen Senkrechtstarter, erkannten das Prinzip der Schwenktriebwerke und bauten sofort den ersten sowjetischen Senkrechtstarter nach dem gleichen Prinzip. Nicht anders wurde der sowjetische Transporter Antonow eine Kopie der amerikanischen Galaxie.

Das sowjetische Prinzip, durch Nachbau eigene Fertigungserfahrung zu erwerben und mit Werkstoffen vertraut zu werden, um sodann durch Kombination von Bauteilen und Baugruppen sowie Experimenten mit Werkstoffen Selbständigkeit im Verfolgen besonderer Entwicklungslinien zu erlangen, ist ein zeit- und kostensparendes Konzept. Es ist nicht sonderlich originell, denn nicht anders gingen beispielsweise die Deutschen beim Aufbau ihrer Textilindustrie vor, deren Vorbilder sie in England fanden. Die Imitation der britischen industriellen Errungenschaften hat auf dem Kontinent überall zu einem Zeitraffer-Effekt geführt. Mit dem Prinzip des *revers engeneering*, des *Rückwärtserfindens* durch Auseinandernehmen und Nachbau, sind aber keineswegs nur Vorteile verbunden.

Industriegesellschaften, die sich eine breit angelegte Grundlagenforschung leisten und in vielen Unternehmen Forschung und Entwicklung unter Konkurrenzgesichtspunkten betreiben, erlangen einen insgesamt höheren Ausbildungsstand. Sie trainieren eine größere Zahl von Menschen im gleichen Metier. Die Unternehmen sind auf Grund der Konkurrenz gezwungen, ihre Produkte ständig zu verfeinern und weiterzuentwickeln. Dadurch geben sie der eigenen, angewandten Forschung und auch der allgemeinen Grundlagenforschung ständig neue Impulse. Wenn die neuen Errungenschaften aber vorwiegend im militärischen Bereich zur Anwendung kommen, wie das in der Sowjetunion geschah, bleibt der technologische Standard der Gesamtgesellschaft auf niedrigerem Niveau.

Unter konkurrenzwirtschaftlichen Bedingungen gleichen sich die Produkte der Hersteller in einer Branche im Lauf der Zeit aneinander an. Denn jeder adaptiert Schritt für Schritt alle Vorteilsmomente, die es überhaupt gibt. Zum Schluß geht das Styling aller Automarken in eine Richtung. In der Sowjetunion glichen sich weder die Marken der Pkws noch die der Lkws aneinander an, weil man gar keine Typenvielfalt besaß. Das brachte zwar Ersparnisse, förderte aber keine Entwicklungsinitiativen. In der DDR wurde beispielsweise der berühmte Trabi jahrzehntelang produziert, während der Automobilmarkt in der Bundesrepublik nie zur Ruhe kam. Zu alledem kommt im Westen hinzu, daß die Unternehmen bei unvermeidlich zunehmender Angleichung der Produkte zur Sicherung ihrer Marktanteile gezwungen sind, ihre *Produktionsverfahren* möglichst rationell zu gestalten, denn sie müssen ihre Gewinne möglichst schon bei der Herstellung machen, indem sie dabei Kosten sparen. Das führt zu höheren Anforderungen an die Maschinen- und Zulieferindustrie und zwingt über die Branchen hinweg zu Forschungsförderung und Rationalisierung. Die gesamte Volkswirtschaft steht auf diese Weise unter beständigem Rationalisierungsdruck.

Letztlich sind es die *Verfahrenstechniken*, die den Rang einer Volkswirtschaft bestimmen. Technologisch anspruchsvolle Gerätschaften kann man zwar in kleinen Stückzahlen auch in einer zurückgebliebenen Nation mit einer Handvoll gut geschulter Experten im Laborverfahren herstellen, aber von Serienproduktion ist man damit noch weit entfernt. Das Markenzeichen der ausgereiften Volkswirtschaft ist die Fähigkeit ihrer Unternehmen, technisch hochwertige Produkte in Großserien zu fabrizieren. *Hochtechnologie in die Massenproduktion* zu bringen, ist eine spezifische Fähigkeit der westlichen Nationen geworden. Die Sowjetunion hat diese Fähigkeit nie erlangt. Kampfflugzeuge, Panzer, U-Boote, Raketen, Radarstationen, kurzum alles, was dazu dient, eine militärische Weltmachtstellung zu erlangen, verlangt lediglich Kleinserienproduktion. Waffenproduktion zählt industrietechnisch zur Kleinserienfabrikation. Ihre Stückzahlen liegen bei einigen Tausend, Hunderten oder einigen Dutzend.

Die Fähigkeit einer Nation, über die Rüstungswirtschaft weit hinaus alle Unternehmen ihrer Volkswirtschaft mit Hunderttausenden von Großrechnern, Millionen von PCs, sämtliche Haushalte mit Pkws, TVs, und High-Tech-Geräten jeder Art auszustatten, beruht auf der Entwicklung und dem Ausreifen moderner Verfahrenstechnologien. Wer im Ausland die Produkte einer solchen Volkswirtschaft aufkauft, verfügt damit noch lange nicht über die dahinterstehenden Verfahrenstechnologien. Die Sowjetunion war zu keinem Zeitpunkt in der Lage, Hochtechnologie in die Massenproduktion zu bringen. Ihre Unternehmen und privaten Haushalte blieben in ihrer Ausstattung primitiv. Volkswirtschaften, die auf originellen und nicht nur von fremden Erfindungen vorgezeichneten Entwicklungspfaden voranschreiten, entfalten zudem zwangsläufig eine größere Dynamik.

Strenggenommen waren die sowjetischen Rüstungsbetriebe auf Industrieformat gebrachte Handwerksbetriebe für Hochtechnologie. Die Chefkonstrukteure waren die am besten ausgestatteten Heimwerker, die es jemals gegeben hat. Ihnen assistierten Tausende. Hunderttausende belieferten ihre anspruchsvollen Handwerksbetriebe. Millionen schufteten im Hintergrund für sie in allen Wirtschaftssektoren. Die privaten Haushalte der normalen Bevölkerung aber hatten das Nachsehen. Den Chefkonstrukteuren wurde freilich ihr Privatleben mit allen möglichen Versorgungsprivilegien vergoldet.

Ein eklatanter Nachteil bestand in der Sowjetunion im Unwissen darüber, was sich in der westlichen Welt von der Grundlagenforschung aus an Neuerungen in der Industrie Bahn brach. Selbst wenn man zweckfreie Forschung, über die in wissenschaftlichen Publikationen berichtet wurde, gut beobachtete, konnte man doch nicht die Labors der westlichen Unternehmen inspizieren. Da in ihnen aber die Umsetzung der zweckfreien Grundlagenforschung in die zweckbezogene Anwendungsforschung vor sich ging, mußten die Auslandsdienste des KGB um Hilfe gebeten werden, um mittels Industriespionage an die wichtigen Informationen zu gelangen. Auch das schloß die Gefahr nicht gänzlich aus, daß die Sowjets Produktionskapazitäten für veraltete Produkte aufbauten.

Setzten sich militärische Gerätschaften aus vielen branchenverschiedenen Baugruppen zusammen, so konnte es in der Sowjetunion dazu kommen, daß bestimmte Teile von Waffensystemen ganz modern, andere wieder relativ antiquiert ausfielen. Die MiG-23 besaß beispielsweise einen nach modernsten strömungstechnischen Gesichtspunkten konstruierten Triebwerkszugang. Für die Wartung der Triebwerke bot er indessen wenig Raum, so daß man diese nicht auf Feldflugplätzen vornehmen konnte, sondern die Maschinen dazu in spezielle Werkstätten bringen mußte. Über dem einen Gesichtspunkt hatte man den anderen aus dem Auge verloren. Zudem wiesen etwa die Paneele für die elektrischen Sicherungen Einzelhalterungen auf und verlangten Stück für Stück die Kontrolle und den Wechsel der Sicherungen. Auf westlicher Seite war bereits die F-4 zur Wartung auf Feldflugplätzen ausgelegt, hatte einen entsprechend weiten Triebwerkszugang und verfügte über Sicherungskästen, die auf einen Schlag auszutauschen waren. Die elektrischen Verbindungen mußten bei der MiG-23 umständlich von Hand geschraubt werden. Bei westlichen Maschinen nutzt man Steckverbindungen.

Die westlichen Vorgehensweisen waren zwar im einzelnen teurer, im Gesamteffekt aber dennoch kostengünstiger. Man brauchte nämlich insgesamt weniger Maschinen. Wegen der längeren Wartungszeiten hatten die sowjetischen kürzere Einsatzzeiten. Wollten die Sowjets gleich viele Maschinen in der Luft haben, wie die NATO, so brauchten sie dafür auch eine größere Anzahl an Flugzeugen. Also fabrizierten sie beispielsweise die MiG-23 in überproportionalen Stückzahlen – und damit kam es für sie teurer.

Im Lauf der Zeit sind für viele Waffensysteme Vergleiche angestellt worden. Sie ergaben einen generellen Rückstand der Sowjets auf allen Feldern elektronischer Ausstattung. Beim Styling ging man immer wieder ziemlich grobschlächtig an jenen Stellen vor, die für Flug- und Kampfeigenschaften unwesentlich schienen. Bei der Materialauswahl wurde weit stärker variiert, um teure Werkstoffe für wichtige Verwendungszwecke zu reservieren. Man mag Vergleiche, die auf elektrische Sicherungen und Schweißnähte ausgerichtet sind, für nebensächlich halten. Sie verraten indessen recht viel. Hinter der sowjetischen Rüstung stand eine armselige Industrie. Sie hielt eben nicht jene universelle Modernität parat, die für eine hochentwickelte Gesellschaft charakteristisch ist. Alles in allem war die sowjetische Rüstung zwar in vielerlei Hinsicht weit weniger elegant als die westliche, für die vorgesehenen Einsatzzwecke war sie aber von gleichgewichtiger Größenordnung. Relational zum ökonomischen Leistungsvermögen der Sowjetunion lief hier freilich ein Bauer im Frack herum.

# VI

# Gigantomanie und technologischer Todesfall

## Sowjetwirtschaft: Ein Fall für Maigret

Dieses Kapitel handelt überwiegend von den siebziger Jahren, dem Jahrzehnt, in dem das Schicksal der Sowjetunion vielleicht noch eine andere Wendung als die zum desaströsen Ende hin hätte nehmen können. Es war die Zeit von Breschnews besten Jahren, eine Zeit, in der er mit einer Crew von nur wenigen Vertrauten im Politbüro souverän über den politischen und wirtschaftlichen Kurs entschied. Breschnew konnte weltpolitisch auftrumpfen, weil die Gegenmacht USA, schwer beeinträchtigt in ihrem politischen Selbstverständnis, den schmählichen Rückzug aus Vietnam anzutreten hatte. Im Westen okkupierte die *Neue Linke* die Schlagzeilen und durchdrang mit ihrer Gesellschaftskritik das akademische Milieu. Die abstrakt-philosophisch orientierte Denkweise von vielen linken Theoretikern entsprach zwar nicht den Vorstellungen der Sowjetideologen, wohl aber deren pauschale Kritik am Kapitalismus und ihr vehementer Protest gegen den Vietnam-Krieg. Freilich war auch die Sowjetunion nach 1968 in weltweiten Mißkredit geraten durch die brutale Niederschlagung des *Prager Frühlings*, jener Bewegung, die einen Sozialismus mit flexiblem Wirtschaftssystem zu schaffen versuchte. Weniger Beachtung fand indessen, daß die Sowjetunion zu dieser Zeit im Innern selbst vor enormen wirtschaftlichen Problemen stand.

Seit Beginn der siebziger Jahre wies Breschnews Politik eine ganze Reihe von Ungereimtheiten auf. Überraschend einigte er sich mit den USA über die Begrenzung strategischer Waffensysteme. Über die sogenannten *Strategic Arms Limitation Talks* wurde 1972 ein erstes Abkommen, SALT I, unterzeichnet, das den erklärten Absichten beider Partner gemäß möglichst bald durch ein SALT II erweitert werden sollte. Parallel zu den bilateralen Gesprächen mit den USA suchte die Sowjetunion ab 1973 auf der *Konferenz für Sicherheit und Zusammenarbeit in Europa* (KSZE) auch mit den europäischen Staaten zu einem Abkommen zu gelangen. Das Ziel, Europäer und Amerikaner in diesen beiden Gesprächsrunden auseinanderzudividieren, wurde freilich nicht erreicht. Die Schlußakte unterzeichneten 1975 auch die USA und Kanada, die an allen Verhandlungen teilgenommen hatten.

Die sowjetische Entspannungspolitik war angesichts der wirtschaftlichen Schwierigkeiten verständlich. Nach der Erntekatastrophe von 1963 gab es 1972 erneut eine folgenreiche Mißernte. Sie zwang die Sowjetunion zur erhöhten Aufnahme internationaler Kredite, um Weizen aus den USA einkaufen zu können. Eine weitere Mißernte brachte der Sommer 1975; und wieder war die Sowjetunion auf das Ausland angewiesen. Allenthalben zeichneten sich Engpässe ab. Während im zivilen Sektor der Wirtschaft Investitionen für den Landmaschinenbau vonnöten waren, fehlte es der Industrie im strategischen Sektor gleichzeitig an moderner technischer Ausrüstung, um den technologisch notwendig gewordenen, weitgefächerten Modernisierungsprogrammen aller Teilstreitkräfte mit Rücksicht auf Radar, Raketen, Atomwaffen, Bombern und U-Booten gerecht zu werden. Aber eine klare Alternative zwischen Landmaschinenbau und Rüstungsindustrie bot sich nicht an, denn inzwischen war die Rüstungsindustrie durch lukrative Waffenlieferungen an die arabischen Staaten vor und nach dem israelisch-arabischen Krieg von 1967 bereits zu einem wichtigen Devisenbringer geworden. Und nun erschien es den Sowjets bequemer, für den Einkauf von Weizen und westlicher Technologie die Erlöse von Waffen- und Goldexporten einzusetzen.

Der Widerstreit von Interessen, in dem sich die Sowjets befanden, wurde durch zahlreiche Engagements der Sowjetunion in Entwicklungsländern noch gesteigert, insbesondere durch die tatkräftige Unterstützung der bewaffneten Konflikte in Angola und Eritrea, deren politischer Gewinn die zugehörigen ökonomischen Lasten allerdings nicht aufwog. Im Westen rätselte man, was Breschnew im Sinn hatte. Was bewegte die sowjetische Führung? Wohin steuerte ihr Kurs?

In den Kriminalromanen von Georges Simenon hat es Kommissar Maigret stets mit Tätern zu tun, denen es gelingt, ihre Spuren gut zu verwischen. Um dem Täter dennoch auf die Schliche zu kommen, sucht Maigret sich in dessen Lage zu versetzen, um so das Tatgeschehen aufzuschlüsseln und den Täter zu überführen. Eine vergleichbare Anforderung trat zu Beginn der siebziger Jahre an die westliche Sowjetforschung heran. Das schwer zu Begreifende, um das es hier ging, war die sowjetische Herausforderung des Westens durch Demonstration sowjetischer Stärke in einer Periode sowjetischer wirtschaftlicher Schwäche. Was brachte die Sowjetunion dazu, in einer Zeit, in der sich der Westen mit den SALT-Verhandlungen auf Detente einließ, den Klassenkampf auf internationaler Bühne durch die Zuspitzung von Konflikten in Entwicklungsländern fortzusetzen?

Die sowjetische militärische Stärke war mit der geringen Wirtschaftskraft der Sowjetunion nicht in Einklang zu bringen. Die Sowjetunion erreichte im Gesamtprodukt nicht einmal 60 Prozent dessen, was die USA leisteten. Selbst wenn man die deutlich niedrigere Versorgung der sowjetischen Bevölkerung in Rechnung stellte, sparte die sowjetische Regierung damit nicht so viel, daß sich daraus die Rüstung finanzieren ließ. Der Entwicklungsstand der Sowjetunion war, wie die nachhinkende sektorale Entwicklung (vgl. Abb. 2 und 3, S. 56 f.) zeigte, weit niedriger als der amerikanische. Die Landwirtschaft in der Sowjetunion hielt noch immer viel zu viele Arbeitskräfte gebunden – 1975 knapp 35 Millionen gegenüber nicht einmal dreieinhalb Millionen in den USA –, die bei besserem Entwicklungsstand längst von der Industrie hätten absorbiert sein sollen. Ebenso erschien der Kapitalstock der sowjetischen Industrie veraltet; und dennoch vollbrachte sie auf dem schmalen, aber kostspieligen Sektor der Rüstungsproduktion glänzende Leistungen.

Von sowjetischer Seite war über diesen Widerspruch kein Aufschluß zu erhoffen. Die Sowjets waren besessen von Geheimhaltung. Die offizielle Statistik wies im Staatshaushalt für den militärischen Aufwand unglaubwürdig niedrige Beträge aus, die unmöglich stimmen konnten. Ein Versteckposten war sicherlich der angegebene Aufwand für *Forschung*, der höher beziffert war, als im Fortschritt der Industrie zum Ausdruck kam. Außerdem gab es den ungewöhnlich hohen Posten *sonstige Ausgaben*, der militärische Ausgaben decken konnte. Mit der offiziellen Statistik war das Rätsel nicht zu lösen. Ein Maigret hatte es nicht leicht, sich in die Situation des Täters zu versetzen.

Seit dem ersten Fünfjahrplan von 1928 hatte sich an den wirtschaftlichen Zielsetzungen und in den Planungsmethoden im Prinzip nichts geändert. Nach wie vor galt die Devise, immer wieder so viel wie nur irgend möglich an Stahl, Zement, Brennstoffen, Elektrizität, Maschinen und Chemikalien herzustellen und hohe Ernteerträge einzufahren. Das Gesamtwachstum verlangsamte sich dennoch, weil Investitionen zugunsten der strategisch bedeutsamen Sektoren den übrigen Branchen die Mittel beschnitten. Die Wirtschaft selbst war inzwischen sehr viel komplexer und komplizierter geworden, und dementsprechend waren Anpassungen in den Planungsprozeduren und Managementpraktiken vonnöten – doch Planung und Management verharrten auf dem Stand vom Ende der zwanziger Jahre.

Die Übersicht über die Wirtschaft gestaltete sich zunehmend schwieriger. Zur Lenkung des gesamtwirtschaftlichen Prozesses mußten in jedem Unternehmen die Daten für vier verschiedene Buchungs- und Informationssysteme erfaßt werden, was täglich Tausende von Beobachtungen, Messungen, Meldungen, Abrechnungen inklusive deren Dokumentation erforderte. In sowjetischer Terminologie handelte es sich um folgende Planungs- und Kontrollsysteme:

- Verwaltungs- und Produktionsplanung,
- Planung der materiellen und technischen Ausrüstung,
- Statistik,
- Buchhaltung und Finanzen.

Hält man sich vor Augen, daß bis zum Beginn der siebziger Jahre die Zahl der gesamtwirtschaftlich planungsrelevanten Wirtschaftseinheiten auf annähernd 2 Millionen angewachsen war, so leuchtet ein, daß an eine zusammenfassende Auswertung aller dieser Daten durch eine Zentrale nicht mehr zu denken war. Es gab:

- ca. 50 000 eigenständige Industrieunternehmen,
- über 12 000 Konstruktions- und Projektunternehmen,
- annähernd 60 000 Landwirtschaftsbetriebe,
- etwa 200 000 Lagerhäuser und Speicher,
- fast 70 000 Kommunikationsbetriebe,
- ungefähr 80 000 Geldinstitute und Sparkassen,
- ca. 180 000 Großkantinen,
- mehr als 600 000 Verkaufsunternehmen,

- unzählige Transportunternehmen und lokale Versorgungsinstitutionen
- und darüber hinaus Hunderttausende von Verwaltungseinheiten im Bereich der Partei, der Sicherheitskräfte, des Militärs, des Gesundheitswesens sowie der Wissenschaft, der Kultur und der Medien.

Es wurden also mehr Daten erfaßt, als man zu aggregieren vermochte. Angesichts der Myriaden von notwendigen Plänen brachte es die Zentrale Plankommission auf der Basis von rund 200 bis 300 Grundsatzplänen mit Hilfe der Ministerien gerade einmal dazu, ein Flechtwerk von etwa 25 000 Materialbilanzen rechnerisch zu ermitteln. Mehr war nicht zu bewältigen. Das gesamte Wirtschaftsmanagement befand sich also in einem höchst kritischen Stadium. Abhilfe war dringend vonnöten. Immer wieder wurden ökonomische Reformen angekündigt, vorab gepriesen, danach halbherzig erprobt, um alsbald wieder in der Schublade zu verschwinden. Reformvorschläge, die mehr Präzision in die Planung zu bringen suchten, liefen stets darauf hinaus, den nachgeordneten Instanzen in der Planungshierarchie und den Unternehmen mehr Autonomie einzuräumen. Damit war ihnen kein Glück beschieden. Denn erhöhte Selbständigkeit der Unternehmen mußte sich zwangsläufig zunächst einmal in wechselseitig erhöhten Anforderungen und früher oder später auch in neuen Forderungen an die Zentrale auswirken – und das störte die Zentrale, das wies sie zurück. Denn die Zentrale dachte in Kategorien von Zuteilungen und wollte selbst nicht von Nachfrage gesteuert werden.

Die einzigen, die sich einen Teil der Reformvorschläge zu eigen machten und sie auch realisierten, waren ausgerechnet die Militärs, die ohnehin schon Vorgriffsrechte besaßen und ständig Disbalancen ins Wirtschaftsleben brachten. Sie setzten in den von ihnen beaufsichtigten Rüstungsunternehmen eigene Experten zur Qualitätskontrolle ein, die sowohl die Anlieferung von Vorprodukten als auch die Ablieferung von Endprodukten einer gründlichen Inspektion unterwarfen. Die Militärs bedienten sich also nicht nur als erste, sondern beanspruchten von allem auch noch das Beste. So kam es zu einer noch strengeren Abgrenzung des militärisch-ökonomischen Komplexes vom Rest der Wirtschaft. Ein Zeugnis von der daraus resultierenden Selbstherrlichkeit haben wir oben an Hand Ligatschows Auseinandersetzung mit Slawskis Ministerium für mittleren Maschinenbau gegeben. Was die Reformer zum Nutzen der gesamten Wirtschaft hatten erreichen wollen, wirkte sich quasi im Bumerangeffekt noch zuungunsten der Gesamtwirtschaft aus.

## Sowjetische Mathematiker helfen beim Puzzle-Spiel

In der westlichen Sowjetforschung verfolgte man die Reformdiskussionen mit großer Aufmerksamkeit, ohne daß man damals die heute zutage liegenden Konsequenzen zu erfassen vermochte. Der Versuch, sich in die Denkweisen der Kremlführung einzufühlen, verstrickte sich in Widersprüche, von denen wir heute wissen, daß sie die inneren Widersprüche des Systems waren. Indessen fiel es damals schwer, der Sowjetführung eine so hochgradige Irrationalität ihres Führungsverhaltens zu unterstellen, wie sie tatsächlich gegeben war, und so befanden sich die Maigret-Bemühungen der westlichen Sowjetexperten in einer mißlichen Lage. Es deutete sich aber Besserung an.

Seit Mitte der sechziger Jahre hatte sich für die außenstehenden Beobachter die Tür zu besseren Einsichten an einer ganz anderen Stelle um einen Spalt geöffnet: Die Sowjets registrierten, wie nützlich *Input-Output-Analysen* und Techniken des *linearen Programmierens* zur Lösung ihrer wirtschaftlichen Probleme sein könnten. Diese Formen der Analyse wirtschaftlicher Zusammenhänge waren im Westen in der Nachkriegszeit zu einem geläufigen Instrument geworden. Mehr als fünfzig Nationen nutzten sie, um ihre Wirtschaftspolitik auf sich abzeichnende künftige Entwicklungen auszurichten. Nur für die zweitgrößte Volkswirtschaft der Welt, die sowjetische, gab es keine analytische Durchdringung dieser Art. Daß dieses Hilfsmittel in der Sowjetunion bis zum Beginn der sechziger Jahre keine Rolle spielte, lag an der Nachwirkung des Stalinschen Desinteresses an rein theoretischen Neuerungen. Inzwischen hatten diejenigen sowjetischen Ökonomen, die sich in Instituten akademisch mit Wirtschafts*mathematik* beschäftigten, die Brauchbarkeit dieses Instruments aber erkannt und bemühten sich darum, es an die sowjetischen Planungsbehörden heranzutragen.

Der Vater der *Input-Output-Analyse* lebte in den Vereinigten Staaten. Es war der 1906 in Rußland geborene Wassily Leontief, der diese Analyseform in den dreißiger Jahren in den USA entwickelte, wohin er 1931 emigriert war. Obwohl Leontief bei seiner Arbeit im Westen gar nichts mit Planwirtschaft im Sinn hatte, traf die Darstellungsform, mit der er wirtschaftliche Zusammenhänge beschrieb, genau mit der Problematik zusammen, mit der es eine zentrale Planungsbehörde zu tun hat.

Wie wir gesehen haben, müssen sowjetische Planer ermitteln, welche Güter und Leistungen beispielsweise aus der Landwirtschaft heraus- und in andere Wirtschaftsbereiche hineingehen und umgekehrt, welche Vorleistungen etwa aus der Landmaschinen- und Bauindustrie, der Energie- und Wasserwirtschaft etc. bei ihr eintreffen. Leontief systematisierte Ermittlungstätigkeiten dieser Art dadurch, daß er sämtliche Wirtschaftssparten nach Art eines Buchhalters auf einem Tableau einmal oben horizontal nebeneinander und ein zweites Mal seitlich vertikal untereinander schrieb und sie durch Zeilen und Spalten gitterförmig miteinander verband. In jeder Zeile wurde für die betreffende Sparte vermerkt, wieviel sie an andere Sparten lieferte. Ihr *Output* wurde also portionenweise als *Input* bei anderen eingetragen (Abbildung 6).

Dabei ergibt sich folgender Effekt: Ist das ganze Tableau ausgefüllt, so läßt sich am Ende jeder *Zeile* addieren, wieviel jede Branche oder Wirtschaftssparte insgesamt geleistet, und am Fuß jeder *Spalte*, was sie dafür an Vorleistungen erhalten hat. Man spricht von einer Matrix, durch die sich eine Verflechtungsbilanz für die gesamte Wirtschaft ergibt. Am Endresultat aller Zeilen kann man die *Entstehung des Gesamtprodukts* und am Endresultat aller Spalten die *Verwendung des Gesamtprodukts* ablesen. Mit diesen Ergebnissen lassen sich sodann weitere Quadranten eröffnen, die der gesamtwirtschaftlichen Analyse dienen und die auch Ländervergleiche ermöglichen. In der kapitalistischen Welt, in der es keine zentralen Planungsinstanzen gibt, machen sich nur statistische Ämter die Mühe, nachträglich, nachdem schon alles gelaufen ist, solche Daten an Hand der Inputs (Einkäufe) und Outputs (Verkäufe) sämtlicher Branchen nach dem Muster von Leontief zusammenzustellen.

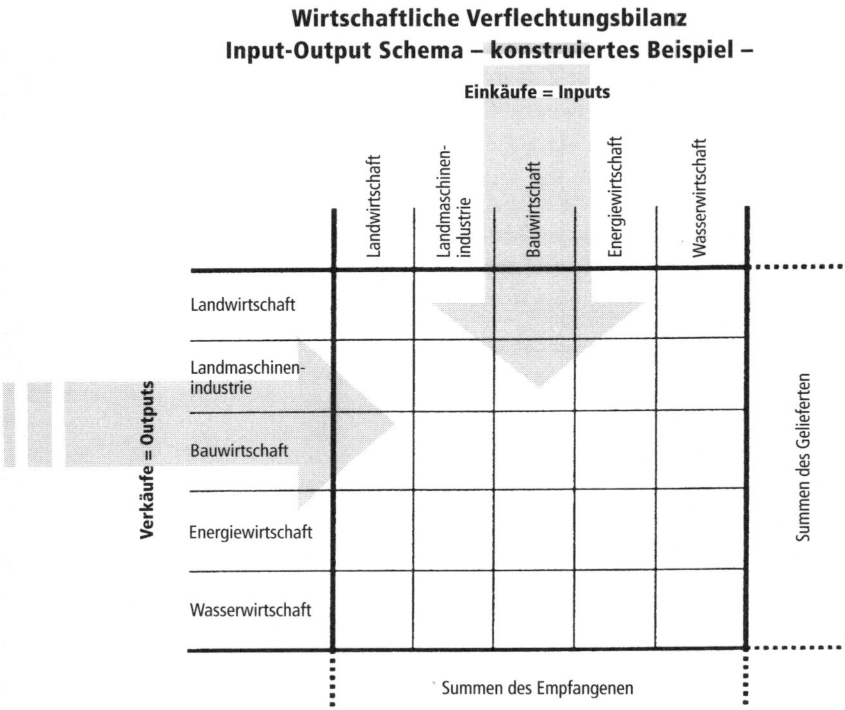


Abbildung 6: Liest man das Input-Output-Schema zeilenweise und denkt man sich in die kleinen Quadrate den Wert der Produkte eingetragen, die von einer Sparte an die anderen Sparten verkauft wurden, dann erfährt man, spaltenweise gelesen, gleichzeitig, was jeweils eingekauft wurde. Durch Erfassen aller Sparten läßt sich letztlich die Verflechtung einer gesamten Volkswirtschaft darstellen. Mittels bestimmter Rechenverfahren läßt sich unter Benutzung der Summen ermitteln, wie der Entwicklungstrend einer Volkswirtschaft beschaffen ist.

Leontiefs Forschungen in Amerika berührten sich nicht nur mit der Problematik, mit der sich sowjetische Planer ganz allgemein beschäftigen müssen, sondern speziell auch mit den Forschungsergebnissen des in der Sowjetunion lebenden Gelehrten Leonid Kantorowitsch – einem mathematischen Genie, 1912 in St. Petersburg geboren. Kantorowitsch erwarb mit achtzehn Jahren seinen Doktorgrad und wurde bereits als Zweiundzwanzigjähriger zum Professor für Mathematik in Leningrad ernannt.

Kantorowitsch erfand 1939 die Rechentechnik des *linearen Programmierens*. Diese mathematische Methode nahm sich das Raster der Input-Output-Felder mit dem Ziel vor, *optimale Kombinationen* von Inputs (in der Planwirtschaft = Zuteilungen) und Outputs (in der Planwirtschaft = Ablieferungen) zu ermitteln. Mit ihr läßt sich beispielsweise herausfinden, welche Kombination von Zement, Stahl, Energie, Maschinen und Arbeitskräften etc. die günstigste ist, um eine bestimmte Anzahl an Wohnungen zu bauen. Dieses Optimierungsverfahren ergibt viel bessere Direktiven für die Wirtschaft als die von den Sowjets verfolgte Zielsetzung, von allen Vorprodukten immer nur größtmögliche Mengen zu produzieren. In der Sowjetunion hätten solche Berechnungen einen enormen Vorteil gegenüber der üblichen Tonnenideologie gehabt. Aus diesem Grund schrieb Kantorowitsch 1939 eine wissenschaftlich bahnbrechende Untersuchung über *Mathematische Modelle für die Organisation und Planung der Produktion*. Statt damit aber einen Einfluß auf die Planung ausüben zu können, blieb diese Arbeit unter Stalin zwanzig Jahre lang ohne jede praktische Bedeutung, während man andere mathematische Leistungen von Kantorowitsch sehr wohl würdigte.

In den USA hatten kurz vor dem Zweiten Weltkrieg unabhängig von Kantorowitsch die Mathematiker Tjailingh C. Koopmans und G. B. Dantzig ebenfalls das Optimierungsverfahren entdeckt. Zwar wurde in den dreißiger Jahren auch hier die eminente praktische Bedeutung des linearen Programmierens nicht gleich erkannt, aber das änderte sich bereits in den vierziger Jahren. Während des Krieges erwies sich nämlich das mathematisch anspruchsvolle und rechnerisch aufwendige Verfahren in Großbritannien und den USA bei der Planung von komplizierten Operationen, bei denen es um die optimale Bereitstellung von Truppen und Materialien unter Transport-, Zeit- und Kostengesichtspunkten ging, als äußerst nützlich.

Nach dem Krieg kam das lineare Programmieren im Westen in großem Stil zur Anwendung, und zwar von der Unternehmensplanung bis hin zur Kalkulation gesamtwirtschaftlicher Modelle. In den Unternehmen diente es zur Bestimmung eines optimalen Mitteleinsatzes und wurde eines der wichtigsten Instrumente zur Kostensenkung in der Produktion. Damit wurden neue Impulse zu umfassenden Rationalisierungsmaßnahmen gegeben. Die zugehörigen rechnerischen Anforderungen verstärkten gleichzeitig die Nachfrage nach

Computern. Lineares Programmieren und Elektronik gehörten zusammen. Es vollzog sich eine neue industrielle Revolution, und diese wirkte sich grundlegend auf modernes Management aus.

Makroökonomisch setzte man das lineare Programmieren zunächst bei Projekten in Entwicklungsländern ein. Im gesamtwirtschaftlichen Maßstab genutzt, ließen sich aus Simulationsrechnungen auch Schlüsse über zukünftige wirtschaftliche Entwicklungen ganzer Volkswirtschaften ziehen und – von Unternehmern, Politikern und Medien meist mit Spannung erwartete – Prognosen über das bevorstehende Wirtschaftswachstum einer Nation verkünden. Die Verwendung gesamtwirtschaftlicher ökonometrischer Modelle gehörte alsbald zum zeitgemäßen Repertoire aller einschlägigen Forschungsinstitute einschließlich der *Organisation für wirtschaftliche Entwicklung und Zusammenarbeit*, OECD, oder der Weltbank, die Länderberichte erstellten, um zukünftige Entwicklungen besser einschätzen zu können.

Jedermann kann sich vorstellen, daß man aus wirtschaftlichen und politischen Gründen im Westen gern ähnliche Prognosen über die Sowjetwirtschaft kennengelernt hätte, doch die in der Sowjetunion veröffentlichten Statistiken gaben die dafür benötigten Daten nicht her. Die Sowjets veröffentlichten im Blick auf ihre zukünftige Entwicklung nur ihre Planziele, nicht aber Prognosen auf Grund von Modellrechnungen. Und von außen ließen sich solche Berechnungen in den fünfziger Jahren noch nicht zuwege bringen.

Da das lineare Programmieren bereits 1947 durch die Simplex-Methode von Dantzig mathematisch stark vereinfacht worden war, hätte es eigentlich schon von diesem Zeitpunkt an das ideale Planungsinstrument für die Sowjetwirtschaft abgeben können. Während die chaotischen Folgen, die von den machtpolitisch motivierten Vorgaben Stalins und seiner Nachfolger im wirtschaftlichen Prozeß ausgelöst wurden, nur durch die Leiden und Duldsamkeit der Bevölkerung aufgefangen oder durch die Trägheit der Planungsbürokratie sowie der traditionellen Produktionsprozesse gemildert wurden, bot sich hier ein Planungsinstrument an, das Wirtschaftsprozesse ordnen und sogar auf Optimallösungen einstellen konnte. Denn mit Hilfe der in Rubelgrößen ausgedrückten Produkte, den fiktiven Preisen, ließen sich mittels des Verflechtungsschemas auch die Materialströme der Sowjetwirtschaft abbilden – ein ideales Instrument für eine zentrale Lenkungsinstanz wie GOSPLAN.

Es leuchtet ein, daß sowjetische Wirtschaftswissenschaftler hofften, sowohl der Volkswirtschaftsplanung als auch der Unternehmensführung mit der Technik des modellgestützten Programmierens zu einem wissenschaftlichen Fundament verhelfen zu können. Dabei standen sie allerdings vor zwei Hindernissen, einem technischen und einem politischen. Das technische Hindernis ergab sich daraus, daß alle Verflechtungsbilanzen einen Kompromiß verlangen. Dehnt man nämlich das Gitterwerk des Tableaus zu weit aus, um möglichst viele Branchen zu berücksichtigen, dann lassen sich die Massen von Inputs und Outputs rechnerisch nicht mehr bewältigen. Soll das Schema aber rechentechnisch beherrschbar bleiben, dann erfaßt man die Volkswirtschaft nur annähernd. Trotz dieser Ungenauigkeit kann man aber durchaus die Vorgehensweisen bestimmen, mit denen der volkswirtschaftliche Prozeß am besten zu steuern ist. Und an dieser Stelle baute sich das zweite Hindernis auf: Die Vorgehensweisen, die von den Wissenschaftlern vorgeschlagen wurden, hätten die Führung in Zugzwang gebracht. Es hätten sich unter der Hand Ansätze zu einem echten Preissystem ergeben. Die Führung wollte aber keinen Knappheitsbedingungen gehorchen, sondern souverän nach machtpolitischen Kriterien entscheiden. So blieb es dabei, daß die sowjetische Führung mit geradezu schlafwandlerischer Sicherheit stets am wirtschaftlichen Optimum vorbei operierte.

Blicken wir unter diesem Gesichtspunkt noch einmal auf Chruschtschow zurück. Er hielt von vornherein nicht viel von wissenschaftlichen Planungsprinzipien, sondern liebte das Experimentieren. Chruschtschow handelte trotz mancher gegenteiligen Ankündigungen weiterhin nach dem Grundsatz des Vorrangs der Schwerindustrie vor der Leicht- und Konsumgüterindustrie. Die besten Ressourcen kamen der Rüstung, vor allem der atomaren Rüstung zugute; und was übrigblieb, hatte Priorität je nach Nähe zu den strategisch wichtigen Industrien. Die Machtpolitik ließ gar kein Optimierungskriterium aufkommen. Jeder Ökonom mußte sich fragen, wie lange das gutgehen könne. Zu einer gewissen Ehrenrettung Chruschtschows darf man aber festhalten, daß er anders als Stalin wenigstens die Rezeption der westlichen ökonometrischen Literatur in akademischen Kreisen der Sowjetunion zuließ.

In der Ära Chruschtschows durfte endlich auch Kantorowitschs ursprüngliche Entdeckung publik gemacht werden. So erschien 1959 dessen neues grundlegendes Lehrbuch *Über die optimale*

*Nutzung ökonomischer Ressourcen.* Gleichzeitig ging Kantorowitsch als Chef des Instituts für Mathematik und Ökonomie nach Nowosibirsk, das zum Hort der Reformökonomen wurde. Obwohl er in die Akademie der Wissenschaften aufgenommen wurde und den Leninpreis erhielt, konnten sich die Wissenschaftler, die seinen Ideen folgten, mit ihren Reformvorschlägen gegenüber den Planern dennoch nicht durchsetzen. Neue Hoffnung keimte für sie erst wieder auf, als Kantorowitsch 1971 unter Breschnew zum Chef des Forschungsinstituts für Volkswirtschaftliche Planung in Moskau berufen wurde. Wenige Jahre später wurde das lineare Programmieren auch vom Nobelpreiskomitee gewürdigt. Der Amerikaner Koopmans und der Russe Kantorowitsch erhielten 1975 gemeinsam den Nobelpreis für ihre Entdeckung. In der westlichen Sowjetforschung wartete man mit Spannung darauf, ob diese internationale Anerkennung in der Sowjetunion eine Änderung in den Planungsverfahren auslösen würde.

Trotz der sich zuspitzenden wirtschaftlichen Schwierigkeiten erfüllte auch die politische Führung unter Breschnew die Erwartung der Wissenschaftler nicht, sondern betrachtete die neuen wissenschaftlichen Methoden lediglich als ein peripheres Hilfsmittel, um ihre strategischen Ziele ohne größere Reibungsverluste zu erreichen. An der Menge der ökonometrischen Abhandlungen, die innerhalb des Ostblocks geradezu eine neue wissenschaftliche Litersparte ausmachte, konnte man gleichzeitig ersehen, mit wieviel Elan und Engagement die Wissenschaftler den eklatanten Mängeln ihrer heimischen Wirtschaftssysteme Abhilfe zu schaffen suchten und mit welch einem intensiven Verlangen sie sich den Erkenntnissen zuwandten, die aus dem Westen zu ihnen kamen. Alle Reformbemühungen in Polen, Ungarn und der Tschechoslowakei waren bereits von daher angestoßen worden. In der Sowjetunion blieb freilich die Diskrepanz zwischen der Fülle höchst sachkundiger ökonometrischer Veröffentlichungen und den Unzulänglichkeiten des Wirtschaftsablaufs auf Grund der starren Eigensinnigkeit der Führung bestehen.

Für die *westliche* Sowjetforschung jedoch brachte die euphorische akademische Zuwendung zur Ökonometrie in der Sowjetunion trotz der Mindereinschätzung, die ihr die sowjetische Führung zuteil werden ließ, aufschlußreiche Resultate mit sich. Die Tür zu besseren Einsichten hatte sich um den besagten Spalt geöffnet, und sie sollte sich bald noch weiter öffnen: Es wurden Input-Output-Tafeln veröffentlicht. Einige sowjetische Wissenschaftler hatten sich hoffnungsfroh schon recht früh zusammen mit Theoretikern aus den Forschungsinstituten der Planungsbehörden daran begeben, prophylaktisch Input-Output-Tableaus für die Sowjetökonomie aufzustellen, um den Planern die Möglichkeit zu geben, damit zu operieren. Einzelne Tafeln waren schon 1959 und 1966 erschienen, und 1972 wurde erneut ein Tableau veröffentlicht. Ferner waren bereits zahlreiche Verflechtungsbilanzen für Republiken und besondere Wirtschaftsregionen veröffentlicht worden. Für die *westliche* Sowjetforschung bedeutete das einen enormen Zugewinn an Daten über die Sowjetökonomie. Lücken blieben dennoch bestehen. Die *veröffentlichten* Input-Output-Tafeln wiesen nämlich Auslassungen auf. Sie enthielten keine Angaben oder Hinweise auf Verteidigungsausgaben und versteckten wesentliche Budgetposten unter irreführenden Titeln. Der westliche Maigret fand die interessanten Spuren wieder sorgfältig verwischt.

Wie groß die Datenmengen waren, läßt sich daraus ersehen, daß die Verflechtungsbilanz von 1966 insgesamt 131 Zeilen und Spalten besaß, so daß man ihr über fünfzehntausend einzelne Angaben hätte entnehmen können, wenn sie voll ausgefüllt veröffentlicht worden wäre. 110 Zeilen und Spalten entfielen auf Produktionssektoren – etwa so viele, wie es Ministerien und Staatskomitees gab. Die restlichen 21 wurden bei der Veröffentlichung weitgehend unterschlagen, nicht anders die anschließenden Quadranten, welche die Gesamtrechnung für die Entstehung und Verwendung des Bruttosozialprodukts repräsentierten. Bei den darin enthaltenen Werten für privaten Konsum, Investitionen, Staatsverbrauch, Exporte, Importe, Löhne, Abschreibungen gab es zur Enttäuschung der westlichen Experten die meisten Auslassungen. Niemand ahnte damals im Westen, daß die sowjetischen Wissenschaftler, die an Instituten arbeiteten, über diese zusammenfassenden Größen von den Praktikern auch keine Auskunft erhielten. Sie mußten sich ebenfalls an *veröffentlichte* Daten halten. Der Kreml ließ sich selbst von seinen eigenen Gelehrten nicht in die Karten schauen. In das voll ausgefüllte Originaltableau durfte nur eine eng begrenzte Anzahl von hohen Funktionären innerhalb der Staatlichen Plankommission Einsicht nehmen.

Im Westen wuchs der Eifer, die sowjetischen Tableaus zu enträtseln. Dafür gab es gute Voraussetzungen. Auf Grund der langjährigen westlichen Erfahrung im Umgang mit *nicht kompletten* wirtschaftlichen Statistiken von Entwicklungsländern verfügte man sowohl bei westlichen Regierungen als auch bei internationalen Organisationen über Erfahrungen zur Rekonstruktion kompletter Gesamtzusammenhänge trotz inkompletter Datenlage. Mit der analytischen Nutzung dieser Erfahrungen, die sich nun auf die Sowjetunion anwenden ließen, mochte man in der Sowjetunion nicht gerechnet haben. Zu Beginn der siebziger Jahre gelang es dann dem amerikanischen Ökonomen Vladimir Treml tatsächlich, die sowjetische Input-Output-Tafel von 1966 durch Ergänzungsrechnungen komplett zu rekonstruieren. Auf Grund des 1972 in Moskau neu publizierten Tableaus wurde diese Rekonstruktion später von Treml verfeinert und so geordnet, daß man sie direkt mit der Input-Output-Tafel der USA vergleichen konnte. Der Altmeister der Input-Output-Technik, Wassily Leontief, bescheinigte Treml 1977, er habe die Landkarte aller Tableaus, die wie eine alte Weltkarte zwar die Umrisse aller Kontinente aufwies, aber im Inneren weiße Flecke für unerforschte Gebiete lassen mußte, einer kompletten Ausfüllung nahegebracht.[1]

Was die Kremlführung zum nachgeordneten Hilfsmittel degradiert hatte, erwies sich nun als ein Instrument, um ihr vom Westen aus in die Karten zu schauen. Für die westliche Sowjetforschung bedeutete das eine Wende: Denn auf Grund der Input-Output-Tableaus zeichnete sich die Möglichkeit ab, ein *ökonometrisches Modell* für die Sowjetunion aufzustellen und damit ein analytisches Werkzeug zu nutzen, auf das die Sowjets unbegreiflicherweise verzichteten. Aber noch war es nicht soweit. Immerhin hatte Maigret damit die entscheidende Spur aufgenommen.

## Die modellierte Sowjetwirklichkeit

Modelle dienen dazu, die Wirklichkeit in einer auf das Wesentliche eingeschränkten Form übersichtlich zu machen. Da im Wirtschaftsprozeß die Produktion um des Verbrauchs willen geschieht, und der Verbrauch wiederum die entscheidenden Impulse für die nächste Produktionsrunde setzt, weil er Kapital und Arbeit ernährt, spielen in Modellen für Wirtschaftsabläufe die kreislaufartigen Beziehungen die entscheidende Rolle. Sobald es gelingt, die wesentlichen Zusammenhänge nach ökonomischen Gesetzen zu erfassen und zahlenmäßig wiederzugeben, kann man auf diese Weise mit einem Computer den Wirtschaftsablauf simulieren. Die Abbildung 7 zeigt, daß die Input-Output-Tabellen dabei eine zentrale Stelle einnehmen, denn sie repräsentieren das Gesamtprodukt, und durch sie werden Produktions- und Verbrauchssphäre miteinander verknüpft. Mit den Input-Output-Tafeln für die Sowjetwirtschaft kam man dem Ziel der westlichen Sowjetforschung, ein Computermodell der Sowjetwirklichkeit zu konstruieren, einen wesentlichen Schritt näher. Würde die Konstruktion gelingen, so müßten sich auf Grund dessen auch zukünftige Entwicklungen einschätzen lassen.

**Kreislaufmodell des gesamtwirtschaftlichen Zusammenhangs**

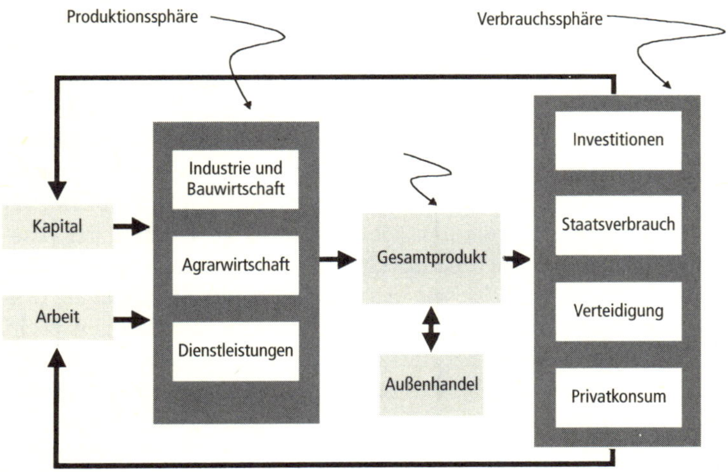


Abbildung 7: Alle Produkte, die aus den drei Sektoren der Produktionssphäre kommen, gehen einer bestimmten Verwendung in der Verbrauchssphäre entgegen, aus der sich durch Rückkopplung ergibt, wie die entscheidenden Produktionsfaktoren Kapital und Arbeit beschaffen sind, die ihrerseits das bestimmen, was in der Produktionssphäre geschieht und so fort. Das Kreislaufmodell zeigt, wie und wo man mittels Input-Output-Rechnungen die Dynamik der Gesamtwirtschaft erfassen kann.

Mit den rekonstruierten Input-Output-Tafeln verfügte die westliche Sowjetforschung also bereits über einen zentralen Bestand an Daten. Schwierigkeiten bereiteten die besagten 21 Zeilen mit ihren vielen Auslassungen. Denn sie enthielten die genauen statistischen Angaben über die Verbrauchssphäre, insbesondere über die kräftezehrende Größe *Verteidigung*. Um das Modell tatsächlich zum Laufen zu bringen, benötigte man also zusätzliche Statistiken. Selbst um diese war es mittlerweile nicht mehr so schlecht bestellt wie unter Stalin. Drei Jahre nach seinem Tod war 1956 das erste statistische Jahrbuch erschienen, das einen Gesamtüberblick verschaffte. Die nachfolgenden Jahrbücher umfaßten von 1958 an nahezu tausend Seiten und wurden durch regionale und spezialisierte Handbücher ergänzt. Von Produktionsstatistiken mit vielfacher Untergliederung bis hin zu Bevölkerungsstatistiken, von Handelsstatistiken bis hin zu Statistiken über die volkswirtschaftliche Gesamtrechnung und Budgetdaten dokumentierten sie viele Einzelheiten über die sowjetische Volkswirtschaft.

Da man sich in der Sowjetunion nicht mehr gestatten konnte, verfälschte Daten zu publizieren, weil das die darauf basierende eigene Planung, die wissenschaftliche Vorarbeit und die Forschung nutzlos gemacht hätte, waren die Angaben, entgegen der im Westen weit verbreiteten Meinung, daß die Sowjets die meisten Daten verfälschten, weitgehend akkurat. Auf jeden Fall waren sie besser als ihr Ruf. Als gegen Ende der siebziger Jahre der Umfang der Jahrbücher wieder drastisch zurückging, bewies das, daß die darin enthaltenen Angaben mehr verrieten, als die Führung publiziert wissen wollte. Andernfalls hätte es solcher Einschränkungen nicht wieder bedurft. Trotz der Tatsache, daß die Statistiken sachlich richtig waren, blieb vieles irreführend. Einerseits wurde eine ganze Reihe von Angaben unvollständig veröffentlicht, und andererseits erwiesen sich die Sowjets als Meister im Verschleiern und Verbergen sensitiver Daten unter harmlos klingenden Oberbegriffen. Eine weitere Schwierigkeit bestand in der sowjetischen Sprachregelung, die im Vergleich zur westlichen einer ganzen Reihe von Begriffen einen anderen Inhalt gab.

Insgesamt war die sowjetische Statistik freilich vor allem dadurch mit einem Grauschleier überzogen, daß die Schattenseiten der Wirtschaft nicht in ihr Zahlenwerk einzubeziehen waren: Ungeheure Materialverschwendung, ungenutztes Inventar, zu hoher

Energieaufwand, Umweltschäden, Mangel an Service und Reparatur, schlampiges Arbeiten, Vollbeschäftigung ohne volle Auslastung der Maschinerie, überbordende Bürokratie und parasitäres Funktionärswesen. Den Produktionsstatistiken war all das nicht zu entnehmen. Jedes Unternehmen meldete nur die pauschalen Produktionsdaten und ging nicht auf die internen Verluste ein. Dieser Umstand darf aber nicht darüber hinwegtäuschen, daß jemand, der kontinuierlich und konsequent mit einem falschen Maßstab mißt, damit ebenfalls wieder Berechenbarkeit schafft.

Im Blick auf die besonders interessierende Verbrauchssphäre wirkten die Angaben über den Privatkonsum geradezu sensationell. Da es sich dabei um Zahlen handelte, die von den Sowjets garantiert nicht irgendwie nach unten korrigiert oder unter anderen Posten versteckt waren, erschienen sie viel zu niedrig. Das sowjetische Zahlenmaterial legte Rückschlüsse auf die Lebensumstände in der Sowjetunion nahe, die bestürzend wirkten: Aus allen Statistiken konnte man eindeutig den schier unglaublichen Tatbestand ersehen, daß sich in den reichlich drei Jahrzehnten von 1928 bis 1961 der Industrieausstoß in der Sowjetunion um das Zehnfache erhöht hatte, während die private Versorgung stagnierte. Die in den frühen dreißiger Jahren drastisch gefallenen *Reallöhne* erreichten gegen Ende der fünfziger Jahre erstmals wieder den Stand von 1928.

An diesem Faktum entzündete sich die Neugier des japanischen Sowjetunionspezialisten Haruki Niwa. Ihm erschien die kontinuierliche Unterversorgung der sowjetischen Arbeiterschaft so extrem und deshalb so unbegreiflich, daß er meinte, man müsse alle bislang angewandten Rechenmethoden, die einheitlich zu diesem Ergebnis gelangten, durch neue ersetzen, um eine Kontrolle herbeizuführen. So kam er bereits in den frühen sechziger Jahren auf den Gedanken, ein ökonometrisches Modell für die Sowjetunion aufzustellen. Und tatsächlich gelang es ihm, das erste – wie er es nannte – *Vereinfachte ökonometrische Modell des sowjetischen Wirtschaftswachstums* zu konstruieren.

*Sachlich* bestätigten Niwas Modellrechnungen zunächst einmal die bestürzenden Einsichten, die sich im Blick auf die Vergangenheit aus den Statistiken ergeben hatten. Das war das eine. *Methodisch* war er mit seinen Modellrechnungen nun überdies in der Lage, einen Blick in die Zukunft hinein zu werfen. Das war das andere. Und dabei zeigte sich, daß die gegebenen ökonomischen Zusammenhänge

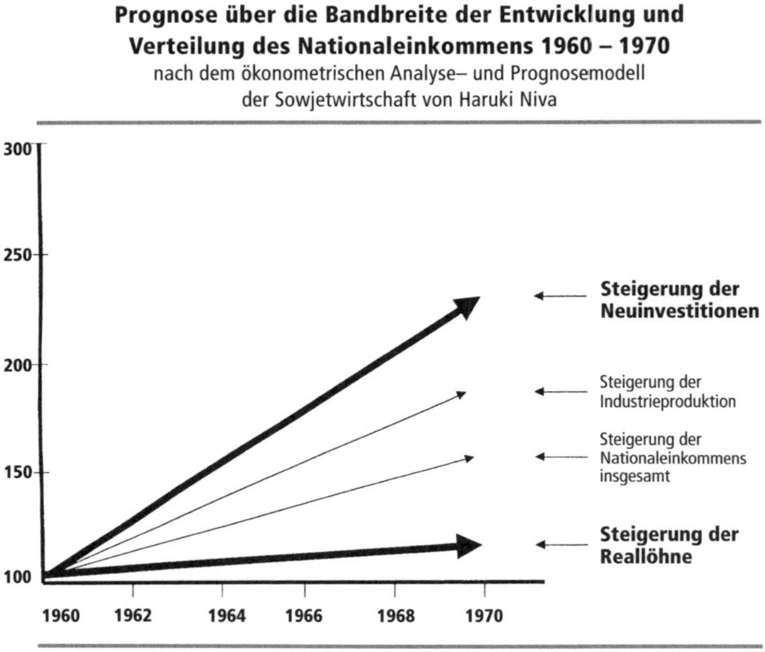


Abbildung 8: Nach Berechnungen von Haruki Niva bestätigte sich, daß in der Sowjetunion eine gigantische Differenz zwischen dem Wachstum der Wirtschaft (ausgedrückt in den Neuinvestitionen) und dem Wachstum des Privatkonsums (ausgedrückt in der Steigerung der Reallöhne) bestand, die Bevölkerung also ständig übervorteilt wurde, und daß sich daran auch für die Zukunft kaum etwas ändern werde.

auch für die Zukunft wenig Änderung zugunsten des privaten Konsums in der Sowjetunion erkennen ließen (Abbildung 8).[2]

Nach Niwas Berechnungen behielt der sowjetische Verbraucher auch weiterhin das Nachsehen. Niwas Voraussagen wurden von der Wirklichkeit alsbald bestätigt. Dieses Resultat machte nicht nur die Fragen nach der inneren Stabilität der sowjetischen Wirtschaft zunehmend wichtiger, sondern vergrößerte in der westlichen Sowjetforschung auch das Verlangen nach möglichst umfassenden Prognosemodellen.

Parallel zu der japanischen Studie hatten sich auch in den USA im Gefolge einer Konferenz in Rochester von 1964 über *Mathe-*

*matik und Computer in der sowjetischen ökonomischen Planung* die ersten Anstöße zur Entwicklung eines ökonometrischen Analyse- und Prognosemodells der Sowjetunion ergeben.[3] Finanziert durch das amerikanische Verteidigungsministerium begaben sich das *Stanford Research Institut – SRI* – und die *Wharton Econometric Forecasting Associates – WEFA* – unter der Federführung von Donald W. Green und Christopher I. Higgins an die Arbeit. Zehn Jahre später (1974/75) konnten sie das von ihnen konstruierte SOVMOD I einsetzen – wegen der dahinterstehenden Organisationen oft auch SRI-WEFA-Modell genannt. 1977 wurde es von Green und Higgins in einer Monographie *SOWMOD I, A Macroeconometric Model of the Soviet Union* der interessierten Öffentlichkeit zugänglich gemacht. Es erregte natürlich auch in der Sowjetunion große Aufmerksamkeit, freilich wiederum nur bei den Wirtschaftsmathematikern und nicht bei den Praktikern. In diesem Modell wurden (a) die verfügbaren sowjetischen Statistiken, (b) die von Treml rekonstruierten Input-Output-Tableaus und (c) auch die inzwischen bekanntgewordenen Erkenntnisse von Niwa genutzt. Mit dem Modell ließen sich Simulationsrechnungen bis 1990, also für potentielle weitere drei Fünfjahrpläne, vornehmen. Wie sich zeigen sollte, reichten diese Prognosen also bereits bis zum Zeitpunkt des Zusammenbruchs der Sowjetunion. Und tatsächlich brachten die mit diesem Instrumentarium angestellten Berechnungen bereits damals eine Reihe von Zusammenbruchsszenarien zutage.

Was den Blick in die Zukunft hinein anbelangt, so werden Modelle dafür eigens justiert. Dabei wird ein auf simple Weise einleuchtendes Verfahren angewendet: Man nimmt zunächst einmal *Im-nachhinein-Prognosen* vor, sogenannte *Ex-post-Prognosen*. Das heißt, der Rechner wird mit Zahlen gefüttert, die einem vergangenen Stand der Dinge entsprechen. Danach prognostiziert man die Konsequenzen für Folgejahre, die ebenfalls schon vergangen und in ihren Ergebnissen bekannt sind. Sodann wird auf Grund der erreichten Treffsicherheit das rechnerische Innenleben des Modells verfeinert, indem man die Veränderung der sogenannten technischen Koeffizienten feststellt und extrapoliert, um schließlich mit immer höherer Wahrscheinlichkeit von der Gegenwart aus in die Zukunft hinein zu rechnen. – Wir werden noch erwähnen, an welcher Stelle die Sowjets die *westlichen* Prognosen für ihre Planung übernahmen.

Bei den frühesten Modellrechnungen stellte sich heraus, daß in der Sowjetunion zwei Variablen einen besonderen Einfluß auf das Wirtschaftsgeschehen ausübten, eine politische und eine natürliche: *Verteidigungsausgaben* und *Wetter*. Beide Größen waren sogar indirekt miteinander verknüpft. Der Rüstungsaufwand verschlang nämlich so viele Mittel, daß sowohl der Landmaschinenbau als auch die Düngemittelindustrie darunter zu leiden hatten. Das wiederum beeinträchtigte den rationellen Einsatz des Heeres von Beschäftigten in der Landwirtschaft, die 1970 noch immer knapp 30 Prozent (1955 = 44 Prozent) aller Arbeitskräfte ausmachten (in westlichen Nationen waren es allenfalls noch 5 Prozent). Man mußte also stets auf besonders günstige Witterungsbedingungen hoffen, um einen hohen Ernteertrag zu erzielen. Mit Maschinen- und Düngemitteleinsatz war kein Ausgleich zu erzielen.

Sprachen die Witterungsbedingungen für eine schlechte Ernte, dann hatte das direkte Konsequenzen für die sowjetische Versorgung. Das gesamte System bebte, wenn das Wetter nicht mitspielte; das System war im wahrsten Sinn des Wortes nicht wetterfest. Das erklärte, warum jedes Jahr eine *Ernteschlacht* stattfand, bei der die gesamte Nation quasi in einen Fiebertaumel versetzt wurde. Schüler, Studenten und Soldaten transportierte man zum Ernteeinsatz auf die Felder, bis schließlich die Einbringung der Ernte wie der Endsieg in einem langen Krieg gefeiert werden konnte. In der westlichen Welt nahm außer Bauern und Getreidehändlern längst kein Mensch mehr von einer Ernte Notiz. In Modellen für die USA oder Kanada zeigte mißliches Wetter mit nachfolgend schlechter Ernte natürlich auch eine Reaktion an, aber sie bestand in Preisverschiebungen und Ausgleichsbewegungen auf den Getreidemärkten, die alsbald abebbten, während die Nachwirkungen in der Sowjetunion sehr viel langfristiger waren.

In die Modellkonstruktion des SOVMOD mußte man daher das Wetter als eine wichtige Bestimmungsgröße mit einbeziehen. Das kam bei der sogenannten *Produktionsfunktion* zur Geltung. Diese Funktion bringt das produktive Zusammenwirken der beiden Wirtschaftsfaktoren *Kapital* und *Arbeit* zum Ausdruck. Sagt man beispielsweise, daß das Gesamtprodukt der Wirtschaft um 1 Prozent wächst, dann kann dieses eine Prozent vielleicht zu 0,9 Prozent auf mehr Arbeitsleistung und nur zu 0,1 Prozent auf vermehrte oder verbesserte Kapitalgüter zurückgehen. In einer fortgeschrittenen Wirtschaft ist natürlich eher das Umgekehrte der Fall. Ein Prozent Wirtschaftswachstum ist hier zu 0,7 bis 0,9 Prozent der besseren und umfänglicheren Ausrüstung mit Maschinen und Anlagen einschließlich dem damit verbundenen technisch-ökonomischen Fortschritt bei nur wenig vermehrter Arbeitsleistung zu verdanken. Für die Sowjetwirtschaft mußte man aber die Besonderheit berücksichtigen, daß neben Kapital in starkem Ausmaß die Arbeit *und das Wetter* das Wachstum bestimmten, ein Umstand, den man eher für eine arme Nation wie Indien oder ein Naturvolk, nicht aber für eine atomar gerüstete Weltmacht unterstellen sollte.

Arbeit und Kapital werden immer auch auf ihren *Kombinationseffekt* hin betrachtet, der ihre *Produktivität* zum Ausdruck bringt. Ist dieser Kombinationseffekt hoch, so bewirkt er überproportional steigende Erträge, die in mehrprozentigem wirtschaftlichen Wachstum zum Ausdruck kommen. Der Ökonom sagt deshalb: Das Gesamtwachstum des Bruttosozialprodukts ist gleich dem Kombinationseffekt von Kapital und Arbeit – für die Sowjetunion lautete der Satz dann: Das Gesamtwachstum des Bruttosozialprodukts ist gleich dem Kombinationseffekt von Kapital, Arbeit *und* Wetter.

Während sich in den hochentwickelten westlichen Volkswirtschaften der anteilige Beitrag von Kapital und Arbeit zum Bruttosozialprodukt längst schwergewichtig zum Faktor Kapital hin verschoben hatte, gelangte die Sowjetunion nie über frühindustrielle Entwicklungsphasen hinaus, in denen die Rekrutierung von mehr Arbeitskräften maßgeblich wirkt. Denn die Gewichtung ihrer Faktorenbeiträge lag für Arbeit immer noch zwischen 0,7 und 0,6 Prozent, für Kapital hingegen nur zwischen 0,3 und 0,4 Prozent. Diese Einschätzung ist, nebenbei bemerkt, dem Nestor der Erforschung des sowjetischen Wirtschaftswachstums, Abram Bergson, zu verdanken, aus dessen Schule die meisten Spezialisten hervorgegangen sind, die sich der Erforschung der Sowjetökonomie mit quantitativen Methoden widmeten.

Angesichts dieser hohen Bedeutung des *Faktors Arbeit* spielte natürlich die Bevölkerungsentwicklung in der Sowjetunion eine bedeutsame Rolle. Seit Mitte des Jahrhunderts fiel der insgesamt spürbare Geburtenrückgang besonders ins Gewicht, denn er bremste den weiteren Zufluß zum Arbeitskräftepotential. Interessant war dabei, daß die genuin *russische* Bevölkerung im Verhältnis zur *nicht-russischen* am meisten verlor, indessen die technisch weniger geschulten islamischen Bevölkerungsteile in Zentralasien weiterhin stark zunahmen. Überdies wies die Stadtbevölkerung in allen Republiken im Vergleich zur Landbevölkerung den stärkeren Geburtenrückgang auf. Beides zwang dazu, wirtschaftliches Wachstum künftig stärker mittels moderner Kapitalausstattung zu bewirken. Die Modernisierung des Kapitals kam aber nicht den produktiven Sektoren der Wirtschaft, sondern dem unproduktiven strategischen Sektor zugute.

In die Rüstung gestecktes Kapital ist ökonomisch unproduktiv.

**Wachstumsabschwächung des Konsums bei zunehmenden Verteidigungsausgaben**

Kapitalwachstumsraten 6 % und 8 %

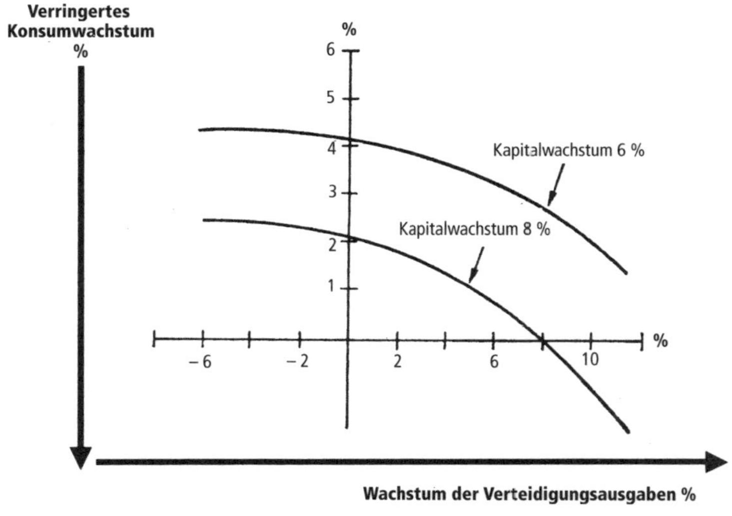


Abbildung 9: Die senkrechte Mittellinie zeigt den prozentualen Rückgang des privaten Konsums in der Sowjetunion an, der sich einstellt, wenn die Maßgröße »Verteidigungsausgaben« nach rechts auswandert, die Rüstungsausgaben also prozentual steigen, und zwar unter angenommenem Kapitalwachstum von 6 bzw. 8 Prozent. Der resultierende Trend wäre für die sowjetischen Verbraucher katastrophal, er deutete sich aber so an. (Quelle: Joint Economic Commitee, 1976, S. 406)

Es wird zwar investiert, aber diese Investition bringt nur einen beschränkten zusätzlichen ökonomischen Nutzen. Man kann auch sagen, *Rüstung ist steriler Konsum*. Produktiv wirken nur Investitionen in moderne Maschinerie, Ausrüstungen, Steuerungstechniken, verbesserte Infrastrukturen und Maßnahmen der Arbeitskräftequalifikation. Auf Umwegen trägt natürlich auch privater Konsum zur Produktivität bei, wenn nämlich gute Versorgung mit Nahrung, Kleidung, langlebigen Konsumgütern und beispielsweise ausreichend bereitgestellten Wohnungen neben Gastronomie, Reise-,

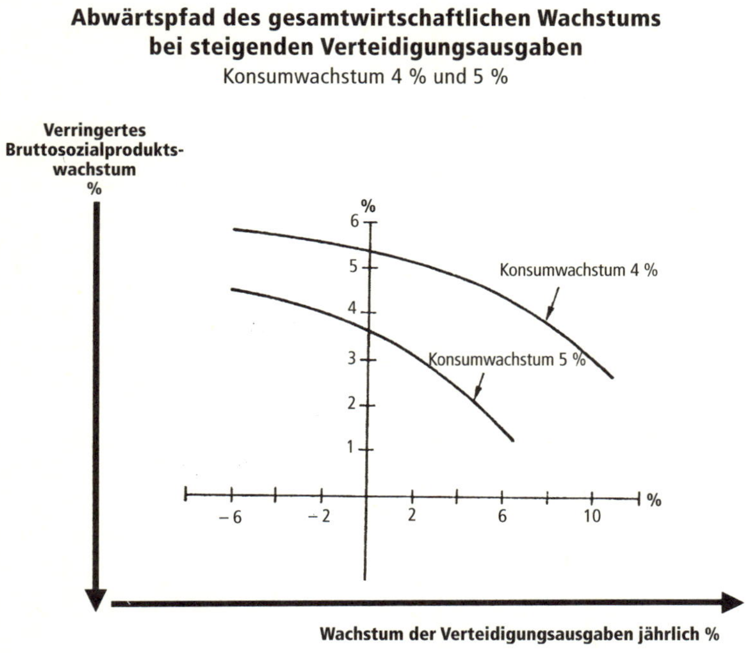


Abbildung 10: Die senkrechte Mittellinie zeigt den prozentualen Rückgang des gesamtwirtschaftlichen Wachstums in der Sowjetunion an, der sich einstellt, wenn die Maßgröße »Verteidigungsausgaben« nach rechts auswandert, die Rüstungsausgaben also prozentual steigen, und zwar unter angenommenem Kapitalwachstum von 6 bzw. 8 Prozent und unter der zusätzlichen Annahme, der Privatkonsum müsse wenigstens mit 4 bis 5 Prozent steigen. Der resultierende Trend wäre für die sowjetische Volkswirtschaft katastrophal, er deutete sich aber so an. (Quelle: ebd., S. 404)

Urlaubs- und Erholungsmöglichkeiten die Leistungsbereitschaft beflügeln – aber gerade daran haperte es in der Sowjetunion.

Angesichts all dieser Mängel hätte eine *Optimierung der Planung* durchaus eine ganze Reihe wirtschaftlicher Mängel beheben können. Und man kann die verzweifelte Stimmungslage der sowjetischen Wirtschaftsmathematiker verstehen, die andauernd ein Optimierungsinstrument anboten, damit aber keinen Erfolg hatten. Als schließlich nach langem Drängen auf einer Fachkonferenz endlich einmal bestimmt werden sollte, welches *Kriterium* für die Planungsoptimierung zu nutzen sei, kam dabei nichts heraus. Der führende Kybernetiker Gluschkow meinte, allein schon der *Zeitgewinn* beim Aufstellen der Pläne erfülle das Optimierungskriterium. Chefstatistiker Malischew schlug vor, die *Arbeitsproduktivität* als Kriterium zu wählen. Und der Herausgeber der wichtigsten ökonomischen Zeitschrift der Sowjetunion, *Fragen der Ökonomie*, zweifelte als Konferenzleiter daran, ob die Frage nach *einem* einzelnen Kriterium überhaupt sinnvoll sei.[4] Doch selbst, wenn man sich dem ebenfalls unterbreiteten Vorschlag angeschlossen hätte, *maximalen Ausstoß zu vergleichsweise minimalen Kosten* als Optimum anzusehen, hätte man damit nichts erreicht, da die Planer, die das Maximum festlegten, gleichzeitig mit der Festlegung von (fiktiven) Preisen auch die Kosten bestimmten. Die Diskussion verriet, daß für eine praktische Anwendung der Ökonometrie in der Planung keine Chance bestand.

Für die westlichen Sowjetforscher war das Fehlen eines Optimierungskriteriums ebenfalls mißlich. Sie konnten sich bei ihren Modellrechnungen nicht auf die Spur einer sowjetischen Zielvorgabe begeben, deren Einhaltung sie hätten prüfen können. Ihre Simulationen konnten daher nur von *»wenn... dann... Annahmen«* ausgehen. Sie mußten so tun, als wären sie selbst die Herren des Kremls, die danach suchten, Macht und Ökonomie in einer Balance zu halten. So variierte man die Bestimmungsgrößen der Verbrauchssphäre, um den verbleibenden Bewegungsspielraum der Kremlführung auszuloten. Die Ergebnisse zeigten so viele Engpässe an, daß ein heiles Durchkommen auf Dauer unmöglich erschien.

Die schwedischen Forscher Hans Bergendorff und Per Strangert wiesen bereits 1974 mit Modellrechnungen nach, daß sich die Lage kritisch zuspitzte. Die Abbildungen 9 und 10 zeigen die bedenklich stimmenden Resultate. Sowohl Konsum als auch gesamtwirtschaftliches Wachstum gerieten auf einen Abwärtspfad, wenn sie in Abhängigkeit von Verteidigungsausgaben variiert wurden. Die ohnehin niedrige Versorgung der Sowjetbevölkerung würde binnen eines Jahrzehnts mit Null-Wachstum dastehen, wenn Kapital und Rüstung Wachstumsraten zwischen 6 bis 10 Prozent aufwiesen. Suchte man demgegenüber den Konsum mit 4 bis 5 Prozent wachsen zu lassen, um die Bevölkerung einigermaßen ruhigzustellen, so würde die gleiche Kombination von Kapital- und Rüstungswachstum nach einiger Zeit unweigerlich das gesamtwirtschaftliche Wachstum gegen Null tendieren lassen.

Weder aus der einen noch der anderen Kombination heraus war eine stabile Existenz der Sowjetunion für längere Zeit denkbar. Weitere Modellvarianten, die in allen möglichen Kombinationen durchgespielt wurden, demonstrierten für die sowjetische Führung ebenfalls eine zunehmende Verengung des ökonomischen Spielraums. Bei alledem waren die Verteidigungsausgaben eher zu niedrig als zu hoch angesetzt. Da die Rechnungen auf Grund der Vorarbeiten von Treml 94 Prozent der gesamten sowjetischen Produktion erfaßten, waren die Kalkulationen höchst stringent – stille Reserven waren nirgendwo ersichtlich. Mit dem auftrumpfenden Verhalten der sowjetischen Führung waren die Ergebnisse der Modellrechnungen freilich nicht in Einklang zu bringen.

Angesichts solcher Modellstudien fragte sich jeder Betrachter, wer sich hier derart irrte: Die sowjetische Führung oder die westlichen Sowjetexperten? Sahen die Analytiker die Dinge falsch, oder erkannten die Sowjets die Gefahr nicht, in der sie sich befanden? Wir wissen heute, daß die sowjetischen Verteidigungsausgaben in Wahrheit sehr viel höher lagen, als die Experten annahmen. Warum waren die führenden Sowjets gegenüber einem Phänomen, dessen sie sich eigentlich bewußt sein mußten, mit Blindheit geschlagen?

Man muß einschränkend sagen, daß die Ergebnisse der rechnerischen Analysen keineswegs von allen westlichen Sowjetspezialisten geteilt wurden. Quantitativ ökonomische Analysen verlangen eine besondere Schulung. Bei der Gruppe derer, die ökonometrische Forschungen vornahmen, handelte es sich um eine kleine Schar. Ihre Einsichten waren wiederum vorwiegend für Spezialisten zugänglich und nachprüfbar, die in ausgewogener Weise *über Kenntnisse von sowohl marktwirtschaftlichen als auch planwirtschaftlichen Systemen* verfügten. Breite Resonanz war auf

Grund dieser Voraussetzung nicht zu erwarten. Das Gros der westlichen Sowjetforscher beschäftigte sich mit anderen Themen als ökonomischen Zusammenhängen. Die volkswirtschaftliche Gesamtrechnung kam nur wenigen in den Blick. Es ist daher nicht verwunderlich, daß diese Erkenntnisse weder in den Medien noch in der Politik der westlichen Welt im Vordergrund der Beachtung gestanden haben. Der amerikanische Präsident Reagan scheint, nachträglich gesehen, den besten Zugang zu diesen Analysen gefunden zu haben. Zur Amtszeit von Präsident Bush schälte sich das Zutreffende der quantitativen Analysen durch die Krise, in die sich die Sowjetunion zweifelsohne zur Zeit Gorbatschows ausweglos verstrickt hatte, immer deutlicher heraus.

## Vergreisende Größe

Personelle Kontinuität in den Führungsgremien und ideologische Fixierung machten die Beständigkeit des politischen Kurses der Sowjetunion aus. Die Partei beharrte auf dem von Stalin dozierten Theorem, das Land müsse sich gegen eine grundsätzlich feindlich eingestellte Umwelt behaupten. Gromyko handelte als Außenminister über einen Zeitraum von 28 Jahren auf internationalem Parkett dieser Auffassung gemäß. Und in der Innenpolitik sorgte ein gutes Dutzend Leute in Spitzenpositionen dafür, diesem strategischen Konzept durch entsprechende Gestaltung der Wirtschaft gerecht zu werden. Daraus resultierte die sogenannte Generallinie der Partei. Solange ideologische Fixierung und personelle Kontinuität erhalten blieben, bot die Sowjetunion einen hohen Grad von Berechenbarkeit. Selbst wenn die Berechnungen einen Weg ins Verderben aufzeigten, durfte man davon ausgehen, daß die Sowjets mit einer hohen Verläßlichkeit auf diesem Weg weiter voranschreiten würden.

Im Westen lagen die Dinge anders. Natürlich war die Konfrontation mit der Sowjetunion in der westlichen Welt ebenfalls die durchgängig dominierende Größe der Außenpolitik, dennoch bestimmte sie nicht die gesamte Wirtschafts- und Gesellschaftspolitik. In den Nachkriegsjahrzehnten ereignete sich vielmehr ein gewaltiger technischer und ökonomischer Wandel, der keineswegs vorrangig mit der Rüstung zu tun hatte. Die Prosperität wuchs; privates und öffentliches Leben nahmen eine andere Gestalt an. In den transnationalen Beziehungen spielten neben den Diplomaten die nichtstaatlichen Akteure eine immer größere Rolle, weil die Handelsbeziehungen enger und mit ihnen die Kapitalverflechtungen dichter wurden und weil schließlich die multinationalen Unternehmen auf den Plan traten. Wandel war im Westen das Signum der Nachkriegsepoche. Nicht so in der Sowjetunion.

Wir haben von der Trägheit sowjetischer Unternehmen gegenüber Neuerungen gesprochen, von der Abwehrhaltung gegenüber Innovationen, die sich für die Planerfüllung störend auswirken. In einem viel höheren Ausmaß galt diese Scheu gegenüber Neuerungen für die Planungsbehörden selbst. Die sowjetischen Planer, die endlich ein komplexes System einigermaßen im Griff zu haben meinten, haßten nichts mehr als Änderungswünsche. Diese zogen einen ärgerlichen Rattenschwanz von Umrechnungen und Neuberechnungen nach sich. GOSPLAN hatte ohnehin alle Hände voll zu tun, die Innovationen, die von den Konstrukteuren der Waffensysteme und vom Militär ausgingen, zu berücksichtigen. Die Spitzenfunktionäre hatten sich im Lauf der Jahre daher längst darauf festgelegt, nicht immer wieder ganze Sektoren von Grund auf neu berechnen zu lassen, sondern den Schlüsselministerien eine so reichliche Vorratsausstattung zu verschaffen, daß plötzlich notwendig werdende Veränderungen zunächst einmal materiell abgefedert waren und in der Planung später sukzessive berücksichtigt werden konnten. Da es neben Breschnew nur fünf Personen gab, nämlich Gromyko, Ustinow, Garbusow, Baibakow und Smirnow, die wesentliche Entscheidungen berieten und fällten, wurde die Generallinie der Partei auch nicht in Frage gestellt. Alle anderen erfuhren nur so viel, wie sie zur Ausführung wissen mußten. Es ergaben sich daher auch keine Einsprüche von seiten der Nachgeordneten, so daß die Berechenbarkeit des Systems erhalten blieb.

Ähnlich dialektisch nahmen sich auch Einzelheiten im Planungsgefüge aus. Was für die westlichen Analytiker eine sichere Kalkulationsgrundlage wurde, wirkte sich für die Sowjets lähmend aus. Entscheidungen über den Bau von großen Waffensystemen wie beispielweise Atom-U-Booten verlangten in den Plänen Festlegungen über einen Zeitraum von 15 Jahren. Als Gorbatschow ans Ruder kam, hatten die vor seiner Zeit unangefochten herrschenden, ranghohen Funktionäre die zukünftige Ressourcenverteilung bereits so weitgehend festgeschrieben, daß sie die von ihm beabsichtigten Reformschritte einengen mußten. Manche Rüstungsvorhaben kamen, wie gesagt, erst unter Jelzin zur Vollendung. Das führte auch im Westen zu einer Fehleinschätzung von Gorbatschows Handlungsvermögen. Man blickte nur auf seine fast unbeschränkten Handlungs*vollmachten*, erkannte aber seine beschränkten Handlungs*möglichkeiten* nicht. Man huldigte in ihm einem Reformer, dem man weit mehr zutraute, als ihm die inneren Bindungen des Systems erlaubten. Es wurde nicht genügend bedacht, daß er innenpolitisch auf Jahre hinaus Festlegungen zu verkraften hatte, die er nicht zu vertreten, sondern vielmehr ererbt hatte und hinsichtlich deren eilfertig angekündigter Lockerung er selbst einem Phantom nachjagte.

Was Gorbatschow an Reformen verkündete, betrachteten die Bürokraten in den Ministerien als die üblichen Versprechungen eines neuen Generalsekretärs gegenüber dem Volk, die man bald vergessen könne, um dann wieder die alte Tagesordnung aufzunehmen. Für die Rüstung waren über Jahrzehnte hinweg neun Mini-

**Die konservative Elite der sowjetischen Rüstungswirtschaft**

| Bezeichnung des Rüstungsministeriums | Amtsinhaber | Erstmalige Ernennu[ng] zum Minister |
|---|---|---|
| Mittlerer Maschinenbau | Slawski | 1940 |
| Allgemeiner Maschinenbau | Afanasejew | 1946 |
| Maschinenbau | Bachirew | 1965 |
| Rüstungsindustrie | Swerew | |
| Flugzeugindustrie | Dementjew | 1941 |
| Schiffsbau | Butoma | 1948 |
| Radioindustrie | Kalmykow | 1949 |
| Elektronikindustrie | Schokin | 1949 |
| Fernmeldeindustrie | Perwychin | 1970 |

sterien zuständig. Hinter ihren recht harmlos klingenden Bezeichnungen verbarg sich die Produktion ganzer Waffengattungen. Der Titel *Ministerium für mittleren Maschinenbau* etwa stand für die nukleare Rüstung. Dieses Ministerium wurde von eben jenem Jefim P. Slawski, Jahrgang 1898, geleitet, von dem wir im Zusammenhang mit Ligatschow sprachen. Von 1957 bis 1986 stand er an der Spitze dieses Ressorts. In diesen 29 Jahren hat er nicht nur fünf Führungswechsel unbeschadet überlebt (von Stalin zu Malenkow, Chruschtschow, Breschnew, Andropow, Tschernenko), sondern wurde als Herr über die gesamte Atomindustrie uneingeschränkt respektiert, um dann endlich von Gorbatschow abgesetzt zu werden.

Um sich ein Bild von einem Mann wie Slawski zu verschaffen, kann man sich an die Schilderung von Sacharow halten, der mit ihm zu tun hatte. Sacharow schilderte Slawski als einen klugen und hochbegabten, entscheidungsfreudigen Mann mit vielfältigen Temperamentsäußerungen, von äußerst höflich bis grob. Slawski war verliebt in Technik, Maschinen und Konstruktionen. Dieser Hüne von Gestalt, der laut und mit fester Stimme sprach, behandelte – Sacharow erwähnt es eigens – seine zierliche, kultiviert und ruhig

| **Amtsjahre unter Stalin** | **Jahre im Rüstungsministerium** | **Amtsdauer im Rüstungsministerium** | **Amtsdauer insgesamt** |
|---|---|---|---|
| 13 | 1967-1986 | 19 | 46 |
| 7 | 1965-1983 | 18 | 37 |
| – | 1968-1986 | 18 | 21 |
| | | | 16 |
| 12 | 1953-1977 | 24 | 36 |
| 5 | 1953-1977 | 24 | 29 |
| 4 | 1957-1976 | 19 | 27 |
| 4 | 1961-1986 | 25 | 37 |
| | 1974-1986 | 12 | 16 |

auftretende Frau mit betonter Aufmerksamkeit und ungewöhnlicher Sanftheit, erübrigte aber, wie Sacharow vermerkt, »für solche Lappalien wie Strahlenkrankheiten des Personals von Atombetrieben und Uranbergwerken oder gar für die namenlosen Opfer von Kernwaffenversuchen«, die Sacharow Sorge machten, »keine rührseligen Gefühle«.[5]

Wie stand es um Slawskis Verantwortungsbewußtsein? Als Gorbatschow ihn 1986 nach der Katastrophe von Tschernobyl zur Rede stellte, gab er als Chef des Ministeriums, das die gesamte Atomwirtschaft einschloß, dem Politbüro die Auskunft: »Nichts Schlimmes sei passiert. Dergleichen sei an Industriereaktoren wiederholt vorgekommen. Man brauche nur ein paar Gläser Wodka hinunterzukippen, ordentlich zu essen, sich auszuschlafen, und es werde keinerlei Auswirkungen geben.«[6] Ob dieser Scharlatanerie wurde er gefeuert. Was hatte er in drei Jahrzehnten Amtszeit möglicherweise noch alles ähnlich skrupellos eingeschätzt? Welchen Zuschnitts waren seine Ministerkollegen, die über Jahrzehnte verwirklichten, was die Chefkonstrukteure der großen Waffensysteme von ihnen forderten? Zeit und Gelegenheit hatten sie genug, um der Politik den Stempel der Technologie unter dem von Stalin verordneten Feindbild aufzudrücken (siehe Tabelle Seite 247).

Die Übersicht zeigt die personelle Kontinuität von der Stalinzeit bis hin zu Gorbatschow. Die Bekanntschaften, Beziehungen sowie Verflechtungen der Interessen und Ansichten dieser Personen und ihrer Mitarbeiterstäbe hatten eine fast unverrückbare Stabilität gewonnen. Es handelte sich um abgeklärte Persönlichkeiten, die im System aufgewachsen waren, darin ihren Arbeitsstil entwickelt und gefestigt hatten. Sie beherrschten ihre Apparate. Und sie beherrschten im eigentlichen Sinn das System. Und diese rüstungswirtschaftliche Elite folgte den Vorgaben, die der Rüstungswettlauf diktierte.

Zusätzlich zu der illustrativen Liste der überdimensional ausgedehnten Amtszeiten für die Minister der fachlich orientierten Schlüsselministerien ist noch zu berücksichtigen, daß sich beispielsweise Marschall Ustinow, Jahrgang 1908, der von 1941 bis 1957 Volkskommissar für Rüstung, 1957 bis 1963 Chef der Militärisch-Industriellen Kommission, von 1963 bis 1965 Leiter des Obersten Wirtschaftsrats, 1965 bis 1976 im Sekretariat der KPdSU zuständig für Rüstung und von 1976 bis zu seinem Tod 1984 als Verteidigungsminister volle zwölf Jahre im Amt war, 43 Jahre lang unter ein und denselben ideologischen Leitlinien mit nichts anderem als Rüstung beschäftigte. Smirnow, Stellvertretender Vorsitzender des Ministerrats, amtierte als Vorsitzender der Militärisch-Industriellen Kommission volle 22 Jahre von 1963 bis 1985. Baibakow leitete GOSPLAN 20 Jahre lang von 1965 bis 1985. Und Garbusow war 25 Jahre lang, von 1960 bis 1985, Finanzminister der Sowjetunion. Im Verein mit Breschnew unterlagen sie keiner Kontrolle. Was das Gremium beschloß, lief nur den technologischen Forderungen hinterher, die aus der Waffenentwicklung des Westens und dessen fortschrittlicher Technologie resultierten.

Das sowjetische System besaß auf Grund seiner personellen Konfiguration stets eine mafiose Binnenstruktur, deren Charakterzüge auch nach dem Zusammenbruch in der Ära Jelzin noch einmal zur Geltung kommen sollten. Christian Schmidt-Häuer hat das Durchgängige dieser Komponente in seinem Buch *Rußland in Aufruhr: Innenansichten aus einem rechtlosen Reich* deutlich gemacht. Während die im 18. Jahrhundert auf Sizilien entstandene Mafia stets mit terroristischen Mitteln ihre wechselnden wirtschaftlichen und politischen Zielsetzungen verfolgte, bildete sich in der Sowjetunion ein Organisationsgefüge heraus, das nach Stalin weniger mit terroristischen als vielmehr mit bürokratischen Mitteln operierte. Politikwissenschaftler bezeichnen diese Herrschaftsform als *autokratisches System*. Bei der Anwendung dieses Begriffs auf die Sowjetherrschaft werden freilich die Elemente des Unberechenbaren und spontan Willkürlichen und das Banditenhafte sowie Rechtlose an ihr unterbewertet. Der Pate schlechthin war in der Zeit, die wir hier betrachten, Breschnew, der mit wenigen Bossen die Entscheidungen fällte. Alle nachgeordneten Instanzen hatten blindlings zu gehorchen. Sie erfuhren nichts über die Gesamtzusammenhänge, sondern agierten in den ihnen zugewiesenen Bereichen. Da alle unterstellten, einem weisen Generalplan zu folgen, hinterfragte niemand die Zusammenhänge, sondern jeder gehorchte nur blindlings. Hier waltete nicht das Vertrauen zueinander, sondern die Furcht, aus dem Beziehungsgefüge verstoßen zu werden – eben ein mafioses Verhältnis. Wenn also an der Spitze die Weichen falsch gestellt wurden, fuhren bis zum letzten Nebengeleise auch alle Züge in die falsche Richtung. Das wiederum blieb das Berechenbare für den westlichen Beobachter.

Die 1976 von den schwedischen Forschern veröffentlichten Modellrechnungen, aus denen sich ein Niedergang der Sowjetwirtschaft ablesen ließ, drückten für westliche Beobachter Zusammenbruchsszenarien aus. Weil diese im Rechner stattfanden, konnte der westliche Beobachter dennoch nicht mit letzter Sicherheit daraus folgern, daß es in der Wirklichkeit keinen Weg daran vorbei gebe. Wußte der Pate mit seinen Vertrauten vielleicht doch etwas Besseres? Die verantwortlichen Minister nahmen offensichtlich nichts wahr, was ihnen bedrohlich schien. Sie handelten in alter Gewohnheit weiter. Die Forschungen wurden immer spannender, denn es war zunehmend mehr zu konstatieren, daß man einem Täter nachjagte, dessen ökonomisches Kalkül mit seinen zutage liegenden machtpolitischen Ambitionen nirgendwo in Übereinstimmung zu bringen war. Tatsächlich wechselte die Sowjetunion inmitten dieser analytischen Verfolgungsjagd plötzlich wieder die von Maigret verfolgte Spur: Die Sowjets hatten einen Ausweg aus ihren Kalamitäten gefunden: Öl.

Die Führung unter Breschnew kam zu Beginn der siebziger Jahre in den Genuß eines wirtschaftlichen Segens, mit dem sie zuvor nicht hatte rechnen können: Die Ölkrise füllte ihre Valuta-Kassen. Verfügte die Sowjetunion bis dahin nur über zwei gewichtige Quellen für harte Währung, Waffenlieferungen und Goldverkäufe, so kam nun eine dritte Geldquelle hinzu, Erdöl und Erdgas. Jede der drei Geldquellen hatte ihre Licht- und Schattenseiten. *Waffenexporte* machten den sterilen Sektor Rüstung wenigstens rudimentär lukrativ, verlangten aber ständiges Interesse an Spannungsgebieten und bewaffneten Auseinandersetzungen in der übrigen Welt, um der Nachfrage nach Waffen neue Nahrung zu geben; und so sorgten sie auch für weiteren Konfliktstoff mit den Westmächten. *Goldexporte* belasteten die sowjetische Industrie nicht sonderlich, da der entsprechende Bergbau entlang des Flusses Kolyma im äußersten Nordosten Sibiriens von Straflagern aus erfolgte. Damit war aber die weitere Aufrechterhaltung des GULag als eines Wirtschaftsfaktors verbunden, was wiederum – vor allem nach den Enthüllungen von Solschenizyn – die Kritik an der mangelnden Einhaltung von Menschenrechten nährte. Die *Energieexporte* eröffneten wirtschaftlich zwar eine völlig neue Dimension der Deviseneinnahmen, banden die Sowjetunion aber auch in einem zuvor nie gekannten Ausmaß an die Weltwirtschaft. Denn von nun an mußten sich größere Veränderungen in der Energiewirtschaft des

Westens zwangsläufig auf die Geschicke der Sowjetwirtschaft auswirken.

Der Dollarsegen hatte zunächst eine beträchtliche Sorglosigkeit zur Folge. Dinge, an denen es mangelte, konnten im Westen eingekauft werden. Ob die Planung einem Optimum gehorchte oder nicht, stand nicht mehr zur Debatte. Die westliche Sowjetforschung mußte ebenfalls Konsequenzen ziehen. Das *Wetter* verlor als begrenzender Einflußfaktor zwar nicht in bezug auf Ernteerträge, wohl aber hinsichtlich einer möglichen Versorgungskrise an Bedeutung, denn die Sowjets verfügten nun über genügend Dollareinnahmen, um Getreide nach Bedarf zu ordern. Bei der Simulation der sowjetischen Wirtschaftsabläufe mußte das durch entsprechende Korrekturen an den Modellen berücksichtigt werden. Das entscheidende Problem der Sowjets blieb jedoch die Entwicklung moderner Technologie, und zwar jeglicher Art, besonders die Halbleitertechnik und die Computerfertigung. Warum sollte nicht auch hier der Westen Abhilfe schaffen?

## Biete Öl, suche Computer!

Als 1972 das Rüstungsbegrenzungsabkommen SALT I unterschriftsreif wurde, äußerten die sowjetischen Politiker gegenüber den Amerikanern ihr Interesse an Großrechnern von IBM. Im Pentagon prüfte das US-Verteidigungsministerium die Sachlage und gab grünes Licht für Lieferungen in die Sowjetunion, wenn eine Reihe von Bedingungen dabei eingehalten wurde. Es durften nur Gattungen von Rechnern exportiert werden, deren Markteinführung mindestens drei Jahre zurücklag. Die zugehörige Software sollte so spezifisch auf den angestrebten Zweck hin entworfen werden, daß eine militärische Nutzung ausgeschlossen schien. Die sowjetischen Käufer mußten überdies verpflichtet werden, im Rahmen von Wartungsverträgen eine gewisse Anwendungskontrolle zuzulassen. Dabei hatten die Kunden nur zu gewärtigen, daß Anwendungsbereiche, keinesfalls aber Anwendungsergebnisse ersichtlich würden. Als Käufer kamen nur nicht-militärische Abnehmer in Frage. Von 1973 an stand IBM bereit, das Großrechnergeschäft mit sowjetischen Partnern aufzunehmen, die in großer Zahl ihr Interesse äußerten.

Im Frühjahr 1974 besuchte mich Günther D. Haase, Manager

von IBM, der in Paris zusammen mit Ray Fentriss das *Trade Development* leitete, mit dem der weltgrößte Computerhersteller die Sowjetunion als Markt für seine Produkte zu erschließen suchte. In Paris und München arbeitete eine beachtliche Anzahl von teuer bezahlten Spezialisten an Vorschlägen für sowjetische Unternehmen und zentrale Institutionen, die sich für den Erwerb von Großrechnern interessierten. Die Geschäftsabschlüsse, die zustande kamen, entsprachen zur Enttäuschung von IBM aber nicht dem Aufwand, den die im Vorfeld dafür zu erstellenden Dokumentationen erforderten. Während die Geschäfte im Umgang mit westlichen Unternehmen einem eingeübten Prozedere von der Anbahnung über den Kontrakt und die Abwicklung bis hin zur Kundenbetreuung folgten, nahm sich bei den potentiellen sowjetischen Partnern alles anders aus. Von mir wollte man wissen, warum das so sei.

In den folgenden Jahren arbeitete ich mit dem *Trade Development* von IBM zusammen, um die zwar mit marktwirtschaftlichen Gepflogenheiten vertrauten, in planwirtschaftlichen Zusammenhängen aber noch ungeübten Computerexperten hinsichtlich ihrer neuen Umgebung zu beraten. Das war wechselseitig aufschlußreich: Das IBM-Personal lernte eine Welt kennen, die anderen Gesetzen als den ihnen vertrauten gehorchte, und mir kamen Einsichten zugute, die sich an der vordersten Front technologischer Entwicklungen ergaben. Durch diese Zusammenarbeit wurde mir klar, warum die Supermacht, die Sputniks startete und Wasserstoffbomben zündete, nicht in der Lage war, ihre wichtigen Industriebetriebe mit Computern auszurüsten oder auch nur dem sowjetischen Reisebüro Intourist, einem absoluten Monopolisten, einen Rechner für sein das Sowjetimperium umspannendes Buchungssystem zu verschaffen. Wie bereits erläutert, waren die Sowjets nicht in der Lage, die Kluft zwischen Einzel- und Massenfertigung von Hochtechnologie zu überwinden.

Die IBM-Manager fragten sich während meiner Darstellungen zuweilen verwundert, warum sie bislang weder in der Schule noch im Studium und schon gar nicht durch die Medien jemals eine zureichende Kenntnis von den inneren Funktionsmechanismen der sowjetischen Wirtschaft erlangt hatten. Prägte doch der Ost-West-Konflikt die Weltpolitik und kam doch ständig die Leistungsfähigkeit der verschiedenen Wirtschaftssysteme in Ost und West zum Vergleich. Und sie fragten mich, ob die westlichen Politiker, die der Systemkonfrontation in vorderster Linie ausgesetzt waren, mit besserer Kenntnis ausgestattet seien. Ich wiederum fragte mich, warum mir in meinen akademischen Studien niemand beigebracht hatte, zwischen Produkttechnik und Prozeßtechnik einerseits und Durchbruchstechnik und Generationenentwicklung andererseits so zu unterscheiden, daß ich bereits mit dieser Vorkenntnis in meine Sowjetforschung hätte gehen können. Denn dadurch wäre es mir bis zu diesem Zeitpunkt nicht rätselhaft geblieben, warum auch hinter der Fabrikation von Tausenden von Jagdflugzeugen, Panzern und Raketen in der Sowjetunion keine industriegesellschaftliche Elite modernen Zuschnitts stand.

In den Forschungslabors von IBM in den USA und Deutschland wurde mir vorgeführt, wie man in den Denkfabriken der Grundlagenforschung mit einem zeitlichen Vorlauf von rund 15 Jahren bereits an dem arbeitet, was dann als etwas grundlegend Neues auf den Ladentisch kommt. Im vorigen Kapitel ist das bereits geschildert worden. Hier kann ich nachtragen, daß sich durch diese Besuche für mich im Blick auf die Sowjetunion erstmals der Verdacht ergab, sie laufe den bahnbrechenden westlichen Entwicklungen mit einer chronischen Verspätung von gleicher Größenordnung hinterher, weil sie nur das übernahm, was im Westen schon Marktbewährung erfahren hatte. Diese Frist verringerte sich für sie lediglich dort, wo im Handwerker- und High-Tech-Heimwerkerverfahren in Klein- und Kleinstserien neueste Produkte kopiert wurden. Die Prozeßtechnologie konnte dabei aber nicht mit kopiert werden, weil sie den Produkten nicht beigepackt war.

Spätere Forschungen bewiesen, was dieser Verdacht nahelegte. Die High-Tech-Ausrüstung für militärische und strategische Zwecke konnte in der Sowjetunion von Spezialisten in Laborserien und in Kleinserien durchaus hergestellt werden. Dafür reichten Verstand, Geschick und Ausrüstung ohne weiteres aus. Auf einem ganz anderen Blatt stand die Fähigkeit zur Ausstattung ganzer Industrien und Dienstleistungssektoren. Hierfür hätte es der *Massenfertigung von High-Tech-Aggregaten* bedurft. Die war in der Sowjetunion nicht gegeben.

Die beim Trade Development geführte Kundenliste las sich wie ein Verzeichnis der bedeutsamsten und für den Sowjetforscher interessantesten Institutionen der Sowjetunion. Allen voran rangierte GOSPLAN, die höchste Planungsautorität der ganzen Sowjetunion. Nach ihr erschienen auf der Kundenliste die sowjetische Staatsbank,

GOSBANK, das *Ministerium für Materialwirtschaft*, das *Staatskomitee für Wissenschaft und Technologie*, GKNT, das gleichzeitig für die Bestellungen der Gasindustrie zeichnete, sodann die *Akademie für Wissenschaften und technischen Fortschritt.* Und wie auf einer Perlenschnur aufgezogen, folgten an renommierten Institutionen das *Ministerium für Landwirtschaft*, das *Ministerium für Erdölexploration,* das *Ministerium für Schiffsbau* und schließlich das staatliche Tourismusunternehmen, INTOURIST.

Zu einer besonderen Angelegenheit wurde die Computerlieferung für das in Nabereschnye Tschelny gelegene größte Automobilwerk der Welt, KaMAZ. Die Ausrüstung dieses Werkes durch IBM war auf Grund eines speziellen Abkommens zwischen Breschnew und Ford 1974 in Wladiwostok im Rahmen der Kontakte über die Beendigung des Vietnamkriegs als eine besondere Konzession ausgehandelt worden. Zeitgleich kam noch ein weiterer Kontrakt zustande: Beim Olympischen Komitee fiel nämlich die Entscheidung, die Olympischen Spiele von 1980 in Moskau abzuhalten. IBM wurde unter Vertrag genommen, den Computer für das Organisationskomitee zu liefern und vor allem die gesamte Software für das Ablaufprogramm beizubringen.

Sensationell war, daß sich in der Liste der Interessenten auch die Adresse der in Kiew lokalisierten Fertigungsstätte für *Steuerbordkarten* (die sowjetische Bezeichnung für Chips der damaligen Zeit) fand. Wenn sogar die sowjetische Chipfabrikation auf amerikanische Ausrüstungen angewiesen war, erklärte es sich leicht, warum es mit der Computerindustrie in der Sowjetunion derart kritisch stand, daß die Top-Institutionen der Sowjetunion nach einem IBM-Computer Ausschau halten mußten. Die *Transistorisierung* und die Chipherstellung waren im Vergleich zu den USA die ausschlaggebenden Schwachstellen der Sowjetunion.

Zum Verständnis dafür mögen wenige Erläuterungen genügen: Der Übergang von der Technik der Gleichrichterröhren, wie sie in allen Radioempfängern bis über die Mitte des 20. Jahrhunderts hinaus üblich waren, zu Transistoren und Chips ist ein Paradebeispiel für die stets rund 15 Jahre dauernde Periode des Durchbruchs zu neuer Technologie. In den Bell-Laboratorien wurde 1947 der erste Vorstoß unternommen. Das militärische Interesse an der Miniaturisierung von Bauelementen für den raum-, gewichts- und stromsparenden Einbau in Kampfflugzeuge und Sprengkörper förderte den weiteren Vormarsch der Entwicklung in den frühen fünfziger Jahren. Die steigende Nachfrage nach industriell produzierten Rechnern stellte Mitte der fünfziger Jahre die Unternehmen Control-Data und Texas-Instruments vor das Problem, immer größere Mengen der miniaturisierten Transistoren miteinander zu verknüpfen, um größere Rechenleistungen hervorzubringen. Jack Kilby löste 1958 dieses entscheidende Problem bei Texas-Instruments durch die Idee des integrierten Schaltkreises, den die Firma Fairchild Semiconductor in Mountain View in Kalifornien – stimuliert durch das Apollo-Programm für die Mondlandung – im großen Stil umsetzte. Es war dies eine der folgenreichsten Entwicklungen des Jahrhunderts, denn mit ihr verband sich der Siegeszug des Chips und alles, was unter dem Stichwort Silicon Valley seither die Weltwirtschaft, die Ost-West-Konfrontation und die gesamte Kommunikation in Richtung Globalisierung umgekrempelt hat.

Was sich in den USA in wechselseitiger Förderung von militärstrategischen und privatwirtschaftlichen Interessen an militärisch-industriellem Komplex herausbildete, war ein Lehrstück jener Eigendynamik des kapitalistischen Systems, das durch Adaption und Integration äußerer Anstöße mehr bewirkt, als sich die Regierenden auszudenken vermögen. In der Sowjetunion meinten die Regierenden demgegenüber, sie könnten den Strom der Entwicklung auf Grund der Empfehlungen der Chefkonstrukteure ihres Systems befehlen. Das war weit gefehlt.

Der Entwicklungsschritt, der das Sowjetsystem von weiterem Fortschritt abkoppelte, ihm letztlich den Todesstoß versetzte, sollte sich im Westen bereits um die Mitte der sechziger Jahre vollziehen: Die mit den integrierten Schaltkreisen ausgerüsteten Rechner wurden wiederum zur Berechnung von Schaltkreisen eingesetzt. Die Leistung potenzierte sich. Man übertreibt, wenn man sagen wollte, die Computer pflanzten sich von selbst fort, aber um etwas Ähnliches handelt es sich doch: Chips ermöglichen effektivere Rechner, und nur mit effektiveren Rechnern kann man wiederum den Aufbau leistungsfähigerer Chips berechnen. Auf einer Chipfläche von einem halben Quadratzentimeter integrierte man 1965 etwa 10 Transistoren, 1975 deren 1000, 1985 erreichte man die Konzentration von einer Million. Man ersieht daraus, was es bedeutete, wenn die sowjetische Fabrikationsstätte für Chips in Kiew 1975 den Einkauf eines IBM-Rechners über das *Staatskomitee für Wissen-*

*schaft und Technik* in Moskau beantragen mußte, um den Anschluß an solche Entwicklungen zu finden. Der sowjetische Stand der Technik war weit mehr als ein Jahrzehnt in Verzug.

Die Beratung von IBM räumte mir die Möglichkeit ein, Spezifikationen zur Kenntnis zu nehmen, mit denen die sowjetischen IBM-Kunden ihre eigenen Anforderungen beschrieben, damit IBM die entsprechenden Angebote ausarbeiten konnte. Auf diese Weise erfuhr ich auf diesem Technologiesektor mehr über die Sowjetunion, als deren eigene Führung zu begreifen willens und fähig war. In diesem Sinn war es ein seltener Glücksfall für mein Engagement in der Sowjetforschung, mit Akteuren zusammenarbeiten zu können, denen solche Kenntnisse zukamen. Die Einordnung dieser Kenntnisse in die Kontexte der Forschung schärfte den Blick dafür, daß die Simulationsrechnungen mit SOVMOD I, von denen oben einige Kostproben gegeben wurden, die Lage der Sowjetunion rosiger und nicht etwa düsterer darstellten, als sie wirklich war.

Wenn weder die oberste staatliche Planungsbehörde GOSPLAN noch das Ministerium für Materialwirtschaft über einen leistungsfähigen Großrechner und entsprechende Programme verfügte, um Modellrechnungen für die eigene Wirtschaft durchzuführen, dann war es nicht verwunderlich, daß alle Empfehlungen der Wirtschaftstheoretiker zur Planungsoptimierung vergeblich blieben. Die Optimierung der Wirtschaftslenkung scheiterte also nicht nur an dem Unmut der Planer, sondern hätte auch instrumental nicht verwirklicht werden können. Was war von einer Weltmacht zu halten, die ihre wichtigsten Institutionen aus eigener Kraft nicht einmal mit einer angemessenen EDV auszustatten wußte?

Bedrückung schien das im Kreml nicht auszulösen. Die Energiekrise eröffnete der Sowjetunion Exportmärkte für Öl und Gas mit enormen Deviseneinnahmen und verführte die politische Führung auf Grund der einkassierten *wind-fall-profits* zu blankem Hochmut. Die Sowjets strengten keine Leistungsbilanz ihrer Volkswirtschaft an, sondern sonnten sich im Licht ihrer machtpolitischen Weltgeltung. Die Größen, mit denen sie dabei umgingen, drückten sich in der Anzahl von Raketen, atomaren Sprengköpfen, Bombern, Jagdflugzeugen, Atom-U-Booten und Flugzeugträgern aus. Wo immer es in der Sowjetunion an etwas mangelte, durch Energieexporte schien es ausgleichbar, denn diese führten zu einem Tischleindeckdich-Effekt. Die wahren Kosten hat niemand berechnet.

Die Sowjetunion verirrte sich in Gigantomanie. Der Öl- und Erdgasrausch verlangte umfängliche internationale Wirtschaftsabkommen. Mit Italien wurde 1969 ein Abkommen über Erdgaslieferungen gegen Röhren für Pipelines abgeschlossen, das ein Jahr später erweitert wurde; mit der Bundesrepublik kamen 1970 Röhrengeschäfte auf gleicher Grundlage zustande, die 1974 Ausdehnung erfuhren. Im gleichen Jahr verhandelte Gromyko in den USA über Handelsabsprachen mit betontem Interesse an der Meistbegünstigungsklausel der Amerikaner. Die Bundesrepublik schloß den Vertrag über die Lieferung eines Stahlwerks nach Kursk ab, für das 2,5 Milliarden DM in bar ohne Inanspruchnahme von Krediten gezahlt wurden.

In dem Bestreben, die Exporterlöse zu steigern und dafür weitere Gebiete Sibiriens rohstoffwirtschaftlich zu erschließen, begann 1974 der Bau der Baikal-Amur-Magistrale, BAM, einer Eisenbahnlinie als nördlicher Parallele zur Transsib, die von Ust-Kut an der oberen Lena bis Komsomolsk am unteren Amur über fast 4000 Kilometer neue Verkehrsverbindungen herstellen sollte. Als Mammutprojekt angelegt, auf zehn Jahre Bauzeit hin entworfen, mit ungeheuren Investitionssummen verknüpft, ist die BAM – soweit sie fertig wurde – heute der Welt größte unrentabel gewordene Nebenstrecke. Bei der Projektierung hatte auch der Wunsch, Japan zu einem Absatzmarkt für Energielieferungen zu machen, eine Rolle gespielt. Zur Erfüllung dieses Wunsches kam es nicht. Der Projekte waren es damit noch nicht genug: Im gleichen Jahr 1972, in dem die Ernteausfälle auf einen Schaden von 20 Milliarden Dollar geschätzt wurden, die man mit Importen ausglich, wurde offiziell verkündet, es werde ein 3000 Kilometer langer Kanal geplant, mit dem das Wasser des Flusses Irtysch, das aus dem mongolischen Altaigebirge über den Ob ins Nordmeer fließt, quer durch das südliche Kasachstan in den Aralsee eingeleitet werden sollte. Atom-U-Boote und Flugzeugträger wurden gebaut, der erste atomargetriebene sowjetische Eisbrecher erreichte den Nordpol. Biete Öl und baue alles, schien die Devise des Kremls zu lauten.

Das alles geschah in einer Zeit, in der die Staatliche Plankommission nicht in der Lage war, ein Simulationsmodell für den Wirtschaftsprozeß der Union zu erstellen, geschweige denn, den Planungsprozeß aus einem Guß heraus zu planen oder gar zu optimieren. Als die Computerinstallation für den Produktionsablauf im

Automobilwerk KaMAZ abgeschlossen und eine Endabnahme mit den entsprechenden Abschlußtests erfolgt war, fragte ein leitender sowjetischer Ingenieur, ob man mit der Anlage westliche Standards erreicht habe. Günther D. Haase antwortete, dort würde garantiert noch ein Computer für Ersatzteilmanagement gefordert sein. Kurzes Schweigen ließ die Replik, die dann erfolgte, noch erstaunlicher wirken: Warum das, wenn man alle Ersatzteile den ausrangierten Fahrzeugen entnehmen kann? Was könnte kurioser sein?

Gigantomanie ohne Sinn für Details wurde zum Verhängnis der Sowjets. Ein Lehrstück drängt sich zur Illustration auf: In der westlichen Welt begann um die Mitte der achtziger Jahre die massenhafte Ausstattung von Arbeitsplätzen mit Personalcomputern und Workstations. Die Rationalisierung der Büroarbeit durch Kopierer war schon gelaufen. Selbst ein Technologieführer wie IBM verschätzte sich im Rechnerbedarf der Unternehmen. IBM tappte in eine Großrechnerfalle. Der Weltkonzern verharrte zu lange auf der Produktion von Großrechnern und hatte jahrelang alle Mühe, den Anschluß an die rasante Durchsetzung von PCs zu finden. IBM hatte kalkuliert, immer größere Unternehmen brauchten ständig nur immer größere Rechner. In Wahrheit lief der Trend in eine andere Richtung. Die sich ständig vergrößernden Unternehmen wurden immer komplexer. Zur Beherrschung höherer Komplexität eigneten sich aber lokale PCs, die alle Details erfassen und zu einem Netz zusammenzuschließen sind, sehr viel besser als zentrale Großrechner. *Vernetzung* lautete das entscheidende Stichwort. In diese Richtung ging die Entwicklung. IBM schaffte den Anschluß mit Mühe. Wenn das einem Weltunternehmen der absoluten Spitzenklasse widerfahren konnte, wie war es dann um eine Weltmacht bestellt, die gerade erst ihre Top-Institutionen von diesem Unternehmen zum ersten Mal mit Großrechnern ausstatten ließ?

Die Abhängigkeit der internen Vorhaben von äußeren Einnahmequellen band die Sowjetunion über jedes ihr vertraute Ausmaß an die Geschicke der Weltwirtschaft. Die Führungscrew im Kreml wiegte sich in der Sicherheit, ihren Handlungsspielraum erweitert zu haben und die Engpässe mit Hilfe westlicher Technologie überwinden zu können. Was aber würde passieren, wenn die Industrieländer auf die Ölkrise mit Rationalisierungen reagierten, weniger Energie verbrauchten und die Einnahmen zurückgingen? Das war eine Frage, der man innerhalb der Führung wahrscheinlich nie nachging. Was würde gar geschehen, wenn angesichts der in Angriff genommenen gigantischen Investitionsprojekte die eigenen Vorräte für die Inlandszwecke nicht mehr reichten? Konnte man sich ein aggressives Auftreten in Spannungsgebieten bei gleichzeitig gesteigerter Kooperation mit dem Westen auf längere Zeit leisten? Wie mußte sich die Aufrechterhaltung des GULags auf die Stimmung der Bevölkerung und die Weltöffentlichkeit auswirken, nachdem Solschenizyns *Archipel GULag* gerade erschienen und in Helsinki die Wahrung und Erweiterung der Menschenrechte zugesichert worden war? Würde die Sowjetunion eine ökonomische Krise überstehen, durch die sich die private Versorgung weiterhin verschlechtern müßte?

Biete Öl, suche Computer! Das Tauschgeschäft neigte sich schneller als erwartet dem Ende zu. Zum Ausgang der siebziger Jahre brachte die Sowjetunion das Mittelstrecken-Raketensystem SS 20 in den westlichen Gebieten der Sowjetunion zur Aufstellung und löste damit den Nachrüstungsbeschluß der NATO-Mächte aus. Im Dezember 1979 marschierten die sowjetischen Truppen in Afghanistan ein; und die USA verhängten ein Handelsembargo für Getreide und moderne Technologien gegen die Sowjetunion. Präsident Carter rief alle Nationen auf, die Olympischen Spiele in Moskau zu boykottieren. Als die IBM-Mannschaft in Moskau die Türen für neue Kundschaft schließen mußte, war zwar der Computer für das Organisationskomitee der Spiele fertig, aber die Anwendungssoftware war noch nicht ausgeliefert, und nur über Schweden gelang es, die Spiele vor einem organisatorischen Chaos zu bewahren. Im Februar übergab ein deutsches Baukonsortium den eiligst fertiggestellten modernsten Auslandsflughafen, Scheremetjewo, an die russischen Behörden. Es reisten aber vierzig Delegationen weniger als geplant zu den Spielen an, und die geschätzten Tourismuseinnahmen fielen dementsprechend geringer aus. Dafür traf eine Handelsdelegation aus Indien ein, die für 1,63 Milliarden Dollar *Waffen* bestellte. Andrej Sacharow wurde im Januar 1980 auf offener Straße verhaftet und in die Verbannung geschickt.

Meine weitere Zusammenarbeit mit IBM während der Betreuung der bereits belieferten sowjetischen Institutionen gestaltete sich aufschlußreich. Als eine Art Zwischenresümee veröffentlichte ich Ende 1980 zwei Artikel: *Ein industrieller Koloß auf tönernen Füßen* und danach *Die Produktion des Unfriedens* mit dem Untertitel *Wie ein leistungsschwaches Wirtschaftssystem internationale Spannungen hervorruft.* Ich war damals von dem bevorstehenden Niedergang der Sowjetunion überzeugt. Allzu viele Anzeichen deuteten darauf hin. Die inneren Spannungen schienen mir die vorhandenen Regulierungsmöglichkeiten zu überfordern. Meine Prognose lautete 1980: »Die Relationen sind heute bereits bedenklich, werden in fünf Jahren kritisch und in zehn Jahren katastrophal sein.« (F.A.Z. 28.10.1980)

Mitte der achtziger Jahre reagierten Zuhörer ratlos und verdutzt, als ich zu Beginn der Gorbatschow-Zeit die Prognose wagte, gegen Ende des Jahrhunderts werde der Ost-West-Konflikt bereits im Nord-Süd-Konflikt untergegangen sein. Ein Abiturient, im Jahr 2015 befragt, was ihm zum Stichwort *Sozialismus* einfalle, werde sich wahrscheinlich nur mühsam der Sowjetunion erinnern. Viele hielten das für makabre Scherze. So ergab sich immer wieder die Frage, *wie* es in der Sowjetunion weitergehen könne. Ich sah für Gorbatschow keine Chance zur Sanierung der sowjetischen Verhältnisse und zur Rettung des sowjetischen Herrschaftssystems. Entweder würde das Herrschaftssystem an der Wirtschaft scheitern oder die Wirtschaft über dem Bestand dieses Herrschaftssystems zugrunde gehen. Beides konnte auf Dauer nicht neben- und miteinander bestehen bleiben. Aber *wie* würde es zu einer Entscheidung kommen?

Politikwissenschaftler pflegen auf Fragen dieser Art mit der Skizzierung von möglichen Szenarien zu antworten. Die von mir entworfenen waren folgende. *Szenario eins*: Gorbatschow bleibt am Ruder, und es gelingt ihm, die Wirtschaft mühsam auf einen anderen Kurs zu bringen. Es würde langsam aufwärtsgehen. Nach 20 bis 25 Jahren, im Jahr 2005, könnte dann ein Sowjetbürger im Schuhgeschäft zwischen zwei Paar Schuhen wählen, die ihm gefielen. Und 2020 werde die Sowjetunion wieder einen ersten Platz einnehmen – im Lager der Entwicklungsländer! *Szenario zwei*: Die Partei wird in der Herrschaft vom Militär abgelöst, es ergibt sich sozusagen eine Jaruzelski-Lösung, dann bleibt zwar zunächst die Herrschaftsform intakt, aber die Sowjetunion geht an einer ruinierten Wirtschaft zugrunde. *Szenario drei*: Die Sowjetunion zerfällt. Die Republiken machen sich selbständig und beginnen je für sich mit einer Sanierung ihrer Wirtschaft. Die Union bleibt ein Erinnerungsgegenstand. *Szenario vier*: Es kommt zu einem katastrophalen Ende mit kriegerischen Auseinandersetzungen. Der Rest der Welt hat Glück, wenn er nicht in den Strudel hineingezogen wird.

Am Ende des Jahrhunderts nahmen sich diese Szenarien eher realistisch als spekulativ aus, wenngleich kein Szenario als solches allein zum Tragen kam. Verwirklicht hatte sich eine Kombination von verschiedenen ihrer Elemente. Sie lag außerhalb meines Vorstellungsvermögens. Ich kam nicht auf den Gedanken, daß putschende Militärs in Zusammenarbeit mit dem KGB nicht imstande sein sollten, einen Putsch erfolgreich durchzuführen. Es wäre mir nicht eingefallen, daß ein russischer Präsident im Namen der Demokratie einen Staatsstreich gegen die Union organisiert, den sowjetischen Präsidenten absetzt, beziehungsweise zum Rücktritt zwingt – wie es Jelzin mit Gorbatschow gelang. Ich konnte mir nicht vorstellen, daß die sowjetische Nomenklatura als neokapitalistische Mafia überleben könnte. *Wie* der Untergang tatsächlich über die Bühne ging, war jenseits meiner Einbildungskraft. *Daß* er kam, konnte nach meinem Dafürhalten nicht überraschen. So sehr man sich darüber freuen konnte, daß ein Zusammenbruch der Sowjetunion das von vielen ersehnte Ende der kommunistischen Herrschaft bedeutete, so besorgniserregend war daneben die Frage, ob damit nicht größere Krisen auf die Welt zukämen; schließlich ging es um die Krise einer nuklear gerüsteten Macht, die alle Welt in ihren Untergang hineinreißen konnte.

Jahre später legte im Juni 1991 – also wenige Wochen vor dem Putsch – die CIA in einer geheimen Studie dem US-Präsidenten ihre Einschätzung der zukünftigen Entwicklung der Sowjetunion vor: *Implications of Alternative Soviet Futures.* Diese 1999 der Öffentlichkeit zugänglich gemachte Untersuchung (*At Cold Wars End*) reflektierte ebenfalls vier Szenarien:

*Szenario eins*: Chronische Krise. Fortdauer der Kalamitäten ohne einen Kollaps des Systems, aber auch ohne Lösung der vorhandenen Probleme. Das Land bleibt einigermaßen regierbar, und die Ökonomie laviert am Abgrund. Mehr als fünf Jahre kann die Sowjetunion in diesem Zustand nicht überleben. *Szenario zwei*: Systemwandel. Das System kommt an ein Ende und wird ohne große Gewaltanwendung durch ein anderes ersetzt; die slawischen Republiken bilden den Kern eines weniger mächtigen Reichs. Die baltischen Staaten und auch Georgien, Armenien sowie Moldawien spalten sich ab. Nach einer allgemeinen wirtschaftlichen Krise findet man sich marktwirtschaftlich zurecht, und die Regierung paßt sich zunehmend mehr dem Willen der Bevölkerung an. *Szenario drei*: Rückfall. Die restaurativen und hartgesottenen Kräfte aus dem militärischen und politischen Establishment und dem der Sicherheitskräfte setzen sich durch und verkünden den Ausnahmezustand. Die Reformbewegung wird langsam aber sicher unterdrückt. Eine wirtschaftliche Krise ist nicht abzuwenden. Dieser Zustand ist nicht lange zu halten. *Szenario vier*: Zerfall. Es kommt zu einem gewaltsamen, ins Chaos führenden Kollaps des Systems. Die Republiken machen sich selbständig, einige tendieren zur Demokratie, andere finden zu autoritären Regimen. Kriegerische Auseinandersetzungen sind wahrscheinlich. Die Wirtschaft bricht zusammen, es gibt Hungersnöte, und man behilft sich mit Tauschwirtschaft.

Fünfzehn Jahre nach den Berechnungen der schwedischen Forscher und zehn Jahre nach meinen eigenen düsteren Prognosen lagen 1991 für die CIA naürlich weit kritischere Tatbestände der Sowjetunion zutage, und dennoch zeigen die Szenarien der CIA, daß auch diese Behörde die endgültige Kombination der Wirkungsfaktoren, die danach zum Zusammenbruch führten, nur annähernd einzuschätzen wußte. In der Sowjetunion gab es keine Führung mehr, die in der Lage war, Aktionen und Reaktionen zuverlässig zu kalkulieren; und den Opponenten der Führung, die dann den Putsch wagten, erging es nicht besser. Der Zufall übernahm die Führungsrolle. Das sowjetische Herrschaftssystem hatte als solches bereits ausgespielt. Für die amerikanischen Beobachter galt die gleiche Kalkulationsbeschränkung. Ihre Szenarien erfaßten zwar bereits das endgültige »Aus«, ohne aber dessen konkrete Ausformung genau angeben zu können.

Was mir über die Simulationsrechnungen mit Computermodellen hinaus bereits zu einem früheren Zeitpunkt zu gleichartigen Einsichten verholfen hatte, waren die Schlußfolgerungen, die ich auf Grund der vor Ort gemachten Beobachtungen der Computer-Experten von IBM ziehen konnte. Es handelte sich um Erkenntnisse, die man keiner Literatur entnehmen konnte. Man hätte sie auch nicht gewinnen können, wenn die von IBM bedienten sowjetischen Institutionen nicht selbst darüber Auskunft gegeben hätten. Was diese Institutionen zum Zweck ihrer Computeranschaffungen über sich selbst berichteten, hätte in der westlichen

Welt bei Akquisitionen dieser Art zum normalen Informationsaustausch gehört. Die Sowjets hatten dabei aber das Gefühl, sie würden ihre bestgehüteten Geheimnisse preisgeben.

Daß die Sowjets ihren Nachholbedarf an Rechnern nicht an die große Glocke hängten, sondern lediglich geschäftlich diskret bekundeten, war nur zu verständlich, alles andere hätte nach einem öffentlichen Eingeständnis von Schwäche geklungen, daß sie diesen Eindruck aber auch gegenüber denen zu vermeiden suchten, die sie ob dieser Schwäche um Hilfe bitten mußten, wirkte reichlich komisch. Immer wieder versuchten sie den IBM-Experten Stärken vorzutäuschen, über die sie nicht verfügten. Das nahm zuweilen groteske Formen an. So konnte IBM damals nur dann Gerätegarantie geben, wenn beispielsweise die Räumlichkeiten für die Installationen klimatisiert (gekühlt) und staubfrei gehalten werden konnten. IBM suchte daher auch die Installationsräume in die Lieferungen einzubeziehen. Prompt wurde das von den Sowjets abgelehnt. Das könnten sie selbst erledigen, hieß es. Wenn aber die Räume getestet wurden, versagte das im Eigenbau Erstellte nur allzu oft.

Was durfte man aus alledem folgern? Wenn die profiliertesten sowjetischen Partner nicht in der Lage waren, exakt temperierte Reinräume zu garantieren, dann brauchte man sich keine Gedanken mehr darüber zu machen, ob ihre Top-Institutionen über Computer für Modellberechnungen der sowjetischen Volkswirtschaft verfügten.

Ökonometrische Modelle der sowjetischen Volkswirtschaft existierten nur im Westen. Was sie zutage brachten, verriet eine industrielle und wirtschaftliche Zurückgebliebenheit der Sowjetunion, die sich völlig disproportional zu ihrem Machtpotential ausnahm. Das politisch auftrumpfende Verhalten, das seine Kraft nur aus der Konjunktur des Öl- und Gasgeschäfts bezog, wurde von inneren Schwächen konterkariert. Die westliche Sowjetforschung war, soweit sie sich der ökonometrischen Analyse bediente – sprechen wir von Maigret –, einem Hasardeur, einem weltpolitischen Abenteurer als Täter auf die Spur gekommen. Die spannende Frage blieb natürlich, ob die statistische Basis der westlichen Rechnungen zuverlässig genug war, um ihren Auswertungsergebnissen zu vertrauen. In diesem Sinn war umfassendere Beobachtung vor Ort gefragt. Maigret brauchte einen Assistenten. Als solcher kam eigentlich nur die CIA in Betracht.

## Die CIA beobachtet, rechnet und gibt zu denken

Wenn Journalisten die Urteile von Fachleuten wiedergeben und kommentieren, spielen bei dieser Verarbeitung nicht nur sachliche, sondern neben der Auffassungsgabe oft auch persönliche und politische Voreingenommenheiten eine Rolle. Das gilt ganz besonders, wenn die Fachleute geheimdienstlichen Organisationen angehören. Die *Central Intelligence Agency*, kurz: CIA, hat es sicherlich rund um die Welt zum Rekordhalter an öffentlich geäußerten Vorbehalten gegenüber Nachrichtendiensten gebracht. Fast möchte man meinen, daß selbst das KGB in der öffentlichen Einschätzung weniger negativ beurteilt wird, wenngleich es nicht nur als machtvollste, sondern auch als grausamste aller Geheimdienstorganisationen in die Geschichte eingehen wird.

Daß Einschätzungen der Sowjetunion durch die CIA umstritten waren, ist nicht verwunderlich. Berichtete sie über die wirtschaftlichen Schwächen, dann meinten manche Kritiker, sie wolle das sozialistische Wirtschaftssystem diskreditieren, um das kapitalistische aufzuwerten, und sei blind für westliche Schwächen. Berichtete sie über Stärken und überzogene Rüstungsprogramme, so wurde das als versteckter Lobbyismus für amerikanische Rüstungsfirmen aufgefaßt. Trotz der Beobachtungsvorteile, die der CIA vor allem durch die Observation des sowjetischen Territoriums aus dem All zukamen, wurde vieles, was sie über spezifische Stärken *und* Schwächen in bestimmten Bereichen verlauten ließ, so ausgelegt, als handle es sich dabei stets um generelle Einschätzungen der Sowjetunion. Das war ein Mißverständnis, das in der Natur von Geheimdienstberichterstattung liegt. Da nämlich stets nur allgemein gehaltene Berichte der CIA für die Öffentlichkeit freigegeben wurden, während die detaillierten Untersuchungen geheimblieben, bot die CIA infolgedessen stets eine offene Flanke für nicht weniger allgemein formulierte Kritik.

Man hielt ihr gleichermaßen vor, die Gefährlichkeit des weltpolitischen Gegners überschätzt, wie auch unterschätzt zu haben. Sie habe, so hieß es, vor Gefahren gewarnt, die nicht existierten, und andere, die vorhanden waren, nicht erkannt. Nach dem Zusammenbruch der Sowjetunion wurde ihr vorgeworfen, den Niedergang der Sowjetunion nicht frühzeitig genug erkannt zu haben, ein Vorwurf, den die Medien darüber hinaus recht einhellig und pauschal der gesamten westlichen Sowjetforschung unterstellten. Der Rückblick auf die spezifischen Analysen der CIA und auf die Untersuchungsergebnisse der Experten, die sich ökonometrisch mit der Sowjetunion beschäftigten, lehrt etwas anderes.

Spezialisten der CIA erhielten Einblicke in den Sowjetbereich, die anderen vorenthalten waren. Diese begannen mit den frühesten Direktbeobachtungen sowjetischen Territoriums durch die Aufklärungsflugzeuge U 2, die außerhalb der Reichweite sowjetischer Abwehrraketen flogen. Sie stellten beispielsweise 1956 fest, daß die sowjetischen Atomraketen (damals) entlang der Transsib stationiert waren. Bereits dieser simple Tatbestand erlaubte die logistische Folgerung, daß das Fernstraßennetz für eine ausgedehnte Dislozierung offensichtlich nicht geeignet war. Die zusätzliche Beobachtung, daß die Raketen in kurzen Intervallen neu betankt werden mußten, ließ auf zerfallenden Treibstoff schließen. Erkenntnisse über Leistungsfähigkeit verknüpften sich hier mit Einsichten in spezifische Schwächen. Diese Kombination von Stärken und Schwächen zu erkennen, spielte in der Erforschung der Sowjetwirtschaft im Lauf der Zeit, wie am Beispiel IBM gezeigt wurde, eine immer größere Rolle. Die Observation der Sowjetunion durch amerikanische Aufklärungssatelliten hat dazu einen nicht hoch genug einzuschätzenden Beitrag geleistet. Durch sie hatte die CIA einen generellen Vorteil gegenüber rein akademischen Analytikern.

Für die ökonomische Analyse verwandelte sich der generelle Vorteil in einen ganz spezifischen. Die CIA verfügte auf Grund der militärischen Satellitenbeobachtung über kartographisch und statistisch gesicherte Kenntnisse sowjetischer Rüstungsbetriebe und Anlagen der Streitkräfte. Sie verfügte damit vor der akademischen Gemeinschaft permanent über einen Vorsprung in der Kalkulation der wichtigsten Aufwandsvariablen der Sowjetwirtschaft, den Rüstungsaufwendungen und Verteidigungsausgaben. Man durfte also gespannt sein, wie die CIA diese spezifische Kenntnis in eigene Modellrechnungen einbringen würde. Daß die CIA ein eigenes Computermodell vorbereitete oder eventuell schon nutzte, war seit 1974 klar, als sie ihre Computerprogramme über *Methoden der Konstruktion ökonomischer Indizes aus unvollständigen Daten* bekanntgab,[7] eine Veröffentlichung, von der die gesamte Sowjetforschung im Westen profitierte.

Die Experten der CIA, die sich mit der Sowjetwirtschaft beschäftigten, rangierten unter den besten Analytikern auf diesem Feld. Bahnbrechende Studien waren von Abraham S. Becker aus der RAND-Corporation in Santa Monica gekommen. Professoren diverser Zentren für Sowjetstudien an Universitäten veröffentlichten Untersuchungen zu diesem Thema, und es fanden einschlägige Kongresse statt. Die CIA nutzte die Resultate der Wissenschaftler, wie umgekehrt die Kommunität der Akademiker von den Studien der CIA profitierte. In der Sowjetunion gab es dazu keine Parallele. In Washington leitete John P. Hardt ein Ressort, welches für das *Joint Economic Committee* des Kongresses der Vereinigten Staaten immer wieder den Stand der westlichen Sowjetforschung aufarbeiten ließ und die Experten zusammenbrachte. Die Gruppe der mit *quantifizierenden Methoden* arbeitenden Spezialisten der westlichen Sowjetforschung war freilich, gemessen an der Menge derer, die sich mit Sowjetstudien auf allen möglichen Wissensgebieten beschäftigten, nicht sonderlich groß. Und die Übermittlung ihrer Erkenntnisse an politische Gremien gestaltete sich nicht leicht, denn sie setzte eigentlich ökonometrische Kenntnisse voraus. Solche kamen aber nur den wenigsten politischen Akteuren zu. Insofern hatte es stets seine Tücken, die Stärken und Schwächen dieses Forschungszweigs transparent zu machen.

Zu den Schwächen, die auch die CIA nicht eliminieren konnte, zählte trotz aller Direktbeobachtungen der unumgängliche Rückbezug auf sowjetische Statistiken. Die geheimen Observationen waren ja nur ein Hilfsmittel, um die Statistiken ins richtige Licht zu rücken. Vollständig zu umgehen waren sie dadurch nicht. Durch diesen Rückbezug blieb auch die Simulation alternativer Wirtschaftsprozesse für Langfristprognosen zu einem Teil auf veröffentlichte sowjetische Quellen angewiesen. Auch die CIA mußte davon Gebrauch machen. In einem von Peter Wiles 1988 herausgegebenen Band über *Die Sowjetunion am Vorabend der Reformen* hat sich Lew Nawrozow, der kurz zuvor aus der Sowjetunion emigriert war, mit scharfen Tönen höchst kritisch darüber geäußert, daß die CIA den veröffentlichten sowjetischen Daten aufgesessen sei, von denen jeder Sowjetbürger wisse, daß sie – insbesondere was Rüstungsaufwendungen anbelangte – der Irreführung dienten. Andeutungen der CIA, in sowjetisches Geheimmaterial Einsicht zu haben, hat er als bloße Prahlerei abgetan.[8] Aber so beherzt er sich äußerte, einen anderen und besseren Weg zur Entschlüsselung von

Rüstungskosten, als ihn die Sowjetforschung beschritten hatte, wußte er auch nicht anzugeben.

Erst später stellte sich etwas heraus, was weder durch nachrichtendienstliche Beobachtung noch Beschäftigung mit Statistiken aufzudecken war: Ein nicht geringer Teil der Rüstungsaufwendungen war durch schlichten Volksbetrug finanziert worden. Gorbatschow hat das enthüllt: Für die Ersparnisse der sowjetischen Bevölkerung hätte ja eine Deckung durch Warenvorräte vorhanden sein müssen. In Wahrheit existierte aber gar kein Warenvorrat mehr. Und in der Planung war dafür ebenfalls nichts berücksichtigt. Die Ressourcen waren in Wirklichkeit der Rüstungswirtschaft zugute gekommen. Dieses Verhalten entsprach etwa dem Betrug des Verlegers Robert Maxwell, der den Pensionsfonds seiner Angestellten heimlich geplündert und den Betriebsmitteln zugeschlagen und damit schon der späteren Konkursmasse einverleibt hatte.

Von diesem Volksbetrug hatte auch Nawrozow keine Ahnung. Das Tückische der sowjetischen Statistiken, das er mit Vehemenz herausstellte, war freilich ohnehin bekannt. Daß man dennoch auch auf rein statistischer Basis zu beachtlichen Erkenntnissen gelangen konnte, hat Vladimir Treml bewiesen, und zwar nicht nur mit seiner Rekonstruktion der Input-Output-Tafeln, sondern mit einer zusätzlichen Analyse über den Alkoholkonsum in der Sowjetunion. Er hegte den Verdacht, daß der Sowjetstaat mangels anderen Warenangebots seinen Bürgern in Unmassen Alkoholika anbot, um die Geldmenge möglichst ohne großen Aufwand wieder einzukassieren. Dieser Verdacht kam ihm, als er sich bereits Mitte der siebziger Jahre mit dem dramatischen Rückgang der Lebenserwartung beschäftigte. Er stellte die Frage, inwieweit Alkoholmißbrauch damit zu tun habe. Aus seiner umfangreichen statistischen Studie von 1982 über *Alkohol in der Sowjetunion* ging hervor, daß *jeder* über 15jährige Bewohner jährlich 13 Prozent seines gesamten Einkommens, in der Russischen Föderation sogar knapp 16 Prozent, für alkoholische Getränke ausgab. Seit 1950 hatte sich der Betrag vervierfacht. Die Zahl der Toten durch Alkoholvergiftung betrug allein im Jahr 1976 knapp vierzigtausend. Die Summe der Einnahmen für die Staatskasse belief sich 1979 für alkoholische Getränke auf 40,5 Milliarden Rubel; die Trunkenheits-Schäden, die das durch Arbeitsausfall und Unfälle mit sich brachte, summierten sich zu schätzungsweise 100 Milliarden Rubel.[9]

Hätte Gorbatschow diese Studie vor dem Start seiner Anti-Alkoholkampagne gekannt, dann wären ihm die ökonomischen Einwände der Planer gegen sein menschlich nur allzu berechtigtes Vorhaben einleuchtend gewesen. Sie hatten ihn gewarnt, daß diese Kampagne eine enorme volkswirtschaftliche Disbalance nach sich ziehen würde. Wie auch immer man mit den Modellrechnungen auf statistischer Basis verfuhr, sie behielten ihre Stärken und hatten ihre Schwächen. Und man kann sich vorstellen, daß durchaus auch andere Sachverhalte, die sich auf das Wirtschaftswachstum und die Versorgung auswirkten, bis zum heutigen Tag verborgen geblieben sind.

Nahm man summa summarum gegen Ende der siebziger Jahre alle Phänomene zusammen, die sich aus

- den Ungereimtheiten der sowjetischen Politik,
- dem Widerspruch zwischen wissenschaftlicher Beschäftigung mit der Ökonometrie und fehlender Planungsoptimierung,
- den westlichen Simulations-Rechnungen über den verbliebenen Spielraum der Kreml Führung,
- den ideologischen und personellen Fixierungen der rüstungswirtschaftlichen Elite,
- den Beobachtungen von IBM und der sowjetischen Technologie-Malaise,
- der Gigantomanie der Kremlführung,
- den geheimen Direktobservationen der CIA und den statistischen Verschleierungen der Sowjets
- und dem Betrug am sowjetischen Verbraucher sowie den spezifischen Ermittlungen von Treml

ergaben, so wird verständlich, daß Auskünfte über den tatsächlichen Stand und die Kosten der sowjetischen Rüstung eine Schlüsselfunktion besaßen, um die Grenzen sowjetischer Handlungsmöglichkeiten berechnen zu können. Es mußte daher auf großes Interesse stoßen, daß die CIA im Februar 1979 Einsicht in ein eigenes

Abbildung 11: Mit 19 Grundgleichungen, 33 Basisvariablen und 11 entscheidenden Parametern wies das Modell der zentral geplanten Ökonomie, das die CIA zur Simulation der Sowjetwirtschaft entwickelt hatte, keine Ähnlichkeit mit ökonometrischen Modellen für westliche Marktwirtschaften mehr auf, da es nicht nachfrageorientiert war, sondern die inneren Zwänge der Sowjetwirtschaft zu erfassen suchte. Es sollte in erster Linie das Verhältnis von Produktionsanforderungen und Ressourcenkapazität beleuchten, um künftiges Wachstum einschätzen zu können.

## CIA Simulationsmodell der Sowjetökonomie: SOVSIM

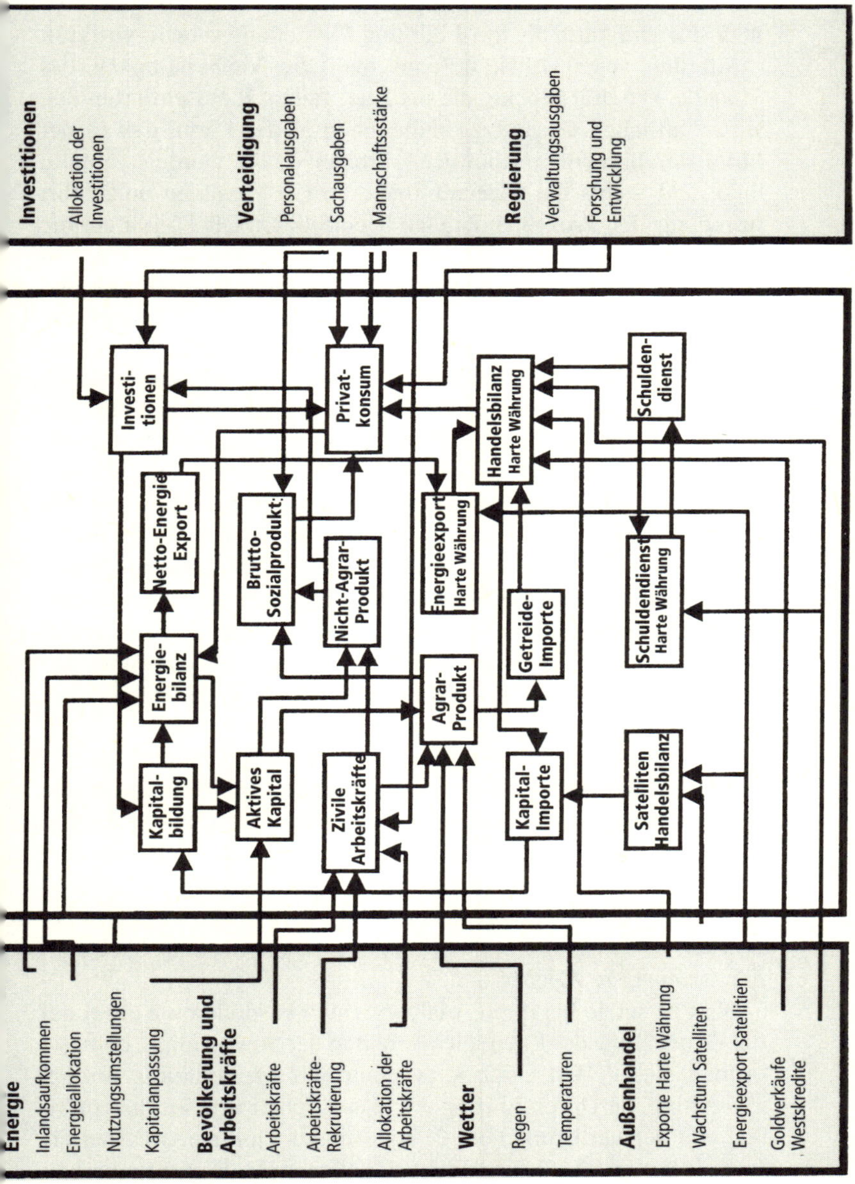

Computermodell gab, das sie für die Berechnung der sowjetischen Wirtschaftsprozesse aufgestellt hatte. Es trug den Namen SOVSIM und hatte die in Abbildung 11 wiedergegebene Struktur.

Auf den ersten Blick erkennt man die Vielgestaltigkeit des Modells. Die drei Blöcke, die ins Auge fallen, repräsentierten den wirtschaftlichen Gesamtzusammenhang in der Form, daß in der Mitte der binnenwirtschaftliche Prozeß erfaßt wurde, während links und rechts die sogenannten externen Variablen aufgeführt waren, die den Prozeß von außen beeinflußten. Die Politik konnte nur auf einen Teil dieser Variablen einwirken. Das Wetter entzieht sich ohnehin der menschlichen Beeinflussung. Bevölkerung und Arbeitskräfte waren nur indirekt über Gesundheits-, Versorgungs- und Bildungssysteme beeinflußbar. Die Schlüsselgröße der Reproduktion wurde in der Geschichte der Sowjetunion natürlich durch die Opfer, die Krieg und Terror forderten, ganz entscheidend verändert. Die Energie zeigte sich mehr als eine technisch bestimmte denn als eine politisch gestaltbare Größe, während beim Außenhandel die politische Komponente bereits mehr zum Zug kam. Die Allokation der Investitionen, sprich die Steuerung des Einsatzes der Investitionsmittel, machte den Kern der Wirtschaftspolitik in der Sowjetwirtschaft aus. Sie richtete sich wiederum nach der alles entscheidenden politischen Größe: Verteidigung, d. h. dem Rüstungsaufwand. Der Regierungs- und Verwaltungsaufwand war ebenfalls eine politisch gestaltbare, durch die Starrheit der sowjetischen Bürokratie freilich kaum mehr veränderbare Größe.

Mit dieser Modellkonstruktion sah sich die CIA in der Lage, die Auswirkungen eines eventuellen politischen Kurswechsels ebenso zu simulieren wie Veränderungen im Bereich des Außenhandels, der Arbeitskräfte und der Investitionen. Wie auch immer man die Sowjetunion betrachtete, eine Regel galt durchgängig: Die Versorgung der Bevölkerung war stets residual, d. h. als Restgröße zu betrachten. Die machtpolitische Komponente, die Rüstung, blieb stets die vorrangigste Zielgröße.

Die CIA setzte bei ihren Analysen einen besonderen Akzent auf die Erforschung der Energiewirtschaft in der Sowjetunion, denn sie ordnete diesem Wirtschaftsbereich eine Schlüsselfunktion zu. Zum einen hing die Durchführung der gigantischen Investitionsvorhaben von der Verfügung über Energie ab, zum anderen mußten die Energieexporte als Devisenbringer für Technologieimporte herhalten. Diese bestimmten wiederum, ob die Sowjetunion im weiteren Fortgang des Rüstungswettlaufs würde Schritt halten können. Die Proportion zwischen Inlandsverbrauch und Export wurde somit zur heikelsten Steuerungsgröße, denn die Sowjetunion sah sich drei Gefährdungen konfrontiert:

- im Fall eines zu hohen Inlandsverbrauchs stand für den Export nicht genug zur Verfügung und daraus resultierend für die Technologieimporte, welches wiederum die Rüstung beeinträchtigt hätte;
- auch wenn die Energieproduktion sowohl für den Inlandsverbrauch als auch für den Export ausreichte, konnte dennoch die Auslandsnachfrage zurückgehen, und das wiederum konnte bedeuten, daß der sinkende Exporterlös die Technologieimporte schmälerte und auf diese Weise die Rüstung beeinflußte;
- würden die eigenen, durchaus auch begrenzten Ölvorräte eine Umstellung auf stärkere Gasnutzung nötig machen, so mußte sich zumindest für eine gewisse Zeit ein Engpaß mit ebenfalls fatalen Auswirkungen für den Rüstungssektor ergeben.

In den Modellrechnungen schälte sich für die CIA die dritte dieser Varianten als die höchst wahrscheinliche heraus: Die Sowjets gingen einer internen Energiekrise entgegen. Vermutlich würde sie sich gegen Ende der siebziger und Anfang der achtziger Jahre ergeben. Die Ölvorräte der Sowjets mußten sich verknappen, eine schwierige Umstellung auf Erdgas würde notwendig werden. Alle Fachleute warteten gespannt, ob diese Prognose zutreffen würde.

Tatsächlich kam es, wie vorausgesagt, nur meisterten die Sowjets die damit verbundenen Umstellungsschwierigkeiten weit besser als angenommen. Faktum war: Die Sowjets hatten sich von den CIA-Prognosen leiten lassen! Sie hatten die Diskussionen der westlichen Sowjetforschung als ein Frühwarnsystem für sich genutzt. Was sowjetische Wissenschaftler vergeblich angemahnt hatten, nämlich ökonometrische Analysen in die Wirtschaftslenkung einzubeziehen, war damit auf dem Umweg über den sogenannten Klassenfeind gelungen. Nach dem Zusammenbruch der Sowjetunion haben wir von Kollegen aus der früheren Sowjetunion erfahren, wie deprimierend es für sie war, bei ihrer Arbeit darauf warten zu müssen, an westliche Unterlagen zu gelangen, um Aufschluß über das System zu erhalten, in dem sie lebten.

Auswirkungen auf den Rüstungssektor waren durch die Umstellung in der Energiewirtschaft dennoch unvermeidlich. Wie groß sie ausfallen würden, konnte nur eine Kostenermittlung der Streitkräfteausrüstung und -unterhaltung lehren. Auch in dieser Hinsicht hatte die CIA durch ein innovatives Rechenverfahren Vorsorge getroffen. Ihre Mitarbeiter hatten sich seit vielen Jahren bereits daran begeben, ein besonderes Maßsystem zur Einschätzung der sowjetischen Rüstungslasten zu entwickeln. Es handelte sich um die sogenannten *Dollar-Kosten-Vergleiche*. Die Amerikaner berechneten, welche Kosten es in den USA mit sich bringen würde, wenn man die sowjetischen Streitkräfte mit all ihren Waffensystemen auf amerikanischem Boden ausrüsten und einschließlich der Mannschaftskosten dort unterhalten würde (Abbildung 12). Auf diese Weise war man zu einem Verfahren gekommen, um sich von der Mißlichkeit der Benutzung sowjetischer Statistiken weitgehend freizumachen. Gegen Ende der siebziger Jahre waren diese Kalkulationen auf Grund (a) der Satellitenüberwachung des sowjetischen Territoriums, (b) der Rüstungskontrollverhandlungen, in denen über Waffenstärken an Hand von Installationen gesprochen wurde, und (c) der Verfügung über SOVSIM besser als je zuvor zu bewerkstelligen. Die Abbildung 12 zeigt einen solchen Kostenvergleich zwischen (tatsächlich vorhandenen) amerikanischen und (als höchst wahrscheinlich anzunehmenden) sowjetischen Streitkräften auf Dollar-Kosten-Basis.

Die Bürde, die sich die Sowjets durch ihre Rüstung aufgeladen hatten, kam damit recht drastisch vor Augen. Während die USA beispielweise für ihre strategischen Interkontinental-Angriffs- und -Abwehrraketen einen Aufwand von 50 Milliarden Dollar hatten, belief sich der sowjetische Aufwand auf 145 Milliarden Dollar. Das Verhältnis für die Unterhaltung der konventionellen Streitkräfte lag bei 150 zu 255 Milliarden Dollar.[10]

Selbst wenn man berücksichtigte, daß auf westlicher Seite die übrigen NATO-Mächte mit ihrem Rüstungs- und Streitkräfteaufwand nicht in die Vergleichsrechnung einbezogen waren – die Gesamtkosten im Westen daher höher lagen –, so machten sie doch pro Kopf keine 20 Prozent dessen aus, was auf einen Sowjetbürger entfiel. Auf Grund dieser Einsicht schloß sich ein Kreis der Betrachtung. Mit der Meßlatte der Rüstungsausgaben ließen sich die Variationsrechnungen anstellen, für die wir hier die Beispiele der schwedischen Forscher Bergendorff und Strangert (vgl. oben

Abbildungen 9 und 10) angeführt haben. Kalkulierte man nämlich auf dieser Basis das sowjetische Wirtschaftswachstum, so lag es weit niedriger als die sowjetischen Statistiken glauben machen wollten. Die Sowjets täuschten eine Wirtschaftskraft vor, über die sie in Wirklichkeit gar nicht mehr verfügten. Der Vergleich geht aus der Tabelle auf Seite 274 hervor:[11]

Die offizielle sowjetische Statistik lag mit ihren Angaben damit knapp doppelt so hoch wie die CIA-Schätzungen. Berücksichtigt man die Einschätzungen sowjetischer Fachleute, die sich inzwischen zu diesen Berechnungen geäußert haben, dann muß man auch die CIA-Schätzungen noch einmal um zwei Prozentpunkte nach unten korrigieren, so daß die Sowjetwirtschaft bereits an der Wende von den siebziger zu den achtziger Jahren, also gegen Ende der Breschnew-Zeit, in negative Wachstumsraten abglitt.[12]

Die wirtschaftliche Lage war immer kritischer, die Rüstung immer teurer und der Machtzuwachs immer sinnloser geworden. Die Vernichtungskapazität beider Seiten konnte nicht mehr gesteigert werden. Die weitere Verfolgung des eingeschlagenen Wegs hatte in der

**Dollar-Kosten-Vergleiche von Verteidigungsausgaben 1965-1980**

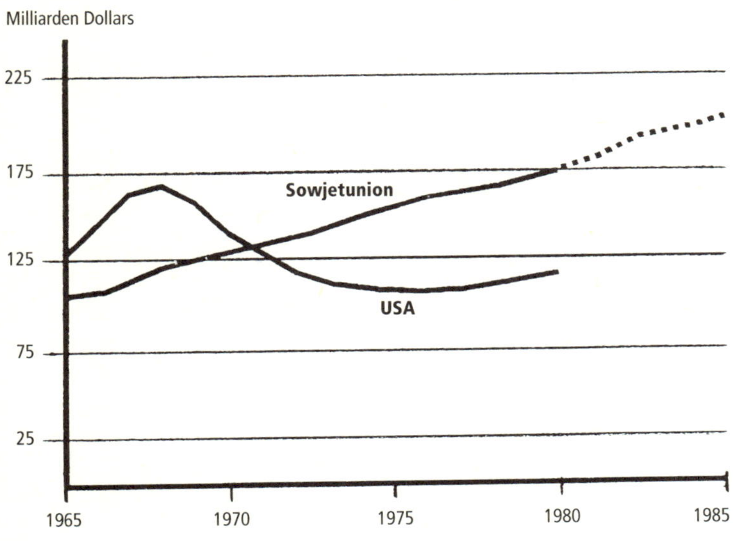


Abbildung 12: Quelle: CIA, Soviet and US Defense Activities, 1971-1980, S. II

**Durchschnittliches jährliches Wachstum des sowjetischen Bruttosozialprodukts**
nach offizieller Statistik und CIA-Schätzungen

| Zeitraum | Offizielle sowjetische Statistik | CIA-Schätzung |
|---|---|---|
| 1951-60 | 10.3 | 5.2 |
| 1961-65 | 6.5 | 4.8 |
| 1966-70 | 7.8 | 5.0 |
| 1971-75 | 5.7 | 3.0 |
| 1976-80 | 4.3 | 1.9 |
| 1981-85 | 3.6 | 1.8 |
| **Gesamtzeitraum 1951-85** | **6.9** | **3.8** |

Sowjetunion nur noch die Konsequenz, das eigene Volk weiteren Entbehrungen auszusetzen. Dennoch spornte der technologische Wandel, der sich im Westen ereignete, die Chefkonstrukteure in der Sowjetunion ständig zu weiteren Entwicklungen an. Und es mußte davon ausgegangen werden, daß die Führung unter Breschnew entweder die Lage völlig verkannte oder zumindest die Augen davor verschloß.

In der Sowjetunion empfand man die Kalamität lediglich als einen Engpaß, den es zu überwinden galt. Um Zeit zu gewinnen und Kosten zu sparen, intensivierte der Kreml den Zugriff auf westliche Technologien auf seine Weise. Wo die Beschaffung nicht mit legalen Mitteln vorzunehmen war, weil es die im Westen schon bald nach Beginn des Wettrüstens getroffenen Vereinbarungen des *Koordinationskomitees für den Ost-West-Handel*, COCOM, nicht erlaubten, erfolgte sie nun verstärkt mit Hilfe des Auslandsgeheimdienstes des KGB. Insgeheim wurden auch über Drittländer Akquisitionen betrieben. So fand die vor allem für Werkstoffe der Raumfahrt, für kugelsichere Westen und Bereifungen bedeutsame Chemiefaser *Kevlar* illegal ihren Weg in die Sowjetunion, nicht anders die für die Nachrichtentechnik wichtige Technologie der Glasfaserherstellung. Gerätschaften für das Design und die Herstellung von Schaltkreisen, Präzisionsbohrmaschinen und Drehbänke, technische Dokumentationen für Kaltwalzverfahren der Stahlindustrie aus dem Westen leisteten, auf dunklen Kanälen eingeführt, ihren Beitrag zur sowjetischen Rüstung.

Hektisches Reagieren auf westliche Entwicklungen führte überdies dazu, kostspielige Irrwege einzuschlagen. Das amerikanische Projekt für die Entwicklung und Produktion des Überschallbombers B-70, der in größten Höhen in den sowjetischen Luftraum eindringen sollte – eines der teuersten Projekte der militärischen Luftfahrt –, löste die übereilte Produktion eines superstarken Abfangjägers aus, der MIG-25. Als die Amerikaner das Projekt plötzlich wegen zu hoher Kosten aus dem Programm nahmen, lief in der Sowjetunion bereits die Produktion der MIG-25. Möglicherweise wurden Hunderte von ihnen gebaut, die am Himmel einen Gegner suchten, der nie erscheinen konnte.

Binnenwirtschaftlich blieben natürlich die althergebrachten Ungereimtheiten bestehen: Ohne Rücksicht auf die gesamtwirtschaftliche Lage produzierten die stets überaus reich mit Material versorgten Unternehmen der Rüstungsindustrie weiterhin für graue und schwarze Märkte. Das Denken in diesen verqueren Kategorien war so eingefleischt, daß selbst Gorbatschow diese Seitenlinienproduktion als vorbildliche Flexibilität im Rahmen der zentralen Planung pries und sich von der Übertragung dieser Findigkeit auf weitere Wirtschaftszweige sogar den Beginn von Wirtschaftsreformen erhoffte. Da freilich von den rüstungstechnischen Betrieben keine technologischen Transfers zu der übrigen Industrie hin erfolgten, wirkte das Gros der sowjetischen Industrie gegenüber der Entwicklung im Westen immer antiquierter.

Es sollte nicht mehr lange dauern, bis auch die Rüstungsindustrie an die Grenze ihrer Leistungsfähigkeit gelangte. Je aufwendiger die Waffensysteme hinsichtlich moderner Elektronik ausfielen, desto schwieriger wurde es, sie in den von der Politik und den Militärs geforderten Stückzahlen zu produzieren. In einer Studie von 1986 dokumentierte die CIA, in welchem Ausmaß sich die Schere zwischen Aufwand und Ertrag bei der Entwicklung und Bereitstellung moderner Waffensysteme in der Sowjetunion von Mitte der siebziger Jahre an bereits geöffnet hatte. Seit Beginn der Breschnew-Ära waren die Kosten um das Drei- bis Vierfache gestiegen (Abbildung 13), und die Anzahl der produzierten Waffensysteme war dementsprechend zurückgegangen (Abbildung 14).

Als ein Musterbeispiel für Kostensteigerungen und resultierende

**Geschätzte Steigerung der Produktionskosten ausgewählter sowjetischer Waffensysteme**

Kostenindex mit dem Wert des Dollars von 1982

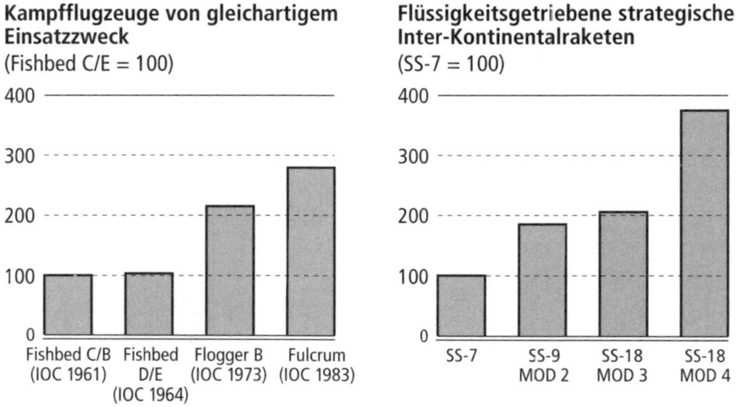


Abbildung 13: Auf Grund des technischen Fortschritts wurden die Produktion neuer Waffensysteme immer anspruchvoller und die Kosten entsprechend höher. Das Wachstum aller übrigen Sektoren wurde damit beeinträchtigt, sogar die Stückzahlen der produzierten Systeme ging dadurch zurück. (Quelle: CIA, The Soviet Weapons Industry, S. 5)

Produktionsbeschränkungen kann die Panzerproduktion angeführt werden. Die Entwicklung vom Panzer T-55 bis hin zum T-80 erfolgte nach Maßgabe neuer technologischer Errungenschaften. Der T-80 verfügte über ein elektronisches Feuerleitsystem und über Raketenmunition zur Feindpanzerbekämpfung. Er war besser motorisiert als die Vorgängertypen, war schneller und wendiger und besaß größere Feuerkraft. Aber zu welchem Preis? Die Entwicklungskosten waren höher als die einer bloßen Weiterentwicklung. Die Neuentwicklung dauerte wesentlich länger als eine bloße Weiterentwicklung. Ferner mußte ein komplett neues Werk für die Fertigung errichtet werden, denn auf den alten Produktionsstraßen konnte man den T-80 nicht fabrizieren. Die Wartung verlangte eine neue Ausrüstung der Inspektions- und Reparaturbetriebe. Schulung und Training der Mannschaften erfolgte unter vergrößertem Aufwand.

Obgleich man meinen sollte, auf Grund der Neuerungen wäre die Produktion der Panzer der veralteten Typen eingestellt worden, lief sie weiter. Die Materialien waren zugeteilt, die Produktionspläne vor Jahren verabschiedet. »Was sollen die Arbeiter machen? Wer soll ihnen die Löhne zahlen?« Das war die Gegenfrage eines der Tonangebenden auf einen kritischen Hinweis zur Parallelproduktion von alten und neuen Waffensystemen. Was für die Panzerproduktion zutraf, galt für viele Bereiche der Rüstungswirtschaft. Wie sollte man dem Dilemma entrinnen? Die Stückzahlen der Ausbringung ließen sich unter diesen Umständen bis zur Mitte der siebziger Jahre zwar noch steigern, sanken dann aber rapide ab (Abbildung 14).

Die Sowjetunion hatte den Rüstungswettlauf verloren. Nach Breschnews Tod im Jahr 1982 konnten daran weder Andropow noch Tschernenko, der ihm für ein Jahr folgte, etwas ändern. Gorbatschow befand sich noch nicht an der Macht, als Reagan die Fest-

**Rückgang der Produktion modernisierter und teurerer Waffensysteme Fünfjahrplanperioden 1966–1985**

Index 1966–70 = 100

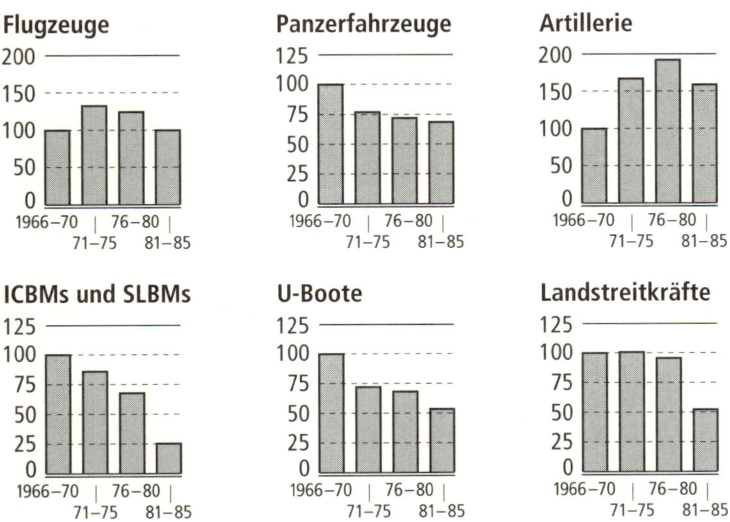


Abbildung 14: Von Mitte der siebziger Jahre an konnten die Sowjets im Rüstungswettlauf nicht mehr voll mithalten. Das »Sich-Totrüsten« der Sowjetunion nahm seinen Lauf. (Quelle: ebd., S. 6f.)

stellung vom Totrüsten der Sowjetunion traf. Es war ein technologischer Todesfall, der die Sowjets ereilt hatte.

Als Gorbatschow 1985 mit Reagan in Genf zusammentraf, fand sich die Sowjetunion nicht nur mit der Realisierung des Nachrüstungsbeschlusses der NATO konfrontiert, sondern bereits mit der Ankündigung der *Strategischen Verteidigungsinitiative*, SDI, der Amerikaner. In Reykjavik signalisierte Gorbatschow 1986 das *neue Denken*, mit dem die Sowjetunion eine grundlegende Abwendung von der Konfrontationspolitik einzuleiten gedachte. Die Amerikaner nahmen seine Erklärungen mit Skepsis auf. Was von Gorbatschow zur Rettung der Sowjetunion als eines sozialistischen Staates gedacht war, kam zu spät. Der innere Niedergang war nicht mehr aufzuhalten. Als Maigret den Täter endlich aufgespürt hatte, fand er ihn erhängt in dessen Wohnung vor.

In seinen Memoiren hat Gorbatschow rückblickend die Einschätzungen, die er 1986 vorgetragen hat, revidiert, mit denen er im Februar der weitverbreiteten, besonders lautstark von den jungen Akademikern in den diversen Forschungseinrichtungen vertretenen Meinung entgegentrat, man müsse die sozialistischen Parolen über Bord werfen und das System demontieren, um ein neues aufzubauen: »Wenn ich meine Ausführungen auf dem Februar-Plenum erneut lese, verspüre ich heute noch eine gewisse Zerrissenheit. Ich war absolut aufrichtig, als ich mich für die Hauptrichtungen der Perestroika – Glasnost, Demokratisierung und Wirtschaftsreformen – einsetzte und wie eine Beschwörungsformel die Worte sprach: ›Alles, was wir tun, ist darauf gerichtet, das Potential des Sozialismus zu erschließen.‹ Uns schien ja tatsächlich, daß das ganze Unglück des Landes keineswegs mit etwaigen inneren Gesetzmäßigkeiten des Systems zusammenhinge, wir glaubten noch immer, daß die Widersprüche, die sich in der Wirtschaft und der Politik sowie im geistigen Leben bemerkbar machten, beseitigt werden könnten, ohne daß man über den Rahmen des alten Systems grundlegend hinausgehen mußte. Kurzum, wir hatten damals die Dimensionen der kommenden Veränderungen noch nicht erfaßt, hatten nicht erkannt, daß die Krise nicht partieller, sondern allgemeiner und sozusagen systemimmanenter Natur war. Gleichwohl war ich mir schon damals bewußt, daß die Logik der Reformen nicht einfach eine Vervollkommnung des Systems, sondern Eingriffe in dessen Grundfesten erforderte.«[13]

Für den Umbau des Systems von den Grundfesten aus hat Gorbatschow sodann den Hebel bei der Außenpolitik angesetzt. Auf dem Umweg über die Normalisierung der Beziehungen zur Außenwelt, insbesondere zu den USA, suchte er die Sowjetunion von dem Druck zu befreien, den das Wettrüsten seinem Land auferlegte. Für die Weltpolitik bedeutete es das Ende des Kalten Krieges. Für die Sowjetunion brachte es den endgültigen Zusammenbruch.

## Galilei Gorbatschow

Unter Mitwirkung von Eduard Schewardnadse gelang es Gorbatschow in der zweiten Hälfte der achtziger Jahre, nahezu eine Normalisierung der Beziehungen zwischen der Sowjetunion und den USA herzustellen. In wenigen Jahren wurde in außen- und damit vor allem militärpolitischer Hinsicht ein Erfolg des neuen Denkens von Gorbatschow gesichert: Die Sowjetunion brauchte weltpolitisch keinen Feind mehr zu fürchten, weder den realen, den das Wettrüsten geschaffen hatte, noch den eingebildeten, den ihre Doktrin vorgab. Rußland ist auf Grund dessen heute zwar von Nachbarn umgeben, die das Land vorwiegend mit Argwohn betrachten und daher Anschluß an die NATO suchen, aber diesen Nachbarn sind keine aggressiven Absichten zu unterstellen. Gorbatschows außenpolitischer Erfolg, den Eduard Schewardnadse auf diplomatischer Bühne herbeigeführt hat, ist hierin unbestreitbar.

Wie der historische Galileo Galilei für das kopernikanische Weltbild eintrat und damit die geozentrische Weltsicht der Kirche in Frage stellte, so hat Michail Gorbatschow die kommunistische Weltanschauung vom Klassenkampf als dem Bewegungsgesetz der Geschichte einer kritischen Betrachtung ausgesetzt. Seine Überlegungen diktierten eine Abkehr vom Dogma des Klassenkampfes als dem Grundprinzip des kommunistischen Welt- und Politikverständnisses. Er verkündete, die Politik, voran die internationale Politik, müsse sich auf dem gegebenen Stand der Technik und des Vorhandenseins von Massenvernichtungswaffen von der Idee einer *allgemeinen Menschlichkeit* leiten lassen. Damit gebührt ihm das historische Verdienst, das antagonistische Verhältnis des Ost-West-Konflikts in friedliche Verständigung transformiert zu haben. Dafür wurde er letztlich von denen bestraft, die er eigentlich beglücken wollte.

Am Beginn von Gorbatschows tatkräftigem Zusammenwirken mit Schewardnadse stand wie ein Motto dessen bereits zitiertes Urteil über den Zustand der Sowjetunion: »Alles ist durch und durch faul. Man muß es verändern.«[14] Dieser Satz brachte die Summe der Erfahrungen zum Ausdruck, die beide nach langen Jahren in verantwortlicher Stellung zu ziehen hatten. Er wurde vertrauensvoll ausgesprochen und bezeugte eine Offenheit, die in einer auf ständige Verdächtigung der Menschen untereinander angelegten Gesellschaft keineswegs selbstverständlich sein konnte. Dieser Intimität der wechselseitigen Einschätzung lag eine tiefe und, wie es schien, unverbrüchliche Freundschaft zugrunde. Daß sie dennoch zerbrach, hatte tragische Züge. Schewardnadses kämpferischer Beistand für Gorbatschow wurde unter der Last erdrückt, die beide um der gemeinsamen Aufgabe willen auf sich nehmen mußten, einer Aufgabe, deren Lösung von vornherein in weltgeschichtliche Dimensionen vorstieß. Dabei ergaben sich Anspannungen, in denen sich Gorbatschow verhedderte, die ihn in verwirrende Auseinandersetzungen verstrickten, in denen er in unverständlicher Weise seinen Widersachern mit Duldsamkeit und seinen Freunden mit Unduldsamkeit begegnete, wodurch er schließlich Verärgerungen stiftete, die für Schewardnadse über das Maß des Erträglichen und auf seiten Gorbatschows über das Beherrschbare hinausgingen.

Die Galilei-Leistung Gorbatschows und Schewardnadses bestand in der Umkehrung der sowjetischen Werteskala. Für die Sowjetunion galt seit Anbeginn ihrer Existenz der *Sieg im Klassenkampf* zugunsten einer undefinierbaren »Arbeiterklasse« als letztes und höchstes Ziel aller politischen Anstrengungen. Indem man das Klassenkampftheorem zum Grundschema des Verständnisses zwischenstaatlicher Beziehungen erhob, qualifizierte man alle Staatsführungen dieser Welt nach ideologischen Kategorien. Dem *Lager des Friedens und des Sozialismus* stand, sowjetischer Sprachregelung zufolge, ein Lager des *räuberischen und kriegstreiberischen Imperialismus* gegenüber. Außenpolitik war demgemäß ein Instrument im *Kampf zweier Systeme*. Die Freund-Feind-Verhältnisse, die sich daraus ergaben, bestimmten die machtpolitischen Anstrengungen und mit ihnen das Wettrüsten, in dem das Vernichtungspotential, das beide Seiten anhäuften, ausgereicht hätte, um alles menschliche Leben auf der Erde auszulöschen.

Gorbatschow und Schewardnadse kehrten die Rangfolge um: Angesichts des erreichten technischen Stands der Entwicklung und der Produktion von Massenvernichtungsmitteln konstatierten sie ein die Lagergrenzen sprengendes, die gesamte Menschheit betreffendes höheres Interesse an der Erhaltung des Lebens, eine über alle Grenzen hinwegreichende Verpflichtung der Politik zur Abrüstung, die man zur Leitschnur in der Pflege internationaler Beziehungen machen müsse. Sie deklarierten die Moralverbindlichkeit der Politik. Die auf die zwischenstaatlichen Beziehungen projizierten Klasseninteressen rangierten deshalb an zweiter Stelle. Damit war im sowjetischen Kontext grundsätzlich Neues für die Ausrichtung der künftigen Außenpolitik gesagt.

Zur Begründung der neuen außenpolitischen Linie wurde intern durchaus auf die ökonomische Bürde der Rüstung verwiesen, doch gab es auch Hinweise auf Motivationen, die in der Sowjetunion offiziell bislang kaum zur Sprache gekommen waren: Gravierende Schädigung der Umwelt durch rücksichtslosen Ressourcenabbau, Gefährdung der Gesundheit der Bevölkerung durch Luftverschmutzung, Boden- und Gewässerbelastung durch Waffenerprobungen und schließlich die Pervertierung von Wissenschaft und Forschung durch Leistungen zugunsten von Techniken der Zerstörung statt zur Förderung von Wohlstand. Damit waren Themen genannt, mit denen man an westliche Diskussionen anknüpfen und für die man im Westen Gesprächspartner finden konnte. Mit diesem neuen Begründungszusammenhang für Abrüstungsgespräche wurde Eduard Schewardnadse auf den Weg gesandt. Die Ablösung von Andrej Gromyko als Außenminister und die Ernennung Schewardnadses an seiner Stelle stand an erster Stelle eines personalpolitischen Revirements der sowjetischen Politik.

Bis zu diesem Zeitpunkt war jede Verhandlung über Abrüstung nur unter dem Motto *Kampf für den Frieden*, sprich Klassenkampf, in der internationalen Arena geführt worden. *Friedliche Koexistenz* war nichts anderes als eine Parole für taktisches Hinauszögern des abschließenden Kampfes, Suche nach Zeitgewinn, um stark genug zu werden, dem Kapitalismus den Todesstoß zu versetzen. Damit mußte es nun ein Ende haben. Jetzt sollten die Kampfparolen von ernsthaften Bemühungen um Verständigung, von Kompromissen in Verhandlungen, vom Diskurs und der Einigung im diplomatischen Gespräch abgelöst werden. Würde dem

Westen diese Verhandlungsbereitschaft auf neuer Orientierungsbasis glaubhaft erscheinen? Konnte die westliche Welt einem neuen sowjetischen Abgesandten vertrauen, wenn dieser versichern würde, daß die sowjetische Führung ihre Grundeinstellung zu den internationalen Beziehungen ändern werde, ja, innerlich bereits geändert hatte, daß sie es ernst meinte und nicht nur eine neue Finte dahinter steckte? Beim Treffen in Reykjavik kannte im Westen noch niemand den Inhalt des *neuen Denkens*, wie Gorbatschow alsbald den Galileischen Umschwung im Weltbild der Sowjets bezeichnete.

Als Diplomat war Schewardnadse nie in Erscheinung getreten. Er besaß weder Auslandserfahrung, noch zeichneten ihn Stellungnahmen zu militärischen Fragen aus, die das wichtigste Thema der Außenpolitik ausmachten. Selbst als Funktionär war er nie aufgefallen. Man nahm zur Kenntnis, daß er seit 1972 als Parteisekretär in Georgien wirkte. Wenige wußten, daß er sich dort mit harten Kadersäuberungen durchgesetzt hatte. Die meisten nahmen an, daß er dem Althergebrachten verpflichtet sein müsse, da der beständigste *Hardliner* der sowjetischen Außenpolitik, Gromyko persönlich, die Wahl von Schewardnadse gutgeheißen und ihn kurz darauf als seinen Nachfolger begrüßt hatte. Dieser neue Mann sollte sich aber keineswegs als ein Vertreter der alten Schule entpuppen, sondern er wurde zur Verkörperung der kopernikanischen Wende im außenpolitischen Kurs der Sowjetunion.

Schewardnadses erstes Auftreten im Sommer 1985 in Helsinki, auf dem Treffen zum zehnten Jahrestag der Unterzeichnung der KSZE-Schlußakte, erweckte Respekt, und sein Debüt auf der Generalversammlung der Vereinten Nationen im September signalisierte seinem amerikanischen Gegenüber, George Shultz, die atmosphärische Veränderung. Schewardnadses Offenheit, Aufmerksamkeit, Gesprächsbereitschaft und Argumentationskraft erstaunte die westlichen Partner. Zum ersten Mal wirkte ein sowjetischer Außenminister nicht ideologisch fixiert. Nach Jahrzehnten des Umgangs mit Gromyko erschien das wie ein Naturwunder.

Mehr als 40 Jahre lang formulierte zuvor Andrej Gromyko in höchsten Rängen des diplomatischen Dienstes, 28 davon als Außenminister, seine Wahrnehmung der Welt nach nichts anderem als dem Schema des Marxismus–Leninismus. Auch Aufenthalte als Botschafter in den USA und als ständiger Vertreter seines Landes im Sicherheitsrat der Vereinten Nationen ließen ihn das Gastland nur unter diesem Blickwinkel sehen. Dem Schriftsteller Scholochow, berühmt durch sein Werk *Der stille Don*, der mit einer Delegation Chruschtschows die USA bereiste und eilfertig bekundete, daß Amerika den Russen kulturell nichts zu bieten habe, pflichtete Gromyko bekräftigend bei, in der hohen Politik sei es nicht anders. Für Gromyko steuerte nicht die Wahrnehmung das Denken, sondern umgekehrt das Denken die Wahrnehmung. In seinen Memoiren gibt er das Rätsel einer merkwürdigen Symbiose von irrwitzig kontrafaktischer Linientreue und gleichzeitig aufblitzender Intelligenz auf.

Gromykos pedantisch und penibel gegliederte Memoiren bieten fünfhundert Seiten lang zwar nicht den kleinsten Anhaltspunkt dafür, daß er die Grenzen parteigebundenen Denkens überschreiten konnte, bekunden aber durch eingestreute sarkastisch-witzige Bemerkungen ebenso luziden Intellekt wie wache Beobachtungsgabe. Hinter seiner Schläue und Verschlagenheit stand eiserne Linientreue. Seine prononcierten Bekenntnisse zum Leninismus sprechen die Sprache des ideologisch bornierten Intellektuellen, der sich in einem Käfig von Denkschablonen wohl fühlte. Am Schluß seiner *Erinnerungen* verkündete er das Fazit: »Mein Leitfaden in all meinem Tun war, ist und bleibt eh und je – auch beim Schreiben meiner Memoiren – der Marxismus-Leninismus.« Das wurde 1988 geschrieben.

Die Parolen der Perestroika standen groß auf allen Plakatwänden, Gromyko hatte sich von Gorbatschow als Außenminister ablösen, auf den Sessel des Staatspräsidenten hieven und davon wieder verstoßen lassen. In seiner Abschiedsrede trat er in der Großen Kremlhalle vor die Abgeordneten des Obersten Sowjets mit den Worten: »Die Partei und das Land, gemeinsam mit den Bruderparteien und den sozialistischen Ländern, werden unermüdlich für den Frieden zwischen den Völkern streiten. Das ist unser oberstes Anliegen, darin liegt der Sinn unseres Lebens und des Lebens unserer Kinder und Kindeskinder.« Ja, er sagte, *unermüdlich für den Frieden zwischen den Völkern streiten*, Klassenkampf führen. Vier Jahre des neuen Denkens hatten ihn unbeeindruckt gelassen.

Es war nur zu verständlich, daß die westlichen Gesprächspartner, denen statt Gromyko nun plötzlich Schewardnadse gegenübersaß, aus dem Staunen nicht herauskamen. Hat es Gromyko registriert? Im Anhang seiner Memoiren findet sich eine Zeittafel mit ungefähr fünfhundert Ereignissen der sowjetischen Geschichte unter besonderer Berücksichtigung der auswärtigen Beziehungen. Als letzten Meilenstein vermerkte Gromyko unter dem Datum 3. Oktober 1988: »Frühere sowjetische Außenpolitik in der *Prawda* kritisiert«[15] – auch ein Fazit seines Lebens!

Vom Beginn der siebziger Jahre an, die wir hier vorwiegend betrachtet haben, gehörte Gromyko zu den sogenannten *Großen Fünf* (zuweilen sechs), die unter Breschnew den machtpolitischen Kurs der Sowjetunion bestimmten. Sie bildeten seit 1969 die Kommission des Politbüros zur Überwachung aller Verhandlungen über Rüstungsbegrenzung: Dmitrij Ustinow; Juri Andropow, Chef des KGB; Leonid Smirnow, Chef der militärisch-industriellen Kommission; Mstislaw Keldysch, Präsident der Akademie der Wissenschaften; und als sechster, Verteidigungsminister bis zu seinem Tod 1976, Marschall Gretschko. In dem irrigen Glauben, die Machtstellung zu befestigen, stürzten sie das Land durch den Ruin der Ökonomie unrettbar ins Verderben. Diese Kommission sicherte der Armee und der ihr dienenden Rüstungsindustrie die innere Durchsetzungskraft nach den Impulsen der Chefkonstrukteure. Gromyko vertrat diese Willensbildung nach außen. In dem Buch: *The Big Five, Arms Control Decision Making in the Soviet Union* von 1995 haben die beiden direkt den Amerikanern begegnenden Unterhändler der Sowjets, Saveljev und Detinow, als Insider die Story der fünf Totengräber des Sowjetsystems so deutlich beschrieben, daß man sich über deren verhängnisvolle Rolle keiner Illusion mehr hingeben kann. Durch dieses Buch erfährt man zugleich, in welcher Isolierung dieses Gremium agierte. Über den Inhalt der Verhandlungen mit dem Westen wurden auf sowjetischer Seite nicht einmal mehr die Mitglieder des Politbüros unterrichtet. Selbst Keldysch erhielt als Mitglied der *Big Five* keine Kopien der Verhandlungsprotokolle. Fünf gealterte Herren entschieden über das Imperium.

Mit dem Wandel in der Grundeinstellung zu den internationalen Beziehungen wurde den sowjetischen Diplomaten und in der Konsequenz auch der Armeeführung das Grundmuster ihres Denkens und Handelns zerstört. Das war die kopernikanische Wende im internationalen Auftreten der Sowjetunion. Während der historische Galilei die päpstliche Autorität gegen sich hatte, war der sowjetische Galilei, Gorbatschow, funktional zugleich auch die päpstliche Autorität der Sowjetunion – aber als solche hatte er nun quasi die Kurie, den Apparat des alten Sowjetstaats, gegen sich.

Gorbatschow und Schewardnadse bezeichneten die Umwertung ihres Ansatzpunktes sowohl für die Innenpolitik als auch für die Pflege der internationalen Beziehungen abkürzend als *das neue Denken*. Sie wußten, welche über Jahrzehnte eingeübten Vorurteile überwunden werden mußten, um sich darin einzuüben. Sie selbst hatten diese Leistung vollbracht und mußten deren Nachvollzug jetzt all denen zumuten, die nicht realisierten, daß Lenins Reich bereits in Trümmern lag. Wie mit Engelszungen redeten Gorbatschow und Schewardnadse auf fast dreihundert Millionen Menschen ein, warben, argumentierten, suchten zu überzeugen, forderten, befahlen, drohten auch, wenn es sein mußte, fanden begeisterte Anhänger, hoffnungsfrohe Mitläufer, stießen auf Ablehnung, auf verbissenen Widerstand, Intriganten und hinterhältige Widersacher. Nach geraumer Zeit fanden sie den stärksten Rückhalt außerhalb der Grenzen der Sowjetunion.

In seinem Erinnerungsbuch *Die Zukunft gehört der Freiheit* schildert Schewardnadse die Schwierigkeiten, die zunächst in der Verständigung mit den Amerikanern bestanden. »Fast immer glichen unsere Verhandlungen einer Unterhaltung von Gehörlosen. Sämtliche sowjetischen-amerikanischen Verhandlungen begannen mit gegenseitigen Vorwürfen und Anschuldigungen. Das war ein gründlich festgestampfter Weg, der nirgendwohin führte. Die Amerikaner und uns trennten Mauern aus Quadern des Mißtrauens und Steinbrocken der Ideologie. Es stimmt nicht, daß allein wir, die sowjetische Seite, übermäßig ideologisierter Einstellungen schuldig waren.«[16] Präsident Reagan hielt stets eine Anklageschrift parat, deren jeweils aktualisierte Vorwürfe an die Adresse der Sowjetunion reich mit marxistischen Klassikerzitaten gespickt waren und die Ehrlichkeit seines Gegenübers in Zweifel zogen.

Schewardnadse resümierte: »Gegen uns wirkten die amerikanischen Sanktionen, die wegen unserer Verwicklung in Afghanistan verhängt worden waren. Akut war das Problem der politischen Dissidenten in der Sowjetunion und unser Standpunkt in der Frage der Menschenrechte überhaupt. Die Verhandlungen über die im Weltraum stationierten Kernwaffen einschließlich des großen Streits um das Schicksal des ABM-Vertrags befanden sich in einer Sackgasse. Ein Ausweg aus der Situation, die durch die gegenseitige Stationierung von nuklearen Mittelstreckenraketen in Europa entstanden war, war nicht in Sicht. Den Hintergrund für all das lieferten die Beschuldigungen, daß die Sowjetunion gegen die bereits geschlossenen Abkommen zur Begrenzung der strategischen Rüstung, SALT 1 und SALT 2, verstoße.« Es war, so sah es Schewardnadse, nicht nur schwierig, gegen all diese Barrieren anzugehen, sondern die noch kompliziertere Frage lautete, wo man überhaupt damit beginnen solle. »Doch da biß die Maus keinen Faden ab: Ohne eine Normalisierung der sowjetisch-amerikanischen Beziehungen konnten wir nichts ausrichten.«[17]

Eine Änderung der sowjetischen Innenpolitik zur langfristigen Entlastung von den rüstungswirtschaftlichen Zwängen konnte es ohne Zusammenarbeit mit den USA nicht geben. Zu allem Überfluß verstärkten die Amerikaner ihren Druck durch die Pläne für SDI, die *Strategic Defense Initiative*, mit der sich die USA in die Lage versetzen wollten, ein auf Satelliten gestütztes Raketenabwehrsystem im Weltraum zu installieren, um der sowjetischen atomaren Bedrohung das Rückgrat zu brechen. Dieser Initiative hatten die Sowjets nichts mehr entgegenzusetzen, da ihre Kräfte erschöpft waren.

In dem Maß, in dem es Schewardnadse gelang, den Teufelskreis der wechselseitigen Verdächtigungen und Unterstellungen zu durchbrechen, Vertrauen aufzubauen, die internationalen Beziehungen zu entideologisieren, die Mythen aus der Welt zu schaffen und einen menschlichen Maßstab in die Betrachtungen einzuführen, kamen sich die Verhandlungspartner auch persönlich näher. George Shultz, mit dem es Schewardnadse zunächst zu tun hatte, liebte Gespräche am brennenden Kamin, im Büro wie zu Hause, wobei er über angespannten Unterredungen meisterhaft Steaks grillte, und zwar mit gleicher Hingabe an seine Kochkunst wie an den Ernst der Verhandlungen – Verhaltensweisen, die Schewardnadse eigens der Erwähnung wert findet. Der nachfolgende amerikanische Außenminister, James Baker, begegnete ihm in gleicher Weise freundlich. Im Kontrast dazu wuchs in der heimatlichen sowjetischen Sphäre die menschliche Entfremdung und die Verdächtigungsbereitschaft, die sich seitens der hartgesottenen Kalten Krieger Moskaus jetzt von den Amerikanern auf den eigenen Außenminister verlagerte.

Die deutsche Wiedervereinigung und die Auflösung des Ostblocks galten bei den Verfechtern des alten Systems als Zeichen eines willkürlich herbeigeführten Niedergangs. Sie sahen nicht, daß diese Ereignisse binnenwirtschaftlich verursacht waren. Je mehr Gorbatschow im internationalem Ansehen stieg, desto mehr wurde er innenpolitisch verfemt. Angesichts der Krise um Kuwait proklamierte der amerikanische Präsident Bush zusammen mit Gorbatschow eine *neue Weltordnung*: Beide Weltmächte erklärten sich zu Gralshütern des Weltfriedens und räumten sich erstmals eine wechselseitig anerkannte paritätische Stellung ein. Das war nach sieben Jahrzehnten der Existenz des Sowjetstaates die größte Dignität, die ihm in internationalem Kontext zugesprochen wurde. Gleichzeitig war es innenpolitisch der Wendepunkt zum endgültigen Niedergang von Gorbatschows Machtstellung.

Es mutet als eine bittere Ironie des Schicksals an, daß zur gleichen Zeit auch Mitarbeiter des CIA an einer Studie saßen, die Gorbatschows Sturz und das Ende der Sowjetunion ausmalte. Die Studie wurde von Ed A. Hewett, dem Herausgeber der Zeitschrift *Soviet Economics*, den der Präsident zu seinem speziellen Assistenten für Fragen der nationalen Sicherheit in Angelegenheiten der Sowjetunion ernannt hatte, ausgearbeitet und im April 1991 vorgelegt: *The Soviet Cauldron*, zu deutsch etwa *Hexenkessel Sowjetunion*. Die Lage innerhalb der Sowjetunion hatte sich dergestalt zugespitzt, daß man im Weißen Haus gedanklich durchspielen wollte, welcher Art die Veränderungen in der Sowjetunion sein könnten, wenn restaurative Kräfte die Möglichkeit eines Staatsstreichs erwägen und den Versuch unternehmen würden, das Rad der Geschichte zurückzudrehen, um mit zunächst sicherlich gemäßigten Parolen langsam doch zur alten Ordnung der Parteiherrschaft zurückzukehren.

Die Untersuchung zielte nicht nur auf Gorbatschow, sondern auch auf dessen Rivalen Jelzin. Denn Jelzin war es, der die Reformgedanken Gorbatschows auf sein Banner geschrieben hatte und der damit seit geraumer Zeit gegen den Urheber der Reformen selbst zu Felde zog, weil ihm dessen Vorgehen nicht nur halbherzig, sondern inzwischen schon als Verrat an den ursprünglichen Ideen erschien. Jelzin galt damit als der vom Volk gepriesene Erzfeind des alten Systems, das es zu überwinden galt. Er traute Gorbatschow sogar eine politische Kehrtwendung zu. So war es nur folgerichtig, daß Hewett konstatierte: »Sollten die Reaktionäre ihr Unternehmen starten, mit oder ohne Gorbatschow, so würde in diesem Augenblick ihr erstes Ziel Boris Jelzin mit den russischen Demokraten sein... Jeder Vorstoß zur Wiederherstellung vollkommener Diktatur müßte in Moskau mit der Verhaftung oder Hinrichtung von Jelzin und anderen demokratischen Führern wie dem Bürgermeister Popow und seinem Stellvertreter Stankewitsch beginnen, der Eroberung aller Medien und der erneuten Einrichtung umfassender Zensur, dem Verbot aller Versammlungen durch einschüchternde Gewalt. Ein Komitee der Nationalen Rettung – unter einem möglichst wenig anrüchigen Namen – würde eingesetzt werden und seine Absicht verkünden, für das Vaterland durch strenge und zeitlich begrenzte Maßnahmen den Weg zur Demokratie und Wirtschaftsreformen zu ebnen.«

In seinen weiteren Erwägungen über die Haltung der Truppe, das Verhalten der Bevölkerung und die Einschätzung durch die Unionsrepubliken räumte Hewett dem Putsch keine großen Erfolgschancen ein. »Mit oder ohne Gorbatschow, mit oder ohne Putsch, steht für das Ende dieses Jahrzehnts, wenn nicht früher, höchst wahrscheinlich eine Umformung der Sowjetunion in Aussicht, und zwar in einige unabhängige Staaten und eine Konföderation der verbleibenden Republiken, Rußland eingeschlossen.« Die frühere aggressive, militärische Macht, so hieß es, werde nicht wiederkehren.[18] Die Putschisten hätten die Geheimstudie von Hewett studieren sollen, die immerhin einige Monate vor dem wirklichen Putsch fertig war, um ihren Mißerfolg zu vermeiden. Offensichtlich ist der sowjetische Auslandsgeheimdienst aber an keine Kopie davon gekommen. Denn als der Putsch im August erfolgte und die Putschisten sogleich versäumten, die in der Studie anvisierte erste Aufgabe zu erledigen, nämlich Jelzin auszuschalten, konnte es nicht anders kommen, als es von Hewett gefolgert worden war: Lenins Reich zerfiel in Trümmer.

Wenn nach dem Zusammenbruch der Sowjetunion von Vertretern der Medien und auch von politischer Seite Klagen kamen, die Sowjetexperten hätten versagt, sie hätten weder die Situation rechtzeitig erkannt noch Warnungen ausgesprochen, so ist das zumindest für diejenigen unzutreffend, die auf der Grundlage ökonomischer Analysen ihre Lageeinschätzungen vorgenommen haben. Was die westliche Sowjetforschung aus technologischen und ökonomischen Analysen folgerte, war von respektabler Treffsicherheit. Was freilich in der Tat niemand vorausgesehen hat, war, daß der gefeierte Mann, der den Putsch niederschlug, Boris Jelzin, sich auch als derjenige erweisen sollte, dem nichts mehr an der fortdauernden Existenz des Sowjetstaates lag, dem vielmehr die Auflösung des kommunistischen Imperiums kein zu geringer Preis für seinen Sieg über Gorbatschow erschien.

# VII

# Dissens und Samisdat

## Fascinosum et tremendum

Die aus der Religions- und Kirchengeschichte überkommenen Begriffe *Dissens* und *Dissidenten* – die abweichenden Glauben und Andersdenkende bezeichnen – sind nicht von ungefähr auf eine ganz spezifische Gruppe von Systemkritikern in der Sowjetunion angewandt worden. Die Dissidenten huldigten in dem doktrinär und inquisitorisch wie frühere kirchliche Autoritäten auftretenden politischen System ihrer Glaubenshaltung, man müsse versuchen, die Partei mittels Redlichkeit und Lauterkeit auf einen anderen Weg zu bringen. Die Dissidenten der Sowjetunion, die seit der Zeit Chruschtschows immer mehr Beachtung fanden und später das Thema der Menschenrechte permanent zu einem Ärgernis für die sowjetische Führung gemacht haben, wichen von einer Grundverhaltensweise ihrer Mitbürger ab: Sie haben das herrschende System mit seinen eigenen Verfassungssätzen konfrontiert und deren Einhaltung angemahnt. Sie begegneten dem System mit einer an der Rechtlichkeit orientierten und in dieser Hinsicht nüchternen Ehrlichkeit. Sie haben die Justiz beim Wort genommen, und zwar an einer Stelle, an der nichts zu diskutieren, sondern nur etwas zu konstatieren war: So traten beispielsweise 1968 sieben Personen mit einigen Plakaten auf dem Roten Platz auf und protestierten gegen die Besetzung der Tschechoslowakei. Sie wußten, daß sie nichts ausrichten konnten und erachteten ihren Protest dennoch für eine lebensnotwendige Bekundung. Sie wurden verhaftet, der Verleumdung des sowjetischen Systems sowie schwerer Störung der öffentlichen Ordnung angeklagt und vor Gericht gestellt. Die Dissidenten hielten dagegen, sie hätten ein Recht auf Versammlungsfreiheit gehabt und baten die Richter, diese Verfassungsbestimmung zu berücksichtigen.

Für die Sicherheitsorgane war es unbegreiflich, daß es sich bei den Dissidenten nicht um Agenten des Klassenfeinds handeln sollte. Diese ließen sich aber nicht so kategorisieren. Sie fielen vielmehr aus dem Rahmen aller eingeschliffenen Verständnismuster, seien es sowjetische oder lang tradierte russische. *Sie verlangten Recht.* Sie argumentierten nicht politisch, sondern auf moralischer Basis, sie wollten im Prozeß nicht Nachsicht oder Gnade erheischen, sondern pochten auf die Einhaltung von Verfassungssätzen. Ihre Forderung hatte nichts Illegales oder Heimtückisches an sich. Sie selbst agierten nicht versteckt, sondern gaben sich zu erkennen. Sie wollten lediglich Recht auch Recht sein lassen. Die Magie der herrschenden politischen Gesinnung, den Staat als das Übermächtige zu fürchten, Staatsautorität wie ein schicksalhaftes Verhängnis hinzunehmen, war damit gebrochen. Auf das politische Gebäude der Sowjetunion wirkte sich das wie ein leichtes Erdbeben aus, das zwar nicht alles Errichtete mit einem Schlag umwirft, es aber mit vielen Rissen und Sprüngen versieht. Die Dissidenten nahmen eine Haltung ein, für die das sowjetische System keine passende Kategorie fand.

Hört man – wie das in Fernsehbeiträgen oft geschieht – Russen von ihrem Schicksal berichten, liest man zeitgenössische russische Literatur oder achtet man auf die Untertöne, die mitschwingen, wenn westliche Rußlandbesucher die Stimmungslage in Rußland schildern, so spürt man dabei nach wie vor, mehr untergründig anklingend als begrifflich erschlossen, aber dennoch unüberhörbar, wie die elende Alltagswirklichkeit sakralisiert und das Schicksalsträchtige an ihr stilisiert wird. Gleichgültig, ob vom russischen Menschen und seiner immer wieder betonten besonderen Leidensfähigkeit, seiner Auslieferung an despotische Herrschernaturen und an die Willkür ihrer Zuträger und Gehilfen, von seiner Suche nach Geborgenheit und Güte, Liebe und Gott, Trunkenheit und Vergessen seiner Armut die Rede ist, immer liegt darüber ein Hauch von Gottergebenheit. In dem Buch von Petra Morsbach *Plötzlich ist es Abend* ist es gelungen, diese seltsame, irrationale Mischung von Banalem und Sakralem zu verdeutlichen. Die Autorin hat in Rußland ihrem Tagebuch jahrelang die Lebensgeschichten von Freunden und Bekannten anvertraut, um diese nachträglich für eine romanhafte Veröffentlichung so zu komponieren, als stellten sie den Lebenslauf einer einzelnen Person dar, die schicksalsergeben hinnimmt, was ihr widerfährt. In der säkularisierten Welt des Westens liest sich das heute wie ein Stück russischer Literatur aus dem 19. Jahrhundert, und der Leser muß sich eigens ins Gedächtnis rufen, daß es sich bei dem Geschilderten um russische Gegenwart handelt.

Rußland erweckt nach wie vor den Eindruck, Verhängnissen zu unterliegen, als laste ein Fluch auf ihm. Stalin erschien als solches Verhängnis. Die einen betrachteten ihn als geradezu anbetungswürdig, andere empfanden ihn wie die personifizierte Strafe Gottes. Die einen vergingen fast vor Ehrerbietung, während andere die Lobeshymnen auf die *Koryphäe der Wissenschaften* in gewagter Weise sarkastisch parodierten und heimlich ihre Witze darauf machten. Was ist davon ernst zu nehmen? Beides, möchte ich sagen. In der vergleichenden Religionswissenschaft ist das Gemeinsame aller Gottesvorstellungen auf die Formel vom *mysterium fascinosum et tremendum* gebracht worden. Gott erscheint als das Faszinierende und Erschreckende in einem. Die Faszination, die von der Allmacht Gottes ausgeht, ist bei dem Gläubigen mit der ungewissen Erwartung gekoppelt, ob sich Gott ihm gegenüber als gnädig oder schrecklich erweisen wird. Paradies und Weltgericht, Himmel und Hölle, machen die Spannweite des *fascinosum et tremendum* aus. Altes und Neues Testament sprechen von Erwählung und Verwerfung. Die apokalyptische Literatur lebt von der Spannung zwischen diesen Extremen.

In Rußland hat Dostojewski in den *Dämonen* das Nebeneinander von Mächtigem und Schrecklichem in menschlicher Gestalt vorgeführt und dabei das Grausame in den Vordergrund gerückt. Gottes und des Zaren Regiment waren in ihren Attributen oft genug gleichgesetzt worden. Iwan IV., der Schreckliche, verdankt die Namensgebung eben diesem Amalgam aus Größe und Horror. Stalins Herrschaft war in diesem mystisch überhöhten Sinn ebenfalls von der Aura eines *fascinosum et tremendum* umgeben. Man kann seine Herrschaft allerdings auch ganz trivial als das Wirken eines Verbrechers auffassen, womit sie sich keiner überhöhten, sondern vulgärer Deutung anbietet. Literarisch umgesetzt, läßt sich daraus durchaus Spannendes gewinnen. Die fesselnde Schilderung von Verbrechen und ihrer Aufklärung gibt ja auch dem Krimi das Spannende und erschließt der Trivialliteratur einen Ästhetikbereich, dessen Gefühlspalette ebenfalls vom Faszinierenden bis zum

Schrecklichen reicht. Die Sowjetherrschaft läßt sich nach beiden Richtungen hin deuten und verarbeiten.

Goethe hat sich im Blick auf Napoleon der Rede vom *Dämonischen* bedient, des altgriechischen Ausdrucks für Wesenheiten zwischen Gott und Mensch, um die unbegreiflichen weltgeschichtlichen Auswirkungen, welche die napoleonischen Heere mit sich brachten, als unabwendbar zu charakterisieren.[1] Die gleiche Intention hat Hegel beim Anrücken der übermächtigen französischen Armee von Napoleon als einem Individuum sprechen lassen, das ihm die *wunderbare Empfindung* eingab, er sei die *Weltseele,* die *... auf einen Punkt konzentriert, einem Pferde sitzend, über die Welt übergreift und sie beherrscht.*[2] Beide haben wie viele andere Zeitgenossen das fortwirkend Geschichtsbestimmende an dieser Person gespürt. Läßt sich Vergleichbares im Blick auf Stalin sagen? Ist es das Schreckliche schlechthin, wodurch er beeindruckt? Das Grandiose des Bösen ging in ihm – um Hannah Arendts Ausdruck im Blick auf Eichmann zu gebrauchen – eine Liaison mit der Banalität des Bösen ein: Schrecken für Millionen im Gewand gefühllosen bürokratischen Vollzugs. Denn was im Entwurf der großen Säuberungen – wenn es ihn denn gab – nach einem großen Vernichtungsplan aussah, wurde in seelenloser Wiederholung immer nach gleichem Muster vollstreckt: Verhaftung, Anklage, Folter, Qual, Geständnis, Verurteilung, Lager, Tod.

Seit die Gesellschaft *Memorial* die Archive erforscht, die freilich noch immer nicht alle zugänglich sind, kommen immer mehr Fakten über die detaillierten Mordplanungen im Rahmen der großen Säuberungen zutage. Die mörderischen Anweisungen Stalins hatten eine Spannweite vom Detail bis zum schier unbegreiflich Umfassenden. Als die Bevölkerung zu Beginn der dreißiger Jahre Silbermünzen zu horten begann und dadurch der Zahlungsverkehr blockiert wurde, erläuterte Stalin eine von ihm dagegen schon erlassene Anordnung beispielsweise folgendermaßen: »Es geht also darum, a) den Apparat des Volkskommissariats für Finanzen ohne Rücksicht auf das Geschrei zweifelhafter Kommunisten .... zu säubern, b) unbedingt etwa zwei, drei Dutzend Schädlinge aus diesen Apparaten zu erschießen, darunter zehn Kassierer verschiedenster Art«.[3] Nach eingetretenen Schwierigkeiten in der Versorgung schrieb Stalin: »Alle Aussagen der Schädlinge bei der Versorgung mit Fleisch, Fisch, Konserven und Gemüse müssen unverzüglich veröffentlicht werden ... Eine Woche später muß dann die Bekanntmachung der OGPU folgen, daß alle diese Kanaillen erschossen worden sind. Sie müssen alle erschossen werden.«[4] Er sprach nicht nur Urteile vorweg, sondern inszenierte, wenn es ihm darauf ankam, auch, mit welchen Aussagen sich die Angeklagten schuldig zu bekennen hatten, so in einem Brief an den Vorsitzenden der OGPU: »a) Die Frage ... muß zu einem der wichtigsten Kernpunkte in den neuen (künftigen) Aussagen ... Ramsins werden ... b) Laritschew und die anderen ... müssen mit dieser Sache in Verbindung gebracht und strengstens nach diesen Dingen befragt werden, nachdem man ihnen die Aussagen Ramsins zu lesen gegeben hat. c) Groman ist strengstens zu verhören. ... d) Die Herren ... müssen durch die Mangel gedreht werden ... und ... müssen davon ebenso wissen, wie Miljukow davon weiß, den sie für eine ›Unterredung‹ aufgesucht haben. ... Wenn Ramsins Aussagen durch die Aussagen anderer Angeklagter ... bestätigt werden, dann wäre das ein bedeutender Erfolg für die OGPU ... Verstanden? Gruß! Stalin«[5] Bei anderer Gelegenheit liest man: »Übrigens: Wie wäre es, wenn die Herren Angeklagten ihre *Fehler* zugeben, sich politisch ordentlich selbst besudeln und damit zugleich die Festigkeit der Sowjetmacht und die Richtigkeit der Kollektivierungsmethode anerkennen? Das wäre nicht schlecht.«[6]

Präzise Anweisungen erstreckten sich später genauso auf Säuberungsprogramme, die Millionen von Menschen betrafen. Die *Unionsprogramme* zur Verfolgung und Vernichtung von Kulaken, bürgerlichen Intellektuellen, von Geistlichen, früheren Offizieren der zaristischen, aber auch der Roten Armee stellten ein Vorspiel zu weiteren Verhaftungswellen dar, den *nationalen Operationen*, die sich gegen ausländische Spezialisten und Angehörige diverser Nationalitäten richteten. Polen, Esten, Letten, Finnen und Rumänen kamen als spezifische Gruppen auf die Listen wie auch Ukrainer, Deutsche, Griechen, Georgier, Tschetschenen und Iraner bis hin zu Chinesen und Koreanern. Und für jede Gruppe wurden von vornherein Kontingente bestimmt, die als »Spione«, »Saboteure«, »Diversanten« und »Agenten feindlicher Mächte« zu verhaften waren, und zwar von vornherein von Stalin persönlich beziffert nach der Gesamtzahl der Opfer wie auch nach der Anzahl der zu Erschießenden.

Die Ausführungsbefehle zeichnete Stalin teils allein, teils zusammen mit anderen Politbüromitgliedern ab, danach gingen sie in der Reihenfolge ihrer Befehlsnummer dem NKWD zu. Stalin hatte Mitwisser im engsten Kreis und durch sie, Stufe um Stufe in der Hierarchie nach unten, immer mehr bis hin zu den ausführenden Tätern. Wurden die Befehle zu schnell hintereinander erlassen, ergaben sich auf der untersten Ebene Stoßzeiten, in denen die Geheimpolizei mit den Verhaftungen nicht mehr nachkam. Die Prozeduren des Vorgehens wurden daraufhin rigoros vereinfacht, und dementsprechend rücksichtsloser und grausamer gestalteten sich die Verhaftungen und Einkerkerungen. Einige Bilanzen lassen sich heute an Hand der Akten aufmachen (siehe Tabelle unten).

Den Terrorapparat insgesamt umgab dieselbe Aura, die Stalin im engsten Kreis verbreitete. Über das, was die im Rang niedrigsten Untäter bei der Ausübung ihres schauerlichen Gewerbes innerlich bewegte, gibt es widersprechende Aussagen. Sollen wir annehmen, daß sie selbst fasziniert waren von dem Schrecken, den sie verbreiten durften? Mordeten sie gleichgültig, oder trieb die Täter der Sadismus? Was hat sie bewegt? Fragen dieser Art sind seit Auschwitz zuhauf gestellt worden. Antworten gehen immer wieder in die eine und die andere Richtung: Befehlsnotstand und Glauben an die Führung, deren vermutetes Wissen eigenes Verantwortungsgefühl hintangestellt sein ließ. Moderne, rechtlich geordnete Gesellschaften kommen weder mit der einen noch der anderen Antwort zu Rande.

**Verhaftungen und Urteile durch die politische Polizei 1931-1938**

| Jahr | Verhaftet | Verurteilt | Erschossen |
|---|---|---|---|
| 1931 | 479.065 | 208.069 | 10.651 |
| 1932 | 410.433 | 141.919 | 2.728 |
| 1933 | 505.256 | 239.664 | 2.154 |
| 1934 | 205.173 | 78.999 | 2.056 |
| 1935 | 193.083 | 267.076 | 1.229 |
| 1936 | 131.168 | 274.670 | 1.118 |
| 1937 | 936.750 | 790.665 | 353.074 |
| 1938 | 638.509 | 554.258 | 328.618 |

Das Morden wurde ideologisch als notwendige Kampfmaßnahme für den Aufbau einer neuen Gesellschaft verbrämt, ihm wurde der quasi sakrale Anstrich des Opferns zuteil. Das Errichten des einen bedeutete das Vernichten des anderen. In der Ikonographie des Hinduismus findet sich eine Form des *fascinosum et tremendum* in der Gestalt des tanzenden Schiwa, die religiös-metaphorisch ebenfalls Zerstörung und Erschaffung in einem verkörpert. Schiwa wird als Tänzer dargestellt, der von einem Flammenkranz umgeben ist, in welchem die Welt verbrennt. Unter seinen Füßen zerstampft er die Unwissenheit, die als menschliche Gestalt wiedergegeben wird. Im wirbelnden Haar trägt er die Ganga, die Göttin der Schöpfung eines neuen Äons. Erschaffen und Zerstören werden als tänzerischer Akt, als kosmische Bewegung, vorgestellt. Haben sich nicht Marx und Engels in der dialektischen Manier einer Einheit der Gegensätze die Revolution als den Akt des Auslöschens der bürgerlichen Gesellschaft und des Hervorbringens der proletarischen Gesellschaft in ähnlicher Weise quasi als sakralen Akt vorgestellt, das Rauschen der Guillotine als einen sympathetisch synoptischen Akt von Geburt und Tod? Die Unwissenheit in Gestalt der Bourgeoisie wird vernichtet. Der neue Lebensstrom des Kommunismus tritt aus dem vorübergehenden Schrecken der Revolution hervor. Eine ganze Reihe von Künstlern und Literaten hat sich nicht gescheut, die Partei der Bolschewiki gleichfalls als Träger

| Freiheitsentzug | Verbannung | Andere Strafen |
|---|---|---|
| 105.483 | 63.269 | 1.093 |
| 73.946 | 36.017 | 29.228 |
| 138.903 | 54.262 | 44.345 |
| 59.451 | 5.994 | 11.498 |
| 185.846 | 33.501 | 46.4000 |
| 219.418 | 23.719 | 30.415 |
| 429.311 | 1.366 | 6.914 |
| 205.509 | 16.842 | 3.289 |

des Neuen in dieser religiös verklärenden Weise zu beschreiben, Majakowskij allen voran mit seinen schockierenden, frechen und zugleich beschwörenden Strophen. Stalin nannte ihn 1935 den besten, begabtesten Lyriker der Sowjetepoche. Majakowskij hatte sich bereits 1930 umgebracht – tat er es angesichts der Millionen von Opfern der Kollektivierung, angesichts des Trivialen der Verbrechen?

»Nehmen Sie mich als Beispiel. Ich gehöre zu jenen, die gerade während des Krieges Stalin lieben lernten, und zwar mit aufrichtiger Liebe. Er war das Haupt unseres Staates, unserer Armee. In ihm verkörperte sich unser Glauben an die eigene Kraft, unsere Hoffnung auf den Sieg, unsere Liebe zu allem, wofür wir kämpften und zu sterben bereit waren. Wir schrieben ihm alle Vorzüge zu, die wir an unseren Besten sahen. Wir glaubten nun dem Mythos vom großen, vom allwissenden Führer, denn wir wünschten uns einen solchen Führer, wir hatten uns selbst – manche bewußt, manche unbewußt – diesen Mythos geschaffen und waren überzeugt von seiner Realität oder Beinahe-Realität, und mehr noch davon, daß er eine absolute historische Notwendigkeit sei, denn wir glaubten, daß der Sieg ohne uneingeschränkte Autorität und uneingeschränkten Glauben unmöglich wäre.« Mit diesen Worten beschrieb Lew Kopelew 1967, wie er sich in das System integriert fühlte, bevor er dessen banale Grausamkeit durchschaute. Die Symbiose von Faszination und Schrecken faßte er in wenigen Sätzen zusammen:

»Das allgemeine Vertrauen zur Presse und zum Staatsapparat – vor allem aber auch zum Staatssicherheitsdienst, zur Staatsanwaltschaft und zu den Gerichten – war so groß, daß die meisten Menschen ihre eigene Erfahrung und ihre eigenen Zweifel selbst dann zurückdrängten, als Helden und Führer von gestern über Nacht zu Verrätern, Spionen, Feinden des Volkes deklariert wurden, als die Geschichte hemmungslos umgekrempelt wurde, als Stalin Heldentaten zugesprochen wurden, die er niemals begangen hatte, und seinen Gegnern Verbrechen angelastet, deren sie unschuldig waren.« Kopelew geht so weit, das Schreckliche zum Beleg des Grandiosen zu nehmen:

»Das blinde Vertrauen wurde untermauert durch Massenverfolgungen, die in den einen Angst und Furcht hervorriefen und in den anderen den Glauben bestärkten, daß die hinterlistigen Feinde allgegenwärtig sind und folglich jedes Schwanken, jeder Zweifel an der Richtigkeit Stalinscher Worte und Taten, ja sogar eine zu milde Abrechnung mit Schwankenden und Zweifelnden eine direkte Unterstützung des Feindes bedeutet.«[7] Wenn selbst ein Lew Kopelew so spricht, dann kann man sich vorstellen, daß die Schergen des NKWD bei ihrer Vernichtungstätigkeit den Eindruck gehabt haben mögen, an einer Aufbauarbeit teilzunehmen, eine neue Welt hervorzubringen.

Wie der Boß eines Verbrechersyndikats kontrollierte Stalin die Vollzugsmeldungen seiner Mittelsmänner, die ihrerseits mit aller Strenge wieder kontrollierten, ob ihre Mittelsmänner solide Arbeit leisteten. Die ältesten und gehorsamsten Gefolgsleute Stalins, Molotow, Kaganowitsch, Woroschilow, Schdanow, Ordschonikidse, Mikojan, Jeschow und Berija sowie später die jüngeren, Malenkow und Chruschtschow, unterdrückten tunlichst eigene Urteile, so lange sie im zweiten Glied standen. Die Verdächtigungsbereitschaft ihren Untergebenen gegenüber, die in der sowjetischen Tugendskala Wachsamkeit genannt wurde, war eher noch höher als die des Chefs ihnen gegenüber. Sie hatten nicht nur den Zorn des Meisters von oben, sondern auch noch Irreführung von unten oder die denunziatorische Mißgunst gleichrangiger Genossen zu fürchten. Denkt man sich das System der mächtigsten Mittelsmänner auf die nächst niedere Ebene der Führungshierarchie übertragen und so weiter bis zum letzten Exekutor, so begreift man, wie Terror zum Alltag wurde.

Bei der Betrachtung von Dissidenten und Samisdat hat man die blasphemische Weihe, die über dem Stalinismus lag, im Gedächtnis zu behalten, denn mit dem Begriff, den Chruschtschow dann benutzte, um Stalin zu diskreditieren, *Personenkult*, wurde das Kultische des Sowjetsystems nicht überwunden, sondern in negativ beschwörender Weise fortgesetzt. Wenn man das erwägt, begreift man, in welche Tiefen und Untiefen der Brief der Nina Andrejewa deutete, der vor Gorbatschows Augen die Böcke von Schafen trennte, der die Verfechter der alten Denkschablonen von den Anhängern des *neuen Denkens* schied. Diese Nina Andrejewa wurde zur Generalsekretärin der im November 1991 in Sankt Petersburg neu gegründeten Kommunistischen Partei der Bolschewiki der UdSSR gewählt. Und heute ziehen an Stalins Geburtstag alte Mütterchen mit dem Bild des Despoten über den Roten Platz.

In dem Film des georgischen Regisseurs Tengis Abuladse *Die Buße*, dessen Entstehung Mitte der achtziger Jahre von Schewardnadse gefördert wurde, ist mit den Mitteln des Surrealen die Verfremdung des Wirklichen ins Unwirkliche, die Verquickung menschlicher Schuld mit unabwendbarem Verhängnis, derartig eindringlich dargestellt worden, daß es dem Zuschauer kalt über den Rücken läuft: Die Leiche eines verstorbenen Parteisekretärs findet sich jeden Morgen nach erneuter Beerdigung wieder ausgegraben unter einem Baum im Garten der Familie des Toten vor. Die Tochter eines zum Opfer von Verfolgungen gewordenen Elternpaares gräbt den Täter immer wieder aus, um weder dem Leichnam im Grabe noch seinen Nachfahren im gehobenen Lebensstil der Nomenklatura Ruhe zu gönnen. Ein Gerichtsprozeß, der die dahinterstehende Geschichte aufrollt, versetzt mit Rückblenden in die fatalen Anfänge des Stalinismus und läßt am Einzelschicksal von Menschen einer Kleinstadt das absurd Schreckliche ebenso wie das schrecklich Absurde der vergangenen Jahrzehnte hervortreten. Keiner der im Film dargestellten Konflikte wird gelöst. Ruhe ist weder denen gegeben, die das Vergangene hervorzerren, noch jenen, die es zu vergraben suchen.

Als Schewardnadse wegen der Katastrophe von Tschernobyl nach Moskau beordert wurde und sich für kurze Zeit nicht für Abuladse verwenden konnte, nutzten Tifliser Behörden diesen Augenblick und gingen sofort gegen den Regisseur vor, der heimlich noch eine Videokopie seines Films anfertigen konnte, bevor er bestraft und sein Originalfilm vernichtet wurde. Jene, die ihm geholfen hatten, wurden antisowjetischer Gesinnung angeklagt und verloren ihre Stellung. So wie Schewardnadse beschämt darüber war, daß die neue Führung in Moskau in der ersten Reaktion auf die Reaktorkatastrophe nicht anders reagiert hatte, wie es Stil und Vorgehen jeder früheren Kreml-Führung entsprach – Leugnen und Abwiegeln –, fühlte er sich nach seiner Rückkehr schuldig am Vorgehen der Tifliser Funktionäre gegen Abuladse. Weder in Moskau noch in Georgien hatte die Perestroika den ersten Test bestanden. »Unsere Vergangenheit hat uns fest Griff. Das Machtmonopol der Partei hat uns einen üblen Dienst erwiesen, indem es daran gewöhnte, die Wahrheit nur im Kontext von Angriff und Verteidigung wahrzunehmen.«[8] Dank Gorbatschow, der von Abuladses Werk tief beeindruckt war, wurde der Film dann doch noch in der ganzen

Sowjetunion gezeigt. In zwei Stunden Spielzeit durchmißt dessen Handlung Schuld und Sühne des gesamten sowjetischen Äons. Die Erschütterung geht für den Zuschauer vor allem davon aus, daß die Story für jeden aus der nachbarschaftlichen Umgebung stammen könnte, daß sie den Stalinismus hautnah zeigt und zugleich surreal verfremdend ins schicksalhaft Unabwendbare überhöht.

Wenn am Ende von Abuladses Film die Eingangsszene wiederkehrt, in der eine Kellnerin von einem Gast, den sie bedient, das Loblied auf einen toten Funktionär anhören muß, während man in der Schlußszene weiß, daß sie es ist, die dessen Leiche ausgegraben hat, desillusioniert das nach Ablauf der Tragödie noch mit dem Eindruck, daß alles Leid, das hier gezeigt wurde, für nichts und wieder nichts gewesen sein könnte. Auf eine ganz andere Weise ist dieses Vergebliche auch von Tiziano Terzani in seinem Buch *Gute Nacht, Herr Lenin. Reise durch ein zerberstendes Weltreich,* mit nüchterner Rationalität und journalistischem Geschick höchst lebendig vor Augen gestellt worden. Und sobald man sich dem Thema Dissidenten und Samisdat zuwendet, so fragt man sich, welcher Annäherungsmodus hierbei der bessere ist, der mit dem Gefühl für das Tragische oder der mit dem Bemühen um nüchterne Sachlichkeit. Denn Dissidenten und Samisdat bildeten die ebensowohl bewunderungswürdige wie auch ernüchternde Kehrseite eines Systems, das trunken von den Lügen über seine Vergangenheit war und das sich immer wieder daran berauschte, diejenigen in Acht und Bann zu schlagen, die sich der Lüge widersetzten. Die Verlogenheit fand ständig aktualisierten Ausdruck in den Gerichtsprozessen gegen die Andersdenkenden und manifestierte sich permanent in der Aufrechterhaltung der Lager.

Es war ein moralischer Impetus, der die Dissidenten immer wieder die Frage nach der Gesetzes- und Verfassungstreue der Herrschenden thematisieren ließ. Auf diese Weise erlangten Dissens und Samisdat ihre zersetzende Wirkung in bezug auf das Macht- und Meinungsmonopol der Partei. Eine Zeitlang, vor allem zu Beginn der siebziger Jahre, war das so wirksam, daß der Samisdat die Grundlage einer konkurrierenden Meinungsbildung schuf. Ihm ist es zu verdanken, daß sich später die Presse unter Gorbatschow aus den Fesseln der Zensur lösen konnte. Man hätte annehmen sollen, damit sei für eine postkommunistische Gesellschaft die Pressefreiheit garantiert und eine unumstößliche Grundlage für demokratische Willensbildung geschaffen worden. Das hat sich als Täuschung erwiesen.

Unter Jelzin haben die Oligarchen die Medien erneut unter Kontrolle gebracht. Die Intellektuellen kamen kaum mehr zu Gehör, unter Putin scheinen sie vollends verstummt zu sein. In dem Jelzin-Jahrzehnt riskierten Redakteure ihre Stellung, wenn sie ihre Meldungen und Kommentare nicht so abfaßten, wie es den einflußreichen Personen in der Umgebung des Präsidenten und den Geschäftsinteressen der Oligarchen entsprach. Die früheren Dissidenten entfalteten keinen Eifer mehr, dagegen anzugehen. Die Engagierten von einst resignierten. Die Herrschaft des Präsidenten, sein Apparat, war käuflich geworden, agierte jedenfalls ganz in diesem Sinn. Unter Putin erhält man fast den Eindruck, es gäbe so etwas wie einen vorauseilenden Gehorsam, um sich den vermuteten Reaktionen des neuen Machthabers anzupassen. Damit wird eine Jahrzehnte währende Geschichte der Bemühungen, sich von den Mythen zu befreien, mit denen sich das sowjetische System umgab, um den Erfolg gebracht, der ihr eigentliches Ziel war, nämlich konkurrierende freie Meinung und freie Presse durchzusetzen.

## Das Politbüro stiehlt sich aus der Verantwortung

Bereits vor dem 20. Parteitag, auf dem Chruschtschow in seinem Geheimreferat über die Verbrechen der Stalinzeit sprach, wirkte es zwischen 1954 und 1956 atemberaubend auf die sowjetische Öffentlichkeit, den Roman des stets als linientreu geachteten Ilja Ehrenburg, *Tauwetter*, in Fortsetzungen lesen zu können, dessen Inhalt auf die spätere Entstalinisierung hindeutete. Als große Literatur nicht zu qualifizieren, sprachlich und kompositorisch eher dürftig, war er mit einem guten Gespür für die Gefühle der Menschen geschrieben, die nach Stalins Tod erwarteten, die neue Führung werde das in der Nachkriegszeit erneut in Gang gesetzte Terrorregime beenden.

Ehrenburg schildert, wie Menschen durch bloße äußere Umstände in ein korruptes Verhalten hineinmanövriert werden können, das ihnen eigentlich nicht liegt. Es ist der erste Frühjahrssturm, der sie erkennen läßt, daß nicht ihre inneren Einstellungen, sondern die äußeren Umstände – Stalins Herrschaft – die frostige Atmosphäre hervorgerufen hatten, die zwischen ihnen bestand. Mit meteorologischer Metaphorik wird eine Erlösung geschildert, die sich für die Menschen schon beim ersten Tauwetter andeutet, selbst wenn der eigentliche Frühling noch weit weg erscheint. Der Roman enthüllte Stalins Herrschaft als schaurige Atmosphäre und Stalins Tod als Umschwung zum Tauwetter. Chruschtschows Referat über die Verbrechen Stalins auf dem 20. Parteitag entsprach daher den Erwartungen derer, die nach langem Winter den Frühling herbeisehnen – und so führte der Romantitel zur Charakterisierung der damaligen Zeit als *Tauwetterperiode*.

Chruschtschows Geheimreferat über die Verbrechen Stalins war so angelegt, daß die offizielle Parteidoktrin dadurch nicht widerrufen wurde: Stalin, so wurde argumentiert, habe die richtigen Zielsetzungen lediglich mit falschen Mitteln verfolgt. Wende man sich von seinen Methoden ab, so sei man daher wieder auf dem rechten Weg. Was die Enthüllungen anbelangte, so sprach Chruschtschow in seinem Referat nur aus, was jeder auf die eine oder andere Art schon wußte. Sensationell wirkte, daß der Parteichef vor den Delegierten des Parteitags den in den Himmel gehobenen Stalin höchst persönlich und allein für die Verbrechen seiner Zeit verantwortlich machte. Er schockierte die Delegierten mit präzisen Angaben aus den Registern der Verbrechen. Gleichzeitig beruhigte er sie: Die Herrschaft der Partei sei deswegen nicht in Frage zu stellen; es dürfe lediglich kein neuer Personenkult aufkommen. Die Ansprache zielte darauf ab, ein geschichtliches Kapitel zu schließen. Der stalinistische Abschnitt der Sowjetgeschichte sollte mit der Überschrift *Periode des Personenkults* versehen und ad acta gelegt werden. Aber der Versuch, dieses Kapitel zu schließen, hat zugleich ein Unterkapitel geöffnet, das in der Zukunft zu einem Unruhekapitel werden sollte: Dissens und Samisdat.

Was Chruschtschow an Zahlen und Fakten nannte, erschütterte die Mitglieder des Parteitags und raubte vielen den Atem. Da genaue Zahlenangaben bis zu diesem Zeitpunkt geheimgehalten worden waren, mußten sie in massierter Offenlegung natürlich überraschen. Daß Stalin einer olympischen Verehrung seiner Person und einer sich überschlagenden Lobhudelei aller seiner Aktivitäten Raum gegeben und Vorschub geleistet hatte, brauchte auf dem Parteikongreß keinem gesagt zu werden, denn die Lobredner saßen sich auf der Bühne und im Parkett gegenüber. Mit dem dringlichen

Verlangen der Delegierten, genau zu erfahren, wie es bei alledem zugegangen sei und wer in welcher Phase als Helfer und Helfershelfer Stalins bezichtigt werden müsse, war schon deswegen nicht zu rechnen, weil jeder im Saal hätte fürchten müssen, dabei selbst an die Reihe zu kommen. Dadurch, daß man von seiten des Präsidiums dem inzwischen hingerichteten Berija und seinen engsten Mitarbeitern einen großen Teil Mitschuld zuschob, fühlte man sich fürs erste zunächst einmal salviert.

Im Blick auf die gewöhnlichen Parteimitglieder und die Masse der Bevölkerung ging man ein größeres Wagnis ein. Es war ja allen Menschen nur allzu genau bekannt, in welcher Nähe zu Stalin sich die Mitglieder des Präsidiums über Jahre und Jahrzehnte hinweg befunden hatten – Chruschtschow selbst agierte während der großen Säuberungen als Stalins Statthalter in der Ukraine und danach in Moskau. Wie die Bevölkerung insgesamt die Entschuldigungsrhetorik »Personenkult« aufnehmen würde, blieb daher ungewiß. Ob die Menschen bereit sein würden, alle Verbrechen der Stalinzeit ausschließlich Stalin und einer singulär auf seine Person bezogenen Charakterschwäche anzulasten, während seine Helfer und Helfershelfer ungestraft unter ihnen lebten, ließ sich vorab nicht genau einschätzen. Aber man hatte keine Wahl mehr. In welche Fülle von Widersprüchen man sich mit der gefundenen Lösung verstrickt hatte, kam alsbald zutage.

Tatsache war, daß die Partei der Bolschewiki ihre Herrschaft nach der Revolution mit der doktrinären Verheißung angetreten hatte, eine objektive Gesetzmäßigkeit der Geschichte zu exekutieren, nämlich die Entwicklung zum Sozialismus. Ob richtig oder nicht, wahr oder falsch, damit hatte sie die Kampfbereitschaft in den eigenen Reihen beschworen und unzählige Anhänger motiviert. Zur Vorstellung von der objektiven Gesetzmäßigkeit des Geschichtsverlaufs gehörte implizit das Dogma, daß der Gang der Dinge zwar gestört, nicht aber aufgehalten werden könne, Klassenfeinde zwar ihr Haupt erheben würden, objektiv aber chancenlos blieben. Geschichte werde nicht, wie die bürgerliche Geschichtsschreibung es insinuiere, von großen Persönlichkeiten gestaltet. Umgekehrt, das Objektive der Geschichte forme die subjektive Größe der Persönlichkeiten, die in ihr hervortreten, Lenin und Stalin beispielsweise. Entgegen dieser Doktrin des historischen Materialismus mußte man nun einräumen, daß Stalin den Geschichtsverlauf nach subjektiven Kriterien zu gestalten vermocht hatte. Was war von einer Doktrin zu halten, die so elendig versagte? Wie rückte es Chruschtschow in seinem Kopf zurecht, mit der faktisch widerlegten Theorie deren weitere praktische Anwendung zu verbinden? Wie sollten sich historischer Anspruch und historische Wirklichkeit künftig miteinander vertragen?

Wie konnte es überhaupt sein, daß die Partei den Personenkult erst nachträglich durchschaute, die Partei, die sich später unter Breschnew auf ihrem Banner eigens als *Geist, Ehre und Gewissen der Epoche* anpries? Dieser Partei sollte es die Gesellschaft als einen Akt der Weisheit abnehmen, daß sie mit dem überraschenden Eingeständnis ihres Parteisekretärs den Personenkult überwunden habe? Hier ergaben sich Fragen und Widersprüche, die nicht zu klären waren. Ließen sich Verfolgung und Tötung von Millionen zu einem Betriebsunfall erklären, den ein einzelner (und wenn, dann wie?) hervorgerufen hatte? Derartige Deklarationen blieben normalem Menschenverstand unzugänglich und bedeuteten im Rahmen der marxistischen Geschichtsauffassung einen doppelten Salto mortale. Menschlich und moralisch aber stellte es angesichts des ungeheuerlichen Ausmaßes der Untaten eine Unverschämtheit von welthistorischer Größenordnung dar, wenn sich die Partei gegenüber dem betroffenen Volk in dieser Weise herauszureden versuchte. Logisch wie moralisch hätte sie ihren Abgesang anstimmen, ihren Abgang suchen müssen.

Eine solche Konsequenz hat die Parteiführung freilich zu keinem Zeitpunkt erwogen. Die Führung der Partei dachte nie daran, ihr Machtmonopol zu schmälern. Und sie lehnte es ab, die Ausrede vom *Personenkult* als eine windige Angelegenheit anzusehen. Sie betrachtete es bereits als höchst verdienstvoll, in den Jahren seit Stalins Tod das Terrorsystem außer Kraft gesetzt, eine Million Häftlinge aus den Lagern entlassen, zahlreiche Rehabilitierungen zugelassen und weitere Überprüfungen von Verurteilungen eingeleitet zu haben. Daß sie fortan mit dem widersprüchlichen Gedankengut leben müßte, das Chruschtschow vorgetragen hatte, bereitete den Mitgliedern des Präsidiums des Zentralkomitees der Partei, wie das Politbüro damals hieß, keine Sorgen. Daß diese Widersprüche aber zu einem zentralen Thema der Dissidenten und des Samisdat avancieren sollten, ahnte damals noch niemand.

Während wir über all die Jahre seit 1956 nur das Zeugnis des

Hauptakteurs Chruschtschow besaßen – den Text seiner Geheimrede und die Schilderung in seinen Memoiren –, liegen seit 1996 Auswertungen von Archivdokumenten durch Wladimir Naumow[9] vor, die sich auf eine jahrelange Vorgeschichte des Referats beziehen, das demnach keineswegs eine so singuläre Leistung war, wie sie sich Chruschtschow immer zugeschrieben hat. Die Rede wurde vielmehr im Präsidium höchst sorgfältig vorbereitet und diskutiert, wie auch ihr Text diversen redaktionellen Bearbeitungen unterworfen wurde. Die Menschen hatten den Stalinismus schließlich in lebendiger Erinnerung, kannten die Tatbestände, und das mußte bei der Vorbereitung der parteiamtlichen Abrechnung mit dem Diktator berücksichtigt werden.

Für die politische Gratwanderung, die sich das Präsidium für den Parteitag vorgenommen hatte, nutzten dessen Mitglieder mit viel Geschick die Affäre um den kurz nach Stalins Tod gestürzten und danach hingerichteten damaligen KGB-Chef Berija zu ihrer eigenen Entlastung aus. Dessen Bemühen war damals umgekehrt darauf ausgerichtet gewesen, sich selbst gegen Vorwürfe der Mithilfe an Stalins Verbrechen zu wappnen und dafür andere zu beschuldigen. Kurz nach Stalins Tod war Berija nämlich mit Enthüllungen vorgeprescht, in denen die Staatssicherheitsorgane die Folterung von Gefangenen, die Erpressung von Geständnissen und die Fälschung von Unterlagen bei Prozessen der dreißiger und vierziger Jahre zugaben. Das bedeutete seinerzeit für die übrigen Präsidiumsmitglieder die Gefahr, möglicherweise von Berija bloßgestellt oder erpreßt werden zu können. Angesichts dieser Gefahr schlossen sie sich zusammen. Tatsächlich gelang es ihnen, Berija angelegentlich einer Konferenz im Kreml zu verhaften. Ihm wurde der Prozeß gemacht. Nach seiner Hinrichtung im Dezember 1953 waren sie daher nicht nur vor künftiger Bloßstellung sicher, sie hatten damit überdies einen Sündenbock gefunden, dem jetzt auf dem 20. Parteikongreß eine Unzahl von Verfehlungen angelastet werden konnte.

Dennoch war von Berijas Vorstoß eine bestimmende Kraft für die Enthüllungen ausgegangen, die Chruschtschow 1956 vornahm. Auf Grund von Berijas seinerzeitigen Eingeständnissen war es bereits 1953 zu ersten Rehabilitierungen gekommen. Molotow etwa holte seine lange Jahre inhaftierte Frau aus dem Gefängnis, und andere Mitglieder des ZK befreiten Verwandte und Bekannte aus den Lagern. Eine Rehabilitierungswelle kam in Gang. Die früheren Verhaftungsaktionen wurden quasi noch einmal in der Gegenrichtung aufgerollt, und immer mehr Fälle standen binnen kurzer Zeit zur Neuentscheidung an. Es war dieses schier unübersehbar anschwellende Material, das schließlich Anastas Mikojan 1955 zu dem Vorschlag an Chruschtschow veranlaßte, in einer Großaktion auf dem nächsten Parteitag eine generelle Klärung zu schaffen; und so kam es von seiten des Präsidiums zu der intensiven, höchst diskret vorgenommenen Vorbereitung der Rede Chruschtschows.

Einige andere Ereignisse kamen hinzu, welche die Führung bei der Vorbereitung überdies noch unter Zeitdruck setzten: Seit Ende 1953 revoltierten die Häftlinge in den Lagern um Workuta und Norilsk, seit 1954 in Kasachstan und in der Nähe von Industriestädten im Wolgagebiet. In weiten Bereichen des GULag mußten Truppen gegen die Aufständischen eingesetzt werden. Die Vorgänge, die angesichts der Größenordnung von fast anderthalb Millionen Lagergefangenen bei der Bevölkerung nicht unbekannt blieben, schürten eine im Untergrund ohnehin spürbare, allgemeine Unzufriedenheit. Diejenigen, die aus den Lagern heimkehrten, berichteten von den üblen Zuständen, die sie erlebt hatten, und verbreiteten weithin Skepsis darüber, ob sich die Zeiten wirklich grundlegend gewandelt hätten; viele erwarteten, daß es nicht lange dauern würde, bis sie wieder inhaftiert wären. Es wurde also höchste Zeit für eine Klärung der gesamtgesellschaftlichen Stimmungslage.

Das Präsidium war natürlich besorgt, wie die Parteitags-Delegierten auf die Enthüllungen reagieren würden. War es opportun, eine harsche oder besser eine gemäßigte Kritik an Stalin vorzunehmen? Wie würden die Delegierten ihren eigenen Anteil am Stalinismus einschätzen und sich von der Kritik betroffen fühlen? Die Präsidiumsmitglieder legten, je näher sie Stalin gestanden hatten, desto mehr Wert darauf, Stalin trotz einer Verurteilung seiner persönlichen Schwächen historische Verdienste anzuerkennen. Molotow etwa plädierte dafür, neben allgemeinen historischen Leistungen namentlich Stalins Rolle als Kampfgefährte und Nachfolger Lenins zu erwähnen; er konnte sich damit aber nicht durchsetzen. Da es schwer einzuschätzen war, welchen Grad von Verurteilung Stalins die Delegierten ertragen und auch gutheißen würden und vor allem, wie sich deren Reaktionen auf die am Schluß abzuhaltenden Neuwahlen des Präsidiums auswirken würden, suchte man einen Ausweg, um der Gefahr eines eventuellen Wahldebakels zu entgehen. Man griff zu einem Trick: Die Wahlen wurden nach vorn verlegt. Das Präsidium ließ sich zuerst einmal wiederwählen, bevor Chruschtschow zu einer, wie es hieß, *Sondersitzung* einberief, auf der er den Delegierten den Schock zumutete. Eine Diskussion fand nicht statt. Die lokalen Parteiführungen wurden später auf vertraulich anberaumten Sitzungen mit dem Text bekanntgemacht. In der Bevölkerung, die unter der Hand alsbald Kenntnis über Chruschtschows Abrechnung mit Stalin erlangte, gab es die unterschiedlichsten Reaktionen, von vollständiger Ablehnung bis zu vehementer Bekräftigung der Ausführungen.

Woran sollten die Menschen sich vornehmlich halten, an den Teil der Darlegungen, der Stalin historische Verdienste zusprach, oder an jenen, der ihn charakterlich verdammte? Wie sollten sie sich gegenüber der jetzigen Führungscrew verhalten? Sollten sie die führenden Vertreter der Partei als Handlanger Stalins ansehen oder als schuldlos Verführte? Der Philosoph Kedrow, der diese Fragen zuungunsten der Partei auslegte, verlor sofort seinen Lehrstuhl. Sein Kollege Scharikow, Parteimitglied seit 1931, der sich in gleicher Weise kritisch äußerte, fand sich alsbald in einem Lager für politische Häftlinge wieder. An Hand eines anderen Präzedenzfalls beschloß das ZK, Unbotmäßigkeiten gegenüber der Partei nicht nur zu rügen, sondern auch mit Ausschluß aus der Partei zu bestrafen. Wer sich nun darüber Gedanken machte, wie er Stalins Herrschaft und die damalige Rolle der weiterhin führenden Genossen beurteilen sollte, tat gut daran, sich darüber nicht zu äußern. Im internationalen Kontext machte überdies die Niederschlagung des Ungarnaufstands durch sowjetische Truppen im Oktober 1956 nur allzu deutlich, daß die Partei entschlossen war, ihre Position nach innen und außen mit allen Mitteln zu verteidigen. Dennoch war eine Weichenstellung erfolgt. Sie hatte für das geistige Leben der Sowjetunion ähnlich schwerwiegende Folgen, wie sie seinerzeit Stalins Entscheidung über den forcierten Bau der Atombombe für das wirtschaftliche Leben der Sowjetunion nach sich zog. Stalins Entscheidung bedeutete den Weg in den wirtschaftlichen Ruin, Chruschtschows vermeintlicher Befreiungsschlag besiegelte den ideologischen, den geistigen Ruin.

Wer konnte jetzt noch seine Stimme erheben? Erneut waren, wie schon so oft in der russischen Geschichte bei Auseinandersetzungen mit dem autokratischen Regime, die Literaten gefragt. Deren Weg in die Öffentlichkeit war freilich reglementiert. Denn wer publizieren wollte, mußte sich als Mitglied des Schriftstellerverbandes ausweisen können und mußte sich an einen Staatsverlag wenden. Eine Zeitlang bot die Zeitschrift *Nowyj Mir* unter der Redaktion von Twardowskij die Möglichkeit, heikle Themen auf ihren Seiten abzuhandeln. Vor dem Druck eines Manuskripts aber stand die Zensur, und mit ihr zu Rande zu kommen, verlangte, sich auf umständliche Prozeduren einzulassen.

Sacharow hat aus seiner Erfahrung mit wissenschaftlichen Publikationen eine eindringliche Beschreibung dafür gegeben: »Jeder Autor muß Bescheinigungen und mehrseitige Fragebögen sowie ein Protokoll der ständigen Sonderkommission der Behörde vorlegen, bei welcher er arbeitet, und wenn der Autor aus dem einen oder anderen Grunde an keiner wissenschaftlichen Einrichtung arbeitet, kann er seinen Artikel überhaupt nicht veröffentlichen. Im Protokoll der Kommission muß vermerkt sein, daß der Artikel keine geheimen Angaben oder patentierte Vorschläge enthält, die eine wichtige praktische Bedeutung haben. Danach werden alle diese Unterlagen an die sogenannte Hauptverwaltung zum Schutz von Staatsgeheimnissen in der Presse geschickt. Abgekürzt heißt diese Behörde Glawlit, eine Zensurbehörde, deren Arbeit von Geheimnissen umwittert ist. Kein normaler Sterblicher darf ihre Mitarbeiter kennen. Die Glawlit hat eine eigene, unermeßlich lange Liste verbotener Themen, nicht nur aus Gründen der Geheimhaltung, sondern hauptsächlich aus ›politischen‹ Überlegungen. So ist beispielsweise die Veröffentlichung von Daten über folgende Gebiete verboten: Kriminalität, Alkoholismus, Epidemien, Zustand des Gesundheitswesens, des Bildungswesens und der Wasserversorgung, Selbstmorde, Vorrat an und Produktion von Buntmetallen, Lebensmittelversorgung, Einkünfte der Bevölkerung, Stand des Umweltschutzes, Naturkatastrophen und andere Katastrophen, wenn keine entsprechende Erlaubnis für den Sonderfall vorliegt, usw. usf. Die Glawlit muß die Veröffentlichung von Werken der schöngeistigen Literatur und überhaupt alles genehmigen, was im Lande publiziert wird, bis hin zur Reklame und zu den Etiketten auf Streichholzschachteln. Erst nach Genehmigung durch den Glawlit gelangt der wissenschaftliche oder technische Artikel in die Redaktion der Zeitschrift. Man kann sich leicht vorstellen, wie sehr dadurch alle

Veröffentlichungen verzögert werden, darunter auch solche, die den abstraktesten Themen gewidmet sind, zum Beispiel der Zahlentheorie oder der Astrophysik.«[10]

Eine Fülle von Manuskripten, die in der Tauwetterperiode als persönliche Bekenntnisse abgefaßt wurden, kam auf Grund dieser Zensurvorschriften nie bis zu einem Staatsverlag. Sie wurden aber privat weitergegeben. So entstand aus der Not eine Tugend, der *Staatsverlag,* Gosisdat, wurde durch den *Selbstverlag*, Samisdat, ersetzt: Texte wurden abgeschrieben und von einem zum anderen weitergereicht und – wenn es sich um begehrte Texte handelte – privat vervielfältigt. Später gab es Frauen, die sich nur damit beschäftigten, auf dem besonders dünnen Papier, das eigentlich zum Zurechtschneiden und Drehen von Zigaretten dienen sollte, möglichst viele Durchschläge bestimmter Manuskripte anzufertigen; und die meisten haben nicht die Rubel, die sie damit zusätzlich verdienten, sondern die Einsicht in die Texte als ihren eigentlichen Lohn betrachtet. Da die Weitergabe vertraulich erfolgte, ergab sich ein verborgenes Kommunikationssystem – den Klopfzeichen von einer Gefängniszelle zur anderen vergleichbar.

Neben dem Samisdat im Inland entstand noch die Suche nach Wirkung auf dem Umweg über das Ausland, benannt als *Drüben-Verlag*, Tamisdat. Mit dem aus propagandistischen Gründen groß aufgezogenen Weltjugendfestival von 1957 in Moskau schaffte die Sowjetführung ganz gegen ihre Absicht dazu erste Gelegenheiten. Manuskripte wurden Ausländern, die sich dafür interessierten, übergeben oder auf anderen Umwegen in den Westen geschmuggelt, wo sie gedruckt wurden. Der Roman *Doktor Schiwago* von Boris Pasternak machte den Auftakt. Von Pasternak waren 1954 einige Gedichte erschienen, und bei dieser Gelegenheit wurde auch sein Roman angekündigt; doch 1957 lehnte die Redaktion von *Nowyj Mir* (Twardowskij war ausgebootet) dessen Druck ab. Feltrinelli brachte den Roman in Italien heraus, und der Autor erlebte damit einen Welterfolg.

Für die Moskauer Führung wurde Pasternak zum Ärgernis schlechthin, weil er mit seinem Romanhelden Schiwago einen Menschen beschrieb, der die heroische revolutionäre Periode der Sowjetunion mißachtete, ja mehr noch, der bereit war, sie in seiner inneren Erlebniswelt zu ignorieren, dem sie gleichgültig war. Schiwagos Leben war zwar im äußeren Verlauf dem Strudel der Revolution und den Wirren der frühen Sowjetzeit ausgesetzt, aber in seinem Innenleben hatte er mit der Partei, mit Lenin, den Bolschewiki und deren Widersachern, eigentlich nichts im Sinn. Das wird im Text an Hand eines Vorfalls ebenso kurz und bündig wie eindringlich geschildert: Von den Roten während eines Gefechts zum Schießen auf bürgerliche Studenten gezwungen, die sein Mitgefühl haben, zielt er auf einen Baumstamm, trifft aber einen Weißen, der ihm in die Schußlinie läuft, und betrauert dieses Opfer nicht weniger als einen auf seiner Seite fallenden Rotgardisten. Die sowjetischen Literaturkritiker geiferten vor Wut: Dreimal Verrat an der Sowjetmacht in einer einzigen, winzigen Passage und keinerlei Begeisterung für den heldenmütigen Kampf um den Aufbau des Sozialismus und damit für ein besseres Leben in der Zukunft. Aber Pasternak huldigte einer anderen Auffassung: Der Mensch wird geboren, um zu leben, nicht um sich ein Leben lang kämpferisch auf irgend etwas vorzubereiten, was nie über seine Vorbereitung hinausgelangt, wie etwa der Sozialismus.

Das Beleidigende für das Regime bestand darin, daß Pasternak nach vier Jahrzehnten, die er unter sowjetischer Herrschaft verbracht hatte, mit dem Sowjetexperiment nichts zu tun haben wollte. Die Art und Weise seiner geistigen Abwendung hob Pasternak über die Sphäre hinaus, in der sich die sowjetische Literaturkritik in übelsten Beschimpfungen und Verurteilungen erging. Diese Kritik berührte ihn nicht – und diese Form der Verachtung war dem System zuviel. 1958 durfte Pasternak den Literaturnobelpreis nicht entgegennehmen, während es drei sowjetischen Physikern zum selben Zeitpunkt erlaubt war. Auch Pasternak hätte ihn annehmen können, aber nur um den Preis einer ihm für diesen Fall angedrohten Ausbürgerung. Pasternak blieb im Land, denn er wußte, daß seine Botschaft ihre Kraft daraus bezog, daß sie von dem Sowjetbürger Pasternak kam, der er immer geblieben war.

Als Pasternak zwei Jahre später starb, stand ein Vermächtnis seines Werkes fest: Ein Ich, das sich befreit, kann die Welt erschüttern. Mit diesem Vermächtnis hatte er die Grundhaltung der Dissidenten vorweggedacht. Diese gingen wenig später noch einen Schritt weiter, indem sie dem Staat mit der Forderung begegneten, ihre individuellen Rechte zu beachten. Sie forderten von der Staatsmacht, sie möge zu Grundsätzen stehen, die sie selbst verkündet hatte. Damit gelang es den Dissidenten tatsächlich, das Verhältnis des bis dahin immer ohnmächtig und schwach erscheinenden Individuums gegenüber dem mächtigen und starken Staat umzupolen. Das zeigte Wirkung, und von daher ist die Definition zu verstehen, wonach ein Dissident nicht jemand ist, »der gegen das Sowjetsystem kämpft, sondern jemand, gegen den das Sowjetsystem kämpft«.[11]

Erst nach dem 22. Parteitag vom Oktober 1961, der eine deutlichere Sprache zur Abgrenzung von Stalin fand – sein Leichnam wurde danach aus dem Lenin-Mausoleum entfernt –, erschien in der Zeitschrift *Nowyj Mir*, inzwischen erneut von Alexandr Twardowskij redigiert, wieder Bekenntnisliteratur, die größte Beachtung erfuhr: Wladimir Dudinzews Roman *Der Mensch lebt nicht vom Brot allein* und Alexander Solschenizyns Erzählung *Ein Tag aus dem Leben des Iwan Denissowitsch* von 1962, sowie Gedichte von Jewgenij Jewtuschenko. Das Ich als einziger, verläßlicher Träger der Wahrheit drängte in der Literatur in den Vordergrund. Das Mißfallen der Parteioberen daran war so groß, daß sie ihrem Primus inter pares in der kollektiven Führung, Chruschtschow, der geneigt war, dem Drängen der Schriftsteller zur Aufhebung der Zensur nachzugeben, die Zustimmung verweigerten.

Der Samisdat war kein organisiertes, sondern ein organisches Produkt. Für Angehörige der jüngeren Generation bedeutete es bereits eine Einbeziehung in die besonderen Kommunikationswelten der Andersdenkenden, wenn in kleinen Ansammlungen von Gleichgesinnten einige Gedichte am Denkmal von Majakowskij als Mitteilung poetischer Faszination vorgetragen wurden oder handgeschrieben den Besitzer wechselten. Lesungen und private Ausstellungen nahmen die Form einer ästhetisierenden Dissidentenbewegung an. Weit mehr in Kontroverse zum System entfaltete sich der moralische Dissens, der von der Empörung über das dem Volk angetane Unrecht getragen war. Den Stoff boten Schilderungen aus den Gefängnissen und dem GULag. Ausländische Journalisten erhielten entsprechende Dokumentationen.

In München wurde Radio Liberty mit Manuskripten geradezu überschüttet. Der Sender, der die Menschen noch in den entlegensten Gebieten der Sowjetunion auf Russisch über die Lage in ihrem Land unterrichte, hatte besondere Glaubwürdigkeit erlangt, als er nach Chruschtschows Geheimrede deren Text sogleich verbreitete. Sowjetbürger, die dem nicht trauen wollten, was sie da hörten, und es für eine ungeheure Provokation hielten, mußten wenig später erleben, daß man ihnen in Parteiversammlungen vertraulich dasselbe mitteilte. In der Folge meldeten sie sich in schier unglaublicher Anzahl mit Briefen. Und wer in München in das Archiv von Radio Liberty zu Albert Boiter kam, der sich der eintreffenden Texte annahm, mochte kaum glauben, wie sehr es die Menschen drängte, ihre persönliche Meinung über die Situation in ihrem Land zu bekunden. Da man im Westen damit erstmals einem Phänomen wie öffentlicher Meinung in der sowjetischen Gesellschaft begegnete, zwar im Untergrund, aber deutlich in Differenz zur veröffentlichten Meinung, war das Interesse daran natürlich außerordentlich groß. Wie repräsentativ diese Äußerungen für die Sowjetgesellschaft im ganzen waren, wissen wir bis heute nicht.

Die größte Wirksamkeit erreichte der Samisdat nach dem Ende der Herrschaft Chruschtschows in der zweiten Hälfte der sechziger Jahre. Die Ermutigung, die der 22. Parteitag mit seiner recht weitgehenden Distanzierung von Stalins Praktiken mit sich gebracht hatte, wirkte sich daher öffentlich erst aus, als Breschnew an der Spitze bereits wieder auf den Gegenkurs umschwenkte. Von ihm erhofften sich die Konservativen ein strikteres Durchgreifen gegen die Andersdenkenden. Aus der sich neu eröffnenden Konfliktsituation heraus wurde die Haltung der Dissidenten zu einem Kampf um die Bewertung der Vergangenheit.

## Der Kampf um die Vergangenheit

Von der zweiten Hälfte der sechziger Jahre an zog sich bis in die letzten Phasen der Existenz der Sowjetunion der Kampf um die Vergangenheit, der Streit darüber, wie man Stalins Taten und Untaten quasi aktenkundlich zu machen und moralisch zu beurteilen habe. Die Auseinandersetzungen waren immer janusköpfig. Auf der einen Seite ging es um einen objektiv feststellbaren Sachverhalt und dessen moralische Bewertung, auf der anderen um die subjektive Verständigung zwischen Dissidenten und orthodoxen Parteiinstanzen. In dieser Konfrontation, in der die Dissidenten sowohl auf die Einhaltung logischer wie moralischer Regeln setzten und im Fall gerichtlicher Prozesse auf verfassungsrechtliche Grundsätze pochten, waren sie letzten Endes immer die Betrogenen. Sie begaben sich dennoch wissentlich und willentlich in die Fänge des

Systems mit der hehren Absicht, das System von seinen eingespielten Ritualen abzubringen. Die Dissidenten ließen sich gewissermaßen die Schlinge um den Hals legen, um dem Henker zu bedeuten, er werde sich mit dieser Schlinge letztendlich selbst erdrosseln.

Hätten die Kontrahenten, Dissidenten und konservativen Parteifunktionäre, vor einem unabhängigen Gericht erscheinen können, um ihre Streitfragen klären zu lassen, so hätte sich eine ganz andere Konfrontation ergeben. Vor Gericht hätte jedem abschließenden Urteil eine umfassende Feststellung des Sachverhalts vorausgehen müssen. Die Kontrahenten hätten im Prozeß zwei wichtige Anhaltspunkte gehabt, erstens einen unabhängigen Dritten, den Richter, und zweitens den Buchstaben des Gesetzes, auf den sich beide berufen konnten. Beim Kampf um die Vergangenheit gab es aber weder einen rechtlichen Maßstab, noch eine dritte Instanz. Die Kontrahenten mußten selbst den Richter spielen. Wie sollten sie sich dabei jemals auf eine umfassende Feststellung des Sachverhalts einigen? Das Dilemma der wechselseitigen Vorhaltungen, die endlos hätten fortgesetzt werden können, war damit bereits vorgezeichnet. Da die neostalinistischen Parteifunktionäre aber die Staatsmacht mit Zensur, Polizei und Gerichten auf ihrer Seite hatten, ging es nicht ins Endlose, sondern die Dissidenten endeten im Gefängnis.

Daß die Dissidenten meinten, sie könnten in dem Streit um die Auslegung des Stalinismus, in der Verfechtung der Meinungsfreiheit und damit in dem Kampf für die Menschenrechte zu einem Erfolg kommen und dabei die Partei- und Regierungsvertreter überzeugen, spricht einerseits für ihre Redlichkeit und bestimmte andererseits schon das schlimme Ende ihrer fruchtlosen Bemühungen. In ihrem Kampf gegen den faktisch übermächtigen Gegner Sowjetstaat war ja ihr Ende im GULag immer schon abzusehen. Dennoch hat ihr Engagement über zwei Jahrzehnte, von der Mitte der sechziger bis zur Mitte der achtziger Jahre, nicht nachgelassen. Für den außenstehenden Betrachter nimmt sich das ganz merkwürdig aus. Es geht doch niemand täglich ins Theater, in dem ein Stück mit tragischem Ausgang gegeben wird in der Hoffnung, an irgendeinem Abend könne das Stück einmal gut ausgehen. Die Dissidenten in der Sowjetunion gingen aber – um im Bild zu bleiben – immer wieder ins Theater, mehr noch, sie blieben im Theater; sie kamen gar nicht mehr aus dem Theater heraus: Sowjettheater! Das Stück, gegen das sie sich auflehnten, war seit der Revolution von 1917 unablässig mit ihnen gespielt worden. Der dramatisch am schärfsten zugespitzte Dialog in diesem Stück war das Verhör. Stets hatte das System mit der ganzen Wucht einer Staatsmacht die Individuen im Verhör zum Geständnis gezwungen. Jetzt wollten die Dissidenten das Drama in umgekehrter Richtung spielen. Die Individuen wollten die Staatsmacht zum Eingeständnis zwingen. Hatten sie eine Chance?

Sergej Kowaljow, auf den wir noch eingehender zu sprechen kommen, hat in seinem Buch: *Der Flug des weißen Raben. Von Sibirien nach Tschetschenien: Eine Lebensreise*, die Verhörsituation prägnant wiedergegeben. Das System vermochte seine ideologischen Voreingenommenheiten nicht aufzugeben und die KGB-Beamten waren in ihren Verhören taub gegenüber allem, was sie an redlicher Auskunft erhielten. Kowaljow sagt: »Der Kampf der Bürgerrechtler gegen die Machthaber folgte eigentlich nur einer Forderung: Respektiert endlich eure eigenen Gesetze und eure eigene Verfassung! Die stereotype Antwort darauf war immer: Ihr tut ja nur so, als ob es euch darum ginge. Auf was für ein Gesetzessystem stützt ihr euch denn? In Wirklichkeit seid ihr gegen das Sowjetsystem, ihr seid Feinde des Kommunismus und wollt ihn stürzen. Und das ganze Geschwätz von den Menschenrechten ist nichts anderes als ein Schachzug, den ihr euch ausgedacht habt, um es uns schwerzumachen, euch hinter Gitter zu setzen. Ein Dauerbrenner bei unseren Verhören durch den KGB war immer wieder die Aufforderung: Nun seid doch endlich Männer und bekennt euch offen als Feinde der Sowjetmacht! Ein offenes Bekenntnis würde uns immerhin Achtung abnötigen! Ich fürchte, den meisten von uns gelang es nicht, sich diese Art von Achtung zu verschaffen.«[12]

Kowaljow hat zehn Jahre Lager überstanden. Die günstige Voraussetzung, als Naturwissenschaftler in den mörderischen Goldgräberlagern Kolymas der geeignete Gefangene zu sein, der ein Analyselabor bedienen konnte, hat ihn physisch am Leben erhalten. Das gab ihm Gelegenheit, zehn Jahre über die Beziehung der Menschenrechtsbewegung zur Politik nachzudenken und damit sein Verhältnis zum Regime zu klären. Er hat für sich Vergangenheitsbewältigung betrieben. Wir müssen uns hier fragen, was an der freien gedanklichen Verfügung über Vergangenheit so wichtig ist. Zielen doch Anklagen und Verhöre auf nichts anderes ab, als die

Vergangenheit von Menschen in einem anderen als ihrem wahren Licht zeigen zu wollen.

Beraubt man Menschen aller äußeren Dinge, so besitzen sie nichts mehr außer ihrer Erinnerung. Nur der Tod löscht auch die Erinnerung. Der Todesstrafe für einen Lebenden kommt es deshalb gleich, sich zum Herrn über seine Erinnerung aufzuschwingen. Einen Lebenden zu zwingen, seine Erinnerung umzuschreiben, ihr Inhalte zu geben, die nicht stimmen, zwingt ihn, sein eigenes Todesurteil zu unterzeichnen. Auf dieser Prozedur beruhten die Schauprozesse der Stalinzeit. Die Angeklagten, die Geständnisse vortrugen, die ihrer Erinnerung widersprachen, hatten sich bereits aufgegeben. Es war eine grausige Formsache, daß man sie auch noch physisch liquidierte. Tot waren sie bereits, weil sie nichts mehr besaßen, was ihr Eigenstes war. Ihre biologische Existenz war der menschlichen Würde bereits entkleidet. Auf diese Entwürdigung zielte zu allen Zeiten das Verlangen von Inquisitoren nach falschen Geständnissen.

Inquisition führt zu den schlimmsten Zweikämpfen. Es sind Zweikämpfe in den Köpfen von ungleichen Gegnern: Der Vernehmende will vom Verhörten eingestanden wissen, daß es so gewesen sei, wie er es vordiktiert. Der Verhörte weiß, daß es nicht so war. Gesteht er gegen sein Wissen und seine Erinnerung, so hat er seine Identität verloren. Er ist nicht mehr mit sich eins. Für den Inquisitor hat damit die Stunde des Triumphes geschlagen; der andere hat sich selbst aufgegeben. Es ist für den Inquisitor nahezu gleichgültig, ob er den Geständigen jetzt henkt oder laufenläßt: Das System hat gesiegt! Gesteht der Verhörte nicht, so behält er zwar seine Identität bei, aber sein Triumph gerät ihm weit weniger vollkommen als der seines Gegners. Wehrlos, wie er ist, muß er über sich ergehen lassen, ob man ihn umbringt, wütend darüber, daß er nicht gestanden hat, oder ihn im GULag sein Dasein fristen läßt. Sein innerer Sieg bleibt eine äußere Niederlage.

Wie viele dieser Kämpfe in der Sowjetunion ausgefochten wurden, weiß man nicht. In den Schauprozessen führte das System seinen Sieg vor. Die Dissidenten und den Samisdat hat die Staatsmacht nicht besiegen können. Daß das Sowjetsystem mit infamer Intransigenz und grausamen Methoden die Geschichte der Individuen umzuschreiben suchte, um dadurch eine verlogene Geschichte des Kollektivs zu erdichten, erzeugte auf die Dauer einen massierten individuellen Gegendruck. Die Menschen hatten genug davon, immer wieder dasselbe Stück spielen zu müssen. Es wurden ihrer zu viele, die in dem System, das zu einem gigantischen Verhör geworden war, ihre letzte Habe verteidigten. Je mehr die Dissidenten die Regie durchschauten, desto stärker zeichnete sich ein anderer Ausgang des Dramas ab: Die Partei geriet ins Verhör des Volkes. Die Andersdenkenden drehten die Verhörsituation um. Das Ende des Kommunismus wurde fällig.

Für Partei und Regierung wurde die zwiespältig vollzogene Abwendung von Stalin immer peinlicher. Der Versuch, den Stalinismus nicht ganz so verrucht erscheinen zu lassen, wie er war, um den Bestand der Parteiherrschaft zu sichern, bedeutete eine Art von Schwebezustand. In ihm vermochte die Partei die Balance zwischen Distanzierung vom Erbe Stalins und gleichzeitiger Bewahrung wesentlicher Elemente dieser Erbschaft auf die Dauer nicht zu halten. Die Einstellung zu Stalin und zum Stalinismus wurde, so widersinnig es klingen mag, um so aktueller, je weiter man sich zeitlich davon entfernte.

Im Herbst 1965 publizierte der Militärhistoriker Alexander Nekritsch sein Buch *22. Juni 1941*, eine Untersuchung von Stalins verhängnisvoller Fehleinschätzung aller vorherigen Warnungen vor dem deutschen Angriff und der Abwehrfähigkeit der Sowjetunion überhaupt. Die Analyse Nekritschs enthüllte die tragische Anfangsniederlage der Sowjetarmee als Folge von Stalins bestürzendem Leichtsinn in der Kriegsvorbereitung überhaupt und in den ersten Stunden und Tagen des Eindringens der Deutschen im besonderen. Die Darstellung handelte von den Geschehnissen, die im Bewußtsein der Bevölkerung ein Trauma hinterlassen hatten und vielen Militärs als die düstersten Stunden ihres Einsatzes in Erinnerung waren.

In der von Stalin redigierten kriegsgeschichtlichen Darstellung las sich das bis zu diesem Zeitpunkt freilich ganz anders: »Dank dem genialen Weitblick des großen Stalin wurde im Lande eine gewaltige Rüstungsindustrie geschaffen ... Stalin war der Initiator und Leiter des technischen Fortschritts der Flugzeug-, der Panzer- und Geschützproduktion, er selbst befaßte sich mit der Überprüfung der Herstellung von Flugzeugen, Tanks und Geschützen. Stalin erzog hervorragende Kader, Konstrukteure, die unter seiner unmittelbaren Leitung und nach seinen Anweisungen arbeiteten ... Stalins Politik der Industrialisierung des Landes und der Kollektivierung der Landwirtschaft hat das Land für die aktive Verteidigung vorbereitet; sie stieß auf den leidenschaftlichen Widerstand der Feinde des Sozialismus. Unter der Führung Stalins zerschlug die bolschewistische Partei die feindlichen Agenturen... Die Vernichtung der Feinde hatte gewaltige Bedeutung für die Stärkung der Verteidigungsmacht der Sowjetunion und war gleichbedeutend mit dem Sieg in einer großen Schlacht... Als Ergebnis der... unter der Führung Stalins geleisteten Arbeit wurde die Sowjetarmee zu einer machtvollen und furchtbaren Kraft.«

Während in diesem Text aus der Großen Sowjetenzyklopädie die angeblich vorhanden gewesene *machtvolle und furchtbare Kraft* der Sowjetarmee wieder beschworen wurde, hatten sich bis zu dieser Stunde nur allzu viele Menschen die Frage gestellt, warum sie die Anfangsniederlage nicht hatte verhindern können. Sie hatten sich auch gefragt, warum Stalin die Rüstungsindustrie nicht hinter dem Ural, sondern in gefährlicher Reichweite des erwarteten Feindes aufbauen ließ. Solchen Fragen wurde das Argument entgegengehalten, Stalin habe durch den Pakt mit Hitler für die Sowjetunion eine westliche Pufferzone hinzugewonnen, die einen Angriff abfedern sollte. Denn als Stalin »den sowjetisch-deutschen Nichtangriffspakt abschloß, zweifelte die Sowjetregierung nicht daran, daß das faschistische Deutschland früher oder später die Sowjetunion überfallen werde... Die Verschiebung der sowjetischen Grenzen weit nach dem Westen, weg von den industriellen und politischen Hauptzentren des Landes – Moskau, Leningrad, Kiew – erleichterten den sowjetischen Streitkräften die aktive Verteidigung...« hieß es in der Großen Sowjetenzyklopädie, in der man Stalin selbst mit folgender Kommentierung der Anfangsniederlage zitierte: »Die Tatsache, daß ein Teil unseres Territoriums dennoch von den deutsch-faschistischen Truppen besetzt wurde, ist vor allem daraus zu erklären, daß der Krieg... unter Bedingungen begonnen hat, die für die deutsche Armee günstig, für die Sowjetarmee aber ungünstig waren. Die Streitkräfte Deutschlands... waren vollständig mobilisiert und die ... entlang der Sowjetgrenze massierten 170 Divisionen waren bereit und warteten auf das Signal zum Angriff. Die sowjetischen Streitkräfte mußten hingegen erst mobilisiert und an die Grenzen geführt werden.«[13] Da die 170 deutschen Divisionen aber nicht unbemerkt angerückt waren und die Meldungen darüber

Stalin vorlagen, warum waren dann die sowjetischen Truppen nicht mobilisiert?

Nekritschs Arbeit räumte in sachlicher Analyse mit allen Mystifizierungen gründlich auf. Sie wies nach, daß Stalin alle Meldungen ignoriert hatte. Nachrichten über die militärischen Planungen der Nazis, früheste Warnungen bis zu solchen, die im letzten Moment von der eigenen Aufklärung erfolgten, sowie taktisch kluge Vorschläge der eigenen Truppenführung im Augenblick des Angriffs hatte er in den Wind geschlagen. In unbegreiflichem Starrsinn war Stalin einem nicht zu entwirrenden Hirngespinst gefolgt. Kein Mensch vermochte zu rekonstruieren, wie es zustande gekommen sein mochte. Wäre die Niederlage zu vermeiden gewesen, wenn Stalin den Generalstab der Armee nicht durch Hinrichtungen während der großen Säuberungen seiner besten Köpfe beraubt hätte?

Nekritschs Buch zwang Partei und Regierung in prototypischer Form zur Distanzierung von der Vergangenheit. Der Verfasser befand sich damit im Fahrwasser des 22. Parteikongresses, der neben anderen prominenten Opfern auch den Marschall Tuchatschewski rehabilitierte. Indessen war das Geistesgut der stalinistischen Verlogenheit, aus welchen Gründen auch immer, so groß, daß im Februar 1966 führende Vertreter der Sowjetarmee auf einer erregten Diskussion ihr Stalinbild zu retten suchten und Nekritschs Darstellungen verwarfen. Die Diskussion zeigte, wie gespalten die Armeeführung in dieser Frage war. Nachschriften der Diskussion zirkulierten im Samisdat und lösten erregte Debatten aus. Da Nekritschs Buch in einer Auflage von fünfzigtausend Exemplaren verkauft worden und sofort vergriffen war, läßt sich die Erregung nachvollziehen. Es wurde auch im Westen nachgedruckt. Und diesen Umstand nutzten nun seine Gegner. Man klagte Nekritsch des Verrats militärischer Geheimnisse an und stieß ihn 1967 aus der Partei aus. Das Buch verschwand danach aus allen Bibliotheken. – Zu verraten war in Wahrheit gar nichts, denn für westliche Militärexperten handelte es sich bei dem Geschilderten um militärgeschichtlich gängiges Wissen.

Die führende Geschichtszeitschrift *Woprosi Istorii* brachte eine lange Widerlegung von Nekritschs *Geschichtsfälschungen* – wie es nun offiziell hieß –, mit der die Stalinisten die Sache erledigt wähnten. Das stellte sich als eine trügerische Hoffnung heraus. Sie riefen nämlich damit Pjotr Grigorenko auf den Plan. Grigorenko,

Generalmajor a. D. und Militärhistoriker, schrieb eine neue, eingehende Studie, in der er seinerseits die Widerlegung Punkt für Punkt zerpflückte und Nekritsch rehabilitierte. Grigorenkos Schrift war sachkundig und unanfechtbar. Und sie wartete für die Stalin-Enthusiasten mit einer Peinlichkeit auf: Stalins eigenem Geständnis seiner Fehler. Über dieses Eingeständnis war bis dahin nie offen gesprochen worden, obwohl es nahezu alle kannten – in erster Linie Militärs. Es handelte sich um den Trinkspruch, den Stalin auf dem Empfang der Befehlshaber der Roten Armee zur Feier des Sieges über Deutschland am 25. Mai 1945 im Kreml ausgebracht hatte. Stalin hatte damals in einer schwachen Minute in seinem Toastspruch dem russischen Volk gedankt, daß es ihn wegen seiner Fehler zu Beginn des Krieges nicht zum Teufel gejagt habe. Bis dato hatte nie jemand gewagt, den Text dieser Äußerungen direkt gegen Stalin ins Feld zu führen. Grigorenkos Analyse aber wurde durch den Rückbezug auf diese Ansprache perfekt. Wir werden Stalins Text im achten Kapitel dieses Buches zu behandeln haben.

Grigorenko sandte seine Schrift als Entgegnung auf den Angriff gegen Nekritsch seelenruhig an die Redaktion der *Woprosij Istorii*. Gedruckt wurde die Arbeit dort nicht. Im Samisdat war sie hingegen, salopp gesprochen, der Renner schlechthin und brachte nicht nur die Front gegen Nekritsch, sondern die gesamte Stalin-Renaissance gehörig ins Wanken. Wie reagierte die Breschnew-Führung darauf? Sie ließ Grigorenko zwangsweise in eine psychiatrische Klinik einweisen.

Der Pariser Historiker George Haupt hat bereits 1968 alle zu dieser Affäre gehörigen Texte von Nekritsch und Grigorenko, einschließlich des Protokolls der Diskussion, die im Institut für Marxismus-Leninismus beim ZK der KPdSU am 16. Februar 1966 darüber geführt wurde, in Paris veröffentlicht. Eine deutsche Ausgabe erschien unter dem Titel *Genickschuß. Die Rote Armee am 22. Juni 1941* – ein Jahr später.

Zur gleichen Zeit, als in der Mitte der sechziger Jahre die Nekritsch-Grigorenko-Affäre spielte, sorgte der Prozeß gegen Andrej Sinjawskij und Jurij Daniel in Moskau für erhebliches Aufsehen. Beide hatten jeweils unter einem Pseudonym im Ausland veröffentlicht und waren im Samisdat wirksam geworden. Der antistalinistische Inhalt ihrer Schriften wurde als Verleumdung der Sowjetmacht hingestellt, und 1966 wurden sie zu sieben beziehungsweise fünf Jahren Zwangsarbeit unter verschärften Bedingungen in Sibirien verurteilt. Der Prozeß war als Signal dafür gedacht, die Intellektuellen von der Hinwendung zum Samisdat abzuschrecken, führte aber im Gegenteil zu einer spontanen Kampagne der Dissidenten gegen die Justiz. Die Eröffnungsfanfare für einen im Sinn der restaurativen Tendenzen der Partei neu orchestrierten Umgang mit dem Erbe Stalins, der den ersten Parteikongreß der Breschnewzeit auszeichnen sollte, kündigte sich so mit einem Mißklang an. Die Befürchtung der Dissidenten, Breschnew wollte zum 1969 bevorstehenden 90. Geburtstag Stalins wieder Gedenkfeiern zulassen, spornte sie zu höchster Aktivität an.

Der hinter verschlossenen Türen geführte Prozeß gegen Sinjawskij und Daniel brachte die Dissidenten nicht zum Schweigen. Vielmehr entfachten die von Alexander Ginsburg zusammengestellten, heimlich im Untergrund verteilten und – dem Echo nach zu urteilen – in großer Zahl vervielfältigten Prozeßakten nur noch hitzigere Diskussionen und lösten durch ihre Veröffentlichung im Westen zahlreiche internationale Proteste aus. Der KGB verhaftete Ginsburg, der nun zusammen mit anderen ebenfalls vor Gericht gestellt und zu acht Jahren Zwangsarbeit unter verschärften Bedingungen verurteilt wurde. Doch auch das wirkte nicht als Einschüchterung, sondern provozierte nur weitere Proteste, die von mehr als tausend Intellektuellen getragen wurden. Der weiterhin harte Kurs des Regimes blieb erhalten. Er fand seinen rigorosen Ausdruck in der Unterdrückung des Prager Frühlings durch den Einmarsch der Truppen am 21. August 1968 und die daran anknüpfende Breschnew-Doktrin, die Entwicklung in den osteuropäischen Satellitenstaaten nötigenfalls auch mit Gewalt unter Kontrolle zu halten.

Bereits Anfang Oktober fand der Strafprozeß gegen fünf der sieben Demonstranten statt, die auf dem Roten Platz gegen die Intervention demonstriert hatten. Vor dem Gerichtssaal sollte es zu einer historisch bedeutsamen Begegnung kommen: Pjotr Grigorenko traf auf Sergej Kowaljow. Beide hatten Einlaß begehrt und waren brüsk zurückgewiesen worden. Sie kamen miteinander so ins Gespräch, als seien sie alte Bekannte; und es war dann in Grigorenkos Wohnung, in der Kowaljow alsbald die wichtigsten Persönlichkeiten der Dissidentenzirkel kennenlernte, deren Anliegen er sich aneignete. Damit hat er sich auf den Weg der Dissidenten begeben, ohne die Konsequenzen zu ahnen, die dies für sein weiteres Leben mit sich bringen würde. Denn dieses Engagement sollte ihn in den Folgejahren zu einer zentralen Figur des Samisdat und der Menschenrechtsbewegung auch im Kontakt mit Sacharow machen. Es brachte ihn nach einem Jahrzehnt im GULag wiederum an der Seite von Sacharow mit Jelzin zusammen, ließ ihn zum Menschenrechtsbeauftragten der russischen Duma werden und führte ihn in dieser Rolle nach Tschetschenien. Aber bis dahin vergingen noch mehr als zwanzig Jahre.

Kowaljow hat sein Wirken in dem erwähnten Buch *Der Flug des weißen Raben* dargestellt. Er fühlte sich stets, der Titel deutet es an, in einer Ausnahmestellung. Kowaljow war dem Faszinierenden, das Stalin an sich hatte, *nie* erlegen, wie ihn auch das Schreckliche, das Stalins Regime und dem seiner Nachfolger innewohnte, trotz Lager und Verbannung nicht zerbrochen hat. Kowaljow, in seiner Jugend ein Box-Champion, besaß eine naturwissenschaftliche Begabung, die ihn im Bereich der Physiologie zu hohen Leistungen befähigte und ihn früh gegen den Lyssenkoismus einnahm. Das provozierte eine kritische Distanz zur politischen Führung, die unter Stalin diese Lehre protegierte. Die Verehrung Stalins als einer *Koryphäe der Wissenschaften* hat er von vornherein nicht geteilt. Er wußte von Sacharows Auflehnung gegen Lyssenko und setzte sich seinerseits im Verein mit akademischen Lehrern und Kommilitonen wie Sacharow schon zu Chruschtschows Zeiten für die Säuberung der biologischen Forschung und Lehre von der Scharlatanerie Lyssenkos ein.

Als Grigorenko erneut verhaftet wurde, gründeten einige Dissidenten eine Initiativgruppe, die sich zum Ziel setzte, die Rechtsverstöße der Regierenden laufend aufzulisten und zu dokumentieren. Im Samisdat-Verfahren gelangte diese Dokumentation in den Zentren der Union den Interessierten zur Kenntnis: Es war die *Chronik der laufenden Ereignisse*. Der Informationsfluß zur Redaktion der *Chronik* nahm in dem Maß zu, in dem die *Chronik* in immer mehr Zentren verbreitet wurde und die Leser ihre Beobachtungen wieder der Redaktion zuspielten. Sachlich und kommentarlos gingen die Meldungen heraus, die auch über die Vorgänge in den Lagern aufklärten. Die *Chronik* sorgte für Glasnost in bezug auf das Unrechtssystem. Lange bevor Gorbatschow seine Politik unter diese Parole stellte, um Partei und Regierung einer gewissen öffentlichen Kontrolle zu unterwerfen, gab es im Untergrund diesen Ansatz zur demokratischen Meinungsbildung. Manche behaupten, Gorbatschow habe den Terminus Glasnost von daher aufgegriffen.

Nachdem 1969 in der Redaktion der *Chronik* die wichtigste Person, Natascha Gorbanewskaja, bei der alle Informationen zusammengelaufen waren, verhaftet worden war, verteilte man das Arbeitspensum in der Zentrale vorsichtshalber auf drei Personen, von denen wiederum Tatjana Welikanowa 1979 für zehn Jahre in Haft kam. Seit 1972 hatte Sergej Kowaljow die Koordination der Redaktionsarbeit übernommen und lernte in dieser Funktion nicht nur Sacharow näher kennen, dem er in Freundschaft verbunden blieb, sondern auch die wichtigsten Vertreter des Dissenses diverser Republiken. Unter ihnen war Swiad Gamsachurdija – später der erste Präsident der Republik Georgien, dessen Politik dort katastrophal scheiterte. Gasamchurdija hat für Rußland in seiner Dissidentenzeit das Außerordentliche geleistet, Solschenizyns *Archipel Gulag* im Samisdat herauszugeben.

Im Jahr 1968 veröffentlichte Roy Medwedjew im Samisdat sein Buch *Die Wahrheit ist unsere Stärke*. Was Nekritsch und Grigorenko für die Militärgeschichtsschreibung geleistet hatten, wurde mit diesem Werk auf die Politikgeschichtsschreibung ausgedehnt. Medwedjew forschte seit mehr als einem Jahrzehnt über die Stalinzeit. Die einschlägigen Studien hatte er neben seiner regulären Beschäftigung als Pädagogikwissenschaftler in aller Ruhe betrieben. Er sammelte die Zeugnisse von Überlebenden der Stalinzeit und kombinierte deren akkurate Darstellung mit moralischer Bewertung. Dabei setzte er sich zum Ziel, die zwielichtige Chruschtschowsche Interpretation des Stalinismus durch eine eindeutig verurteilende Einschätzung abzulösen. Daß er damit auf den Widerstand der Partei stoßen würde, lag auf der Hand. Die restaurativen Kräfte hatten Aufwind. Als ein Verfahren zum Parteiausschluß Medwedjews lief und der Ankläger ihn vorwurfsvoll befragte, wer ihm denn die Erlaubnis gegeben habe, über Stalin zu schreiben, was ja nicht seine berufliche Aufgabe sei, antwortete Medwedjew nonchalant, es bliebe ihm gar nichts anderes übrig, die Moskauer Hausfrauen würden auch keinen Brotteig eigenhändig kneten, wenn ihnen die Bäcker ordentlich gebackenes Brot anzubieten hätten; und er würde nicht die Geschichte eigenhändig schreiben müssen, wenn die Historiker das solide besorgten.

Für die Geschichte der Dissidentenbewegung ist von ganz ausschlaggebender Bedeutung geworden, daß Roy Medwedjew das Interesse Andrej Sacharows für seine historisch aufklärende Arbeit zu wecken vermochte. Denn dadurch hat er dessen Aufmerksamkeit auf jenen Part des Kampfes um die Wahrheit hingelenkt, der sich mit der Vergangenheit beschäftigte. Sacharow hatte zu dieser Zeit seine Studie *Wie ich mir die Zukunft vorstelle. Gedanken über Fortschritt, friedliche Koexistenz und geistige Freiheit*, abgeschlossen, die er der Partei- und Staatsführung übermittelte und gleichzeitig auch im Samisdat verbreiten ließ. Sie erschien sogleich auch im Westen, zuerst in der New York Times, und sorgte weltweit für Aufsehen. Jahre bevor 1972 der *Club of Rome* das Werk über *Die Grenzen des Wachstums* publizierte, hat Sacharows kleine Studie bereits die wichtigsten Probleme der Umwelt- und Ressourcenproblematik höchst scharfsinnig skizziert, vor allem aber den Irrwitz des Wettrüstens aufgezeigt. Seine Fachkollegen, voran Seldowitsch und Chariton hatten sich bereits bei der Entstehung des Manuskripts, das er mit ihnen zu diskutieren suchte, entsetzt darüber geäußert und dessen Inhalte als eine Einmischung in die Politik weit von sich gewiesen. Damit nahmen sie im Grunde die Haltung der Chefkonstrukteure ein, die sich auf ihr Gewerbe des Waffenbaus konzentrierten. Chariton stand, man muß sich das vor Augen führen, mit dieser Haltung politischer Abstinenz noch bis 1991 der wissenschaftlichen Leitung des Atombombenbaus in Arzamas vor. Als Sacharow die Arbeiten von Roy Medwedjew kennenlernte, wurde sein eigener Kampf um die Wahrheit, dessen Blick in die Zukunft gerichtet war, um die Vergangenheitsdimension bereichert. Durch Sacharows Erscheinen und Wirken in Dissidentenkreisen spitzten sich deren Auseinandersetzungen mit den Herrschenden zu. Sie wurden dadurch zwar nicht erfolgreicher, aber sehr viel umfänglicher und vor allem in der Weltöffentlichkeit zunehmend stärker beachtet.

Vermittelnd für Roy Medwedjews Bekanntschaft mit Sacharow hatte ursprünglich dessen Zwillingsbruder, der Biologe Zhores Medwedjew, gewirkt, den Sacharow bereits 1964 kennengelernt hatte. Nach Sacharows Auftreten vor der Akademie der Wissenschaften, bei dem er gegen den Unsinn des immer noch nicht überwundenen Lyssenkoismus zu Felde zog, hatte sich Zhores begeistert an ihn gewandt. Eine Zeitlang entwickelte sich eine zur Freundschaft neigende Verbundenheit. Bei dem Versuch, dem in Bedrängnis geratenen Zhores Medwedjew zu helfen, schlug sich Sacharow trotz Kritik, Warnungen und Bedenken seiner Fachkollegen endgültig auf die Seite der Dissidenten. Er setzte sich öffentlich dafür ein, Zhores aus der Psychiatrie zu befreien, in die man ihn wegen Samisdat-Veröffentlichungen eingewiesen hatte. Obwohl die freundschaftliche Verbundenheit Sacharows mit den Brüdern Medwedjew nicht auf Dauer bestehen blieb, weil ihre Interessen in unterschiedliche Richtungen gingen, hat Sacharow doch in deren Umkreis seine Kontakte mit allen namhaften Andersdenkenden aufgenommen. Er fühlte sich unter ihnen sowohl menschlich geborgen als auch sachlich verstanden.

Für einen Gipfelpunkt an Verwunderung, wenn nicht gar Verwirrung der Beobachter im Westen sorgte um diese Zeit, als die Breschnew-Doktrin verkündet war, ein auf dem Weg des Tamisdat soeben publiziertes und auf den ersten Blick geradezu absurd anmutendes Manuskript: Ende der sechziger Jahre schmuggelte – wir erwähnten es bereits – Chruschtschow, der die Diskussionslawine in Gang gesetzt hatte, die er hernach mit keiner Zensur mehr zu stoppen wußte, seine Memoiren in den Westen. Was war es, was er retten und anderen übermitteln wollte? Es war das Ureigenste, worüber er noch verfügte, nachdem seine parteilichen Ziehkinder einen Rentner aus ihm gemacht hatten, seine Erinnerung. Das Wissen über seine Zeit, über sein Leben und seine Karriere wollte er aus *seiner* Sicht weitergeben. Daß es ein seltsames Buch geworden ist, steht auf einem anderen Blatt. Enthüllung und Verschleierung, Selbstkritik und Großspurigkeit, Zutreffendes und Propagandaklischees sind darin ineinander verwoben. Aber gerade damit ist uns die intensivste Bekundung seiner Wesensart zuteil geworden: So widersprüchlich bis widersinnig, wie sich der Inhalt des Geheimreferats und sein eigener Führungsanspruch zueinander verhielten, blieben auch seine Erinnerungen. Da ihn keine offizielle Funktion mehr zu irgendeiner Rücksicht zwang, ist anzunehmen, daß er in seinem Widerspruch sein wahres Selbst offenbarte.

Der Neostalinismus Breschnews behielt in der Sowjetunion die Oberhand. Wer sich mißliebig machte, kam ins Gefängnis, wurde entweder in eine psychiatrische Klinik eingewiesen oder in die Verbannung geschickt, landete auf die eine oder andere Art vielleicht auch im Westen – abgeschoben, gegen Spione oder Genossen ausgetauscht oder auch mit plötzlich erteiltem Visum. Mit der Ausreisegenehmigung für 130 000 Juden hoffte das Breschnew-Regime, sich Kritik vom Halse zu schaffen und Zugeständnisse des Westen bei Technologieimporten einzuhandeln.

Zum Ende des Jahres 1974 deutete sich die Verhaftung von Sergej Kowaljow an. Bei seinem letzten Treffen mit Sacharow drängten ihm die Frauen der Familie bereits warme Sachen – Pullover, Schaffelljacke und Pelz – auf, weil man ihn im Gefängnis verschwinden sah. Das Urteil gegen ihn lautete auf sieben Jahre Lager plus drei Jahre Verbannung. Von seiner ersten Begegnung mit Kowaljow und dessen Freunden hat Grigorenko in seinen Erinnerungen geschrieben: »Sie waren von solcher Lauterkeit, daß kein Schmutz sie berühren konnte.« (Grg. 419) Welche Größe und ansteckende Kraft diese Lauterkeit hatte, erfährt man aus der Passage, in der Kowaljow seine Rückkehr aus dem GULag schildert: »Nach neun Jahren in einer Welt der Lager kamen mir bei meiner Ankunft auf dem Flughafen meine Familie und einige Freunde entgegen. Da waren meine Frau Ljusja und meine fast erwachsene Tochter Warja. 1974 war sie erst fünf Jahre alt gewesen. Mein sehr viel älterer Sohn Wanja saß inzwischen im gleichen Permer Straflager, aus dem man mich 1980 nach Tschistopol geschickt hatte. Nach meiner Verhaftung hatte er sich stark in der Bürgerrechtsbewegung engagiert: er hatte bei der Chronik mitgearbeitet, offene Briefe unterzeichnet und anderes. Nachdem seine Frau Tatjana, ebenfalls Mitglied in der Menschenrechtsbewegung und der Moskauer Helsinki-Gruppe, 1980 verhaftet worden war, wurde er um so aktiver. Ihn verhafteten sie ein Jahr nach ihr. Bei der Zuteilung des Strafmaßes an beide gab es keinerlei Diskriminierung: Tanja und Wanja bekamen je fünf Jahre Lager plus fünf Jahre Verbannung.«[14]

## Sacharow und das Eintreten für Menschenrechte

Bei der Erörterung der Menschenrechtsproblematik bleibt häufig außer Betracht, daß die Menschenrechtscharta der Vereinten Nationen ein sehr variabel ausdeutbares Dokument ist. Einer Garantie von Menschenrechten stimmten die meisten der unterzeichnenden Nationen erst zu, als zahlreiche einschränkende Bedingungen formuliert worden waren. Alle universellen Menschenrechte können auf Grund dessen durch Gesetz eingeschränkt werden, wenn dies zum Beispiel aus Gründen der nationalen Sicherheit, des religiösen Respekts und dergleichen mehr notwendig erscheint. Es war von vornherein klar, daß die Staaten des Ostblocks davon regen Gebrauch machen würden.

Die Sowjetunion sorgte bereits in ihrer Verfassung für die Verankerung von Prinzipien, die individuellen Freiheiten keinen großen Spielraum ließen. Deklaratorisch sind alle Freiheitsrechte erwähnt. Im Text der unter Breschnew neu formulierten Verfassung wird die Freiheit wissenschaftlicher, technischer und künstlerischer Arbeit (Artikel 47) zwar garantiert, dann aber dahingehend modifiziert, daß sie nur *in Übereinstimmung mit dem Ziel, den Kommunismus aufzubauen*, genutzt werden dürfe. An anderer Stelle (Artikel 62) wird der erklärten Pflicht zur Landesverteidigung sehr viel allgemeiner vorausgeschickt, die Bürger seien *verpflichtet, die Interessen des Sowjetstaates wahrzunehmen und dessen Macht und Prestige zu fördern*.

Schließlich gab es in der Stalin-Verfassung von 1936 den in der Breschnew-Verfassung wiederholten Artikel 6, wonach »die Kommunistische Partei der Sowjetunion die führende und lenkende Kraft der sowjetischen Gesellschaft, das Herzstück des politischen Systems und aller staatlichen und öffentlichen Organisationen ist, die – bewaffnet mit dem Marxismus-Leninismus – alle Perspektiven der Innen- und Außenpolitik entwirft, sowie den Kampf für den Aufbau und Sieg des Kommunismus auf theoretisch gesicherter Grundlage plant und leitet.« Auf Grund dieses Artikels bestimmte die Partei nach Gutdünken, was dem Prestige des Staates und der freien schöpferischen Arbeit für den Kommunismus dient oder zuwider ist. Kurzum, die Verfassung räumte Freiheitsrechte nur unter Bedingungen ein, die gleichzeitig Widerruf gestatteten.

Als sich Breschnew 1973 auf Verhandlungen über die ständige Konferenz für Sicherheit und Zusammenarbeit in Europa, KSZE, in Helsinki einließ und 1975 die Schlußakte mit dem berühmten Korb III über den Schutz der Freiheitsrechte unterzeichnet wurde, riskierte die Sowjetunion also keineswegs, die Kontrolle über ihre Dissidenten lockern zu müssen. Ihr ging es um die Vergünstigungen, die sie mit diesem Abkommen in technischer und wirtschaftlicher Hinsicht zu erlangen hoffte; und dafür schienen ihr einige rhetorische Zugeständnisse ein geringer Preis. Im nachhinein zeigte sich aber, daß sich in der Sowjetunion sowohl Dissidenten als auch deportierte Völkerschaften, voran die Tataren, dieser Deklaration bedienten, um rechtliche Zugeständnisse zu fordern. Freilich ließen sich dagegen wieder Paragraphen der Strafgesetzbücher anführen, die ebenfalls dehnbar genug waren, um mißliebige Forderungen im Keim zu ersticken

Im Strafgesetzbuch jeder Republik fanden sich die Sätze, die *antisowjetische Agitation und Propaganda zur Unterminierung oder Schwächung der Sowjetmacht*, wie es hieß, mit Freiheitsentzug von sechs Monaten bis zu sieben Jahren, und zwar mit oder ohne zusätzliche Verbannungen von zwei bis fünf Jahren bedrohten. Als dieser Paragraph bereits 1966 durch einen weiteren Gummiparagraphen ergänzt werden sollte, der die »Verbreitung bewußt verleumderischer, erfundener Aussagen, die das sowjetische Staats- und Gesellschaftssystem in Verruf bringen«, mit Freiheitsentzug bis zu drei Jahren oder mit Besserungsarbeit bis zu einem Jahr bedrohte, brachte das Sacharow sofort dagegen auf. Er protestierte mit Eingaben beim Vorsitzenden des Präsidiums des Obersten Sowjets dagegen, ohne jedoch einer Antwort gewürdigt zu werden.

Andrej Sacharow verkörperte für die Weltöffentlichkeit am auffälligsten die Wandlung vom Konsens zum Dissens. Er schloß die Schule als *otlitschnik* ab, das heißt, mit der besonderen Auszeichnung, die ohne Aufnahmeprüfung zum Studium an der Universität berechtigt. Seit 1944 studierte er bei Tamm, dem Nobelpreisträger für Physik von 1958, verfertigte 1947 seine Dissertation, begann sofort mit der Lehrtätigkeit. Er hungerte sich mit Frau und Kind durch die Nachkriegsjahre, suchte lange vergeblich nach einer festen Bleibe und mußte sich oft vom Vater die Miete bezahlen lassen. Sacharow fand erst zu besseren äußeren Lebensumständen, als ihn Tamm 1948 in seine Forschungen zur Entwicklung der Wasserstoffbombe einbezog. Es folgte seine Übersiedlung nach Arzamas-16, der wohl wichtigsten jener geheimnisumwitterten Nummernstädte für atomare Waffenprojekte – etwa 400 Kilometer von Moskau entfernt, südlich von Nischni Nowgorod. Was Sacharow zusammen mit Chariton und Seldowitsch zum Inspirator für die Konstruktion der H-Bombe befähigte, war eine Begabung, die sich schon in früher Kindheit bemerkbar gemacht hatte; sie war im Elternhaus entsprechend gefördert worden.

Karrieren, die in der Sowjetunion zu einer auf Wissenschaft gestützten indirekten Teilhabe an der Macht führten, wiesen oftmals einen begünstigenden familiären Hintergrund auf. Fast alle bedeutenden Wissenschaftler kamen aus Akademikerkreisen und traditionellen Gelehrtenfamilien. Trotz weitgehender Egalisierung der Einkommensverhältnisse spielte in der Sowjetunion familiärer akademischer Hintergrund für die Elitenbildung bis zuletzt eine beachtliche Rolle. Sacharows Eltern mißtrauten in den dreißiger Jahren dem öffentlichen Schulsystem und organisierten Privatunterricht, und zwar zusammen mit anderen Familien, die alle zur Intelligenzija gehörten. Sacharows Vorfahren kamen mütterlicherseits aus Militär- und Offizierskreisen, väterlicherseits gehörten Geistliche und Juristen dazu. Der Vater, Physiklehrer, verfaßte weit verbreitete Unterrichtsbücher, die das zusätzliche Geld einbrachten, das gestattete, den Luxus des Privatunterrichts zu finanzieren. Im Haus der Sacharows gab es eine private Bibliothek, und die Kinder erhielten Klavierunterricht; die Familie konnte es sich leisten, für den Sommer eine Datscha zu mieten.

Staatliche Willkür, Verhaftungen und Verfolgungen haben die Familie Sacharow hart getroffen, worüber aber nicht offen, sondern nur in Andeutungen gesprochen wurde, wie Sacharow in seinen Memoiren berichtet: »Aus Bruchstücken der Gespräche Erwachsener, die nicht bemerken, wie aufmerksam ihnen Kinder zuhören, wußte ich schon zwischen 1930 und 1934 einiges von den sich damals abspielenden Ereignissen. Ich erinnere mich an Erzählungen über Heranwachsende, die aus der vom Hunger erfaßten Ukraine, aus dem Zentralen Schwarzerdegebiet und aus Weißrußland flohen und sich dabei in die Werkzeugkästen unter den Eisenbahnwagen zwängten. Sie wurden aus diesen Kästen oft nur noch tot herausgezogen. Die Hungernden starben direkt auf den Bahnhöfen, und die *besprisornyje*, die verwahrlosten Kinder und Jugendlichen, hausten in Asphaltkesseln und in Hauseinfahrten. Einen solchen Jugendlichen las meine Tante Tanja auf dem Bahnhofsvorplatz auf. Er wurde ihr Adoptivsohn ... Damals hörte ich immer öfter die Wörter Verhaftung und Hausdurchsuchung.«

Sacharows Familie hatte unter dem Stalinismus schwer zu leiden, wenngleich seine Eltern ungeschoren davonkamen. Sacharows Onkel wurde 1935 verhaftet und verbannt, im Krieg wieder verhaftet und starb 1943 an Entkräftung in Krasnojarsk. Seine Frau erhielt ihren letzten Brief an ihn zurück mit dem Vermerk: *Empfänger auf den Friedhof verzogen*. Ein zweiter Onkel, Offizier des Zaren und der Armee Koltschaks, wurde Mitte der dreißiger Jahre erschossen. Ein dritter starb im Lager, ein weiterer ertrank beim Holzflößen im GULag. 1937 verhaftete man drei weitere Familienangehörige »War unsere Familie mit ihrer leidvollen Chronik eine Ausnahme?« fragt Sacharow. »Ich kenne keine einzige Familie, in der es keine Opfer dieser Repressionen gegeben hätte, und meist waren es noch mehr Opfer als in unserer Familie. Die millionenfachen Menschenverluste im Krieg – jedenfalls der Umfang dieser Verluste – waren letztlich auch durch das Regime und jene Desorganisation bedingt, die das Regime selbst hervorgerufen hatte. Heute sind diese Schrecken Geschichte. Sie haben allerdings unauslöschliche Spuren hinterlassen.«

»Ich hörte von Vater so gut wie nie eine direkte Verurteilung des herrschenden Regimes. Die einzige Ausnahme war wohl 1950, als er in höchst emotionaler Weise seine Meinung über Stalin zum Ausdruck brachte. Er erregte sich dabei so sehr, daß Mutter fürchtete, ihm könne schlecht werden. Solange ich nicht erwachsen war, hatte Vater vermutlich Angst davor, daß ich mich in dieser Welt nicht werde einrichten können, wenn ich zuviel verstünde. Und vielleicht ist diese Verheimlichung der Gedanken vor dem eigenen Sohn sehr typisch und charakterisiert am stärksten die Schrecken der Epoche. Indirekt jedoch war die Verurteilung des Regimes in der einen oder anderen versteckten Form immer gegenwärtig.«[15]

Sacharows Vater, Dimitrij, wurde 1889 geboren, Andrej Sacharow selbst 1921. Als der Vater 1950 seiner Verachtung Stalins Luft machte, hatte er die sechzig überschritten. Andrej war gerade zum Bombenbauer des Teufels avanciert und bekam nun erstmals im Alter von fast dreißig Jahren aus dem Mund seines Vaters zu hören, was der über Stalin dachte. Welches Ausmaß untergründig gefestigter Verachtung mochte sich hinter dem lange zurückgehaltenen Ausbruch verborgen haben?

Ausgestattet mit einem Fundus allgemeiner moralischer Grundsätze, begabt mit eminenten naturwissenschaftlichen Fähigkeiten und geprägt von einem System, das Tugenden wie Gerechtigkeit, Solidarität, Befreiung von Ausbeutung und Unterdrückung über alles pries, hatte Sacharow die Abwendung von Stalin, die Chruschtschow verkündete, für den Beginn eines Prozesses gehalten, dessen weiterer Verlauf zu Reformen, zu einem Sozialismus mit menschlichem Antlitz führen werde. Diese Hoffnung wurde von vielen Menschen geteilt, deren Wege sich später trennten, als das Erhoffte nicht so zustande kam, wie sie sich das gedacht hatten.

Viele Intellektuelle versuchten aus diversen Institutionen heraus durch progressive Vorschläge auf die Führung Einfluß zu nehmen. In aller Regel scheiterten sie. Hatten sie Erfolg, so war der meist nur scheinbar, weil sich die Führung in Wahrheit nicht ihren Vorschlägen, sondern Zwängen fügte, die von anderer Seite in der gleichen Richtung auf sie einwirkten. So in bezug auf Entspannungsbemühungen in der internationalen Politik, auf die sich die Breschnew-Crew nicht aus Reformgründen oder gar Friedensliebe einließ, sondern weil sie Zeit gewinnen wollte, um technische und technologische Versäumnisse gegenüber dem Westen aufzuholen.

Jene, die sich mittels Petitionen für die neuen Opfer einsetzten, wurden vom KGB verächtlich als Unterzeichner, *podpisanti*, kategorisiert und waren von diesem Moment an ihrerseits Anwärter auf eine Märtyrerlaufbahn. Denn die Unterzeichner wurden wie die Dissidenten aus ihren beruflichen Stellungen verdrängt, erhielten als Wissenschaftler Publikationsverbot, sahen sich einem Parteiausschlußverfahren gegenüber und vergrößerten damit die Schar derer, denen die Menschenrechte vorenthalten waren. Solschenizyn ging diesen Märtyrerweg ebenso konsequent wie Sacharow. Akademiepräsident Keldysch zog es vor, die Dissidenten öffentlich zu verurteilen, wobei keiner wußte, ob er das aus Überzeugung tat oder um eventuelle Nachteile von sich abzuwenden, da seine Schwester inzwischen zur Gruppe der Unterzeichner zählte.

Von den Tausenden, die sich gegen das Wiedererstarken des Stalinismus auflehnten, gab es einige Dutzend, auf die sich die westliche Aufmerksamkeit richtete. In einer Gesamtbevölkerung von rund 280 Millionen waren die Dissidenten verloren wie die Stecknadel im Heuhaufen und stachen dennoch als Ärgernis hervor, das zum Gegenstand der internationalen Politik wurde. Arbatow berichtet, daß Andropow, bevor er die Nachfolge Breschnews antrat, als Chef des KGB eine eigene Abteilung *Beschäftigung mit Intelligenzija* einrichten ließ. »Aber die Aktivitäten der Abteilung hatten keineswegs positive Folgen, sie fügten der Geschichte des KGB eine weitere schändliche Seite hinzu. Es gab eine Anzahl von persönlichen Tragödien. Das moralische und politische Klima im Lande verschlechterte sich, und unser Bild in den Augen der Weltgemeinschaft wurde noch stärker geschädigt.«[16]

Festzuhalten bleibt, daß die führenden Vertreter der Dissidenten, Sacharow nicht anders als Medwedjew, die Alternativen für die Zukunft weiterhin nur aus den Gegebenheiten des sowjetischen Systems ableiteten. Medwedjew definierte die Umstände der späten siebziger Jahre in der Sowjetunion als eine Mischung aus *realem Sozialismus* und *Pseudosozialismus* und meinte, es müßten lediglich die stalinistisch pseudosozialistischen Elemente überwunden werden, um das Leben lebenswert zu machen. Nur ganz wenige Dissidenten plädierten für die komplette Abschaffung des sowjetischen Systems.

Sacharow war der einzige prominente Dissident, der auf Grund seiner wissenschaftlichen Leistungen beim Bau der Wasserstoffbombe über Verbindungen verfügte, die in den Bereich der Chefkonstrukteure hineinreichten, aus dem die steuernden Impulse des Systems kamen. Das brachte ihn eines Tages auf den Gedanken, er müsse sich für seine Anliegen um Beistand aus dieser Sphäre bemühen. Die Probe darauf wollte er mit dem Flugzeugkonstrukteur Andrej Tupolew, einem der ganz Großen der sowjetischen Luftfahrt, machen. Er holte sich eine gewaltige Abfuhr.

Sacharow beabsichtigte, bei dem für 1972 bevorstehenden Prozeß gegen den jungen Biologen Wladimir Bukowskij als Prozeßbeobachter aufzutreten. Er wollte durch seine Anwesenheit im Saal öffentliche Aufmerksamkeit für den Prozeß wecken. Durch Einladung eines weiteren bedeutenden Akademiemitgliedes gedachte er, den Effekt noch zu erhöhen. Er meinte, es würde für die Situation des Landes von größter Bedeutung sein, wenn sich zwei Akademiemitglieder gegen illegale Repressionen einsetzten. Bukowskij hatte seit 1963 wiederholt Haftstrafen erhalten und die Folter der Gefängnispsychiatrie über sich ergehen lassen müssen. Sacharow begab sich auf den Weg zu Tupolew, um diesem den Fall und sein Anliegen zu erläutern. Sacharow berichtet in seinen Memoiren über sein Gespräch mit Tupolew: »Kurz und so überzeugend, wie ich konnte, erläuterte ich ihm den Zweck meines Besuchs. Tupolew hörte mir mit gespannter Aufmerksamkeit zu und schwieg einige Minuten. Dann erschien auf seinem Gesicht ein spöttisches Lächeln, und er begann, mir rasch hintereinander Fragen zu stellen, die er zuweilen selbst beantwortete. Was er sagte, lief im wesentlichen darauf hinaus, daß er keinen Bukowskij kenne und kennen wolle, daß er aus meinen Antworten ersehe, daß Bukowskij ein Nichtstuer sei, im Leben aber sei die Arbeit wichtiger als alles andere. Außerdem sehe er, daß in meinen Ansichten ein absolutes Chaos herrsche (dies erklärte er, als ich darauf hinwies, daß sowjetische Militärmaschinen, von arabischen Piloten geflogen, in Nigeria Flüchtlingskolonnen bombardierten und damit Völkermord begingen...) Er lehnte es kategorisch ab, zur Gerichtsverhandlung zu fahren, und meinte, ich müsse mich dringend in psychiatrische Behandlung begeben.«

Nach der brüsken Ablehnung Tupolews, sich ein Menschenrechtsproblem zu eigen zu machen, half Sacharows Eintreten für Bukowskij, den Fall weltweit zur Diskussion zu stellen. 1976 wurde Bukowskij in einer Austauschaktion gegen den chilenischen KP-Chef Corvalan nach England ausgeflogen. Alexander Nekritsch gelangte 1973 in den Westen. Der Fall des in psychiatrischer Haft befindlichen Grigorenko machte 1971 wieder Furore, als im Samisdat ein ärztliches Gutachten zirkulierte, das ihm völlige Gesundheit bescheinigte. Der Psychiater, der es verfaßt hatte, wurde ein Jahr später verhaftet und zu sieben Jahren Gefängnis und zusätzlich drei Jahren Verbannung verurteilt. Weltweiter Protest verhalf dann auch Grigorenko 1977 zum Verlassen der Sowjetunion. Solschenizyn wurde 1974 ausgebürgert. Sacharow mußte sich 1980 mit seiner Frau Jelena Bonner in die Verbannung begeben und durfte erst 1986 wieder nach Moskau zurückkehren.

Die *Chronik der laufenden Ereignisse* hatte ihr Erscheinen 1983 eingestellt. Die Moskauer Helsinki-Gruppe mußte nach zahlreichen Verhaftungen ihre Selbstauflösung verkünden. Eine Reihe von Dissidenten ging in den Untergrund. Allen Anfeindungen zum Trotz hatten Samisdat und Dissens eine enorme Wirkung erzielt. Kowaljow konstatierte: »Ich konnte bei meiner Rückkehr nicht wissen, daß die Situation inzwischen eine ganz andere geworden war. Die historische Mission der Bürgerrechtsbewegung in der UdSSR, so wie sie sich Ende der sechziger Jahre herausgebildet hatte, war erfüllt. Die Idee der Menschenrechte war im gesellschaftlichen Bewußtsein bereits verankert. Es war eher der Umstand, daß sich die ›traditionelle‹ Bürgerrechtsbewegung erschöpft hatte, der es der Regierung möglich machte, einzelne Gruppen zu zerschlagen. Aber die totalitären Methoden reichten trotzdem nicht mehr aus, um die

Gesellschaft zu unterwerfen. Ein ökonomisch unbefriedigendes und sittlich zweifelhaftes Regime, das zudem außenpolitisch isoliert war und die Unterstützung eines großen Teils seiner Bevölkerung verloren hatte, konnte sich einfach nicht mehr in der alten Form halten. Es mußte sich ändern oder in sich zusammenbrechen. Wie sich herausstellte, war ihm sowohl das eine wie auch das andere beschieden.«[17]

# VIII

# Das Ende des letzten Kolonialreichs

## Das Imperium: Größe, Grenzen und Status der Menschen

Die Sowjetunion war ein Vielvölkerstaat. Sie umfaßte zum Zeitpunkt des Zusammenbruchs mit ihren fast 290 Millionen Einwohnern mehr als 100 verschiedene Nationalitäten und Volksgruppen. Fünfzehn davon waren die Titularnationen der Unionsrepubliken; die übrigen fungierten namengebend für die verfassungsrechtlich unter den Unionsrepubliken rangierenden autonomen Republiken und für weitere, kleinere autonome Verwaltungsgebiete, denen ein gewisses Maß an Selbstbestimmung eingeräumt war. Mit mehr als siebzig Prozent der Gesamtbevölkerung waren die Slawen tonangebend. Von ihnen stellten die Russen etwas über fünfzig, die Ukrainer sechzehn und die Weißrussen fünf Prozent der Gesamtbevölkerung. Alle Turkvölker zusammengenommen kamen auf ungefähr fünfzehn Prozent der Einwohnerschaft der UdSSR. Die Litauer, Letten und Esten im Baltikum, die aus Rumänien stammenden, bessarabischen Moldawier, die Armenier und Georgier im Kaukasus und die im Pamir beheimateten, mit den Iranern verwandten Tadschiken machten insgesamt weitere zehn Prozent aus. Juden und Rußlanddeutsche, von denen inzwischen viele ausgewandert sind – mit je weniger als einem Prozent am Gesamtanteil –, verfügten nur zeitweilig über ein eigenes autonomes Gebiet.

Das von den Sowjets beherrschte Imperium war während einer über drei Jahrhunderte andauernden Expansionsgeschichte unter den Zaren bereits zu der enormen Ausdehnung gekommen, die es zum Zeitpunkt seines Niedergangs aufwies. Das nach dem Zusammenschluß einiger Fürstentümer unter dem Großfürsten von Moskau, Iwan III. (1462-1505), geeinte und damals von den Tributzahlungen an die Tataren befreite Rußland begann unter Iwan VI.

(1533-1584) im 16. Jahrhundert seine Expansion mit der Eroberung des Khanats von Kasan, einer Gegend, die ungefähr 800 Kilometer östlich von Moskau gelegen ist und in deren Nähe heute die Wolga mit dem Nebenfluß Kama die riesigen Stauseen von Kama und von Samara bildet. Dort wurden erstmals Muslime dem Russischen Reich auf Dauer untertan. 1556 folgte im Süden die Einverleibung des Khanats Astrachan am Mündungsgebiet der Wolga in das Kaspische Meer und damit ein zweites Mal die Unterordnung von muslimischer Bevölkerung unter Moskauer Herrschaft.

Ebenfalls im 16. Jahrhundert wurde nach Osten hin mit dem Ural eine magische Grenze überschritten. Dies war der Beginn der russischen Ostkolonisation, die zu einer Stützpunkte bildenden Aus- und Umsiedlung von Russen nach Sibirien führte. Die an der Ausdehnung ihres Aktionsbereichs interessierte und auf Salzhandel spezialisierte Kaufmannsfamilie Stroganow, die für die weitere Erschließung Sibiriens von höchster Bedeutung bleiben sollte, hatte dorthin bereits auf eigene Kosten Kosaken entsandt. Erobernde Kosaken gelangten gegen Mitte des 16. Jahrhunderts bis an die Ufer des Pazifischen Ozeans. 1689 wurde in Verhandlungen mit China die Grenze des Russischen Reichs nördlich des Amur vereinbart. Russische Händler kamen 1786 auch nach Alaska; die russische Herrschaft über Alaska wurde aber 1867 durch einen Kaufvertrag an die Amerikaner abgegeben.

Unter Peter dem Großen (1682-1725) expandierte das Russische Reich im Baltikum und in Karelien. Gleichzeitig erfolgten Annexionen am Südufer der Kaspisee. Katharina II. (1762-1796) fügte dem Reich Gebiete in Weißrußland sowie südlich des Dnjepr hinzu; ebenso sorgte sie für die Ansiedlung von Deutschen an der Wolga. Durch Verdrängung der Tataren gelang den Russen zudem ein weiteres Vordringen im Kaukasus. Nachdem die Krimtataren ihrer Eigenständigkeit beraubt waren, wurde 1801 Georgien annektiert. Alexander I. (1801-1825) brachte Finnland unter Kontrolle und rang den Osmanen sowohl Bessarabien als auch transkaukasische Gebiete ab. Der Wiener Kongreß ermöglichte die Vereinigung mit Kongreßpolen.

Nikolaus I. (1825-1855) baute die kaukasischen Besitzungen aus. Er gewann den Persern Eriwan und Nachitschewan ab sowie Armenien den Osmanen. Die Rückschläge, die Alexander II. (1855 bis 1881) nach dem Krimkrieg am Schwarzen Meer hinnehmen mußte, wurden durch Eroberungen in Zentralasien kompensiert. Turkestan und Kasachstan kamen schrittweise unter Kontrolle. Taschkent, Buchara und Chiwa sowie die Region um Fergana an der Nordflanke des Pamir gerieten bis zur Mitte der siebziger Jahre des 19. Jahrhunderts unter russische Herrschaft. Von dem am Ostufer der Kaspisee gelegenen Stützpunkt Krasnowodsk aus wurde 1881 Aschchabat, die heutige Hauptstadt von Turkmenien, erreicht, das zur damaligen Zeit für viele Russen, Abenteurer und gescheiterte Existenzen, einen *Wilden Osten* an der Grenze zu Persien darstellte. Im fernen Osten setzten sich die Russen unter Nikolaus II. (dem letzten Zaren; 1894-1917) um 1900 in der Mandschurei fest, und 1912 gelang es, die Äußere Mongolei in ein russisches Protektorat zu verwandeln. Damit war nach einer Ausdehnungsgeschichte von dreieinhalb Jahrhunderten ein Schlußpunkt und zugleich die weiteste Ausdehnung des Russischen Reichs erreicht.

Die imperiale Expansion Rußlands vollzog sich in historischer Parallele zum Kolonialismus und Imperialismus der westlichen Mächte. Für die westlichen Mächte war die Kolonialherrschaft mit wirtschaftlichem Aufschwung verbunden, dessen Früchte zugleich der industriellen Entwicklung Nordwest- und Zentraleuropas zugute kamen. Wenngleich die russische Expansion intentional gleichartig orientiert war, ist es Rußland nicht gelungen, mit seinem territorialen Zugewinn vergleichbaren wirtschaftlichen Nutzen zu verbinden. Im 19. Jahrhundert jagte man zwar dem Phantom nach, durch räumliche Expansion Absatzmärkte zu erschließen, und man hoffte auch, die Transsibirische Eisenbahn werde einen lukrativen Handelsweg von Westeuropa nach Ostasien darstellen, aber Rußland hatte für potentielle Absatzmärkte weder geeignete Produkte anzubieten, noch verfügten die eroberten Regionen über so viel Kaufkraft, daß es sich gelohnt hätte, dafür eine Produktion aufzuziehen.

Was die Transsibirische Eisenbahn anbelangte, so waren deren Endstationen viel zu weit von den seinerzeit wichtigen Handelsplätzen entfernt, um den Landweg tatsächlich lukrativ zu machen. In Petersburg hatte man Ursache und Wirkung verkannt. Es war ja nach kurzer Zeit nicht mehr der koloniale Raum allein, der die Geschäftsbeziehungen für die Industrien der westlichen Kolonialmächte vergrößerte, sondern umgekehrt eher deren wachsende Produktionskraft, die nach immer mehr Kolonialbesitz streben ließ, so daß es zur imperialistischen Konkurrenz um Kolonien kam. Für den russischen Imperialismus läßt sich demgegenüber keine positive Bilanz aufmachen. Die Kosten der Eroberungen wurden von dem erzielten Nutzen nicht aufgewogen. Denn eine beginnende Industrialisierung und Modernisierung, in deren Dienst man die Besitzungen hätte ausbeuten können, war in Rußland noch nicht vorhanden. Die weiträumigen Annexionen täuschten daher einen Großmachtstatus vor, der zwar territorial, nicht aber wirtschaftlich gegeben war.

Rußland wurde von den meisten der unter die Herrschaft des Zaren gekommenen Völker als ein Gefängnis angesehen. Die gegen die Herrschaft des Zaren opponierenden Kräfte Rußlands, wie etwa Anarchisten, Sozialrevolutionäre und Bolschewisten, identifizierten sich mit dem Widerstand und Aufbegehren, den die ihrer Autonomie beraubten Völker dem Zaren gegenüber an den Tag legten. Um so erstaunlicher war es, daß die Bolschewiki, einmal zur Herrschaft gekommen, die koloniale Attitüde übernahmen und ihrerseits entschlossen alle Autonomiebestrebungen bekämpften. Im Lauf der Jahrzehnte festigte sich bei den Russen in der Sowjetunion sogar die typische kolonialherrschaftliche Ansicht, sie seien es gewesen, die den Eroberten mit ihrer Sowjetherrschaft zu wünschenswertem Fortschritt, das heißt, zivilisatorischer und ökonomischer Entwicklung verholfen hätten, typisch kolonialherrschaftlich insofern, als damit die westliche, vom Kapitalismus hervorgebrachte Lebensform als das fraglos Erstrebenswerte hingestellt wurde. Die Differenzen, die sich in dieser Hinsicht zwischen den Russen und den von ihnen beherrschten Völkerschaften ergaben, wurden als Übergangsprobleme abgetan und in Bausch und Bogen als *Nationalitätenprobleme* bezeichnet. Mit dieser Sprachregelung gelang es den Sowjets nach außen hin, die Existenz eines Sowjetstaats vorzutäuschen, in dem sich ein in sich immer mehr einiges Volk von Sowjetbürgern herausbilde.

An der Doktrin, wonach die Nationalitätenproblematik gewissermaßen ein Restproblem sei, mag es gelegen haben, daß in den Medien der westlichen Welt, und während der Zeit des Ost-West-Konflikts auch in denen der Sowjetunion selbst, die Bezeichnungen *Sowjetunion* und *Rußland* im Kontext internationaler Beziehungen weitgehend gleichbedeutend verwendet wurden. Bei der Behandlung innenpolitischer Fragen der Sowjetunion war freilich

Differenzierung geboten. Rußland mußte als *Russische Sozialistische Föderative Sowjet Republik,* RSFSR, von den übrigen Republiken der *Union der Sozialistischen Sowjetrepubliken,* UdSSR, abgehoben werden.

Als einziger Staat dieser Erde enthielt die offizielle Staatsbezeichnung der UdSSR keine Regionalangabe. Dahinter stand die Absicht, die Union nach der erhofften Weltrevolution auch dem Anschluß etwa einer französischen oder amerikanischen sozialistischen Sowjetrepublik offen zu halten. Die einzelnen sozialistischen Sowjetrepubliken (SSR) schlossen noch *Autonome Republiken* (ASSR) sowie auch *Autonome Gebiete* ein, die aber in der Gesamtunion nicht konstitutiv waren, beim Zerfall ergo auch keine selbständigen Staaten bildeten. Das brachte beispielsweise die Konflikte der Russen mit den Tschetschenen hervor. Die Russische Föderation war in der UdSSR nach Raum und Bevölkerung die größte Sowjetrepublik, und sie war nach politischem und kulturellem Anspruch die führende. Sie bildet heute mit ihren früheren autonomen Republiken die »Rußländische Föderation«.

Von Europa als Kontinent, der sich vom Atlantik bis zum Ural erstreckt, nahm die Sowjetunion etwas mehr als 50 Prozent und von der Landmasse Asiens nahezu 40 Prozent ein. Über die Binnengliederung orientiert man sich am leichtesten, wenn man vier Bereiche mit *unterschiedlicher Bevölkerung* und dementsprechend unterschiedlichem sozio-kulturellen Erbe voneinander abhebt: Erstens dem nordwestlichen Bereich der drei baltischen Republiken: *Estland, Lettland und Litauen,* zweitens dem nach Fläche und Bevölkerung größten Areal der dominierend von Slawen besiedelten Republiken: *Rußland, Weißrußland und Ukraine,* neben denen noch das an der Grenze zu Rumänien gelegene *Moldawien* zu nennen ist; drittens den kaukasischen und transkaukasischen Gefilden zwischen dem Schwarzen Meer und der Kaspisee mit den Republiken: *Georgien, Armenien und Aserbaidschan* und viertens dem weiten Bereich der vom Kaspischen Meer nach Osten bis zur chinesischen Grenze sich erstreckenden zentralasiatischen Republiken: *Kasachstan, Turkmenistan, Usbekistan, Kirgisien und Tadschikistan,* mit ihren Grenzen zu Persien, Afghanistan und China (siehe Karte auf rückwärtigem Vorsatzblatt).

Die Außengrenzen des Imperiums beliefen sich auf eine Länge von sechzigtausend Kilometern. Davon waren ein Viertel Landgrenzen mit Nachbarstaaten. Die Grenzen vom Schwarzen Meer bis zum Pazifik waren alle mit unüberwindbar sperrenden Grenzbefestigungen ausgestattet, die nach Art und Umfang ihrer Hindernisse der innerdeutschen Grenze während der Teilung entsprachen. Deren Bau, Unterhaltung und Bewachung verschlangen jahrzehntelang enorme Summen.

Bei den vier Bereichen handelte es sich um historisch und kulturell hochgradig unterschiedliche Gebilde: Die baltischen Staaten waren bis 1940 selbständig; sie schieden aus dem ihnen gewaltsam auferlegten Verbund am frühesten aus. Die slawischen Völkerschaften Rußlands, der Ukraine und Weißrußlands bildeten historisch den Kernbestand sowohl des Russischen Reiches der Zaren als auch der Sowjetunion. Die Präsidenten, die diesen Kernbereich nach dem Putsch gegen Gorbatschow repräsentierten und am 8. Dezember 1991 erklärten, »daß die UdSSR als Subjekt des Völkerrechts und als geopolitische Realität zu existieren aufgehört hat«, lösten damit fast drei Viertel der Gesamtbevölkerung aus dem Staatsverbund heraus. Die drei Präsidenten waren sich bei der Auflösung der Union aus unterschiedlichen Gründen einig. Jelzin wollte den Verbund vor allem deswegen nicht länger aufrechterhalten, weil er bestrebt war, sich endgültig von Gorbatschows Herrschaft loszusagen. Die Ukrainer sahen in der Autonomie die Gelegenheit, sich endlich von der Vorherrschaft der Russen zu befreien. Denn zwischen Russen und Ukrainern gab es immer Rivalität. Es waren Rivalitäten, die über die Sowjetzeit hinweg angehalten hatten und die auch heute dafür sorgen, daß eine erneute Liaison mit Rußland, wie Weißrußland sie mehrfach anstrebte, für sie nicht zur Debatte steht.

Einen politisch virulenten, kulturell hoch differenzierten und historisch vielen Einflüssen ausgesetzten Bereich bildet die kaukasische und transkaukasische Region zwischen dem Asowschen und Schwarzen Meer sowie der Türkei im Westen und dem Kaspischen Meer im Osten. Lange bevor die Russen ihr Vordringen begannen, war hier eine Fülle von Völkerschaften seit der frühesten Antike nahezu allen denkbaren Einflüssen zwischen Asien und Europa, dem Nahen bis Fernen Osten und dem des Mittelmeerraums ausgesetzt, seien es kriegerische Auseinandersetzungen, wirtschaftliche Verbindungen, religiöse Entwicklungen sowie künstlerische und handwerkliche Einwirkungen. Diese Ethnien hatten dabei ihre Identität gewonnen und gaben sie auch unter den Sowjets nicht auf.

Im Kaukasus war die russische Eroberung von allem Anfang an vor allem bei den Stämmen an den Nordhängen des Gebirges auf erbitterten Widerstand gestoßen. Die hier ansässigen, äußerst kämpferisch eingestellten Stämme rivalisierten zwar sowohl wegen ihrer strikten Gliederung in familiäre Clans als auch wegen ihrer diversen moslemischen Bräuche und Rituale untereinander; als aber das russische Vordringen für sie immer bedrohlicher wurde, bewirkte das zeitweise sogar einen Zusammenschluß. Das Andenken an Heldengestalten wie Iman Mansur, der Ende des 18. Jahrhunderts die Abwehr gegen das russische Vordringen organisierte, und Iman Schamil, der Mitte des 19. Jahrhunderts eine gemeinsame Staatsgründung versuchte, wird deshalb heute wieder beschworen, seit es diesen Stämmen erneut darum geht, sich vom russischen Einfluß, dem sie dem Status der früheren ASSR gemäß unterliegen, freizumachen.

Mit der 1991 erfolgten Ausrufung einer unabhängigen tschetschenischen Republik durch den dort zum Präsidenten gewählten General Dudajew wurde die Widerstandstradition wieder beschworen. Der Versuch einer Verselbständigung dieser Region war von vornherein ein gewagtes Aufbegehren gegen die Obrigkeit im nördlichen Moskau. Für ihre Autonomiebestrebungen konnten die nordkaukasischen Stämme aber auch bei Georgiern und Armeniern im Süden keinen Rückhalt finden, weil ihnen gegenüber wiederum religiöse Barrieren existierten. Selbst die ebenfalls muslimischen Aserbaidschaner sind als Schiiten keine geeigneten Verbündeten.

Einer in sich geschlossen sunnitisch muslimischen Bevölkerung waren die Russen in den am spätesten eroberten Arealen der kolonialen Expansion Rußlands in Zentralasien begegnet. Die Gebiete der dortigen Republiken (von Kasachstan lediglich dessen südlicher Part) waren früher unter dem geographischen Sammelnamen *Turkestan* bekannt und erstreckten sich von der Türkei bis hinein in das heutige China. Die Turkvölker, namentlich Usbeken, Kasachen, Tataren, Aserbaidschaner, Turkmenen, Kirgisen, Tschuwaschen und Baschkiren, lebten die längste Zeit ihrer Geschichte sowohl in Zentralasien als auch zwischen südlichem Ural und südlicher Wolga sowie in Kaukasien ohne feste Grenzziehungen. Denn in den Trocken- und Wüstengebieten wie auch in den Hochgebirgen wechselten einzelne Gebiete oftmals den Besitz im jahreszeitlichen Rhythmus mit den Zügen der Nomaden in andere Weidegebiete. Die Grenzen waren dementsprechend fließend. Das galt unter türkischen Herrschern ebenso wie unter Mongolenherrschaft und sodann auch unter den russischen Zaren.

Die Grenzen der heutigen Nachfolgestaaten der Sowjetunion sind allesamt während der sowjetischen Zeit gezogen worden. Die Sowjets betrieben mit ihren administrativen Einteilungen eine raffinierte Politik gegenüber der einheimischen Bevölkerung. Im Blick auf die von den Sowjets vorgenommenen Grenzziehungen muß vorab eine weitere Eigenart der betreffenden Regionen berücksichtigt werden: Sowohl in den zentralasiatischen als auch in den kaukasischen und transkaukasischen Gebieten hat es von alters her stets Mischbevölkerungen gegeben. Sie fanden mittels einer Arbeitsteilung in Händler, Handwerker, Viehzüchter und Bauern ihr Auskommen miteinander und behandelten sich trotz mancher deutlicher Vorbehalte mehr oder weniger als gleichberechtigt. Diese traditionelle Gleichberechtigung wurde von den Sowjets ganz gezielt abgeschafft. Die administrativen Grenzziehungen schufen in den Republiken Mehrheiten und Minderheiten, die rechtlich einen unterschiedlichen Status erhielten. Bevorrechtigte *Mehrheit* waren in jeder Republik stets die Angehörigen der namengebenden Nationalität; und Benachteiligte waren die *Minderheiten,* für die aber eigens Schutzrechte erlassen wurden. Die Mehrheits-Minderheits-Verhältnisse wurden nach der Devise *divide et impera* so ausgeklügelt herbeigeführt, daß der Zentrale in Moskau in keiner Republik eine völlig in sich geschlossene Gruppe gegenüberstand.

Den Territorien der Titularnationen wurden Nachbargebiete geradezu systematisch so hinzugeschlagen, daß sich überall benachteiligte Minderheiten ergaben. Angehörigen der namengebenden Völkerschaft genossen beispielsweise Vorrang beim Zugang zu Universitäten, bei der Auswahl der Parteikader und der Besetzung der lokalen Räte. Kirgisen, die sich in administrativ erweiterte Regionen von Usbekistan versetzt sahen, oder Tadschiken, die sich Kirgisien einverleibt fanden, erhielten dadurch einen Minderheitenstatus und wurden in ihrer angestammten Heimat zu Bürgern zweiter Klasse. Viele dieser sowjetischen Grenzziehungen sind heute eine Quelle von nicht enden wollenden ethnischen Konflikten. In

Moldawien fühlen sich etwa die Gagausen von den dortigen Russen unterdrückt. Armenier und Aserbaidschaner streiten sich um Bergkarabach. An den Nordhängen des Kaukasus rivalisieren diverse Stämme miteinander und liegen gleichzeitig in Konflikt mit den Russen. Tschetschenien und Dagestan sind auf diese Weise zum Kriegsschauplatz geworden. Auch die beiden traditionsreichsten tadschikischen Städte, Buchara und Samarkand, wurden mit ihrem Umland administrativ der Sowjetrepublik Usbekistan zugeschlagen. Damit waren die dort lebenden Usbeken nicht länger eine Minderheit auf tadschikischem Gebiet, sondern umgekehrt die Tadschiken auf ehemals eigenem Gebiet eine Minderheit in Usbekistan. Man stellte also die historischen Abhängigkeiten auf den Kopf und fixierte diese Verdrehungen in den Paßeintragungen.

Der Minderheitenstatus wurde durch das sowjetische Paßwesen nach familiärer Herkunft festgeschrieben; es bestand dadurch gewissermaßen eine auf den Minderheitenstatus bezogene Sippenhaft. Die offizielle Registrierung mittels der Pässe, die innerhalb der Sowjetunion galten, regelte sowohl den Zuzug in die Städte als auch den Zugang zu Karrieren. Ethnisch einer Titularnation angehörige Familien genossen auf Dauer Vorrechte; ethnische Minderheiten waren umgekehrt auf Dauer benachteiligt. Sodann war es vornehmlich die verstädterte Bevölkerung, der sich die Aufstiegschancen in den lokalen Hierarchien boten. Ausgerechnet die Sowjets, die ideologisch für eine klassenlose Gesellschaft eintraten, erwiesen sich als Meister im Aufrichten gesellschaftlicher Schranken und Unterschiede. Das quasi durch Sippenhaft verfestigte Prinzip des *divide et impera* nahm weder auf Muttersprache noch auf Religion oder persönliche Bindungen, noch auf irgendwelche persönlichen Veränderungswünsche Rücksicht.

Die bedrückendste Benachteiligung war übrigens den Kolchosbauern auferlegt. Sie erhielten nicht einmal innersowjetische Pässe, sondern blieben an ihren Ort gefesselt. Erst als Chruschtschow das Programm der sogenannten *Agrostädte* durchsetzte, wurden aus den Bauern normale Staatsbürger, die auch einen Paß erhielten. Dabei wurden die meisten *Kolchosen* aus ihrem genossenschaftlichen Status herausgelöst und zu Staatsgütern, *Sowchosen,* umgeformt. Für die Stadtbewohner galten wiederum andere Beschränkungen. Sie durften auf dem Land weder Häuser bauen noch erwerben.

Alle diese Probleme gehen auf die imperiale Ausdehnung des Russischen Reiches unter den Zaren zurück. Dort wurden die Voraussetzungen für den sowjetischen Kolonialismus geschaffen, der die ganze Zeit über bis zum Zusammenbruch anhielt, also weit länger existierte als der Kolonialismus in der übrigen Welt.

## Kolonialismus in sowjetisch ideologischer Sicht

Die Sowjets haben es vermieden, über eigene Kolonialismusprobleme zu sprechen. Der Begriffsverwendung nach gab es Kolonialismus nur in anderen Weltgegenden. Für die Sowjets existierten ihrer Sprachregelung nach im eigenen Herrschaftsbereich nur *Nationalitätenfragen.* Der Kolonialismus spielte zwar in der marxistisch-leninistischen Theorie und in der praktischen Politik der Sowjets durchaus eine Rolle, aber das nur als Gegenstand der Kolonialherrschaft von westlichen, sogenannten kapitalistisch imperialistischen Mächten.

Probleme des westeuropäischen Kolonialismus wurden in der Sowjetunion zu zwei verschiedenen Zeitpunkten in politisch strategischer Absicht thematisiert. Beide Male handelte es sich um kritische Perioden des Sowjetsystems, einmal unter Lenin und ein zweites Mal unter Chruschtschow und Breschnew, und beide Male ging es um weltpolitische Konzeptionen, um Bemühungen der Durchsetzung des Sozialismus im Weltmaßstab. Lenin war der Meinung, die russische Revolution könne nur überleben, wenn die Revolution auch auf die westlichen Industriestaaten übergreife. Als sich der Rote Oktober dafür aber nicht, wie angenommen, als Initialzündung erwies, setzte Lenin seine Hoffnung, wie bereits erwähnt, auf einen Aufstand der Kolonien gegen die westlichen Industrienationen, und zwar in der Annahme, eine Trennung von der Rohstoffbasis würde wirtschaftliche Krisen in den westlichen Nationen auslösen, den dortigen Klassenkampf verschärfen und auf diesem Umweg zur Revolution fuhren.

Die Kommunistische Internationale, KOMINTERN, war als Kampforganisation dafür gedacht, die revolutionären Bewegungen in den Kolonialgebieten anzustacheln und gleichzeitig im Westen das Proletariat zur Revolution zu führen. Für die Sowjetmacht hatte sich Lenin als zwischenzeitliche innenpolitische Überlebensstrategie die NEP als Lösung ausgedacht. Diese Kombinationsstrategie ist nicht aufgegangen. Zwar gab es zahlreiche antikoloniale Bewegungen, aber ihre Reichweite war begrenzt. Von Auslösung eines weltweiten revolutionären Aufbegehrens konnte keine Rede sein. Die unberechenbaren weltrevolutionären Engagements zahlten sich nicht aus. Aus diesem Grund wurden die Aktivitäten der KOMINTERN in den Kolonialgebieten unter Stalin zurückgenommen und ihre Arbeit auf weisungsgebende Kooperation mit den Kommunistischen Parteien in westlichen Staaten konzentriert. Die Bolschewiki wandten sich unter der Parole vom *Aufbau des Sozialismus in einem Land* verstärkt der Innenpolitik zu. Die Kolonialismusproblematik trat damit sowohl theoretisch als auch praktisch in den Hintergrund.

Eine zweite Periode der Zuwendung zu den Kolonialgebieten ergab sich erst wieder nach dem Tod Stalins. Hatte Stalin gegen Ende des Zweiten Weltkriegs zunächst noch gehofft, die US-Wirtschaft käme nach Kriegsende durch den plötzlichen Wegfall kriegsbedingter Aufträge in eine ökonomische Krise, so erwies sich das als Irrtum. Mit dem Marshall-Plan blühte die westliche Wirtschaft wieder auf. Die Sowjetunion zog zwar in der atomaren Rüstung mit dem Westen gleich, blieb aber in der wirtschaftlichen Entwicklung im Rückstand, und es war die Frage, wie unter diesen Umständen dennoch die Waage der machtpolitischen Balance zugunsten der Sowjetunion verschoben werden könnte. Unter Chruschtschow fühlten sich die Sowjets genügend erstarkt, um sich erneut den Kolonialgebieten in dem Bestreben zuzuwenden, die Dritte Welt gegen den Westen aufzubringen. Sie bemühten sich um die Förderung und Zuspitzung *nationaler und kolonialer Befreiungsbewegungen.* Durch sie sollte der Westen in die Enge getrieben und die Dritte Welt an das sozialistische Lager herangeführt werden.

Die sowjetische Kolonialismustheorie fixierte eine Erscheinung, die *Nationalbourgeoisie* genannt wurde. Darunter wurde eine in den Kolonien vielfach anzutreffende Gesellschaftsschicht verstanden, die einerseits von der jeweiligen Kolonialmacht bereits mit bürgerlichem Gedankengut vertraut gemacht worden war, andererseits aber nationale Ambitionen an den Tag legte, um die Kolonialherrschaft abzuschütteln. Von sowjetischer Seite wurde weder Geld noch Mühe gescheut, diese Elite in ihren nationalistischen Bestrebungen zu bestärken. Kam es tatsächlich zu rebellischen Aktionen und Aufstandsbewegungen, so lieferten die Sowjets Waffen, Munition, Fahrzeuge und Funkausrüstungen etc., ferner halfen sie durch Entsendung von militärischen Beratern bei der Ausbildung von Kämpfern.

Die Sowjets huldigten dabei einem ideologisch und psychologisch völlig überspitzten Konzept der Verlockung durch moderne Technik: Moderne militärtechnische Ausrüstung werde, so wurde argumentiert, bei den Aufständischen das dringende Verlangen hervorrufen, aus eigener Kraft über entsprechendes technisches Wissen und technische Fertigungsmöglichkeiten zu verfügen. Damit verknüpfe sich für die nationale Bourgeoisie sodann das Verlangen, die aus dem sozialistischen Lager gelieferten technischen Geräte eines Tages im eigenen Land aus eigener Kraft fabrizieren zu können. Das wiederum lasse den Wunsch wach werden, aus den rückständigen agrargesellschaftlichen Verhältnissen auszubrechen, um eine industrielle Gesellschaft aufzubauen – und diese würde schließlich die Entstehung eines industriellen Proletariats fördern, das eines Tages die Nationalbourgeoisie aus der Führung verdrängen würde, damit dann ein Entwicklungsweg nach dem Muster der sozialistischen Staaten beschritten werden könne.[1]

Mit dieser ebenso umständlichen wie spekulativen Begründung verschaffte sich die sowjetische Außenpolitik die Motivation für ihre handfeste und höchst kostspielige Unterstützung von Konflikten in der Dritten Welt. Die Außenpolitik blieb damit konsequent klassenkämpferisch orientiert. Die Realität hat eines anderen belehrt: Statt einer Klassengesellschaft im Aufbruch zur Industrialisierung haben sich in vielen Staaten der Dritten Welt gesellschaftliche Strukturen herausgebildet, die zur Begünstigung von Militärdiktaturen führten, die – aus der Perspektive von heute betrachtet – in vielen Fällen an den sozialen und ökonomischen Lebensbedingungen, wie sie unter der Kolonialherrschaft vorhanden waren, herzlich wenig geändert haben.

Den Staaten der sogenannten Dritten Welt wurde über die gesamte Chruschtschow- und Breschnewzeit hinweg ein so hoher politischer und strategischer Rang zugewiesen, daß selbst in Kreisen der sowjetischen Führung zuweilen die Frage gestellt wurde, ob der außenpolitische Nutzen die wirtschaftlichen Kosten der bedingungslosen Unterstützung aller möglichen, höchst zweifelhaften Regime in der Dritten Welt aufwiege. Die Breschnewsche Führungscrew setzte sich souverän über alle Einwände hinweg.

Im eigenen Haus hatten die Sowjets freilich selbst beachtliche Kolonialprobleme, die sie aber als solche nicht wahrhaben wollten. Die weltpolitische Perspektiveneinschätzung machte vor der eigenen Haustür halt, und die Konsequenzen dieser Fehleinschätzung müssen wir im Folgenden betrachten, denn sie spielten nicht nur für den Zusammenbruch der Sowjetherrschaft eine entscheidende Rolle, sondern bestimmen heute auch den bewaffneten Konflikt innerhalb Rußlands, die kriegerische Auseinandersetzung mit den Tschetschenen.

## Die Spezifik des sowjetischen Kolonialismus

Die westliche Kolonialismusforschung ist im Blick auf andere historische Kontexte als die der Entfaltung sowjetischer Herrschaft entwickelt worden. Die herkömmliche Kolonialismusforschung hat eine enorme Reichweite und verfügt über eine hohe interdisziplinäre Differenzierung, sie bezieht sich auf alle Kontinente und umfaßt von politischen über ökonomische Fragestellungen bis hin zu ethnologischen und sozial-psychologischen nahezu alle denkbaren Ansätze. Auf den sowjetischen Kolonialismus sind bislang aber nur die wenigsten dieser Betrachtungsperspektiven angewandt worden. Um dennoch zu einer Gesamteinschätzung zu gelangen, möchte ich deswegen hier eine Rubrizierung von Typen des Kolonialismus vornehmen, die in aller Kürze Vergleiche der sowjetrussischen Kolonialherrschaft mit anderen Formen von Kolonialherrschaft ermöglicht und dabei gleichzeitig auf die besondere Herrschaftsform der KPdSU eingeht. Der russische und spätere sowjetische Kolonialismus wird im Folgenden als *Annexionskolonialismus* bezeichnet und damit von anderen Typen des Kolonialismus abgehoben. Die zum Vergleich gebrachten Typen sollen kategorisch als

1. Vermischungskolonialismus,
2. Überschichtungskolonialismus,
3. Ausrottungskolonialismus,
4. Apartheidskolonialismus und
5. Annexionskolonialismus

bezeichnet werden. Da diese Rubrizierung ungewöhnlich ist, soll vorsichtshalber angemerkt werden, daß mit ihr keineswegs intendiert wird, die Relevanz anderer Betrachtungsmuster zu bestreiten, sie soll diese vielmehr ergänzen und kann möglicherweise zur Diskussion anregen.

Der russische Kolonialismus unterschied sich als *Annexionskolonialismus* von den genannten anderen Typen der Kolonisierung. Rußlands Kolonien lagen auf angrenzendem Festland. Sie wurden dem Reich der Zaren in direkter territorialer Verbindung angegliedert, geradezu einverleibt. Diese Form der Aneignung läßt es verständlich werden, daß die erobernden Russen nicht von Kolonisation sprachen, denn in vielerlei Hinsicht entsprach die Bildung des russischen Kolonialimperiums den Ergebnissen von Eroberungszügen und Herrschaftsgebietsveränderungen, wie sie in Europa und auch in anderen Weltgegenden seit eh und je gang und gäbe waren. Der Begriff *Kolonialismus* kam deswegen nicht zum Zuge, weil die Annexion primär als Herrschaftsablösung angesehen wurde. Die Geschichte ist reich an Beispielen dafür. Wenn etwa die Deutschen das französische Elsaß und Lothringen nach dem Krieg von 1870/71 ihrem Reich einverleibten, galt das zwar als Annexion; die annektierten Provinzen wurden aber nicht als Kolonien betrachtet. Die Bezeichnung *Kolonie* war quasi für überseeische und fern liegende Besitzungen reserviert. So sprach man auch in Rußland im Blick auf eroberte Gebiete nicht von Kolonien.

Die russische Annexionspolitik hatte eine bemerkenswerte innere Dynamik: Eroberungen provozierten Eroberungen. Mit jeder Eroberung tat sich jeweils wieder ein Vorfeld auf, für dessen Besetzung man neue Gründe fand, bis man schließlich entweder von Natur aus nichts Erobernswertes mehr vor sich liegen sah oder an allzu stark bewehrte Grenzen beziehungsweise an die Interessen- und Herrschaftssphären anderer Großmächte stieß. Bloße Annexionen haben es natürlich an sich, daß auftauchende Probleme mit annektierten Gebieten sofort als interne, sprich, innenpolitisch zu behandelnde Konflikte dastehen. Je mehr die Annexionen aber sozio-kulturell völlig anders geprägte Gebiete einbezogen, also zur Herrschaft über Völkerschaften mit völlig anderen Sitten und Gebräuchen führten, wie das für die Russen der Fall war, desto schwieriger wurde es, deren Probleme mit Mitteln und Methoden der Innenpolitik zu lösen, zu deren Gegenstand sie geworden waren. So blieb denn nichts anderes übrig, als dafür Mittel und Wege der Kolonialpolitik zu nutzen, selbst wenn man sie nicht so nannte.

Die Völkerschaften in den annektierten Arealen wurden rechtlich wie Kolonialbevölkerungen behandelt, und zwar je fremdartiger sie sich gegenüber der russischen kulturellen Prägung erwiesen, desto eindeutiger und wirkungskräftiger. Wie die Kolonialherren der westlichen Mächte an vielen Orten die Kolonisierten als *Wilde* betrachteten, so sprachen die Russen von *asiatischen Horden,* wenn es um die Menschen in den fernöstlichen und zentralasiatischen Besitzungen ging und man bemüht war, sie der eigenen Zivilisationsform anzupassen beziehungsweise gefügig zu machen.

Für die Herrschaftsausübung der Russen spielte es eine besondere Rolle, daß sie in der Fremde unter dem Eindruck lebten, sich immer wieder in ihre Heimat zurückbegeben zu können, da sie sich ja auf dem gleichen Festland befanden. Selbst wenn sie sich auf Dauer in den eroberten Gebieten niederließen, vermittelte ihnen die vorhandene Landbrücke das Gefühl direkter Verbundenheit mit den Gefilden ihrer Herkunft, und zwar auch dann noch, als ihre rückwärtigen Kontakte längst verlorengegangen waren und eine Rückkehr gar nicht mehr erwogen wurde. Anders als der britische Kolonialbeamte in Indien, der nur für befristete Zeit in den Kolonien blieb und dem, obwohl er in großer Entfernung vom Heimatland lebte, der Rückweg garantiert war, siedelten die Russen dauerhaft aus und verloren den heimatlichen Rückhalt. Das bedeutete beim Zusammenbruch der Sowjetunion, anders als bei der Aufgabe der britischen Kolonialherrschaft, für die Russen, wenn sie verjagt wurden, Heimatlosigkeit und in vielen Fällen Vertreibung ins Ungewisse. Im Blick auf diese spezifische Situation ergeben sich eine Reihe weiterer aufschlußreicher Vergleiche.

Spanische und portugiesische Siedler in Übersee hatten sich kaum jemals mit Rückkehrproblemen zu beschäftigen, denn ihre Heimatländer schufen bei der Befestigung ihrer Herrschaft in Süd- und Mittelamerika als früheste Form des modernen Kolonialismus den *Vermischungskolonialismus.* Sie verpflanzten die heimischen Herrschafts- und Wirtschaftsverhältnisse nach Übersee. Die Iberische Halbinsel, die nach der Verdrängung der Mauren und der Verteilung von deren Reichtum nur noch Binnenkonkurrenz zugelassen hätte, erweiterte damit ihren Aktionsraum und verschob ihre Grenzen bis jenseits des Ozeans. Dort vermischten sich die Kolonisatoren mit der einheimischen Bevölkerung, wofür die grausam vollzogene Christianisierung eine Voraussetzung wurde. Es entstand

Lateinamerika. Die Vermischungspraxis, die Familiengründung durch Verheiratung mit einheimischen Frauen, hat große Teile der Kolonisierten den Portugiesen und Spaniern anverwandelt, wie er umgekehrt diese dort völlig heimisch gemacht hat. So entstand der Typ von Menschen, den die nordamerikanischen Einwanderungsbehörden heute *Hispanics* nennen. Die Spanier und Portugiesen, die sich in Lateinamerika niedergelassen haben, waren bei der Ablösung des Kolonialverhältnisses, die bereits im 19. Jahrhundert erfolgte, dementsprechend gegenüber dem Heimatland keiner Heimatlosigkeit und Vertreibung ausgesetzt.

Damit entstand eine völlig andere Situation, als sie jemals für die Russen gegeben war, die einzig in Sibirien gewisse Vermischungen eingegangen sind. Der Annexionskolonialismus Rußlands hat zu keinem Vermischungskolonialismus geführt. Vielmehr schlossen sich die Kolonialisierten den Eroberern gegenüber weitgehend ab. Es gab gelegentliches Aufgehen von Russen in der lokalen Bevölkerung und eine entsprechende Anpassung an deren lokale Sitten. Die Vielschichtigkeit der Beziehungen wurde mit all ihrem Kolorit bereits 1856 von S. T. Aksakow (1791-1859) in seiner berühmten Familienchronik anschaulich beschrieben.

Die großen Kolonialmächte England, Frankreich, Holland und Belgien stellten ihre Kolonien in den Dienst des kommerziellen und industriellen Umbaus ihrer Wirtschaft. Der Kolonialismustyp, der sich dabei herausbildete, war *Überschichtungskolonialismus.* Das sogenannte Mutterland stellte eine Schicht von Kolonialherren, denen im wesentlichen die Verwaltung und die Besteuerung der unterworfenen Gebiete, die Sicherung des Handels und der Handelswege und der Schutz der Plantagenwirtschaft sowie sonstiger Formen der Ausbeutung der überseeischen Ressourcen oblag. Einheirat und Vermischung mit der einheimischen Bevölkerung unterblieb. Die Kolonialherren beeinflußten und verformten die autochthonen Gegebenheiten, ohne ihrerseits zu assimilieren. Und am Ende der kolonialen Ära zogen sie in ihr jeweiliges Heimatland zurück.

Nach einem wiederum anderen Muster wurde Nordamerika der europäischen Herrschaft unterworfen: *Ausrottungskolonialismus.* Die Landnahme in Nordamerika wurde für die Indianer zu einem Genozid. Die weißen Siedler betrachteten und behandelten Nordamerikas Ressourcenpotential lediglich als eine ausbeutbare Natur.

Nirgendwo konnte deshalb Modernisierung vorbehaltloser auf die kompromißlose Nutzung von Grund und Boden gegründet werden als hier. Von der Urbevölkerung ist bis auf spärliche Reste nichts übriggeblieben. Wo keine Opfer übrigbleiben, hat man sich auch mit Klagen wenig zu befassen. Wie wenig selbstkritisch auch immer die Besiedlung Nordamerikas in den US-amerikanischen Schulbüchern dargestellt wird, ihr Resultat ist im Rahmen der Kolonialgeschichte an Schrecken und Untaten nirgendwo überboten worden. Man mag es deshalb für eine Ironie der Weltgeschichte halten, daß die Nachfahren eben jener Amerikaner, die das übelste Kapitel in der Kolonialgeschichte zu verantworten haben, nach dem Zweiten Weltkrieg zum westlichen Wortführer in der Kritik noch bestehender kolonialer Herrschaft wurden – bei ihren Verbündeten wohlgemerkt!

Nach der Periode der Entkolonialisierung im Gefolge des Zweiten Weltkriegs überlebte neben dem russisch-sowjetischen Annexionskolonialismus nur noch der südafrikanische *Apartheidskolonialismus.* Kolonialismus, der zur Apartheid führte – das Wort steht kapholländisch für *Trennung* –, entstand aus dem Auf- und Ausbau einer weißen Gesellschaft *neben* einer einheimischen. Beide sind als nahezu komplette Gesellschaften mit jeweils allen Schichtungen anzusehen. Da die Trennungslinie aber *zwischen* den Gesellschaften gezogen wird, treten in beiden Gesellschaften die zusätzlichen internen, schichtungsbedingten Abgrenzungsmerkmale in den Hintergrund. Der Apartheidskolonialismus hat weltweit einhellige moralische Verurteilung erfahren. Für ihn gab es jedoch keine Lösung im Sinn eines Rückzugs. Wie hätte man eine gesamte Gesellschaft, komplett wie sie war, abtransportieren sollen? Und wohin? Da die politisch Verantwortlichen in Südafrika die Macht weder teilen noch abgeben wollten, blieben die Verhältnisse, wie sie waren. Diese Haltung und die daraus resultierende Gesetzgebung wurde allenthalben kritisiert und als historisch überholte, gegen alle Tendenzen der Epoche gerichtete Lösung verworfen. Washingtoner Stimmen ertönten dabei im Chor mit solchen aus Moskau. Den sowjetischen Kolonialismus, das Erbe des zaristischen Annexionskolonialismus, hat niemand mit gleicher Entschlossenheit angeprangert.

## Sowjetischer Kolonialismus in Aktion

Die im November 1917 von den Bolschewiki abgegebene *Erklärung der Rechte der Völker Rußlands* zur freien Selbstbestimmung bis hin zur Lostrennung und Gründung eines unabhängigen Staates stand noch ganz im Zeichen der Bekämpfung der Zarenherrschaft und wurde von den unterworfenen Völkerschaften mit Beifall aufgenommen. Vermutlich waren selbst die Bolschewiki überrascht, wie viele von den Unterworfenen sich binnen kurzem von Mütterchen Rußland trennen wollten. Diese Tendenz zur Loslösung trat mit besonderer Vehemenz im kaukasischen und transkaukasischen sowie im gesamten zentralasiatischen Bereich zutage. Auch die Ukrainer strebten sofort in die Selbständigkeit, nicht anders die Tataren auf der Krim. Die Unabhängigkeitsbestrebungen wurden jedoch im Zuge des Bürgerkrieges zunichte gemacht.

Die Rote Armee sicherte der jungen Sowjetmacht nicht nur das Überleben auf russischem Territorium, sondern gewann auch das ehemalige zaristische Kolonialimperium in Asien ungeschmälert zurück. 1922 besiegelte die Gründung der *Union der Sozialistischen Sowjetrepubliken (*UdSSR*)* diesen Zusammenschluß. Aus ihr gab es fortan kein Entrinnen. Als Volkskommissar für Völkerfragen hatte Stalin dies bereits im Dezember 1917 ideologisch recht geschickt gerechtfertigt. Autonomie sei lediglich ein formaler Begriff – so seine Argumentation –, dessen Inhalt von Arbeitern und Bauern, nicht aber vom Klassenfeind zu bestimmen sei.[2] Die Loslösungsbestrebungen der von Rußland hinweg strebenden Völker würden von bürgerlichen Kreisen getragen – die Bourgeoisie sei aber nicht befugt, darüber zu befinden. Über Autonomie hätten die zuständigen regionalen Sowjets zu bestimmen. Was das bedeutete, ließ sich leicht absehen. Noch im November 1917 beschloß ein regionaler Sowjetkongreß in Turkestan, keine Muslime in die regionalen Sowjetorgane aufzunehmen. Rußlands Kolonialismus verwandelte sich in den sowjetischen.

Lenins Tod im Jahre 1924 gab Stalin den Weg frei, die Kritiker und Konkurrenten seiner Position in der Parteiführung zu isolieren, die NEP zu liquidieren und den Sowjetstaat mittels der Zwangskollektivierung von 1928 an auf die Entwicklungslinie der Industrialisierung zu bringen. Dazu gehörte auch die Nutzung aller kolonialen Ressourcen des ehemaligen Russischen Reiches.

Zu einem Zeitpunkt, in dem die zentraleuropäischen Kolonialmächte bereits mit wachsendem Widerstand in ihren Kolonien konfrontiert wurden, begann man in der Sowjetunion, sich derartige Probleme unter der Ägide der neuen Machtkonstellation neu aufzuhalsen, statt sie abzuschütteln. Wie konnten führende Bolschewiki annehmen, Kolonialbevölkerungen könnten sich in aller Welt gegen Kolonialherrschaft auflehnen, bei ihnen aber nicht? Diesen Widerspruch mußte Stalin in seiner Politik verarbeiten. Er hat den Widerspruch nicht gelöst, sondern ließ die Widersprechenden kurzerhand liquidieren. Stalins Willkür im Umgang mit ganzen Völkerschaften ist zwar nur ein Stichwort in dem großen Katalog der Terrorakte, mit denen der Diktator die Geschichte der Sowjetunion bis zu seinem Tod prägte, aber es ist eines der zentralen Stichworte seiner Herrschaft.

Unter dem Titel *Nationalitätenproblematik* verbarg sich in der Sowjetunion das Problem einer latent stets vorhandenen Gegnerschaft zum Sowjetstaat. Bei dem Versuch, diesen Widerstand zu brechen, knüpfte Stalin zunächst an die bereits von Lenin eingeleiteten Versuche an, der Bevölkerung der Sowjetunion zu dem einigenden Band einer gemeinsamen Sprache zu verhelfen. Dafür wurde die *Schrift* zum ersten Ansatzpunkt gewählt. Noch zu Lenins Zeiten verfolgte die Sowjetmacht das Ziel, daß alle Nationalitäten das lateinische Alphabet übernehmen sollten. Bei diesem kulturrevolutionären Experiment Lenins spielte sogar noch die Erwartung einer weltweiten Revolution eine Rolle. Für das vereinigte Proletariat aller Länder sollte es nur *eine gemeinsame Schrift* geben.

In der innenpolitischen Praxis zielte die Stoßrichtung dieser Argumentation primär gegen die muslimisch und buddhistisch geprägte zentralasiatische und mongolische Bevölkerung der Sowjetunion. Für sie war die mongolische bzw. die arabische Schrift das Signum der kulturellen Identität mit ihrer Religion. Der Widerstand gegen die Einführung des lateinischen Alphabets war infolgedessen enorm. Da alles nicht schnell genug gehen konnte, wurden alle Druckerzeugnisse in herkömmlicher Schrift sogleich verboten, und so mußten alle Bücher, voran alle Schul- und Lehrbücher umgeschrieben werden. Das wiederum verlangte eine vorherige Latein-Alphabetisierung aller betroffenen Sprachen. Fast siebzig Alphabete wurden entworfen, niemand war mit den Resultaten zufrieden.

Die Arabisten liefen bis Ende der zwanziger Jahre dagegen Sturm. Schließlich ließ Stalin weiteren Widerstand als konterrevolutionäre Gesinnung und volksfeindliches Verhalten verfolgen. Mitte der dreißiger Jahre war für zwanzig bis dreißig Millionen Menschen der Bruch mit ihrer herkömmlichen Schrift erzwungen.

Als das erreicht war, stellte sich heraus, was man im Übereifer nicht bedacht hatte: Das lateinische Alphabet entpuppte sich als beträchtliches Hindernis für das Erlernen der russischen Sprache, die 1938 zum Pflichtfach aller nichtrussischen Schulen dekretiert wurde. Von deren Beherrschung hing nämlich die Verständigung in allen Fragen der Wirtschaftslenkung ab. Allen Planungsdirektiven lagen russisch abgefaßte Texte zugrunde – und nun litt der Aufbau des Sozialismus in einem Land darunter, daß dieses eine Land nicht auch über eine Sprache verfügte, die allen in gleicher Weise zugänglich und verständlich war.

Die Folge war eine *zweite Alphabet-Revolution.* Dieses Mal erzwang man ausnahmslos die Übernahme des *kyrillischen Alphabets.* Alles zuvor Erreichte und Erlernte mußte über Bord geworfen werden. Was daraus resultierte, läßt sich mit Fug und Recht als *die Russifizierung der Sowjetunion* bezeichnen. Die ihrem kulturellen Erbe immer mehr entfremdeten nicht-slawischen Völker hatten die Aneignung des russischen Alphabets als Zugang zu dem kulturellen Reichtum des großen russischen Brudervolkes zu feiern.

Die Eliminierung der gewohnten Schrift aus dem öffentlichen Gebrauch führte bei den betroffenen Völkern zwangsläufig zu einer Reihe von internen Verständigungsproblemen. Das galt besonders für die Kommunikation zwischen Jung und Alt, da die Heranwachsenden schulisch in einer Schrift und Sprache unterrichtet wurden, die den Alten fremd blieb. Das legte der familiären Traditionspflege und der geschichtlichen Überlieferung zwar Hindernisse in den Weg, reichte aber dennoch nicht aus, die Überbleibsel des herkömmlichen gesellschaftlichen Umgangs der Gleichschaltung zu unterwerfen.

Die kulturspezifischen Überbleibsel scheinen sich eher verlagert als verformt zu haben. In der privaten Korrespondenz konnten die Älteren ohnehin nicht anders schreiben, als sie es gewohnt waren. Was über Jahrhunderte hinweg von den Alten auf die Jungen gekommen war, ließ sich nicht in der Spanne zweier Generationen aus der Welt schaffen. Ein großer Teil des Überlieferungsgutes fiel überdies in den Bereich der mündlichen Vermittlung, wie etwa Sagen und Mythen sowie religiöse Lehren. So wird die Heldengestalt der Kirgisen, Manas, in einem bis heute höchst populären Epos dafür gepriesen, das Volk von Fremdherrschaft befreit zu haben – und es ist natürlich eine offene Frage, ob bei der Weitergabe der Lobgesänge immer nur an kalmückische Fremdherrschaft gedacht worden ist. Alphabet-Revolution und auch die allenthalben verstärkte atheistische Propaganda konnten gar nicht bis in alle die Tiefenschichten vordringen, in denen das Überlieferungsgut in den Gemütern wirkte. In bestimmten Bereichen versuchte es das Regime deshalb mit Geschichtsklitterungen. Die spektakulärste Revision der Geschichte betraf den Kaukasus und hier besonders die verehrte Heldengestalt des Gimry Schamil (1797-1871).

Ursprünglich hatte man den Iman Schamil, der aus einer im Osmanischen Reich begründeten Sufi-Bruderschaft kam, in der sowjetischen Historiographie als revolutionäres Vorbild beschrieben und gepriesen, weil er zur Abwehr zaristischer Herrschaftsansprüche 1834 einen unabhängigen Staat Dagestan ausgerufen und sich fünfundzwanzig Jahre lang mit Aufständischen gegen russische Militärexpeditionen behauptet hatte. Im Kaukasus, wo Schamils Andenken in hohen Ehren gehalten wurde, benutzte man das Loblied auf ihn unter sowjetischer Herrschaft freilich als verschlüsselte Aufforderung, auch weiterhin des Widerstands gegen die russische Fremdherrschaft eingedenk zu sein, denn schließlich hatten bewaffnete tschetschenische Banden noch bis 1924 gegen Einheiten der Roten Armee gefochten. Um dieser untergründig sowjetfeindlichen Schamil-Verehrung ein Ende zu setzen, ließ Stalin nach dem Zweiten Weltkrieg die Geschichte umschreiben. Schamil sei, so hieß es nun, vor dem Krimkrieg ein britischer Agent gewesen, habe in Wahrheit in türkischen Diensten gestanden und somit dem Imperialismus fremder Mächte gedient. Der Volksheld wurde zum Volksfeind gestempelt. Einige Historiker wagten diese Umdeutung sogar zu Lebzeiten Stalins kritisch zu kommentieren. Dennoch mußte sie in alle Geschichtswerke aufgenommen werden, und sie wurde auch in der Nach-Stalin-Ära noch publiziert. Ob Jelzin dieser Kontext präsent war, als er sich 1994 auf den Tschetschenien-Konflikt einließ, ist nicht bekannt. Auch wird er kaum erwartet haben, daß Jahre später, 1999, islamische Kämpfer in Dagestan erneut die Erinnerung an Schamil beschwören und ihren Kampf gegen Rußland in dessen Tradition wieder aufnehmen würden. Nunmehr ist es Putin, der sich mit diesem Erbe auseinanderzusetzen hat.

Am stärksten wirkte die Kraft der mündlichen Überlieferung natürlich bei den Nomadenstämmen, die am wenigsten zu kontrollieren waren, da ihr bewegtes Dasein kaum kontinuierliche Überwachung und Beeinflussung gestattete. Weil die nomadisierende Lebensweise den kommunistischen Organisationsprinzipien widersprach, die an festen Wohn- oder Arbeitsbereichen orientiert sind, war es nicht verwunderlich, daß die Partei allen Ehrgeiz darein setzte, die Nomaden seßhaft zu machen. Die Nomaden sollten ihre Zukunft als Baumwollpflanzer und Viehzüchter in Kolchosen verbringen. Das führte nicht nur zur Zerstörung einer tradierten Lebensform, sondern gab auch der Landschaft einen anderen Charakter und zog ganz beträchtliche ökologische Folgewirkungen nach sich.

In Turkmenistan etwa leitete man das Wasser des Amu-Darja, in Kasachstan das des Syr-Daja – der antiken Flüsse Oxus und Jaxartes – mittels eines aufgefächerten Systems von Kanälen in Trocken- und Wüstengebiete ein, um dort Baumwolle pflanzen zu können. Die Wasserzuführung zum Aralsee verknappte sich dadurch; und der See begann auszutrocknen. Zu Beginn feierte man die Zurückdrängung der Uferlinie in den See hinein noch als Neulandgewinnung und nahm die zunehmenden Schwierigkeiten beim Fischfang als lästige Begleiterscheinung in Kauf. Doch der Aralsee verlor ständig weiter an Fläche (von siebzigtausend Quadratkilometern 1960 ging er bis 1993 auf dreiunddreißigtausend zurück), bis zuletzt die Fischerboote fern von Ufern unter Wanderdünen begraben lagen. Die schlimmsten Folgen, die freilich kaum mehr mit der Politik gegenüber den Nomaden in Verbindung zu bringen sind und dennoch eine Fernwirkung davon darstellen, stehen möglicherweise noch bevor: Wenn im 21. Jahrhundert die Insel Wosroschdenije im Aralsee trockenen Fußes zu erreichen sein wird, dann liegt das verruchteste Testgelände der Sowjetarmee für biologische Waffen offen da. Es birgt Hunderte von Tonnen grauenvoll tödlich wirkender Substanzen, welche die abziehende Sowjetarmee dort vergraben hat.

Einen massiven Rückgang erfuhr seit 1930 auch das Handwerk und Kunsthandwerk der Nomadenstämme, beispielsweise das Knüpfen der berühmten Nomadenteppiche aus Schafwolle, die von

Buchara aus in die ganze Welt gegangen waren. Statt dessen entstanden riesige Baumwollwebereien. Die Viehzucht verlagerte sich von weitläufiger Weidewirtschaft in die konzentrierte Massenviehhaltung der Kolchosen. Deren güllehaltige Abwässer flossen ungeklärt ins Grundwasser und beeinträchtigten die Trinkwasserversorgung. Was den Nomaden durch das Seßhaftwerden an Wanderung verblieb, war Abwanderung der Jugend in die Textilfabriken sowie in die Komplexe der Erdöl- und Gasindustrie oder in die Bergwerke zum Abbau radioaktiven Gesteins, das für die atomare Rüstung zu nutzen war.

Das Bemühen, die Heimatverbundenheit der Menschen zu zerstören und sie auf diese Weise des kulturellen Wurzelgrunds ihrer Existenz zu berauben, war ein durchgängiger Schachzug der sowjetischen Kolonialpolitik. Diese Politik wurde durch die Strafmaßnahmen der Umsiedlung ganzer Völkerschaften während der Kriegszeit noch verschärft. So wurde die Bevölkerung einerseits durch die groß angelegten Ansiedlungs- und Umsiedlungsmaßnahmen, andererseits durch die bereits erwähnten, raffinierten administrativen Grenzziehungen zwischen den Republiken der Sowjetunion zur Neuorientierung ihrer Arbeits- und Lebensweise gezwungen.

Strebsame Jugendliche wollten natürlich am liebsten in die Zentren zu den dortigen Universitäten gehen, in die Hauptstädte der Republiken, wenn möglich sogar nach Moskau oder Leningrad. Man konnte den Weg dorthin aber nur mit besonderen Leistungsnachweisen beschreiten, es sei denn, einflußreiche Eltern wußten ihn zu ebnen. Zur Kontrolle der Migration und vor allem, um zu verhindern, daß die Abwanderung von nicht-slawischen Arbeitskräften zur Vermischung der Bevölkerung im slawischen Siedlungsbereich führte, wurden alle Republiken gezwungen, annähernd gleichartige Karrierechancen anzubieten. Jede Republik erhielt folglich Industriekombinate mit den zugehörigen Verwaltungseinheiten und Planungskommissionen sowie eigene Akademien, Forschungsinstitutionen, Verlage, Schriftsteller- und Künstlerverbände, Theater, Orchester. Jeder sollte sein Fortkommen möglichst in der eigenen Republik suchen und finden. In den zwar nach zentralen Moskauer Gesichtspunkten organisierten, aber vor Ort errichteten Industrien und Handelsorganisationen sowie in Verkehrs- und Dienstleistungsbetrieben dominierten lokal rekrutierte Führungskader. Wer hier reüssieren wollte, mußte tunlichst die Parteimitgliedschaft anstreben.

Jeder Versuch, von den Republiken aus über eine Parteikarriere ins Zentrum vorzustoßen, verstrickte den Betreffenden in eine Fülle ambivalenter Anforderungen. Die sowjetische Kolonialpolitik spaltete sehr geschickt die Interessen der regionalen Eliten: Die Kader hingen einerseits in ihrem Fortkommen von der Duldung und Förderung durch die Zentrale ab, mußten andererseits aber auf regionale Belange Rücksicht nehmen. Einerseits schielten sie nach oben, waren sie begierig, höhere Ränge zu erklimmen, andererseits durften sie den regionalen und lokalen Rückhalt nicht verlieren. Je mehr Hausmacht sie mitbrachten, desto sicherer war ihr Aufstieg. Je erfolgreicher sie aufstiegen, desto mehr heimatliche Gefolgschaft hängte sich an ihre Rockschöße und machte ihnen mit ihren Anliegen, Wünschen und Forderungen das Leben schwer. Je näher die Aufsteiger der Zentrale kamen, desto mehr wurden sie von einzelnen ganz Mächtigen in Moskau abhängig. Das schloß auch das Risiko ein, ganz willkürliche persönliche Zurücksetzung erfahren zu müssen. So waren sie zwischen der Moskauer Zentrale und der regionalen Metropole hin- und hergerissen. Daß dem sowjetischen Kolonialismus ein längeres Überleben als dem westlichen beschert war, ist dieser Taktik des geschickten Austarierens zentraler und regionaler Interessen zu verdanken.

Dank der Überfülle von Beschäftigten in der staatlichen und wirtschaftlichen Administration befanden sich Hunderttausende von den mehr als zwanzig Millionen Parteimitgliedern in der Sowjetunion in dieser Zwitterstellung. Ihr Blick war nach oben auf die nächst höheren Führungsgremien gerichtet. Gelang ihnen der Weg nach oben, so profitierten sie vom Zentralismus. So lange sie aber nicht sicher waren, ob ihnen der Absprung gelingen würde, hatten sie sich um so mehr ihres lokalen Rückhalts zu versichern. Attraktion der Zentrale und heimatliche Bindung standen gegeneinander; meist war die Attraktion der Zentrale größer.

Aus dieser Perspektive heraus läßt sich Verständnis für ein Phänomen gewinnen, das beim Zerfall der Sowjetunion zunächst recht irritierend wirkte: Der früheste energische *Widerspruch gegen die Auflösung* der Sowjetunion kam vehement und einhellig von den Karrieristen aus der Führung der sechs muslimisch geprägten Republiken Zentralasiens. Denn sie befürchteten im ersten Moment, daß sie mehr verlieren als gewinnen würden, weil der Wegfall des Unionszentrums ihre von dorther verliehene Machtstellung nichtig machen würde. Erst in dem Augenblick, als die von Jelzin initiierte Auflösung der Sowjetunion die Karrieristen der muslimisch geprägten Republiken vor vollendete Tatsachen stellte, drehten die zentralasiatischen Führungscrews den Spieß um und ergriffen die Gelegenheit, die Führung in den neu entstehenden Staaten entschlossen an sich zu reißen. Statt weiterhin den zentralistischen Aspekt der Herrschaftsausübung im Auge zu behalten, wandte sie sich nun den dezentralistischen Interessengesichtspunkten zu. Diese waren ja stets die Kehrseite der Medaille.

Im Widerstreit der Interessen zwischen Region und Zentrale achteten manche Republikfunktionäre über Jahrzehnte hinweg darauf, nicht nur vorrevolutionäre, sondern sogar vorzaristische gesellschaftliche Strukturen nicht gänzlich in Vergessenheit geraten zu lassen. Tadschiken beispielsweise waren in so viele Clans aufgesplittert und in ihrem Clanzusammenhalt so stabil, daß es der Parteizentrale in der gesamten Geschichte der Sowjetunion niemals gelungen ist, die vollständige und unmittelbare Herrschaft über die lokale Bevölkerung zu erlangen. Die Tadschiken verfuhren dazu auch während der Sowjetzeit in jahrhundertelang bewährter Anpassungsstrategie: Die Clans stellten ihre Notabeln der Partei gewissermaßen zur Verfügung und fanden sich im Gegenzug dadurch vor manchen bedrängenden Maßnahmen Moskaus geschützt. Die Parteizentrale in Moskau konnte nur *indirekt* auf die Tadschiken einwirken. Im Moment des Zerfalls der Union nutzten die Regionaleliten daher ihre *direkten* Verbindungen vor Ort voll zu ihrem Vorteil aus.

Usbekistan, das durch administratives Zurechtschneiden seines Gebiets zur bevölkerungsreichsten aller sowjetischen Titularnationen geworden war, ordnete sich der Sowjetherrschaft nach Moskauer Kriterien besser unter als Tadschikistan. Die lokalen Eliten begnügten sich mit der *zweiten Machtstaffel*, wie es im Sowjetjargon hieß. Russen führten als regionale Partei- und KGB-Chefs; einheimische Spitzenkader beherrschten das Verwaltungssystem. Bei der Rekrutierung für die Verwaltung kamen wieder die althergebrachten Clanstrukturen zur Geltung. Auch hier konnten die Regionaleliten mit lokaler Unterstützung im Augenblick des Zusammenbruchs die Macht an sich reißen.

## Kolonialmacht Partei

Faßt man die spezifischen Merkmale des sowjetischen Kolonialismus zusammen, so ist zu konstatieren, daß er seine Spezifik durch die *Sonderstellung der Kommunistischen Partei* im sowjetischen Staatswesen erhielt. Die KPdSU verwandelte sich in die eigentliche Kolonialmacht, und zwar in eine die gesamte Gesellschaft überschichtende Herrschaftselite, die im Lauf der Zeit noch einen gewissen Apartheidscharakter annahm. Stalins Diktum, *die Kader entscheiden alles*, kennzeichnete die einerseits universelle, andererseits elitäre Parteiherrschaft, die sich wie eine Mischung von Überschichtungs- und Apartheidskolonialismus gegenüber der gesamten Gesellschaft ausnahm.

Indem sich die Kader das gesamte Volk untertan machten, behandelten sie ihr eigenes Volk kaum anders als die Völker der annektierten Gebiete. In diesem Sinn konnte man mit Fug und Recht sagen, es gebe in der Sowjetunion keine Kolonialprobleme. In der Tat gab es jetzt nur noch Nationalitätenprobleme, weil sich nicht alle Nationalitäten in gleicher Weise der Parteiherrschaft fügten. Natürlich läßt sich der Gesichtspunkt der Betrachtung auch umkehren, und man kann von einer quasi universellen Kolonialherrschaft der Partei über den Rest der Bevölkerung sprechen. Zur Charakterisierung dieser spezifischen Herrschaftsform sei auf die oben beschriebenen Typen kolonialer Herrschaft zurückgegriffen: Die Herrschaft der KPdSU wurde zu einer spezifischen Mischung von Überschichtungs- und Apartheidskolonialismus gegenüber der gesamten Gesellschaft.

Die Sonderstellung der Partei beruhte zunächst nur auf ihrer verfassungsmäßig garantierten Stellung als führende Kraft im Sowjetstaat. Im Lauf der Zeit wurde die Partei dann aber zu einer separaten Gesellschaft ausgebaut. Die Sonderstellung der privilegierten Parteielite reichte von ihrer Erfassung in den besonderen Listen der Nomenklatura, über Sonderausweise für den Zugang zu bestimmten Institutionen, besonderen Anwesen und Urlaubsarealen bis hin zur Bedienung und Versorgung in exquisiten Läden. Die Partei lebte im eigenen Land wie eine Kolonialmacht in einem fremden Land. Sie herrschte nach Gutdünken und war damit dem Rest der Gesellschaft überlegen.

Die *Kolonialmacht Partei* machte sich die gesamte Bevölkerung der Sowjetunion untertan. Die russische Bevölkerung war davon durch die Sowjetisierung ihrer Lebensverhältnisse betroffen, die Nationalitäten und Minderheiten waren es sogar doppelt durch Russifizierung *plus* Sowjetisierung. Diskriminiert wurde aber noch eine gesellschaftliche Schicht, allerdings in ungleich grausamerem Ausmaß: Die Gesellschaft des GULag. Sie konstituierte die *Sklavenkomponente* des Systems. Durch die Arbeitslager entstand eine Subgesellschaft, eine Gesellschaft der Verstoßenen, eine Gesellschaft zweiter Klasse. Sie wurde behandelt und beaufsichtigt wie eine in zeitweilige Apartheid gestoßene Nebengesellschaft, die in sich ihre eigenen, binnengesellschaftlichen Ränge und Abstufungen aufwies, deren Aufseher und Wachmannschaften aber zur normalen Sowjetgesellschaft gehörten. Hier galten Trennungslinien, die nicht rassisch, sondern politisch gezogen waren.

Bei den Kriterien muß man gewisse Abstriche machen: Was das Kriterium *Überschichtungskolonialismus* anbelangt, so überschichtete die Partei keine fremde, sondern die eigene Gesellschaft; das markiert eine Besonderheit. Die Sowjetgesellschaft nahm auch nicht vollständig die Züge einer klassischen *Apartheidsgesellschaft* an. Die Partei bildete zwar eine in sich hierarchisch gegliederte Sondergesellschaft separat von der übrigen Gesellschaft, aber sie rekrutierte sich gleichzeitig auch daraus. Das macht auch ihren Apartheidskolonialismus zu etwas Besonderem. Zwar besaß auch die KPdSU einen durchaus rassistischen Touch, da die russisch-slawischen Mitglieder für sich besondere Vorrechte in Anspruch nahmen und überdies ein deutliches Übergewicht besaßen, aber die russische Komponente führte nicht zu Exklusivität. Rassisch organisierte Apartheid räumt keine Möglichkeiten ein, von einer der beiden apart nebeneinander existierenden Gesellschaften in die andere zu wechseln – und unter keinen Umständen in die herrschende. In der Sowjetunion konnte man aber aus allen Nationalitäten heraus in die Parteigesellschaft eintreten.

Die *Sowjetgesellschaft* war alles andere als das, was ihre Ideologen an ihr hervorhoben: Sie wuchs sich zu einer Kolonialgesellschaft mit doppeltem Boden aus. Die *Kolonialmacht Partei*, nennen wir sie einmal so, beherrschte die gesamte Bevölkerung der Sowjetunion, indem sie alle Staatsangehörigen herrschaftlich überschichtete, und zugleich herrschte sie dadurch, daß sie durch Sonderrechte apart gemacht wurde. Obendrein aber beherrschte die

Partei als betont *russische Elite* zusätzlich noch in spezieller Weise die nichtrussischen Bevölkerungsteile. In diesem Sinn bezeichnet der Terminus Sowjetgesellschaft in der Tat etwas Besonderes und Einmaliges. Als freilich Gorbatschow der Partei ihren *Rang* als interne Kolonialmacht nahm, indem er ihre Privilegien einschränkte und bei der Kandidatenaufstellung zu den Wahlen das Volk mitsprechen ließ, war es um die Sowjetgesellschaft geschehen.

Was sich beim Zusammenbruch der Kolonialherrschaft für die westlichen Mächte bereits Jahrzehnte zuvor herausgestellt hatte, wiederholte sich nun in der Sowjetunion. Der Aufruhr wurde universell. Die Zentrale wußte die Peripherie nicht mehr zu disziplinieren. Das Handlungsmuster war immer wieder das gleiche: Gandhis Salzmarsch konnte das Empire erschüttern. Plastiksprengstoff, der in Pariser Cafés explodierte, vermochte Algerien für de Gaulle zu einer unerträglichen Belastung werden zu lassen. Kleinkriegstechnik reichte aus, die früheren Großmächte in Verlegenheit zu bringen. Handgranaten vertrieben Kolonialmächte. Die Elefanten wurden von Mückenstichen geplagt. Die »Weltmacht« USA wurde auf dem Umweg über die moderne Medientechnik zeitweise von den Querelen rivalisierender Clans in Saigon stärker beeinflußt, als von ihrer Weltmächtekonfrontation mit der Sowjetunion. Staaten, die von den Weltmächten in den sogenannten Stellvertreterkriegen wie Marionetten angesehen wurden, führten unversehens Regie in der Weltpolitik. Innerhalb der Sowjetunion kehrten sich die Einflußfaktoren in gleicher Weise um: Der Wind, der aus den Republiken blies, entfachte den Sturm in der Zentrale.

Die Relationen von Mächtigen und Abhängigen verkehrten sich auch in der Sowjetunion in ihr Gegenteil. Der mit der Macht eines absoluten Monarchen ausgestattete Gorbatschow mußte sich mit Vorhaltungen herumschlagen, die ihm die Weltpresse wegen blutiger Unruhen in Tiflis und an anderen Orten machte. Konfrontierte ihn die Weltöffentlichkeit mit diesbezüglichen Anklagen, so enthob ihn kein noch so furchterregendes Waffenarsenal der Peinlichkeit, die Affären auch der entlegensten Winkel seines Machtbereichs öffentlich zu diskutieren. Erst Jelzin und Putin haben sich darüber wieder hinweggesetzt.

## Vom russischen Chauvinismus zum russischen Isolationismus

Unter der Zarenherrschaft hatte eine Fülle von Ethnien Zeit und Gelegenheit genug, ihre Vorbehalte gegenüber den Russen zu entwickeln; und unter sowjetischer Herrschaft gingen *Russifizierung und Sowjetisierung* Hand in Hand. *Russifizierung* erhob die Russen zur dirigierenden Oberschicht. *Sowjetisierung* setzte das von ihnen etablierte politische System durch. Zur staatstragenden Ideologie der Sowjetunion gehörte beides, die Parteidoktrin und die Lehre von der russischen Nation als der führenden und wegweisenden. Die Russen wurden aber nicht allein politisch, sondern auch kulturell zum Vorbild erhoben. Das stieß bei den Nationen im Baltikum ebenso auf Ablehnung wie bei den Völkern entlang der Küste des Schwarzen Meeres, im Kaukasus und an den Grenzen von Persien bis hin zu China.

Mit der Nationalitätenpolitik beschäftigte sich Gorbatschow in seinen *Erinnerungen* in einem Kapitel unter der Überschrift *Tiefe Wurzeln.* Begegnungen mit Menschen unterschiedlicher ethnischer Herkunft gehörten für ihn, der im nördlichen Kaukasusgebiet von Stawropol aufwuchs, zum Alltag. »Seit meiner Kindheit waren sie ein nicht wegzudenkendes Element dieses Daseins, ebenso selbstverständlich wie die Erde, die Luft, das Brot... Geringste Benachteiligungen, beispielsweise bei der Vertretung in den Sowjets oder in Parteiorganen, wurden registriert. Eine kleine Unachtsamkeit konnte beträchtliche Folgen haben, und belanglose Auseinandersetzungen im Alltagsleben arteten leicht in heftige Konflikte aus ... Ich wußte, daß schon ein geringfügiger Anlaß in Nationalitätenfragen einen Brand, Entfremdung, Streit und Haß auslösen kann, daß es unwahrscheinlich schwer ist, den angerichteten Schaden wieder zu beheben.«[3] Obwohl ihm das alles geläufig war, unterschätzte Gorbatschow im entscheidenden Moment die politische Brisanz der angestauten Vorbehalte.

Stalin mag gemeint haben, dieses Sprengpotential beiseite geräumt zu haben, indem er durch Vertreibungen und Verbannungen ganze Völkerschaften verstreut in den mittelasiatischen Regionen unterbringen ließ, weil nach seiner Ansicht deren Nationalismus beim Vorstoß der deutschen Truppen 1941/42 genauso heftig wieder aufgeflammt war, wie ein Vierteljahrhundert zuvor beim Zusammenbruch des Reiches der Romanows. Die Wolgadeutschen, die weder Zeit noch Gelegenheit hatten, sich mit den eindringenden Deutschen zu verständigen, wurden auf den Verdacht möglicher Kollaboration hin bereits im August 1941 nach Zentralasien *ausgesiedelt,* wie es hieß. Rätsel geben bis heute noch gewisse präventive Maßnahmen auf: Eine Woche *vor dem deutschen Überfall* wurden aus dem Baltikum an die zweihunderttausend Repräsentanten der bürgerlichen Elite deportiert. Läßt sich das mit einer eventuell doch vorhandenen Kenntnis des Datums des deutschen Überfalls in Beziehung bringen?

Auf welchen verschlungenen Pfaden die tief verwurzelte Ablehnung der russischen Prädominanz wieder belebt werden kann, zeigte sich bei nationalistischen Demonstrationen in der Ukraine, die sich 1990 gegen die Moskauer Führung richteten. Dabei wurden die Namen von ukrainischen Märtyrern skandiert, die beim Einmarsch der Deutschen spontan eine Nationalregierung zur Loslösung von der Sowjetunion gebildet hatten. Diese hatten vergeblich auf deutschen Beistand für ihre antisowjetischen Bemühungen gehofft, und sie sind schließlich sogar Opfer deutscher Tötungskommandos geworden – aber daß sie sich gegen die Russen gewandt hatten, wurde ihnen nun im Protest gegen Moskau wieder zum Ruhm angerechnet.

Eine ganze Reihe von innersowjetischen Problemen ist natürlich durch den Einfall der Deutschen verschärft oder überhaupt erst hervorgerufen worden. Die Deutschen besaßen kein Konzept, wie sie mit antisowjetischen Bestrebungen im besetzten Gebiet umgehen sollten. Ihre Politik entfaltete sich daher höchst widersprüchlich. Im weißrussischen, baltischen und ukrainischen sowie auch im kaukasischen Bereich nutzten sie die antisowjetischen Einstellungen einerseits zur Rekrutierung von Freiwilligen für die Wehrmacht, andererseits arbeiteten sie einen *Generalplan Ost* aus, der die massenhafte Deportation von angestammter Bevölkerung nach Sibirien vorsah, um zukünftigen deutschen Siedlungsraum im Osten zu schaffen. Der Verlauf der Kämpfe diktierte anderes: Es kam zur groß angelegten Verschleppung von Zwangsarbeitern nach Deutschland. Diese wehrlos deportierten Menschen, weitgehend junge Frauen, ließ Stalin später der *Kollaboration* anklagen und in Arbeitslager verbringen, so daß die Opfer Hitlers zusätzlich der Rache Stalins anheimfielen.

Im kaukasischen und transkaukasischen Bereich nahmen Stalins Strafaktionen ein riesiges und in den Augen der Bevölkerung völlig unverständliches Ausmaß an. Gorbatschow schreibt in seinen Memoiren: »Als am Ende des Zweiten Weltkriegs alle Besatzungstruppen aus Kaukasien verjagt worden waren, wurden Kalmyken, Tschetschenen, Inguschen, Balkaren zwangsumgesiedelt, *zur Ansiedlung* nach Sibirien verbannt. Binnen dreier Tage verschwanden die Karatschaier vom Territorium der Region. In Gerüchten hieß es: wegen Kollaboration mit den Deutschen. In der Tat ließen sich ein paar Fälle von Kollaboration nachweisen ... Doch was hatten damit Kinder, Greise und Frontkämpfer zu tun? Nach dem Krieg zurückgekehrt, waren sie gezwungen, ihre Angehörigen in Kasachstan, in Mittelasien und in Sibirien zu suchen. Viele von ihnen sind unterwegs umgekommen, und viele verloren alles – ihr Hab und Gut, ihre Heimat.«[4]

Die offizielle Propaganda stellte das Leben der verschiedenen Völkerschaften als in sich harmonisch dar, bestimmt von den ureigenen Sitten und Bräuchen und fröhlich eingeordnet in das große Vaterland der werktätigen Arbeiter und Bauern. Doch keine wie intensiv auch immer betriebene Zurschaustellung von Folklore in Gestalt herkömmlich kostümierter Volkstanzgruppen konnte glauben machen, daß die Völkerschaften in den Republiken der Sowjetunion das Eigenleben führen durften, das in bunt gedruckten Magazinen mehr kitschig als ernst zu nehmend plakatiert wurde. Die Entrechtung, die der zaristische Imperialismus mit sich gebracht hatte, die Zurücksetzung durch die Russifizierung und die gesellschaftliche Verfremdung durch die Sowjetisierung ließen sich mittels folkloristischer Traditionspflege nicht aufwiegen.

Die Ambivalenz in der Haltung der regionalen Eliten kam in jener Periode am deutlichsten zum Ausdruck, in der noch nicht genau abzusehen war, ob sich Gorbatschow oder die Schar seiner Widersacher durchsetzen würde. Die kasachische Führung tendierte am stärksten zur Bewahrung der Union – dies vor allem im Blick auf den hohen Anteil russischer Bevölkerung im Norden der Republik. Die Führungen in Usbekistan und Turkmenien vertraten die gleiche Position, schwenkten dann aber ganz schnell um.

Nach dem Zerfall der Union ließ die rasche Verdrängung der russischen Spitzenkräfte durch die Regionaleliten die autoritären Systeme nahezu unangetastet weiter bestehen. Traditionelle Elemente wurden wieder betont und russifizierende eliminiert. Von einem Tag auf den anderen war es erlaubt, die bisherige Sowjetherrschaft offen als Fortsetzung der russischen Kolonialherrschaft zu bezeichnen. Die Führungseliten der Republiken gaben sich plötzlich so, als hätten sie nie einen Anteil daran gehabt. Es bedurfte nur der Umbenennung der Kommunistischen Partei der Sowjetunion in eine nationale Partei, um die Clanherrschaft unter neuen Vorzeichen weiterzuführen.

Alles in allem haben die Vertreibungen und die Verurteilungen summa summarum zwanzig bis dreißig Millionen Menschen im Lauf der Jahrzehnte sozial und kulturell entwurzelt. Es war daher unvermeidlich, daß sich die Probleme des GULag und der Deportationen mit denen der Nationalitätenproblematik vermischten. Unter Chruschtschow und Breschnew wurde die Problematik des internen Kolonialismus der Sowjetunion mit Rehabilitationserklärungen angegangen. Bis 1968 war ein Großteil der Vertriebenen zurückgekehrt. Gelöst waren die Probleme damit noch lange nicht. Als sie gegen Ende der Herrschaftszeit Gorbatschows wieder virulent wurden, unterschätzte Gorbatschow ihr Ausmaß. Obwohl er ethnische Spannungen seit seiner Kindheit als Realität des Alltags – »wie die Erde, die Luft, das Brot« – kennengelernt hatte, verstand er im eigenen Land nicht, was ihm die ideologische Schulung im Blick auf den Kolonialismus anderer Mächte beigebracht hatte, daß es sich nämlich um eine epochale Zäsur handelte, die nun auch für die Sowjetunion herangerückt war. Diese Zäsur war nicht mehr durch bessere Koordination zwischen der Moskauer Zentrale und den nationalen Instanzen vor Ort zu überbrücken. Nach dem brutalen Vorgehen von Truppen des Innenministeriums in Tiflis im April 1989 und nach den Pogromen in Fergana und Osch, die viele Menschenleben forderten, spitzte sich die Lage rasch zu. Das Freiheitsbedürfnis, das immer ungeschminkter zum Ausdruck kam, ließ sich weder mit administrativen noch mit gewaltsamen Maßnahmen bändigen.

Gorbatschow suchte der Lösung des Problems durch einen neuen Unionsvertrag zu Leibe zu rücken und stellte den Entwurf dafür zur Debatte. In dem neu abzuschließenden Vertrag sollte den Unionsrepubliken nicht nur formal das Recht zur Sezession eingeräumt werden, sondern auch materiell; und dafür sollten konkrete Vorgehensweisen vereinbart werden. Er machte den sachlich wohlerwogenen Vorschlag, einen Sezessionsprozeß mit einer Dauer von fünf Jahren auszustatten. Das war angesichts der engen wirtschaftlichen Verflechtungen und der sich überschneidenden Zuständigkeiten von Unions- und Republikministerien eher eine zu kurze als zu lange Frist. Dennoch erntete er mit seinem Vorschlag nur Hohn und Spott. Gorbatschow, so meinten seine Kritiker und Gegner, dem sonst nichts schnell genug gehen könne, suche die ihm angenehmen Vorhaben zu beschleunigen und die mißliebigen zu bremsen. Ablehnung kam insbesondere aus den führenden Kreisen der sezessionswilligen baltischen Republiken, die durch das Mißlingen der bisherigen Reformversuche höchst ungeduldig geworden waren.

Weltgeschichtlich war das Kapitel Kolonialismus bereits geschlossen, als Gorbatschow es noch einmal aufschlug. Gorbatschow hatte zwar international vieles bewegt, innenpolitisch agierte er aber nur noch passiv, getrieben von der fortschreitenden Agonie des Systems. Was aber mag ihn bewegt haben, als er sowohl gegenüber Washington und London und im November 1990 in Bonn im Gespräch mit Kohl ausführte, die *sowjetischen Menschen*, wie er sich ausdrückte, seien kategorisch gegen Nationalismus und Separatismus? »Die Nationalisten spüren, daß ihre Stunde geschlagen hat. In Litauen haben sie schon verstanden, daß die Politik von Landsbergis in eine Sackgasse führt ... In Moldawien, Aserbaidschan, Armenien und Mittelasien konnte man sehen, was Nationalismus ist. Die Leute werden mit jedem Tag nüchterner, werden sich bewußt, daß Nationalismus und Separatismus nicht zum Guten führen kann und daß man schädliche Triebe ausschneiden muß.«[5] Welch ein Bild! Betrachtete er das Streben nach nationaler Selbstbestimmung als eine schädliche Wucherung, die man zurechtschneiden kann und muß? Hier klingt die Gärtnersprache der Pädagogik des 19. Jahrhunderts an, in der Kolonialmächte mit erzieherischem Pathos im Vollgefühl ihrer zivilisatorischen Mission ihre Direktiven gegenüber den Kolonialisierten formulierten – eine Sprache, die Lenin ebenfalls eigen war und die im Marxismus-Leninismus lebendig blieb, in dessen Geist Gorbatschow erzogen wurde. Es ist schwer nachzuvollziehen, was Gorbatschow Ende 1990 diese Gedanken eingegeben haben mag. War es Überheblichkeit, Wunschdenken oder Blindheit?

Anatoli Tschernajew, außenpolitischer Berater Gorbatschows, der die Äußerungen in seinem instruktiven Bericht aus dem Innenleben des Kremls vermittelte, spricht von einer *Fehleinschätzung der Lage im Herbst 1990.* Das ist eine milde Charakterisierung für deren fundamentale Verkennung. Tschernajews Buch heißt: *Die letzten Jahre einer Weltmacht* – ein Titel von der Prägnanz einer Grabsteininschrift. Weltmächtig war die Weltmacht bereits damals nicht mehr, und die Lageeinschätzung Gorbatschows entsprach inzwischen der Ratlosigkeit einer irritierten Putzfrau, die vor lauter Durcheinander nicht weiß, wo sie mit dem Hausputz beginnen soll, nicht aber der eines ordnenden Staatsmanns. Es war Boris Jelzin, der dann den Grabstein aufrichtete. Daß Jelzin die Gunst der Stunde nutzen konnte, lag an einer Kombination von Kommunismus- und Kolonialismusüberdruß bei der russischen Bevölkerung selbst. Die Russen reagierten auf die Freiheitsbestrebungen der nichtrussischen Sowjetrepubliken in einer Weise, die der Kolonialismusproblematik eine völlig unerwartete Wendung verlieh: Die Kolonialmacht legte plötzlich Überdruß an den Tag. In der russischen Bevölkerung machte sich fremdenfeindliche Stimmung breit; und die jahrzehntelang von der Propaganda als Brüder und Schwestern gepriesenen Angehörigen der nichtrussischen Republiken sahen sich auf einmal als Fremde verteufelt. Kaukasische und transkaukasische Händler wurden in Bausch und Bogen als »die Schwarzen« bezeichnet. Der russische Isolationismus wurde geboren. In ihm kam wiederum auch ein Stück Stalinismus zutage.

Dem aufbrechenden russischen Isolationismus ging als Vorgeschichte die Stärkung des russischen Selbstbewußtseins durch Stalin voraus, die ein wesentliches Kapitel der Entwicklung der innersowjetischen Beziehungen bildet. Stalin hatte nach dem Sieg über die Deutschen von den Opfern gesprochen, die dafür erbracht werden mußten, und dabei in besonderer Weise den Opfermut des *russischen Volkes* herausgestellt. Die entsprechenden Äußerungen fielen am 24. Mai 1945 im Kreml auf der Siegesfeier, bei der die sowjetischen Heerführer versammelt waren. Der Wortlaut fand sich am nächsten Tag in allen Zeitungen und wurde in der gesamten Sowjetunion als Sensation betrachtet. Aber nicht die Würdigung der Russen war das Sensationelle, sondern eine Selbstkritik Stalins. Er, der von vielen wie ein Übermensch betrachtet wurde, hatte ganz offen eigene Fehler eingestanden. Es handelte sich um jene Ansprache, die bereits im Zusammenhang mit Grigorenko erwähnt wurde, der diese Rede zitiert hatte, um die Kritik von

Nekritsch an Stalin zu rechtfertigten. Auf der Siegesfeier herrschte bereits Hochstimmung als sich nach einer Reihe von Toasts, die zu Stalins Lob und Preis ausgebracht worden waren, Stalin selbst zu einem Trinkspruch erhob:

»Genossen, erlauben Sie mir, noch einen, den letzten Trinkspruch auszubringen! Ich möchte einen Toast auf das Wohl unseres Sowjetvolkes und vor allem auf das des russischen Volkes ausbringen! Ich trinke vor allem auf das Wohl des russischen Volkes, weil es die hervorragendste Nation unter allen zur Sowjetunion gehörenden Nationen ist. Ich bringe einen Toast auf das Wohl des russischen Volkes aus, weil es sich in diesem Kriege die allgemeine Anerkennung als die führende Kraft der Sowjetunion unter allen Völkern unseres Landes verdient hat. Ich bringe einen Toast auf das Wohl des russischen Volkes aus, nicht nur weil es das führende Volk ist, sondern auch, weil es über Weisheit, Tapferkeit, Standhaftigkeit und Geduld verfügt.«

Nach diesen Einleitungssätzen folgte, was keiner von Stalin erwartet oder auch nur im entferntesten zu erwägen gewagt hätte: Stalin sprach offen von eigenen Fehlern. Und mit diesem Eingeständnis verknüpfte er das Hohelied auf die Russen – weil es die Russen waren, die ihm die Gelegenheit gegeben hatten, diese Fehler wiedergutzumachen. Für die Versammelten war es ein atemberaubender Augenblick als er ausführte:

»Unsere Regierung hat nicht wenige Fehler gemacht, wir hatten in den Jahren 1941-1942 Augenblicke einer verzweifelten Lage, als unsere Armee zurückwich und die uns lieben und teuren Dörfer und Städte der Ukraine, Belorußlands, der Moldau, des Leningrader Gebiets, der baltischen Republiken und der Karelischen Republik aufgab, weil kein anderer Ausweg vorhanden war. Ein anderes Volk hätte zu seiner Regierung sagen können: Ihr habt unsere Erwartungen nicht gerechtfertigt, macht daß ihr fortkommt, wir werden eine andere Regierung einsetzen, die mit Deutschland Frieden schließt und uns Ruhe sichert. Doch das russische Volk hat nicht so gehandelt, denn es glaubte daran, daß die Politik seiner Regierung richtig war, und brachte Opfer, um die Niederwerfung Deutschlands zu gewährleisten. Und dieses Vertrauen des russischen Volkes zur Sowjetregierung hat sich als der entscheidende Faktor erwiesen, der den historischen Sieg über den Feind der Menschheit, über den Faschismus, gesichert hat. Dem russischen Volk sei für dieses Vertrauen gedankt! Ich erhebe mein Glas auf das Wohl des russischen Volkes!«[6]

Über der Sensation, die diese selbstkritischen Bemerkungen Stalins auslösten, ging völlig unter, daß das Hohelied auf die Russen zugleich die stillschweigende Verurteilung anderer Völkerschaften einschloß, von denen er – implizit – deutlich machte, daß sie ihn zum Teufel gejagt haben würden, um lieber ihren Frieden mit den Faschisten zu schließen, statt es länger mit ihm auszuhalten. Stalin formulierte sehr klar, daß *nur die Russen* ihn an der Macht gehalten hatten. Ohne sie wäre er verloren gewesen. Die Russen, so meinte er, haben ihm seine Fehler zu Beginn des Kriegs – mit denen doch nur das In-den-Wind-Schlagen aller Warnungen vor dem deutschen Angriff gemeint sein konnte – nicht zum Vorwurf gemacht.

Stalins Eingeständnisse waren in diesem Augenblick noch von der Siegesstimmung getragen, die an diesem Abend herrschte. Zwölf Wochen später hätte er sie wahrscheinlich nicht mehr gemacht. Denn im August wurde ein anderes Versagen von ihm und für ihn offenkundig: Seine Fehlkalkulation in bezug auf die Atombombe. Die abrupte Kapitulation der Japaner gegenüber den Vereinigten Staaten stellte ohne Umschweife klar, daß die neue Waffe ein neues Zeitalter eröffnete, dessen Kommen er ebensowenig zur Kenntnis genommen hatte wie den bevorstehenden deutschen Angriff – obwohl er darüber genauso unterrichtet war. Die Wissenschaftler hatten ihn gewarnt; er hatte es übergangen. Es war niemand da, an dem er sich dafür rächen konnte.

Wahrscheinlich hat keiner der anwesenden Befehlshaber der Roten Armee in dieser Stunde der Siegesfeier, gutgelaunt wie sie waren – man redete, sang, Moskaus beste Künstler und Ballettstars traten auf –, gemutmaßt, daß Stalin aus der vermeintlichen Untreue nichtrussischer Völker längst die grausamsten, rächenden Konsequenzen gezogen hatte. Doch aus den Taten, die bald offenkundig wurden, lassen sich Rückschlüsse ziehen. Auf Grund des Kollaborationsvorwurfs, der sicherlich in dem einen oder anderen Fall keineswegs gänzlich aus der Luft gegriffen war, begannen noch während des Krieges die systematischen Umsiedlungen und Vertreibungen ganzer Völkerschaften aus deren angestammter Heimat und ihre Zerstreuung über die Weiten Sibiriens und Zentralasiens. Allein von den Kaukasusvölkern wurden noch während des Krieges hunderttausende Männer, Frauen und Kinder deportiert:

| | | |
|---|---|---|
| Oktober/November 1943 | 75.747 | Karatschaier |
| Dezember 1943 | 134.271 | Kalmücken |
| Februar 1944 | 407.690 | Tschetschenen |
| | 95.074 | Inguschen |
| März/April 1944 | 42.666 | Balkaren |
| 18./19. Mai 1944 | 300.000 | Krimtataren |
| 15. November 1944 | 130.000 | Meskheten |

Im Blick auf diese Zahlen[7] nehmen sich die oben aus Gorbatschows Memoiren zitierten Bemerkungen geradezu zurückhaltend aus. Es sollte bis 1957 dauern, ehe nach der von Chruschtschow verkündeten Abkehr vom Stalinismus der Rehabilitierungsprozeß für diese Vertriebenen in Gang kam und dann bis 1968, ehe die Überlebenden weitgehend zurückgekehrt, dabei aber keineswegs wieder zufriedenstellend eingegliedert waren. Nur den Krimtataren wurde die Rückkehr verwehrt, womit sie dasselbe Schicksal erlitten wie die Wolgadeutschen, die prophylaktisch bereits 1941 deportiert worden waren.

Stalins Loblied auf das russische Volk und die Betonung der russischen Entbehrungen blieben nach dem Zweiten Weltkrieg ein thematischer Grundzug der sowjetischen Propaganda. Das galt nicht nur für die Leistungen im Krieg, sondern auch für den Aufbau von Wirtschaft und Gesellschaft überhaupt. Die Russen wurden als die Vermittler des Fortschritts gepriesen. Sie galten als diejenigen, die den rückständigen Völkerschaften des Imperiums in brüderlicher Verbundenheit zu Bildung und wirtschaftlichem Aufschwung verholfen hatten. Dafür hatten sie ihrerseits auf vieles verzichten müssen. Die *kleineren Nationen,* wie man sie nannte, hätten also den Russen mit Respekt und inniger Dankbarkeit begegnen sollen. Selbst der führende Dissident Roy Medwedjew war so sehr von dieser selbstgefälligen russischen Grundeinstellung geprägt, daß er noch 1980 meinte, man könne in der Sowjetunion nicht von Kolonialismus sprechen, da Rußland viel höhere Beiträge zum kulturellen und wirtschaftlichen Wohlergehen der anderen Nationen beigetragen, als umgekehrt von ihnen empfangen habe – und er wollte nicht im mindesten glauben, daß die Nationalitätenproblematik irgendeinen zerstörerischen Einfluß auf die Union ausüben könne.[8] Das war der Grundtenor nationalistisch chauvinistischer Einstellung, dem wir auch bei Gorbatschow begegneten. Es war dieselbe Tonart, in der die westlichen Kolonialmächte herablassend von der *Bürde des weißen Mannes* gesprochen hatten.

Es konnte nicht ausbleiben, daß die Selbstglorifizierung der Russen im Lauf der Zeit ihre Wirkung auch auf sie selbst nicht verfehlte. Langsam aber stetig entwickelten sie auf dieser Grundlage ihr nationales Selbstbewußtsein. Das innere Kolonialismusproblem wurde zu einem internen Fall von Entwicklungshilfe umgebogen. Die Tatsache, daß sich bis zum Ersten Weltkrieg bereits fast fünf Millionen Russen in Sibirien angesiedelt hatten, daß vom Beginn der NEP bis zum Zweiten Weltkrieg weitere drei Millionen dorthin kamen, daß zusätzlich drei Millionen russischer Arbeitskräfte in die zentralasiatischen Republiken gingen und sich gegen Ende der Sowjetzeit gut 24 Millionen Russen außerhalb der russischen Föderation befanden, verschmolz für viele Russen in historischer Perspektive zu einer einzigen Geschichte von Hilfeleistung. War den Russen nicht die gesamte landwirtschaftliche Neuorientierung, der industrielle Aufbau, die Verstädterung, die Verkehrserschließung, die Ausbreitung des Bildungs- und Gesundheitswesens zu verdanken? Ernteten sie Dank dafür?

Im Blick auf die Zuwendung der Russen zu ihren Kolonialgebieten ist freilich anzumerken, daß diese Entwicklung höchstwahrscheinlich einen ganz anderen Lauf genommen hätte, wenn die Grenzen der Sowjetunion nicht hermetisch geschlossen gewesen wären. Bei freier Auswanderungsmöglichkeit wären wohl die wenigsten nach Sibirien und in die Weiten Asiens gegangen, sondern hätten sich dem Westen zugewandt. Auswanderung blieb aber als Alternative verwehrt. Emigration wurde von der sowjetischen Propaganda stets in den Ruch des Verrats an der russischen Heimat gebracht.

Als sich gegen Ende der achtziger Jahre die Versorgung der Bevölkerung immer mehr verschlechterte, Vorräte aufgebraucht waren und lange Schlangen vor den Lebensmittelläden standen, wandelte sich die Einstellung der Russen zu den übrigen Völkerschaften. Denn wo immer man in Moskau, Leningrad und anderen städtischen Zentren zu Schwarzmarktpreisen etwas erstehen konnte, sahen sich Russen oft genug einem armenischen oder aserbaidschanischen Händler gegenüber. Es waren die Leute aus dem Süden, die das Geld einkassierten. Bald rumorte es unter den Russen, daß sie das Imperium teuer zu stehen komme. An Lebensmitteln, das war bekannt, mangelte es in den Grenzregionen des Südens am wenigsten. Aus der Betrachtungsperspektive des Alltags schien es vielen Russen infam, daß ihnen diejenigen, denen sie erst zu ihrem Reichtum verholfen hatten, nun das Geld aus der Tasche zogen.

Der eigentliche Schrecken durchfuhr die Russen, als um die Wende von den achtziger zu den neunziger Jahren die ersten russischen Flüchtlinge aus dem Kaukasus und Zentralasien in der Russischen Föderation eintrafen. Zahlreiche russische Familien sahen nach diversen Unruhen, Kämpfen um Bergkarabach, Krieg in Tadschikistan und ethnischen Auseinandersetzungen in den nichtrussischen Republiken für sich dort keine Zukunft mehr. Sie verloren ihre Arbeitsplätze, fanden sich verhaßt, und ihre Kinder sahen keine Berufschancen vor sich. Derartige Verunsicherungen waren den Russen noch nie begegnet. So kehrten sie denn in die Russische Föderation zurück und berichteten von der Feindseligkeit, die sie erfahren hatten. Für alle, die das hörten, ergab sich die Frage nach dem Sinn eines Imperiums, das solche Belastungen mit sich brachte. Würde man es nicht leichter haben, wenn man diese Bürde ablegte? Die Bereitschaft zu einem russischen Isolationismus fand immer mehr Anhänger. Man wollte den vermeintlichen Undank der beglückten Völker an den Rändern des Imperiums nicht länger ertragen, auch nicht vergelten, sondern einfach loswerden, abschütteln. Es traf sich, daß Solschenizyns Traktat: *Wie Rußlands Zukunft sein soll* in eben diesem Moment erschien. Diese Schrift schürte den russischen Nationalismus in höchst verführerischer Weise. Nahezu über Nacht entstand in der Sowjetunion ein Bedürfnis der Russen nach Sezession und stellte damit die Sezessionssehnsüchte aller anderen auf den Kopf . Diese Stimmung bereitete der späteren Politik Jelzins den Weg.

Der aufkommende russische Nationalismus trug deutlich chauvinistische Züge. Der Stimmungsumschwung in Rußland warnte die Nomenklatura in den Republiken, sich nicht mehr allzu deutlich nach Moskau hin zu orientieren, sondern vorsorglich nach Rückversicherung im eigenen Bereich zu suchen. Die russifizierenden Maßnahmen der Vergangenheit wurden schrittweise zurechtgerückt. Von 1989 an wurde Russisch als verbindliche Amtssprache systematisch zurückgestuft. Das Instrument, mit dem die Sowjets die kulturellen Eigenarten der Völkerschaften beeinflußt hatten, die Sprache, wurde jetzt in umgekehrter Richtung zum Aushebeln russischer Prädominanz benutzt. Im Februar 1989 preschten die Tadschiken vor und setzten Russisch als erste Amtssprache außer Kraft. Moldawien zog im September nach, woraufhin prompt die dort siedelnden Russen in Streik traten. In kurzen Abständen schafften nacheinander Kasachen, Kirgisen und Ukrainer das Russische als die amtlich verbindliche Sprache ab.

Nach der Gründung einer *Gesellschaft zur sowjetdeutschen Wiedergeburt* entschloß sich der Oberste Sowjet in Moskau zu der Erklärung, man werde eine vollständige Rehabilitierung nicht nur der vertriebenen Wolgadeutschen, sondern *aller anderen deportierten Völker* vornehmen. Klären ließ sich damit nicht sonderlich viel, die Sowjetunion war an allen Ecken und Enden zum Konfliktherd geworden. Die aserbaidschanisch-armenischen Auseinandersetzungen um Bergkarabach dauerten an. Usbeken und Meskheten schlugen aufeinander ein, nicht anders Georgier und Abchasen. Zur Jahreswende 1989/90 suchten Aserbaidschaner die iranische Grenze im Bereich der Autonomen Sowjetrepublik Nachitschewan im Sturm zu überschreiten, und zur Überraschung Moskaus erklärte diese südlichste aller autonomen Republiken ganz plötzlich ihren Austritt aus der Sowjetunion. Spätestens seit den Unruhen in Baku, durch die annähernd dreißigtausend Armenier und Russen zur Flucht aus Aserbaidschan getrieben wurden und erneut russische Truppen zum Einsatz kamen, hatte die Ordnungsmacht der Zentrale endgültig ausgespielt.

Bemüht, die Sowjetunion als Unionsstaat zu erhalten, manövrierte sich Gorbatschow immer mehr ins Abseits. Im März 1990 erklärte Litauen seine Selbständigkeit und wählte mit Landsbergis einen Nichtkommunisten zum Präsidenten. Gorbatschow forderte ultimativ die Rücknahme der Erklärung und versuchte, mit Sanktionen Druck auszuüben. Doch selbst gestoppte Öllieferungen und eine Blockade der Erdgasversorgung bewirkten nichts. Gegenüber Esten und Letten, die in Wochenfristen ihre Unabhängigkeitserklärungen nachlieferten, wußte Gorbatschow nicht einmal mehr mit Zwangsmaßnahmen aufzuwarten, da diese in kluger Berechnung der Zentrale in Moskau das Angebot machten, deklarierte Übergangsfristen einzuhalten, womit sie Gorbatschow auf den von ihm selbst vorgeschlagenen Verhandlungsweg verwiesen. Daraufhin fiel Gorbatschow nichts anderes mehr ein, als die Beschlüsse der Esten und Letten zu annullieren, was aber keine Bedeutung mehr erlangte.

## Jelzin liquidiert das Sowjetimperium

Die Rivalität zwischen Gorbatschow und Boris Jelzin bestimmte auf der Wende von den achtziger zu den neunziger Jahren das politische Geschehen in Moskau. Sie hatte damit begonnen, daß Jelzin, den Gorbatschow nach Moskau geholt und dort nach kurzer Zeit zum lokalen Parteichef gemacht hatte, sich mit mehr Verve für Gorbatschows Perestroika einsetzte, als es Gorbatschow lieb sein konnte, da Jelzin mit seinem Ungestüm rundum die Mitglieder der Parteiführung verprellte, die Gorbatschow kalkuliert vorsichtig behandelte, um nicht zu früh zu viel Widerstand gegen seine Politik zu provozieren. In der Öffentlichkeit genoß Jelzins naßforsches Auftreten freilich allergrößte Sympathie. Nachdem er aber Freund und Feind in der Parteiführung gleichermaßen gegen sich aufgebracht hatte, resignierte Jelzin und bat um Entlassung aus seinen Ämtern. Statt ihn ziehen zu lassen, kam es zu einem ungeschickten und unglücklichen Hin und Her, bei dem Jelzin noch einmal so gründlich vom Leder zog, daß man ihn schließlich im Oktober 1987 einer demütigenden Absetzungsprozedur unterzog. Er wurde zum Minister für Bauwirtschaft ernannt und damit auf ein Abstellgleis abgeschoben.

Obwohl Jelzin im Februar 1988 auch aus dem Politbüro verdrängt wurde, wußte er höchst geschickt seine Rückkehr zu inszenieren. Gorbatschow selbst hatte ja für die Wahlen zum Volksdeputiertenkongreß den Weg der freien Kandidatenaufstellung propagiert und durchgesetzt, um der Befolgung demokratischer Spielregeln mehr Raum zu verschaffen. Und nun nutzte Jelzin diesen Weg, um über die ersten demokratischen Wahlen sein Comeback vorzubereiten. Entgegen der Drohung, mit der Gorbatschow das letzte Telefongespräch mit Jelzin abgeschlossen hatte: *Aber denke dran, in die Politik laß ich dich nicht rein,*[9] kehrte Jelzin mit massenhafter Unterstützung der Wähler als Mitglied des Volksdeputiertenkongresses der Union im März 1989 wieder in die eigentliche politische Arena zurück, und zwar als prononcierter Kritiker von Gorbatschows ständiger Kompromißbereitschaft. Zusammen mit Sacharow schwang er sich schnell zum Wortführer für beschleunigte Reformen auf und brachte Zehntausende Moskauer zu Demonstrationen gegen Gorbatschow auf die Straße. So war es denn nicht verwunderlich, daß er nach den Wahlen zum russischen

Deputiertenkongreß Ende Mai 1990 zum Präsidenten der Russischen Föderation gewählt wurde. Hier nutzte er sofort den inzwischen verstärkten russischen Isolationismus, die Russische Föderation für souverän zu erklären. Sein oder Nichtsein der Sowjetunion verkörperten sich nun in Gorbatschow und Jelzin; Papst und Gegenpapst saßen am selben Ort.

Kurz vor dem Abschluß des 28. Parteitags der KPdSU, von dem wohl keiner der Versammelten geahnt haben mag, daß es deren letzter sein sollte, trat Jelzin im Juli 1990 ostentativ aus der Partei aus und verließ den Parteitag. Fünftausend Delegierte quittierten unter Buh-Rufen seinen Abgang. Doch Jelzin entzog sich damit ebenso geschickt wie spektakulär der parteilichen Kontrolle. Bereits im Oktober 1990 ließ der Gegenpapst, Jelzin, das *500-Tage-Programm* für den Übergang zur Marktwirtschaft in der Russischen Föderation beschließen. Als die baltischen Republiken im Januar 1991 ihre Selbständigkeit anstrebten, hatten sie sofort Boris Jelzin auf ihrer Seite, der ihren Kampf gegen Gorbatschow sogleich durch offizielle Anerkennung der Souveränität der baltischen Republiken von seiten der Russischen Föderation unterstützte. Damit wurde der eben noch international durch die Verleihung des Nobelpreises gefeierte Gorbatschow innenpolitisch endgültig auf die Verliererstraße gedrängt.

Die Parteivorsitzenden der Republiken sandten, vom letzten Parteitag der KPdSU nach Hause zurückgekehrt, einer nach dem anderen Post nach Moskau, die für Gorbatschow eine Hiobsbotschaft nach der anderen brachte. In ausgeklügelter und zugleich infam intriganter Manier begrüßten sie darin den inzwischen von Gorbatschow in letzter Not formulierten Vorschlag, die Sowjetunion in eine *Union Souveräner Staaten* zu verwandeln, um ihre eigene Souveränität zu verkünden. Usbekistan erhob Mitte Juni Anspruch auf Souveränität, Moldawien eine Woche später. Die Ukraine fügte der Deklaration ihrer Souveränität noch eine Bekundung zur Neutralität hinzu, schuf ihre eigene Währung und beschloß die Ausstellung ukrainischer Staatsangehörigkeitspässe. Weißrußland folgte mit seiner Souveränitätserklärung.

Die am stärksten dem Zwiespalt von lokaler Gebundenheit und Moskauhörigkeit ausgesetzten Führungsmannschaften von Armenien, Turkmenien, Tadschikistan und Kasachstan erwirkten bis Oktober in ihren Republikparlamenten ebenfalls Beschlüsse zur

Souveränität. Daneben trat erstmals zutage, was wenige Jahre später, 1994, auch Jelzin mit Tschetschenien zum Verhängnis werden sollte: Karelien, keine eigenständige Sowjetrepublik, sondern nur eine Autonome Republik *innerhalb* der Russischen Föderation beanspruchte in gleicher Weise Souveränität. Die Gagausen erklärten sich daraufhin innerhalb von Moldawien für berechtigt, einen eigenen Staat zu gründen. Und zum Schluß kamen, als hätte sich jemand einen besonderen Abschiedscoup für die Bühne ausgedacht, die *Russen* in Moldawien darauf, nicht minder als die Gagausen Anspruch auf einen eigenen Staat zu haben, und riefen eine Dnjestr-Republik aus.

Wiederum in diesem Augenblick publizierte Solschenizyn sein Manifest, das die Auflösung der Sowjetunion forderte und den Zusammenschluß der slawischen Völker propagierte. Es war ein Text, der vom Geist der Slawophilenschriften des 19. Jahrhunderts geprägt war und sich so las, als sei er vom Sendungsbewußtsein Iwans III. getragen, der im 15. Jahrhundert mit dem *Sammeln russischer Erde* als erster Zar die russischen Teilfürstentümer zusammengeschlossen hatte. Mit einer Verbreitung von zwanzig Millionen Exemplaren war es fürwahr kein unbeachtetes Pamphlet.

Gorbatschow, ausgestattet mit der Machtfülle, »*die sich mit der eines absoluten Monarchen vergleichen ließ*«, – sein Zitat –, präsidierte einem Trümmerhaufen. Am sukzessiven Zerfall der Sowjetunion konnte auch das von ihm initiierte Referendum im März 1991 nichts mehr ändern. In Moskau und Leningrad bejahten immerhin noch 50 Prozent der Wähler eine erneuerte Union, und in der Sowjetunion im ganzen waren es 75 Prozent der *befragten* Bevölkerung, die sich für die Bewahrung eines Unionsverbands aussprachen. Befragt wurden aber keineswegs mehr alle. In den baltischen Republiken waren bereits vollendete Tatsachen geschaffen, hier wurde also nicht mehr abgestimmt. Georgien, Armenien sowie Moldawien verweigerten die Teilnahme am Referendum. Als eine Sympathieerklärung für Gorbatschow war das Ergebnis nicht mehr auszulegen.

Im August 1991 erfolgte der Putsch gegen Gorbatschow. Jelzin wandte sich gegen die Putschisten und wurde dafür als Held gefeiert. Sein Einsatz galt aber nicht dem Erhalt der Sowjetunion und schon gar nicht der Bewahrung von Gorbatschows Präsidentenamt. Wäre der Putsch jedoch gelungen, so hätte das zu einer Restauration der Zentralmacht führen müssen und folglich zu einer Schmälerung von Jelzins eigener Macht, die sich zur stärksten Gegenmacht der Zentrale ausgewachsen hatte. Da die Putschisten die Zentralmacht wieder aufrichten wollten, hegten sie die vage Hoffnung, Gorbatschow werde sich, wenn sie ihm in Verhandlungen die Chance dafür eröffneten, gegen Jelzin auf ihre Seite schlagen. Gorbatschow wies der Verhandlungsdelegation zwar schroff die Tür, aber allein auf Grund dieser denkbaren Liaison mit den Putschisten wurde tatsächlich sogleich der Verdacht geäußert, Gorbatschow könne von Anfang an auf deren Seite gestanden und vielleicht sogar den Putsch selbst eingefädelt haben. Daß dieser Verdacht haltlos war, erwies sich in aller Deutlichkeit dadurch, daß Gorbatschow keinen Moment daran dachte, mit den Putschisten auch nur ein Wort zu wechseln. Jelzin wie übrigens auch Schewardnadse haben allerdings Gorbatschows endloses Zaudern und grenzenlose Kompromißbereitschaft dafür verantwortlich gemacht, daß die Putschisten meinten, die Stunde der Restauration habe geschlagen.

Jelzins entschlossenes Vorgehen gegen die Putschisten bedeutete alles andere als ein Eintreten für Gorbatschow. Eiskalt hatte Jelzin beim Auftreten Gorbatschows vor der russischen Duma den Präsidenten unter den Augen der Weltöffentlichkeit dafür bloßgestellt, daß er wenige Tage vorher noch mit denen paktiert hatte, die dann gegen ihn putschten.[10] Es Häme zu nennen, wie Jelzin vor den Augen des fassungslos dreinschauenden Generalsekretärs der Kommunistischen Partei der Sowjetunion, Gorbatschow, den Ukas ausfertigte, mit dem er die weitere Tätigkeit von dessen Partei in der Russischen Föderation verbot, wäre eine im Blick auf die inszenatorische Raffinesse, mit der das geschah, viel zu milde formuliert: Es war eine politische Hinrichtung.

Der politische Leichnam Gorbatschow war noch nicht begraben, als sich Jelzin auf die Reise begab, zum Waldspaziergang in den Belowesker Forst bei Minsk. In einer Regierungsdatscha saßen dort – klammheimlich und angeblich zu einem Jagdausflug zusammengekommen – drei Herren zusammen und ließen sich an üppig gedeckter Tafel einfallen, wie man aus einem mißlungenen Putsch einen gelungenen Staatsstreich macht: Jelzin, Krawtschuk und Schuschkewitsch, die Präsidenten Rußlands, der Ukraine und Weißrußlands. Nach zweitägiger Beratung erklärten sie die Sowjetunion als völkerrechtliches Subjekt für nicht mehr existent und beschlossen die Gründung einer wie auch immer gearteten *Gemeinschaft Unabhängiger Staaten,* GUS.

Drei ehemals mustergültige Nomenklaturakarrieristen sargten die Sowjetunion ein, begruben, ohne mit der Wimper zu zucken, das langlebigste Kolonialreich dieser Erde und begaben sich auf die Rückreise in ihre Hauptstädte. Sicherung ihrer eigenen Macht war von da an das Gebot der Stunde. Gorbatschow hatte von alledem keine Ahnung. Als ihn Schuschkewitsch anrief, um ihn zu verständigen, meinte Gorbatschow noch immer, es handle sich um einen Vorschlag, der zu diskutieren wäre. Aber Schuschkewitsch bekräftigte, es sei bereits alles beschlossen. Es war ein düsteres Gespräch, wie sich Gorbatschow später ausdrückte. Gorbatschow war außer sich; aber hilflos, wie er war, brachte er, um ein wenig Zeit zu gewinnen, nur noch den Einwand vor, man müsse doch zuvor die mögliche Rückwirkung eines solchen Schritts auf die USA bedenken und in Erfahrung bringen, was Bush dazu sagen würde. Doch da bekam er zu seiner Verblüffung von Schuschkewitsch zu hören, auch dafür sei es zu spät, Jelzin habe den amerikanischen Präsidenten Bush bereits telefonisch darüber unterrichtet, daß es keine UdSSR mehr gebe. Ende. Gorbatschow nannte dieses Vorgehen eine Schande für ihn und das Ansehen der Sowjetunion.

Rußlands Grenzen entsprechen nach einem halben Millennium annektionistischer Politik und imperialen Auftrumpfens annähernd wieder denen, die mit der Hilfe der Stroganows unter Iwan IV., dem Schrecklichen, abgesteckt worden waren. Aus dem Zusammenbruch der anderen europäischen Kolonialreiche wußte man in der Sowjetunion in den Jahrzehnten, in denen man dafür seit dem Zweiten Weltkrieg Zeit genug gehabt hätte, prophylaktisch keinerlei Lehren zu ziehen. Jelzin ließ 1994 wieder russische Truppen im nördlichen Kaukasus kämpfen, und zwar wie einst, als es um die Eroberung der ersten Khanate im Süden ging. Sein erkorener Nachfolger Putin baute auf die positive Wirkung, die ein erneuter Feldzug gegen die Tschetschenen bei der russischen Bevölkerung erzielte, um die Jahreswende von 1999/2000 den Wahlkampf auf, mit dessen Gewinn er sein Amt festigte, das ihm durch Manipulationen von seiten der Oligarchen zugefallen war. Der Weg, den Rußland unter Jelzin eingeschlagen hat und den Putin zu verlassen nicht in der Lage zu sein scheint, hat sich als Irrweg erwiesen.

# IX

# Der Weg in die falsche Zukunft

## Vom geachteten zum verachteten Zeitgenossen: Boris Jelzin

Wie ist nach einem Jahrzehnt der Regierungszeit Boris Jelzins dessen Wirken zu beurteilen? Die Spannweite der Reaktionen bei seinem Auftreten auf der nationalen russischen und auf der weltpolitischen Bühne reichte von Jubel und Vertrauensäußerungen am Beginn bis hin zu tiefer Enttäuschung und verbitterter Verurteilung am Schluß seiner Kremlherrschaft. Zu vieles ist mit seiner Person zu assoziieren, als daß es auf einen Nenner gebracht werden könnte. Er war der Held, der gegen die Putschisten auftrat, der Eiferer in Sachen Reformen, der impulsive Politiker, der Programme in Gang setzte, die weder er noch andere nach Ausmaß und Wirkung zu überblicken vermochten – und alsbald erschien er nicht nur als verschlagener, zwielichtiger Machtpolitiker, sondern als Intrigant, trunkener Tor heute und eiskalt kalkulierender Tyrann morgen. Mit seiner Regierungszeit verband sich die Hoffnung auf eine bessere Zukunft Rußlands und die schmähliche Enttäuschung aller Blütenträume, und zwar in nahezu jeder Hinsicht, politisch, rechtlich ökonomisch, sozial – vom Moralischen gar nicht zu sprechen.

Zurückblickend läßt sich bilanzieren, daß Jelzin von allem Anfang an, als ihn Gorbatschow nach Moskau holte, einen übertriebenen Reformeifer an den Tag legte. Was in Kooperation mit den Kadern der damals existierenden kommunistischen Partei an Gorbatschowschen Reformvorhaben bereits nicht zu realisieren war, wäre von Jelzins Ideen schon gar nicht zu verwirklichen gewesen. Jelzins Erwartungen waren utopisch. Was er äußerte, war durchaus wünschenswert, aber im Kontext sowjetischer Realität phantastisch, ja geradezu märchenhaft – und möglicherweise war es gerade das, was seinen Forderungen Popularität verlieh. Im Grunde basierte seine Erwartung auf der in Rußland verbreiteten Neigung zum Kontrafaktischen, die von der sowjetischen Propaganda über Jahrzehnte ständig gepflegt worden war, nämlich etwas fraglos Erstrebenswertes, nichtsdestotrotz aber Illusorisches als erreichbar vorzugaukeln. Er propagierte veränderte Verhältnisse so, als brauche man sie nur beim Namen zu nennen, dann würden sie sich schon irgendwie einstellen. *Wie* das zu bewerkstelligen sei, wußte er nicht anzugeben. Als er seine erste Memoirenveröffentlichung von 1990 mit dem Titel *Aufzeichnungen eines Unbequemen* versah, hat er damit etwas durchaus Richtiges getroffen, wenngleich er es anders gemeint haben wird, als es sich in der Rückschau darstellt. Er war ein unbequemer Zeitgenosse in dem Sinn, daß er ständig als Mahnender und Fordernder auftrat, der mit nichts zufrieden war, was andere mit Bedacht versuchten, selbst aber nur mit hektischen Aktionen hervortrat, die in keinen größeren Zusammenhang einzuordnen waren.

Zu Jelzins Zukunftsvisionen gehörte alles, wovon ein Sowjetbürger nur immer hatte träumen können: Wirtschaftsreformen, geordnete Staatsfinanzen, ein Mehrparteiensystem, Privateigentum überhaupt, Privateigentum in der Industrie und in der Landwirtschaft, Privateigentum an Grund und Boden, ein »freies Bauerntum«, Kontrolle und Zurückdrängung der Macht von KGB, Militär und Innenministerium. Er begeisterte die Menschen mit seinen wohltönenden Parolen. Wenn man genauer zuhörte, wurde klar, daß seine Äußerungen von assoziativem Denken getragen waren. Es waren alles Formulierungen, hinter denen primär keine schlüssig folgernde Logik, sondern ein Typ des Denkens in bildhaften Verknüpfungen und visionären Aneinanderreihungen stand: »Läßt man das Privateigentum zu, dann bricht der Grundpfeiler zusammen, auf den sich das Staatsmonopol auf Eigentum und alles, was damit zusammenhängt, stützt – die Staatsmacht, die Entfremdung des Staates vom Menschen und seiner Arbeit und vieles mehr. Die zweite nicht minder wichtige Frage ist die des Landbesitzes. Die [von Lenin stammende] Parole ›Alles Land den Bauern‹!? ist heute noch aktueller als vor siebzig Jahren. Erst wenn der Bauer wieder sein Land bestellt, wird die Sowjetunion genug zu essen haben.«

Weitere Kernpunkte seines Programms waren »die Dezentralisierung der Macht, die wirtschaftliche Selbständigkeit der Sowjetrepubliken und ihre reale Souveränität. In diesem Zusammenhang werden die nationalen Probleme weitgehend gelöst werden. Außerdem ist die Beseitigung aller Einschränkungen der wirtschaftlichen, finanziellen und betrieblichen Selbständigkeit der Unternehmen und Arbeitskollektive zu nennen, ferner die finanzielle Gesundung der Sowjetunion, die sich als direkte Folge der oben genannten Maßnahmen ergibt.« Die Wirklichkeit sah dann ganz anders aus: Die Souveränität der Republiken führte nicht zur Lösung, sondern zur Verschärfung der nationalen Probleme; die betriebliche Selbständigkeit der Unternehmen brachte nicht die Gesundung, sondern den Ruin der Staatsfinanzen mit sich; und bei den Staatsfinanzen konnte es nicht mehr um die der Sowjetunion gehen, sondern allenfalls um die der souveränen Nachfolgestaaten. Weder Jelzin noch seine Zuhörer scheinen derartige logische Inkonsequenzen gestört zu haben.

Jelzin verlangte die Normalisierung des Verhältnisses von Staat und Kirche. Auch dabei verquickte er Dinge, die man bei oberflächlichem Hinhören für einigermaßen bedachtsam verknüpft halten konnte, die sich bei genauer Betrachtung aber nicht als sachlich verbunden, sondern nur als rhetorisch locker verflochten erwiesen: »Stalin gelang es, den einzigen Staat zu schaffen, der selbst die Kirche in die Knie gezwungen hat. Erst jetzt erholt sich die Kirche allmählich wieder, nachdem sie viele Jahrzehnte lang die schwersten Schläge erleiden mußte. Ich bin sicher, daß sie eines Tages unserer Gesellschaft mit ihren ewigen, allgemeingültigen menschlichen Werten zu Hilfe kommen wird. Denn die Gebote *Du sollst nicht töten* und *Liebe deinen Nächsten* sind die ethischen Prinzipien, die uns helfen, auch in der kritischsten Situation standhaft zu bleiben. Das Prinzip der Gewissensfreiheit ist in unserer Verfassung verankert. Wie es tatsächlich realisiert wird, wissen wir alle. Auch dieser Artikel wird so lange eine Fiktion bleiben, bis die wirtschaftlichen und politischen Reformen in unserem Land verwirklicht sein werden, bis der Mensch im Mittelpunkt unserer Bemühungen stehen wird.« – Das sagte der Mann, der später das Parlament mit den darin befindlichen Abgeordneten in Brand schießen ließ und Tschetschenien mit einem grausamen Krieg überzog.[1]

Eine Passage über die Schaffung eines Mehrparteiensystems liest sich folgendermaßen: »Die Parole von der unverzüglichen Einführung eines Mehrparteiensystems habe ich immer gelassen aufgenommen, denn allein die Tatsache, daß es mehrere Parteien gibt, bewirkt noch gar nichts. In der Tschechoslowakei und der DDR gab es mehrere Parteien, und doch war der Sozialismus in diesen Ländern bis in die jüngste Zeit von Stalins und Breschnews Machtmißbrauch geprägt. Auch in Südkorea gibt es übrigens mehrere Parteien. Bis zu einem wirklich effektiven Mehrparteiensystem müssen wir also noch eine lange Entwicklung durchmachen. Dazu noch eine Anmerkung: Wir haben zwar noch kein Mehrparteiensystem, aber es ist doch eine Illusion zu meinen, wir hätten nur eine einheitliche und unbesiegbare Partei. Tatsache ist doch, daß in dieser einen KPdSU Leute wie Jurij Afanassiew und Wiktor Afanassjew, Jelzin und Ligatschow, Samsonow und Wlassow Mitglieder sind, deren Standpunkte und Taten völlig verschieden sind. Die Begriffe stimmen also nicht mehr, und wir haben vergessen, was eine Partei überhaupt ist. Deshalb schlage ich vor, unverzüglich ein Parteigesetz zu erlassen, in dem der Grundsatz verankert ist, daß die Partei ein Teil der Gesellschaft, nicht aber des Staates ist und daß sich die Bürger frei in Organisationen und Parteien zusammenschließen können.«[2] Wie bekommt man logisch die Abfolge auf die Reihe: ... allein die Tatsache, daß es mehrere Parteien gibt, bewirkt noch gar nichts ... wir haben vergessen, was überhaupt eine Partei ist ... deshalb schlage ich vor, unverzüglich ein Parteigesetz zu erlassen ... daß sich die Bürger in Parteien zusammenschließen können...?

Mit Ausführungen dieser Art trat Jelzin in allen Versammlungen auf. Abertausende jubelten ihm zu, weil sie eine Intention in seinen Worten verspürten, die ihrer eigenen entsprach, ohne daß jemand Logik und Zusammenhänge seiner Äußerungen näher untersucht hätte. Wenn seine Parolen zusammen mit der ungestümen Forderung, mit ihnen so bald wie möglich ernst zu machen, nicht nur den Mann auf der Straße bewegten, sondern auch Reformer seine Nähe suchen ließen, dann macht das nur allzu deutlich, daß es die sowjetische Gesellschaft nach Jahrzehnten der Überfütterung mit Parteipropaganda schwer hatte, Parolen von durchdachten Programmen, Wünsche von ernsthaft erwogenen Zielvorstellungen zu unterscheiden. Jelzin wirkte durch ansteckende Ungeduld, vorwurfsvolle Neuerungsbegierde und eine emotional aufwühlende, assoziativ sinnbildlich operierende Rhetorik. Es gibt einen Satz in seinen seltsamen Aufzeichnungen, dem man vorbehaltlos zustimmen kann: »Ich bin unbequem und weiß das. Ich verstehe, daß es nicht einfach ist, mit mir zusammen ein Problem zu lösen.«[3] In der Tat gehört er zu jener in der Politik immer wieder vorkommenden Spezies von Akteuren, die in wenigen Sätzen so vielen Unverstand mit reizvollen Worten zu verknüpfen vermögen, daß kaum jemand in der Lage ist, all das auch nur einigermaßen auseinanderzutüfteln, um alle inhärenten Widersprüche an den Tag zu bringen.

Einige der besonnenen Reformer betrachteten ihn in einer ihnen dienlich erscheinenden Funktion. Sie sahen in ihm nur den Parteifunktionär, dem sie Macht und Einfluß genug zutrauten, im richtigen Moment ihre Vorschläge aufzunehmen. Sie hielten ihn für aufgeschlossen genug, eines Tages nach entsprechender Beratung ihre Pläne in die Tat umzusetzen. Für sie als die Denker war er der Politiker, den sie zur praktischen Umsetzung ihrer theoretischen Überlegungen brauchten. So scharten sich Vordenker der Reformen, wie Jawlinski und Gaidar, die vergeblich auf Gorbatschow gesetzt hatten, nunmehr um Jelzin. Sie unterlagen einer wechselseitigen Fehleinschätzung: Jelzin hatte keineswegs Intellekt genug, um zu erkennen, wie vage die Modellvorstellungen der Reformer in Wirklichkeit waren. Gaidar und Jawlinski ahnten nicht, daß Jelzin ein Opportunist reinsten Wassers war, der jede Situation nur unter Aspekten seines persönlichen Vorteils erwog und morgen schon das Gegenteil dessen tun konnte, was er gestern noch gepriesen hatte.

Sacharow hat in Jelzin – wenngleich auch er zeitweilig in seiner Nähe auftrat – keine Alternative zu Gorbatschow gesehen: »Ich habe Respekt vor ihm, aber er ist meiner Ansicht nach keine Persönlichkeit von Gorbatschows Kaliber. Jelzins Popularität ist in gewissem Sinn die *Antipopularität Gorbatschows* – das Ergebnis dessen, daß man ihn für die Verkörperung der Opposition und für das *Opfer* des bestehenden Regimes hält. Dies ist die Haupterklärung für Jelzins phänomenalen Erfolg ...«[4]

Wie zutreffend Sacharows Einschätzung war, sollte sich im Lauf der Zeit herausstellen. In den nachfolgenden zehn Jahren seiner Präsidentschaft hat Jelzin jeden Satz seines idealistisch ausposaunten politischen Grundwertekatalogs ins reale Gegenteil verkehrt. Glaubwürdig ist an ihm nur seine Unglaubwürdigkeit geblieben. Der Kredit, den er genoß, war freilich so groß, daß er geradezu mit Eifer daran arbeiten mußte, ihn wirklich gründlich zu verspielen.

Das Desaster, das Jelzin anrichtete, begann mit dem Versuch, die sogenannte *Schocktherapie* in der Wirtschaft durchzuführen, das *Programm der 500 Tage* zu realisieren, mit dem die Regierungsmannschaft, die sich um Gaidar scharte, Anfang des Jahres 1992 die wirtschaftliche Dauerkrise des zusammenbrechenden Sowjetsystems in die marktwirtschaftliche Ordnung zu überführen suchte. Es zeigte sich sofort, daß Marktwirtschaft weit mehr verlangt als die Freigabe marktwirtschaftlicher Regulierungsmechanismen. Es fehlte eine stabile Rechtsordnung, ein funktionierendes Geld- und Kreditsystem, und es gab keine Finanz- und Steuerverwaltung. Die Freigabe der Preise, die Lizenz für freien Handel und das Gesetz zur Privatisierung staatlicher und kommunaler Unternehmen beschwor daher innerhalb kürzester Zeit das vollendete wirtschaftliche Chaos. Die russische Gesellschaft spaltete sich im Handumdrehen in viele Arme und wenige Reiche. Beide formierten sich je auf ihre Weise als Kräfte des Widerstands gegenüber Jelzins politischem Kurs. Die einen wollten den schnell gewonnenen Reichtum nicht wieder verlieren. Die anderen wollten sich nicht auf Dauer in die Armut verstoßen sehen.

Jelzin hat die lauteste Kritik gegen wirtschaftliche Reformen von seiten der Anhänger und Mitglieder der Kommunistischen Partei Rußlands, aus dem Umkreis von Sjuganow also, erfahren und hat sich dementsprechend gegen sie gewandt. Die Reformen scheiterten aber nicht an deren Widerstand, denn in Wahrheit waren die Reformmaßnahmen vorn vornherein ein Versuch mit untauglichen Mitteln am untauglichen Objekt. Ganz andere Kräfte führten unter der Hand das Ruder: der *Rußländische Verband der Direktoren*. Bei diesem Zusammenschluß handelte es sich um eine Interessengemeinschaft von Wirtschaftskadern der alten Nomenklatura. Es war ein Club, der alles daran setzte, die eingeräumten wirtschaftlichen Freiheiten strikt im Sinn persönlicher Bereicherung und Übervorteilung des Volkes zu nutzen. Den Direktoren kam so viel an den Reformmaßnahmen gelegen, wie es ihnen für ihre Zwecke dienlich war, und sie sabotierten alles, was darüber hinausging.

Als im Oktober 1992 jeder Bürger einen Privatisierungsgutschein im Wert von zehntausend Rubel erhielt, sogenannte *Voucher*, dachten die meisten Russen, ein neues Leben habe begonnen. Sie rechneten sich aus, was man mit so viel Geld anfangen könne. Daß sie ihren Kalkulationen Preise zugrunde legten, die keinerlei Stabilität behalten würden, ahnten sie nicht. Sie ahnten auch nicht, daß ihr kleines Vermögen, wenn sie es mit Hoffnung auf Gewinn in Aktien anlegten, in einem Strudel von Spekulationen, Betrügereien, Verlustgeschäften und satten Pleiten dahinschmelzen würde wie der Schnee in der Frühlingssonne. Nur die Mitglieder des Direktorenverbands wußten genau, mit welcher Kombination von finanziellen Manövern sie sich unter Aneignung der damals vom Staat zur Verfügung gestellten Kredite, mit Versprechungen gegenüber ihren Beschäftigten und mittels Aktienhandel in den Besitz der lukrativen Industriebetriebe bringen konnten. Sie waren geschult genug, die Chancen der Reformen gezielt und vorbehaltlos zu nutzen, sowie skrupellos und verschlagen genug, die Risiken echter Marktwirtschaft auf Grund der fehlenden Gesetzgebung zu unterlaufen. So geschah es; und seither lebt Rußland im Zustand des Nomenklaturakapitalismus. Verändert wurde dieser inzwischen durch ein weitgespanntes, aber eng gestricktes Netz mafioser Organisationen überzogene Kapitalismus bisher nur durch die Auffächerung in Reiche und Superreiche, die kartellartige Absprache und Abgrenzung geschäftlicher Einflußzonen und die Korrumpierung der Politik, sowie die Manipulation der öffentlichen Meinung von seiten der erfolgreichsten Mitglieder des Direktorenverbandes, den sogenannten Oligarchen.

Warum man Reformmaßnahmen ergriff, in denen Rußlands wirtschaftliches Vermögen mit zehntausend Rubel pro Kopf anzusetzen war, ist weder jemals gefragt noch erklärt worden, wie sich niemand die Mühe gemacht hat, Jelzins logisches Verstandesvermögen zu untersuchen. Daß mit zehntausend Rubeln nichts anzufangen sei und daß ein Heer von selbsternannten Bankiers und Aktienhändlern eine in Finanzdingen und Wirtschaftszusammenhängen ungebildete und unerfahrene Bevölkerung mit den übelsten Tricks und Betrügereien binnen kürzester Zeit um ihr vermeintliches Vermögen bringen würde, hatten sich die meisten Menschen nach siebzig Jahren dirigistischer Wirtschaft nicht vorstellen können. Diese bittere Erfahrung stand am Anfang ihrer Begegnung mit dem, was sie von nun an als Marktwirtschaft ansahen.

Knall auf Fall wurde Gaidar von Jelzin entlassen und im Dezember 1992 Tschernomyrdin als Regierungschef eingesetzt. Damit war endgültig der Bock zum Gärtner gemacht. Dessen Klientel war der Verband der Direktoren. Und die Ordnung, für die Tschernomyrdin sorgte, war die Absicherung des Nomenklaturakapitalismus. Die alten Kader kehrten in neuer Funktion an ihre Schreibtische zurück, bedienten sich der staatlichen Kredite und ließen das Volk zur Erzielung privater Profite für den Export arbeiten. Der Volksbetrug erlangte Systemcharakter. Und bei jeder Krise sprang die Weltbank mit internationalen Krediten ein.

Im russischen Parlament versuchte bereits Ende März 1993 eine große Zahl von Abgeordneten eine Amtsenthebung Jelzins zu erreichen, um auf diesem Weg weitere Reformmaßnahmen zu vereiteln. Das Verfahren scheiterte aber an der erforderlichen Zweidrittelmehrheit. Viele Außenstehende betrachteten die Initiative des Parlaments deswegen mit hochgezogenen Brauen, weil sie eine Wiederbelebung kommunistischer Herrschaft und somit noch größere Kalamitäten befürchteten. Sie äußerten sich gegen die Initiativen des Parlaments. Von der Spaltung in der öffentlichen Meinung versprach sich Jelzin neue Vorteile, und so nutzte er sie sofort zu einem Referendum über die Fortführung seiner Präsidentschaft. Tatsächlich bescherte ihm das Referendum im April 1993 trotz der vorangegangenen Enttäuschungen noch fast sechzig Prozent vertrauensvolle Zustimmung; eine knappe Mehrheit sprach sich sogar für die Beibehaltung des wirtschaftlichen Reformkurses aus – was auch immer sie darunter verstehen mochte. Mit den Parlamentariern stand Jelzin aber auf Kriegsfuß.

Der Parlamentspräsident Chasbulatow, der ohnehin eine stärkere Kontrolle der Exekutive durch das von alten Kadern dominierte Parlament anstrebte, forderte Jelzin nunmehr durch eine neue Abstimmung heraus, mit der die Legislative eine weitere Beschleunigung der Privatisierung untersagte. Daraufhin erfolgte Schlag auf Schlag, von Jelzin hektisch vorangetrieben, die Demontage der neuen demokratischen Institutionen des russischen Staates. Von dieser Erschütterung hat sich Rußland bis zum heutigen Tag nicht wieder erholt: Jelzin fertigte im September 1993 den berühmt berüchtigten Erlaß Nr. 1400 über die Auflösung des Parlaments aus. Der Vizepräsident des Parlaments, Rutzkoi, erklärte Jelzins Erlaß für verfassungswidrig und proklamierte sich selbst zum amtierenden Präsidenten der Russischen Föderation. Der gewählte Präsident Jelzin stand gegen den selbsternannten Präsidenten Rutzkoi. Vermittlungsversuche des Patriarchen von Moskau scheiterten. Die Parlamentarier verschanzten sich im Weißen Haus und riefen zum Volksaufstand gegen Jelzin auf. Wie die Auseinandersetzung endete, hat die Weltöffentlichkeit mit angehaltenem Atem verfolgt: Jelzin brachte das Militär auf seine Seite und ließ das Parlament in Brand schießen. Die Parlamentarier streckten die Waffen. Jelzin blieb der Überlegene. Für Stunden hatte Rußland dabei kurz vor einem Bürgerkrieg gestanden. Mit seinem waghalsigen Situationsopportunismus hatte sich Jelzin über alle Erwägungen von Recht und Verfassung hinweggesetzt. Dennoch war es ein Pyrrhussieg, denn er leitete Jelzins Niedergang ein.

Jelzins Verhalten blieb weiterhin unberechenbar: Im Oktober 1993 verbot er die Kommunistische Partei Rußlands. Gleichzeitig erließ er ein Dekret über die Privatisierung von Grund und Boden. Auf diese Weise erfüllte er nach einem dreiviertel Jahrhundert Lenins revolutionäre Parole *Alles Land den Bauern*, und im gleichen Augenblick ließ er das Lenin-Mausoleum schließen sowie die eherne Wache von dessen Eingang abziehen. Für die Privatisierung gab es keine Ausführungsbestimmungen, und die Wache sowie die verbotene Partei waren bald wieder zur Stelle. In symbolträchtigen Gesten blieb Jelzin groß. Bei den Wahlen im Dezember 1993 sollte sich das freilich nicht mehr stimmenträchtig auszahlen. Als neue Kraft war inzwischen Wladimir Shirinowski hervorgetreten, der rechtsextremen, großrussischen Chauvinismus vertrat und die Vorbehalte, die sich unterdessen gegenüber Jelzin aufbauten, glänzend zu seinen Gunsten zu nutzen wußte. Mit fast 23 Prozent der Stimmen zog Shirinowskis Partei als stärkste Fraktion ins Parlament ein, gefolgt von Jelzins Anhängern, die mit etwas mehr als 15 Prozent gerade einmal 3 Prozent vor den auf 12 Prozent angelangten Kommunisten Sjuganows lagen. Wie auch immer sich aber die Verhältnisse in der Duma gestalteten, die neue Verfassung, die Jelzin zwischenzeitlich durchgesetzt hatte, schrieb ihm Vollmachten zu, mit denen er sich der parlamentarischen Kontrolle enthoben wußte. Eine echte Gewaltenteilung wurde damit als stabilisierender Faktor für die weitere politische Entwicklung Rußlands zunichte gemacht.

Statt Dezentralisierung der Macht erfolgte Machtkonzentration. Statt einer Wendung gegen die Geheimdienste, die das Leben der Menschen überwachten, kam es zur erneuten Stabilisierung ihrer unkontrollierten Machtstellung. Michail Barsukow, der militärische Befehlshaber jener Truppen, die das Parlament beschossen und erstürmt hatten, wurde von Jelzin zum Vorsitzenden des

*Föderalen Sicherheitsdienstes der Russischen Föderation*, FSB, berufen, wie von nun an der KGB hieß. Seinen Leibwächter, Alexander Korschakow, ernannte Jelzin zum Chef eines speziellen *Sicherheitsdienstes des Präsidenten*, SBP, dem eine eigene Truppe von bestens ausgebildeten Eliteeinheiten des KGB unterstand, die unter den Namen *Alpha* und *Wega* ebenso berühmt wie berüchtigt war und deren Stärke wahrscheinlich in die Tausende ging. Sämtliche Nachrichtenverbindungen staatlicher Organe, der Regierung ebenso wie des Parlaments und der regionalen Behörden, wurden von einer speziellen Agentur überwacht. Die Erkenntnisse, die sich daraus ergaben, konnte nur die Präsidialverwaltung nutzen.

Je länger Boris Jelzin an der Macht blieb, desto mehr setzten sich die Methoden des alten sowjetischen Verwaltungsapparates wieder durch. Diejenigen Anhänger Jelzins, die sich aus den Reihen der Dissidenten und Intellektuellen noch immer in der Hoffnung um ihn scharten, ihn in ihrem Sinn beeinflussen zu können, sahen sich durch die Winkelzüge des Beamtenapparats vollends um die Früchte all ihrer Bemühungen betrogen. Jelzin machte ihnen in Gesprächen immer wieder Zugeständnisse, gab Versprechungen ab, unterschrieb entsprechende Dekrete und ließ sie erneut hoffen. Herausgekommen ist dabei gar nichts. Die Bürokraten der intakt gebliebenen Verwaltungen, auf deren Hilfe Jelzin notgedrungen nicht verzichten konnte, bogen alles ab, was nach weiteren Reformmaßnahmen aussah.

Sergej Kowaljow, der sich hoffnungsvoll in Jelzins Gefolgschaft eingereiht und den Jelzin seinerseits zum Menschenrechtsbeauftragten der Regierung erkoren hatte, um ihn so vor allem im Ausland als Aushängeschild zu benutzen, gibt in seinem Buch einige Anschauungsbeispiele dafür, mit welchen Finten und Finessen die Bürokraten den in Verwaltungsdingen unerfahrenen Intellektuellen ein Schnippchen nach dem anderen schlugen: »Ich erinnere mich zum Beispiel an die geradezu kafkaeske Geschichte, als Jelzin Ende 1991 Golowkow, einen Reformer, zum Leiter des Regierungsapparates ernannte. Als dieser sein Amt antreten wollte, stellte sich heraus, daß der entsprechende Erlaß des russischen Präsidenten verlorengegangen war. Er blieb auch verloren und war absolut nicht aufzufinden. Daraufhin unterschrieb Jelzin ein zweites Mal eine entsprechende Verfügung. Und – was für ein Pech! – auch diese war nicht aufzufinden. Zu guter Letzt ›entdeckte‹ der erste

Gehilfe des Präsidenten, Iljuschin, den Präsidentenerlaß unter seinen Papieren. Golowkow konnte nun seinen Posten antreten – allerdings mit zweimonatiger Verspätung. Ja, und inzwischen waren natürlich alle Schlüsselposten im Regierungsapparat schon besetzt worden – ganz ohne sein Zutun.«[5]

Kowaljow beobachtete von 1990 bis 1996, wie die anfänglich vorhandene Mannschaft qualifizierter Spezialisten in der Umgebung des Präsidenten immer mehr zusammenschrumpfte und sich zu einer Gefolgschaft hin verschob, die von Jelzins nach Moskau mitgebrachten früheren Adlaten aus seinen alten Zeiten in Swerdlowsk ausgewählt wurde. Die Erledigung besonders heikler Fragen bestand bei dieser alten Garde vornehmlich darin, sie unter den Teppich zu kehren. »Leider stellte sich heraus, daß es Jelzin nicht einmal in seinen besten Jahren gelang, sich von seinen eigenen Nomenklatura-Reflexen freizumachen. Als dann die Wirtschaftsreform, anstatt unverzüglich Früchte zu tragen, wie er naiverweise gehofft hatte, in eine qualvolle Dauerkrise überging und als die Justizreform auf den einhelligen Widerstand der Behörden stieß, da griff er auf das zurück, was seine lange Parteikarriere ihn gelehrt hatte – sich auf die persönliche Ergebenheit seiner Mitarbeiter zu stützen. Alles andere war für die neue Nomenklatura nur noch eine Frage der Technik und der Zeit. Es genügte, die Verwaltung des Präsidenten von Reformern zu säubern ... Nachdem der Apparat dann anschließend seine Homogenität und Identität wiederhergestellt hatte, konnte er jeglichen neuen Anschlag auf seine Interessen abwehren – jedenfalls bis zu den nächsten Präsidentenwahlen.«[6]

Als die Präsidentenwahlen für 1996 anstanden, war die russische Armee noch immer mit der 1994 militärisch wie aus dem Nichts heraus begonnenen Offensive in Tschetschenien beschäftigt. In dieses Abenteuer war Jelzin zu nicht geringen Teilen durch die Illusion der Militärs, sie könnten Grosny im Handstreich nehmen, hineingeschlittert. Bei der Bevölkerung hatte Jelzin inzwischen allen Kredit verspielt. Sjuganow und nach ihm Shirinowski und Jawlinski standen aussichtsreicher da. Nicht genug, daß das mörderische Desaster in Tschetschenien Jelzins Gewissen nicht aufzurütteln vermochte, weit gefehlt – die ewigen, allgemeingültigen menschlichen Werte und die Gebote *Du sollst nicht töten* und *Liebe deinen Nächsten,* »die ethischen Prinzipien, die uns helfen, auch in der kritischsten Situation standhaft zu bleiben«, kamen ihm keineswegs in Erinnerung. Statt dessen spielte er mit dem Gedanken, die Wahlen zu verschieben. Erst als in entsprechenden Beratungen mit der Armee der Oberkommandierende von diesem Schritt in Richtung Diktatur abriet, weil er den ohnehin arg angeschlagenen Ruf der Streitkräfte nicht durch Unterstützung eines solchen Verfassungsbruchs endgültig ruiniert sehen wollte, gab Jelzin die Pläne wieder auf.

Zum Verständnis der Vorgeschichte des ersten Feldzugs gegen die Tschetschenen muß man sich vor Augen halten, daß bei der Bevölkerung in Moskau die Händler aus dem Süden, »die Schwarzen« – wie man sie in Bausch und Bogen bezeichnete –, besonders verhaßt waren, weil sie nicht nur auf den Lebensmittelmärkten die Gewinne einkassierten, sondern den Schwarzmarkt überhaupt dominierten und als führende Rauschgifthändler galten. Viele von ihnen waren Tschetschenen. Jelzin konnte nur froh darüber sein, wenn den Kaukasiern schlechthin, besonders aber den Tschetschenen die Schuld für die miserablen Zustände in Wirtschaft und Gesellschaft zugeschoben wurde. Damit hatte er nämlich einen Sündenbock für seine eigenen Versäumnisse gefunden; und so suchte er sein Image dadurch aufzupolieren, daß er im Süden Rußlands für Ordnung zu sorgen versprach. Konnte wirklich eine Minderheit von einem Prozent im Kaukasus lebender Bürger Rußlands, keineswegs die Akteure des *big business,* daran schuld sein, daß ganz Rußland nicht vorankam? Das war zwar eine absurde Ausflucht in bezug auf das eigene Versagen, aber sie reichte aus, um einen Feldzug zu rechtfertigen. Es sollte ein Krieg von knapp zwei Jahren Dauer werden. An dessen Ende stand Rußlands Armee in einem ebenso schlechten Licht wie Jelzin als Person und mit ihm der gesamte russische Staat. Für die Wiederwahl Jelzins standen die Aussichten deshalb denkbar schlecht.

Was Jelzin noch einmal rettete, war die Manipulation des Wählerwillens mittels Einfluß und Macht der Oligarchen. Als die russischen Dollarmogule kalkulierten, wieviel sie zu verlieren hätten, wenn Sjuganow mit den Kommunisten an die Macht oder auch Shirinowski nach vorn käme, beschlossen sie, das politische Wrack Jelzin wieder aufzurichten und neu aufzutakeln. Und Jelzin – alle Moral längst über Bord geworfen – ging den Deal ein: Anatolij Tschubais, der clevere Privatisierungsspezialist der ersten Jahre, wurde ihm als Wahlkampfmanager verordnet. Dessen Plan war so simpel wie wirkungskräftig: In den Augen der Bevölkerung gab es neben dem Kommunistenführer Sjuganow und dessen Konkurrenten, Shirinowski und Jawlinskij, nur noch einen Mann, der in größerem Ausmaß Stimmen auf sich zu ziehen vermochte: Ex-General Alexander Lebed. Diesen Mann galt es so aufzubauen, daß er die Stimmen der Wähler in genügend großer Zahl auf sich und von Jelzins Konkurrenten abzog. Mit diesem manipulierten Splitten der Wählerstimmen ließ sich für Jelzin ein relativer Vorteil herbeiführen.

Gesagt, getan: Mit Hilfe gefügiger Journalisten der im Besitz der Oligarchen befindlichen Fernsehstationen wurde Lebed, der durch seine Kritik an dem militärischen Vorgehen in Tschetschenien von sich reden gemacht hatte, auf alle Bildschirme gebracht. Von sich aus hätte er keine Chance zu einem derart öffentlichkeitswirksamen Auftreten gehabt. So aber kam er groß heraus. Sjuganow hingegen sah sich von den gesteuerten Medien als wiedererstandener Stalin karikiert. Die Rechnung ging bestens auf. Lebed holte fast 15 Prozent der Stimmen. Jelzin lag bei 35 Prozent. Und Sjuganow mit seinen beachtlichen 32 Prozent fehlten folglich die Voten, die ihm zum Sieg verholfen hätten. Bevor es in die Endrunde der Stichwahlen ging, wurde Lebed – einem glänzend abgekarteten Spiel gemäß – von Jelzin zum Nationalen Sicherheitsberater ernannt, womit Lebed nunmehr offen mit Jelzin paktierte und ihm seine Stimmen brachte – und Jelzin setzte seine Präsidentschaft fort.

Nachdem Lebed für Jelzin in Sachen Tschetschenien die Kastanien aus dem Feuer geholt und als Mohr seine Schuldigkeit getan hatte, sich aber mit Forderungen nach einer neuen Wirtschaftspolitik zum Ärgernis für die Oligarchen entwickelte, wurde er von einem Tag auf den anderen gefeuert. Das erste Opfer der ganzen Affäre war zuvor freilich Jelzins Leibwächter Korschakow geworden. Tschubais hatte Jelzin die Pistole auf die Brust gesetzt und ihn gezwungen, sich entweder von Alexander Korschakow und dessen gefürchteter fünfter Kolonne *Alpha* und *Wega* zu trennen oder von den Oligarchen fallengelassen zu werden. Jelzin zahlte den Preis. Korschakow rächte sich auf seine Weise. Denn von welcher atemberaubenden Intriganz die Machtspiele Jelzins und seines Clans waren, hat dann Korschakow in einer Buchveröffentlichung enthüllt. Die zweihunderttausend Exemplare der Erstauflage waren in Moskau sofort vergriffen.

Sergej Kowaljow, der aus der Warte des früheren Dissidenten und des Menschenrechtsbeauftragten Rußlands zu Jelzin hielt, weil ihm Jelzin im Vergleich zu den Kommunisten als das kleinere Übel erschien, faßte sein Urteil über Jelzin in folgende Worte: »Zu Beginn der Tschetschenien-Krise stand für mich bereits fest, daß Jelzin nicht zum Anführer der demokratischen Umgestaltung im Lande geworden war. An der Spitze des Landes steht heute der ehemalige Erste Sekretär eines provinziellen Gebietskomitees der KPdSU, der sich von der kommunistischen Doktrin abgewandt und sie durch einen Kult des Etatismus und des Großmachtdenkens ersetzt hat. Ein Mensch, der sich immer weiter von der Realität entfernt, der immer häufiger seinen menschlichen – in einer anderen Situation durchaus verzeihlichen – Schwächen nachgibt. Ein Chef, der immer stärker von seiner – vorwiegend eigennützigen – Umgebung abhängt und immer weniger in der Lage ist, den Grad dieser eigenen Abhängigkeit zu erkennen. Ein Politiker, dessen moralische Prinzipien mit katastrophaler Geschwindigkeit verfallen.«

»Jetzt, da ich mich bemühe, die politische und menschliche Evolution Boris Nikolajewitsch Jelzins zu verstehen, erfaßt mich Ärger und Bedauern. Ich dachte immer daran, daß dieser Mann titanische Anstrengungen unternommen hat, um sich selbst zu ändern. Er hat sich eine gewaltige Verantwortung für das Land auf die Schultern geladen. Er hat mutige und schwere Entscheidungen getroffen und tragische Fehler gemacht. Wir wollen nicht vergessen: Einige Jahre lang hielt er gewaltigem Druck stand, und zwar mit bewundernswerter Standhaftigkeit. Als sich aber seinem Land konkret die Aufgabe stellte, sein Herrschaftssystem zu ändern – da zerbrach er und verlor alles, was er sich vordem erworben hatte.«[7]

Jelzin ist in seiner zweiten Amtszeit für die meisten Russen zu einem widerwärtigen Zeitgenossen geworden. Er hat gewissermaßen keine Gelegenheit ausgelassen, diesen Eindruck zu vertiefen. Seine Neigung zu Luxus, Prunk und einer Art monarchischer Hofhaltung, das Bedürfnis nach Wodka und Champagner, die gesundheitlichen Attacken, sein hochfahrendes Wesen mit der daraus resultierenden Unberechenbarkeit seiner Eingriffe in die Regierungspolitik, das alles zusammengenommen hat am Schluß seiner Präsidentschaft zu der Hektik geführt, mit der er ein halbes Dutzend Ministerpräsidenten ernannte und wieder absetzte. Die einzigen, die im Effekt mit Jelzins Regiment zufrieden sein konnten, waren die Oligarchen; ihr Geschäft blühte weiterhin. Womit sie sich nicht abfinden mochten, das war das Erscheinungsbild Jelzins, denn dieses forderte zu seiner Ablösung heraus. Würden sich die Oligarchen mit einem Nachfolger, wenn dieser Primakow oder Jawlinski hieß, wieder so erfolgreich arrangieren können wie mit Jelzin?

Spielte Jelzin mit dem Gedanken, sich ein drittes Mal wählen zu lassen? Wenn ja, so wäre es auch den besten Wahlmanagern und geschicktesten Propagandisten nicht gelungen, mit ihm noch einmal Staat zu machen. Den Oligarchen gelang es trefflich, Jelzins Abgang einzufädeln und den Aufstieg Wladimir Putins als seines Nachfolgers anzubahnen, der so, wie er damals ohne jede Hausmacht dastand, nur durch ihren Einfluß an die Macht gekommen ist und ihnen dafür im Gegenzug manchen Preis schuldig sein dürfte.

## Putin oder Wie es nicht gehen kann

Bis zum heutigen Tag wissen wir zuwenig von Wladimir Putin, um ihn persönlich und darüber hinaus Stil und Inhalt seiner Herrschaftsausübung im Kreml einschätzen zu können. Daß Rußland mit einem Mann an der Spitze, der mit Tschubais raffinierter Inszenierungskunst im Dienst oligarchischer Interessen an die Macht gekommen ist, auf den Weg einer politischen und wirtschaftlichen Gesundung kommen kann, ist sehr zu bezweifeln, wenn nicht sogar ausgeschlossen. Jelzins Clan wurde seit Jahren von den Leuten gesteuert, die an der Erhaltung des Status quo im Verhältnis von Staatsmacht zu Wirtschaftsimperien interessiert sind. Für sie darf der Staatsapparat nicht so mächtig werden, daß er diese Imperien kontrollieren und ihre Gewinne schmälern kann, gleichzeitig soll er aber stark genug sein, um das Volk davon abzuhalten, rebellisch gegen die Reichen aufzubegehren. Zur Durchsetzung dieses Interessenstandpunkts haben sie sich Putin erkoren; und zur Imagepflege dieses Mannes setzen sie das wirksamste Mittel ein, das die moderne Gesellschaft dafür zur Verfügung stellt, die Medien, voran die Kanäle des Fernsehens.

Putin ist zur Schlüsselperson einer oligarchisch manipulierten Herrschaft über Rußland geworden. In diesem Sinn ist er eine glänzende Wahl. Als ein Mann, der nicht einmal aus dem zweiten, sondern aus dem dritten oder vierten Glied der alten bürokratischen

Hierarchie heraus durch Protegie an die Spitze manövriert wurde, hat er sich bislang glänzend bewährt. Er wird klug genug sein, um zu wissen, daß er sich unter den gegebenen politischen Umständen in einem echten Wahlkampf um das Präsidentenamt nicht hätte durchsetzen können. Im Vergleich zu Konkurrenten wie Tschernenko und Jawlinskij waren seine Chancen höchst gering. Aus eigener Kraft wäre er nicht an die Spitze gekommen. Er hat bis vor zwei Jahren weder die Rückendeckung einer der etablierten Parteien besessen, noch eine beherrschende Stellung in einem der ausschlaggebenden Ministerien innegehabt, um öffentlich entsprechend zur Geltung zu kommen. Günstige Zufälle, Anatoli Sobtschaks Support in Sankt Petersburg und Tschubais' Protektion zugunsten eines Postens in Moskau, haben ihn nach vorn gebracht. Für den früheren Bürgermeister von Sankt Petersburg, Sobtschak, erwies sich Putin – angestammter Bürger dieser Stadt – mit seiner Erfahrung im Auslandsgeheimdienst des KGB als geeigneter Mann, die internationalen Kontakte der Sankt Petersburger zu überwachen und zu fördern. So brachte er es bis zum Posten eines Stellvertretenden Bürgermeisters. Danach hat ihm Tschubais eine Funktion im Kreml verschafft. Welche Rolle ihm zukam, als er die Leitung des SFB (des früheren KGB) in Moskau übernehmen durfte, wissen wir nicht. Anzunehmen, daß er sie sich bei seiner Ernennung selbst aussuchen konnte, ist bei der gegebenen Einflußnahme der Oligarchen auf den Jelzin-Clan absurd.

Putin hat sich sofort nach seiner Berufung zum Regierungschef und Jelzins Bekundung, er halte ihn für einen geeigneten Nachfolger, als disziplinierter Spieler und Mitinszenator in einem gut vorbereiteten Stück erwiesen: Für die Superreichen hätte zu diesem Zeitpunkt, als die Wahlkampfauseinandersetzungen um die Nachfolge im Präsidentenamt bevorstanden, nichts schädlicher sein können als eine lautstarke öffentliche Diskussion über die künftige wirtschaftliche Entwicklung. Sie wäre unvermeidlich zum Hauptgegenstand der Erörterung geworden, und deren Tenor wäre auf jeden Fall gewesen, daß der Betrug am Volk nicht so weitergehen dürfe. Ob man wollte oder nicht, es wären die drei wichtigsten Wurzeln des Übels zur Sprache gekommen. Sie liegen erstens in der Exportwirtschaft mit ihren unkontrollierbaren Dollareinnahmen, zweitens in der Schwäche der Staatsorgane gegenüber Steuerhinterziehungen von Großunternehmen wegen deren Barterbeziehun-

gen, d.h. den tauschwirtschaftlichen Abkommen, die keine steuerrelevanten Geldbeziehungen sichtbar werden lassen, und drittens in der Virulenz der Mafiaorganisationen, die ihr *schützendes Dach* – wie sie es nennen – überall in Rußland errichten, um jeden kleinen Geschäftsmann zu erpressen.

Jeder Präsidentschaftskandidat hätte zu diesen Themen Stellung nehmen müssen. Doch von der Erörterung der Korruption auf allen Ebenen wollten die Oligarchen tunlichst ablenken. Man durfte dieses Thema gar nicht erst aufkommen lassen. Putin hat diese Aufgabe glänzend gelöst. Mit dem zweiten Tschetschenien-Krieg verschaffte er der russischen Öffentlichkeit einen Beschäftigungsgegenstand, der alle anderen Diskussionsstoffe verdrängte. Ob sich dieser Gegenstand zufällig ergab oder eigens in Szene gesetzt wurde, wird eine spätere Geschichtsschreibung zu klären haben. Wie auch immer der Krieg in Gang kam, Putin hat ihn skrupellos führen lassen und zugleich propagandistisch schamlos genutzt. Die im Besitz der Reichen befindlichen und entsprechend manipulierten Medien haben Putin dabei unterstützt – und zum Erstaunen der ganzen Welt hat die russische Bevölkerung Putin dafür mehrheitlich noch Beifall gespendet.

Das zweite Thema, das neben der Erörterung der wirtschaftlichen Situation für weitere brisante Auseinandersetzungen hätte sorgen müssen und deshalb ebenfalls nicht aufkommen durfte, lieferten die angehäuften Verdachtsmomente für die straffällige persönliche Bereicherung Jelzins und seiner Familie. Damit dieses heikle Thema, das nur allzu viele Kreml-Interna ans Licht gebracht hätte, unter den Teppich gekehrt werden konnte, zahlte wiederum Jelzin den Preis eines wirkungskräftig aufgezogenen, vorzeitigen Rücktritts mit Amtsübergabe an Putin. Im Gegenzug hat ihn Putin in seiner ersten Amtshandlung unter den besonderen Schutz des russischen Staates gestellt. Damit wurde Jelzin die lebenslange Immunität gegenüber Strafverfolgung zugesichert. Das war ein geschickt eingefädelter Deal. Putin, der die delikate Parole »Diktatur des Gesetzes« als seine Handlungsmaxime verkündete, hat auch diesen Akt anstandslos erledigt.

Rußlands neuer Präsident, der sich gern als Judo-Sportler ablichten läßt, verleitet, so lange man nicht mehr von ihm weiß, mit diesem Image natürlich zu dem Gedanken, von der Sportart auf den Sportler selbst zu schließen. Beim Judo geht es darum, mit ge-

schickten, kraftvoll kleinen Griffen große Hebelwirkungen zu erzielen. Die Art und Weise, wie Putin das Amt okkupierte, gemahnt daran. Aus den vergleichsweise kleinen und dennoch spektakulär grausamen Anlässen, den Häusersprengungen und den Überfällen im dagestanisch-tschetschenischen Grenzgebiet, gelang es ihm, das große Grauen des Krieges in Tschetschenien in Gang zu setzen. Mit der winzigen Geste der Zuerkennung lebenslanger Immunität ist der Rauswurf des mächtigen Boris Jelzin bewirkt worden.

In Rußland wird Putin nach drei Richtungen hin eingeschätzt. Die einen sehen in ihm den geschulten KGB-Mann, von dem nichts anderes zu erwarten ist als das, was man mit dieser Institution immer assoziiert hat: Bedrohung, Überwachung, Unberechenbarkeit. Die anderen blicken auf ihn als jungen, disziplinierten, an Ordnung, Fortkommen und Ansehen Rußlands interessierten Mann, der keine herkömmlichen Klischees vertritt, sondern positiven Neuerungen gegenüber aufgeschlossen ist. Zwischen diesen pessimistischen und optimistischen Einschätzungen hat das Gros der Bevölkerung eine Haltung eingenommen, die in Putin, ohne nähere Anhaltspunkte dafür zu haben, alles hineinprojiziert, was sich zugunsten ihrer Lage auswirken könnte. Letzteres erklärt, warum eine eiligst ausgerufene Putin-Partei mit dem Namen *Einheit,* die bis heute über kein Programm verfügt, in den Duma-Wahlen mit mehr als 23 Prozent aufwarten und für die Präsidentschaftswahlen vom April 2000 eine zwar nicht satte, aber genügende Mehrheit zugunsten Putins mobilisieren konnte. Daß im Zuge wirtschaftlicher Erholung seit der einschneidenden Krise von 1998 inzwischen Renten und Löhne mit weniger Rückstand ausgezahlt werden, wirkte sich zusätzlich zu Putins Gunsten aus, wenngleich es mit seinem Wirken nichts zu tun hat.

Die wenigen Äußerungen Putins zu seinem künftigen politischen Kurs wecken Erinnerungen an die Zeit von Breschnew, während der das Militär und die Rüstungsindustrie den Ton angaben. Rüstungsbetriebe als Schrittmacher des wirtschaftlichen Aufschwungs nutzen und durch Rüstungsexporte Geld in die Staatkasse bringen zu wollen, wie Putin es angedeutet hat, heißt freilich, aus dem Niedergang nichts gelernt zu haben, dessen Ursachen nicht zu durchschauen und ihn für eine Folge unglücklicher Politik zu halten. Daß die ihres Ansehens beraubten Militärs versuchen, Putin dieses

einzureden, ist verständlich. Falsch ist es dennoch. Denn bei dem fehlenden agrarischen Unterbau der russischen Wirtschaft und der mangelnden industriellen Leistungsfähigkeit im zivilen Bereich kann sich von der Rüstungsindustrie aus keine allgemeine Besserung ergeben.

Putin sucht darüber hinaus, die Regionen Rußlands wieder unter striktere Kontrolle zu bringen. Einzelne Gouverneure haben sich in den letzten Jahren nämlich zu einer gewissen Eigenständigkeit gegenüber der Zentrale aufgeschwungen. Es ist ihnen dabei in ihrem Bereich gelungen, die Wirtschaft punktuell wieder zu beleben. Das hat Gewinne mit sich gebracht, an denen die Zentrale jetzt partizipieren möchte. Dafür hat Putin Verantwortliche ernannt, die aus Armee und SFB kommen, ohne daß der Rahmen ihres Handelns aus einem umfassenderen Programm heraus verständlich wird. Doch ohne ein artikuliertes und hinsichtlich seiner Umsetzung kontrollierbares Gesamtkonzept wird Rußland nicht auf einen Weg von Demokratie im Politischen und Prosperität im Ökonomischen zu bringen sein. Entsprechende Ausarbeitungen einer Kommission für strategische Fragen sind angekündigt. Die Überwindung des gezielten Einflusses der Oligarchen auf die Mannschaft im Kreml, wer auch immer dort Präsident sein mag, ist aber nicht in Sicht, und so werden selbst die besten Programme Makulatur bleiben. Putin zeigt vorläufig nur, wie es in Richtung auf Besserung nicht gehen kann, weil politische Macht, ökonomische Interessen und öffentliche Meinung wie in Zeiten der Herrschaft der kommunistischen Partei von einer einzigen Personengruppe bestimmt werden und undurchschaubar miteinander verflochten sind. Eine offene Gesellschaft ist seit dem Zusammenbruch des Kommunismus nicht entstanden; die Autokratie feiert fröhliche Urstände.

Wie abgehoben von der Realität sie agiert, zeigte sich an der Fehlreaktion beim Untergang des Atom-U-Bootes *Kursk* im August 2000, die in fataler Weise an das unbegreifliche Verhalten des Politbüros nach der Katastrophe von Tschernobyl erinnerte. Wie seinerzeit die erste ernste Erprobung von Gorbatschows neuem Kurs unter den Augen der Weltöffentlichkeit mißlang, so wußte sich auch Putin nicht der Aufgabe zu stellen, die sich für ihn bei diesem Unglück vor der russischen Gesellschaft ergab. Wenn es aber für ihn nicht möglich war, sich in einer derart eng begrenzten

Situation als Herr der Lage zu erweisen, wie mag es dann damit aussehen, wenn es die Folgen der Jahrhundertkatastrophe Rußlands, die Reste und fortwirkenden Konsequenzen von acht Jahrzenten politischen und wirtschaftlichen Fehlverhaltens zu korrigieren gilt?

## Wie es gehen könnte

Planwirtschaftliche Verformungen einer ganzen Volkswirtschaft wieder auf marktwirtschaftliche Verhältnisse zurück zu transformieren, ist nur dann ohne größere Schwierigkeiten möglich, wenn alle Beteiligten die marktwirtschaftlichen Spielregeln noch kennen und wenn die privatwirtschaftlichen Essentialien wie *Privateigentum*, sanktionierbares *Vertragsrecht* und Knappheiten anzeigendes *Geld* wenigstens noch rudimentär vorhanden sind. In der Sowjetunion Gorbatschows war das nicht mehr der Fall. Die Voraussetzungen waren deshalb für Rußland denkbar ungünstig. Es ging nicht um Rückkorrektur wie in Polen oder Ungarn und anderen ostmitteleuropäischen Staaten, sondern von Grund auf um Neubegründung und erstmalige Hervorbringung von Marktwirtschaft.

Marktwirtschaft – die auch unter politisch diktatorischen Verhältnissen möglich ist, wenngleich sie unter demokratischen Verhältnissen sicherlich besser gedeiht – kann nur funktionieren, wenn Angebot und Nachfrage, Produktion und Konsum, mit dem universellen Wertmaßstab des Geldes durch Preisbildung auf Märkten geregelt werden. Wenn das völlig neu organisiert werden muß, beginnt man am besten dort, wo Erwerbstüchtigkeit und Vermarktungswillen am innigsten mit den simpelsten Bedürfnissen der Menschen verknüpft sind, bei der Nahrung, der Landwirtschaft, den Bauernmärkten, der Verköstigung und Gastronomie und dem dazugehörigen Handel. Hier kennt sich jeder schnell aus. Angebot und Nachfrage erlangen dabei existentielle Erlebniskapazität.

Die Sowjetunion hätte für Reformen aus dem Agrarbereich heraus die günstige Ausgangslage gehabt, in den Kolchosen und Sowchosen sogleich ein Fünftel aller Arbeitskräfte zu erfassen. Hier hätte man das Privateigentum an Grund und Boden, an Ausrüstung und Vermögen einführen sollen, und zwar in Form privater Genossenschaften mit bezifferten Anteilen ihrer Mitglieder und geregel-

ten Prozeduren für den Eintritt in und den Austritt aus der Genossenschaft. Da es freie Bauernmärkte bereits gab, auf denen Angebot und Nachfrage eine gewisse Regulierungsfunktion besaßen, war hier der beste Ansatzpunkt gegeben. Dieser letzte, übriggebliebene Keim von freier Preisbildung existierte damals noch in einem Wirtschaftssystem, in dem alle anderen Preise festgeschrieben und durch staatliche Willkür völlig verzerrt waren. Das zu bewerkstelligende Kunststück mußte darin bestehen, diesen zarten Keim eines noch vorhandenen Preissystems zu pflegen, hochzuzüchten und von der landwirtschaftlichen Produktion aus auf angrenzende Bereiche auszudehnen.

Das läßt sich nur bewerkstelligen, wenn man schrittweise vorgeht und die Produktion sukzessive – keinesfalls auf einen Schlag – für Vermarktung freigibt. Für eine gewisse Übergangszeit hätte man sich eine dreifache Staffelung vorstellen können: Feste Preise für Landwirtschaftsprodukte, die dem Staat abzuliefern sind. Mittelfristig beständige, nach lokalen und regionalen Vereinbarungen gemäßigt variierbare Preise für Produkte zur gesicherten Versorgung des Kleinhandels. Freie Preise für einen Basisanteil an Produkten, der beliebig privat vermarktet werden darf. Demgemäß hätte es drei Kontingente von Landwirtschaftsprodukten gegeben, denen drei Typen von Preisen zugehören sollten. Dabei hätten sich die freien Preise jederzeit, die vereinbarten nur mittelfristig und die festen zunächst gar nicht ändern dürfen.

Die Zielsetzung des weiteren Reformprozesses hätte darin bestehen müssen, den Anteil der Güter mit freien Preisen auf Kosten des Anteils derer mit Vereinbarungspreisen und diesen auf Kosten des Anteils derer mit festen Preisen immer weiter auszudehnen, bis zuletzt die Festpreise verschwunden sein würden. Die zentrale Planung würde bei diesem Vorgehen zunächst einmal weiterbestehen, aber ihre Rolle reduzierte sich auf die Festsetzung der Kontingente und deren Veränderung zugunsten derer mit freien Preisen. Die Schlüsselrolle für Reformen spielte das mittlere Kontingent, das zu Vereinbarungspreisen abgegeben wird. Dieses Kontingent sollte Privaten und Genossenschaften eine mittelfristige Kalkulationssicherheit verschaffen, um sich sorgsam auf freie unternehmerische Tätigkeit im Umgang mit freien Märkten vorzubereiten. Geschützt durch eine gewisse Beständigkeit würde man bei leicht gebremster Wirtschaftsdynamik eine gewisse Schonzeit ausnutzen können, um

Sicherheit im Umgang mit Zulieferbetrieben und Handelspartnern zu erlangen und um sich auf freie Marktpreisschwankungen einzuüben. Jedem Mitglied von Genossenschaften müßte es gestattet sein, aus der Genossenschaft auszuscheren und im Gewerbe oder Handel Fuß zu fassen, wenn ihm das aussichtsreich erscheint. Auf diese Weise könnte Dynamik mit Mobilität verknüpft werden.

Ziel der Gewerbefreiheit wäre es, unter dem vorübergehenden Schutz des dreifachen Preissystems die Warenkontingente mit Festpreisen aus allen Branchen und Sparten der Wirtschaft langsam aber sicher zu verdrängen. Der Transformationsprozeß würde also von der kleinen auf die mittlere Industrie, von dieser auf die Maschinenbauindustrie, die Großindustrie und Rohstoffindustrie übertragen und so lange fortgesetzt, bis die Märkte im großen und ganzen der Preisbildung nach dem Muster von Angebot und Nachfrage gehorchten. Der Einführung des privaten Genossenschaftswesens im Agrarbereich könnte nach einiger Zeit die Einführung von Personengesellschaften und von Aktiengesellschaften in Industrie und Dienstleistungen korrespondieren. Neben diversen Marktformen würden sich also auch diverse Unternehmensformen herausbilden. Industrie und Dienstleistungen müßten ebenfalls eine Zeitlang mit einem dreifach gestaffelten Preissystem arbeiten.

In Zuge eines solchen Prozesses würden die bisherigen ministeriellen Planungsbürokratien immer mehr von Zuständigkeit und Arbeit entlastet und letztlich überflüssig werden. Diese Arbeitskräfte, die nur bürokratisch geschult und erfahren sind, wären ein geeignetes Arbeitspotential, um zur Tätigkeit für den Fiskus umgeschult zu werden. Sie könnten die Erhebung der Steuern vornehmen und die Finanzverwaltung der öffentlichen Hand übernehmen. Denn ohne eine geordnete Finanzverwaltung würde es niemals einen akkuraten staatlichen Einnahmen- und Ausgabensektor geben.

Wollte man ein System der abgewogenen Besteuerung von Wirtschaftstätigkeit in Gang bringen, dann verlangte das in allen Wirtschaftsbetrieben nach akkurater Buchhaltung. Damit wird eine Maßnahme bezeichnet, die vom ersten Tag der Einführung privater Unternehmenstätigkeit und garantierter Gewerbefreiheit an höchste Priorität genießen müßte. Ohne die konsequente Schulung der Bevölkerung durch ein Ausbildungs- und Berufsschulwesen, das Einnahmen-Ausgaben-Kalkulationen trainiert, mit anderen Wor-

ten, Bilanzbuchhaltung zu einem gängigen Wissen und Beruf macht, läßt sich die Überführung einer Planwirtschaft in eine Marktwirtschaft nicht bewerkstelligen. Denn eine unabdingbare Konsequenz der marktwirtschaftlichen Ordnung muß es auch sein, unrentable Unternehmen ermitteln und liquidieren zu können. Dazu gehört ein Wirtschaftsrecht unter Einschluß von Konkursrecht mit klaren Bestimmungen für Vergleiche und Konkursverfahren.

Mit der Zurückdrängung der Festpreise verschwände Geld als planwirtschaftliche Verrechnungseinheit – Katzenschwänze! – immer mehr zugunsten von Geld als Preisindikator. Geld würde echte Geldfunktion erlangen. Da man davon ausgehen darf, daß jeder Bürger, der diesen volkwirtschaftlich umfassenden Umformungsprozeß erlebt, mit seinen privaten Ausgaben vom ersten Tag an auf freien Märkten verkehrt, weil er Nahrungsmittel, Handwerkerleistungen und Haushaltsausstattungen einkauft, die freier Preisgestaltung unterliegen, findet ein Schulungsprozeß im Umgang mit Geld natürlich für immer mehr Menschen durch ständig rührigere marktwirtschaftliche Praxis statt. Das macht es auch leichter, eine gezielte Umschulung und Umsetzung der Beschäftigten aus dem Bereich der alten Staatsbürokratien, denen solches Denken beruflich nicht wenig Schwierigkeiten machen dürfte, in andere Dienstleistungsbereiche vorzunehmen – man denke allein an den Personalbedarf für den Auf- und Ausbau der höchst wichtigen Geld- und Kreditinstitute.

Vom Staat wäre eine Währungsreform verlangt, um zu *hartem Geld* zu kommen. Das bleibt als solches nur gesichert, wenn der Fiskus nicht für die chronischen Defizite von Wirtschaftsunternehmen einstehen muß, denen die Umstellung auf Rentabilität nicht gelingt – die Erbkrankheit von Planwirtschaften. Denn das Durchschleppen unrentabler Unternehmen erhöht laufend die Staatsverschuldung und diese beeinträchtigt die Geldwertstabilität. Wird aber die Geldwertstabilität zur kritischen Größe, dann vermindert das wiederum die Investitionsbereitschaft ausländischer Kapitaleigner; und so zeichnet sich ein Teufelszirkel ab. Für eine Volkswirtschaft von der Größe der sowjetischen oder heute der russischen ist aus diesem Teufelszirkel nur auszubrechen, wenn ein Klima der Rechtssicherheit geschaffen wird, in dem die Regeln der Wirtschaftlichkeit allen in gleicher Weise auferlegt sind.

Der Zeitaufwand, den ein wohlerwogener, dennoch zügig durch-

zuführender Transformationsprozeß erfordert, ist eine schwer zu kalkulierende Größe. Bei der gegebenen Erwartungshaltung der Bevölkerung darf deren Geduld nicht übermäßig auf die Probe gestellt werden. Es darf aber auch keine Hektik entstehen. Der russische Übereifer, in ein bis zwei Jahren eine über siebzig Jahre hinweg planwirtschaftlich geführte Ökonomie, in der nicht einmal mehr die planwirtschaftlichen Prinzipien funktionstüchtig waren, auf Marktwirtschaft umzustellen, war vom ersten Tag an zum Scheitern verurteilt. Aus diesem Scheitern nichts gelernt zu haben und heute über eine die Führung beeinflussende Oberschicht zu verfügen, die dieses Scheitern zu ihrer persönlichen Bereicherung nutzt, beantwortet die Frage, warum Rußland nicht vorankommt.

Jahrzehnte des Irrwegs waren nicht binnen kurzer Frist wiedergutzumachen. Die Idee, das gesamte System ohne buchhalterische Rechenhaftigkeit, ohne funktionierendes Geldsystem, ohne existierende Finanzverwaltung, von seiten einer waghalsig operierenden Staatsführung mit einer Staatsbürokratie bar jeder Kenntnis marktwirtschaftlicher Funktionszusammenhänge auf Marktwirtschaft umstellen zu können, war utopisch. Der Beifall, den der Westen bei diesem Experiment spendete, ging von Unkenntnis der Verhältnisse aus, die Schützenhilfe, welche die renommiertesten Finanzinstitutionen dieser Welt dabei geleistet haben, war im Effekt dilettantisch.

Wenn der heutige Präsident Putin seine Regierungsmaxime als »Diktatur des Gesetzes« bezeichnet, so kann das nur das Fürchten lehren. Per Gesetz sind im 20. Jahrhundert auf dem weiten Erdenrund nur allzu viele Menschen umgekommen, in Sowjetrußland nicht die wenigsten. Was Rußland für das 21. Jahrhundert benötigt, ist Recht und Gewaltenteilung mit dem Blick auf die rechtliche Gleichheit aller seiner Bürger und ein hohes Maß rechtlicher Gesinnung bei seiner Führung.

# Nachbemerkung

Vor zwei Jahren begann ich mit dem Schreiben dieses Buches. Ich wollte mir Klarheit darüber verschaffen, warum ich trotz vieler erhellender Informationen manchen Berichterstattungen und Kommentaren zur Lage und Entwicklung in Rußland nicht zustimmen konnte, vor allem aber, um zu verdeutlichen, welche Aspekte ich vermißte.

Zahlreiche Themen wurden bei dieser Gelegenheit mit Freunden und Kollegen diskutiert, deren Anregungen, Nachfragen und Zweifel sich bei der Formulierung als sehr hilfreich erwiesen. In erster Linie möchte ich Marlene P. Hiller danken, die – im Fach erfahren, als Editorin geübt – nicht nur im Gespräch den Gedankengängen mit einer wohltuenden Mischung aus Geduld und Scharfsinn begegnete, sondern auch dem Text selbst eine energische Kontrolle angedeihen ließ. Wo es dennoch an Klarheit fehlt, liegt es an mir, weil mir an vielen Stellen mehr durch den Kopf ging, als ich sprachlich zu fassen vermochte.

Mit Wolfgang Leonhard hätte ich mich gern intensiver über den Text unterhalten, dem er an wichtigen Punkten wieder einmal Präzision verschafft hat; ich benutze diese Gelegenheit, ihm für die Fülle von Informationen zu danken, die er mir schon in früheren Zeiten der Rußlandbeschäftigung in vielen Stunden Manderscheider Gespräche aus seiner stupenden Sachkenntnis heraus zuteil werden ließ. Peter Krupnikow hat mit Scharfblick und hohem Sachverstand, gesättigt von Erfahrungen im Umgang mit dem System, zu einer Fülle verfeinernder Korrekturen verholfen. Die langjährige Sekretärin Lew Kopelews, Maria Klassen, hat hilfreiche Anmerkungen eingebracht. Siegfried Karpowitz, der bewährte Mitarbeiter aus den Zeiten der *Enzyklopädie*, wußte seinen Stift für nicht zu missende Nachträge einzusetzen.

Günter D. Haase, mit dem ich 1993 eine abenteuerliche Off-

Road-Expedition durch die Trümmerlandschaft der Nachfolgestaaten der Sowjetunion machte, frischte die Erinnerung an einige Details der IBM-Zeit auf. Die ökonomisch-theoretischen Passagen vor allem des sechsten Kapitels hat Aloys Schwietert dankenswerter Weise auf die Balance von erwünschter fachlicher Stimmigkeit und allgemeiner Verständlichkeit hin abzuwägen geholfen. Joachim Schröder hat eine frühe Fassung gelesen und seine Bemerkungen dazu eingebracht. Und schließlich hat meine Frau nicht nur den dringend benötigten Trost gespendet, wenn Windows wieder einmal seine Eigenwilligkeit bekundete, sondern auch mit Fleiß immer wieder neue Fassungen in die rechte Fasson gebracht. Kurzum, ich habe eine Menge an Hilfe erhalten. Ulrich Volz, der Verlagslektor, hat seinen Druck mit sanfter Beharrlichkeit ausgeübt und sich dann der restlichen Unstimmigkeiten angenommen.

So bleibt denn zu sagen, daß alles, woran es jetzt noch mangelt, auf mein Konto zu schreiben ist. Schließen möchte ich diese Bemerkungen mit einer ausdrücklichen Respektbekundung vor den akademischen Kollegen in Moskau, die ich zwar nicht persönlich kenne, deren neueste Arbeiten in den Archiven heute aber für jeden, der sich mit Rußland befaßt, eine unschätzbare Hilfe sind, weil sie immer mehr Licht in das dunkle Kapitel bringen, das die Geschichte des Jahrhunderts so maßgeblich bestimmt hat.

*CDK*

# Anhang

## Anmerkungen

### Kapitel II: Wie reformiert man ein System?

1 Gorbatschow S. 201
2 Gorbatschow S. 228-231
3 Schewardnadse 1991 S. 328-331
4 Gorbatschow S. 13 u. 15
5 Gorbatschow S. 256

### Kapitel III: Systemvergleiche

1 Gorbatschow S. 230
2 Gorbatschow S. 45
3 Gorbatschow S. 533
4 Schwartz S. 5
5 Gorbatschow S. 228
6 Gorbatschow S. 228
7 Gorbatschow S. 323
8 Gorbatschow S. 308 f.
9 Gorbatschow S. 204
10 Lih S. 11
11 Prozeßbericht S. 676
12 Lih S. 31

### Kapitel IV: Abschied vom Rest der Welt

1 Gorbatschow S. 543
2 Gorbatschow S. 548
3 Lenin, Werke Bd. 32 S. 174
4 Gorbatschow S. 290
5 Ascherson S. 278 f.
6 Arbatow 1993 S. 101
7 Arbatow 1993 S. 102
8 Arbatow 1993 S. 251
9 Arbatow 1993 S. 251
10 Leonhard 1994 S. 64
11 Gorbatschow S. 187
12 Gorbatschow S. 433
13 Gorbatschow S. 329
14 Gorbatschow S. 328
15 Arbatow 1993 S. 238
16 Arbatow 1993 S. 261
17 Ligatschow S. 215 ff.
18 Ellmann, Kontorovich S. 204
19 CIA, The Soviet Weapons Industry S. 3
20 Ligatschow S. 216
21 Antonow, Marinin, Walujew S. 112-139
22 Schewardnadse, Gurkow, Eichwede S. 23

### Kapitel V: Chefkonstrukteure des Systems

1 Lih S. 199
2 Leonhard, Dreispaltung S. 57-68
3 Lih S. 244
4 Sinjawskij S. 146
5 Yakovlev S. 86-89
6 Albrecht, Nikuta S. 122-130
7 Yakovlev S. 441
8 Yakavlev S. 185
9 Yakovlev S. 166
10 Holloway S. 86
11 Werth S. 925
12 Holloway S. 211
13 Sachachow S. 130
14 Sachachow S. 188, 215
15 Sachachow S. 151
16 Tschertok S. 10
17 Albrecht, Nikuta S. 67 ff.
18 Albrecht, Nikuta S. 45 f.

### Kapitel VI: Gigantomanie und technologischer Todesfall

1 Treml S. V
2 Wiles 1971 S. 339 ff.

3 Hardt 1967; Green, Higgins S. XVIII
4 Hardt 1967 S. 91 f.
5 Sacharow S. 245
6 Gorbatschow S. 292
7 CIA (ER) 74-64
8 Wiles 1988 S. 112-152
9 Treml 1981 S. 81 u. 20 f.; Gorbatschow S. 328
10 CIA SR 81-10005 S. 8
11 CIA SOV 90-10038 S. 188
12 Dmitri, Steinberg 1990
13 Gorbatschow S. 368 f.
14 Schewardnadse S. 85
15 Gromyko S. 514
16 Schewardnadse S. 154
17 Schewardnadse S. 154 f.
18 CIA; Fischer S. 111

**Kapitel VII:
Dissens und Samisdat**

1 Eckermann, ed. Michel S. 455
2 Hegel, Briefe, Hrsg. Hoffmeister Bd. 1, S. 120
3 Chlennjuk S. 57
4 Lih S. 231
5 Lih S. 212
6 Dahlmann, Hirschfeld S. 304
7 Kopelew 1977 S.S. 48 f.
8 Schewardnadse S. 321
9 Forum I, 1 S. 137 ff.
10 Sacharow S. 106
11 Sinjawskij S. 339
12 Kowaljow S. 108
13 Nekritsch/Haupt S. 185
14 Kowaljow S. 106
15 Sacharow S. 42-47
16 Arbatow 1993 S. 297
17 Kowaljow S. 107

**Kapitel VIII:
Das Ende des letzten Kolonialreichs**

1 dazu Lehrbuch von Tulpanow
2 Stalin, Werke Bd. 5, S. 45-52
3 Gorbatschow S. 475 f.
4 Gorbatschow S. 475
5 Tschernajew S. 326 f.
6 Yakovlev S. 270 f.
7 Grigorenko S. 562
8 Medwedjew 1980 S. 47-50
9 Jelzin 1990 S. 8
10 Chasbulatow S. 170-184

**Kapitel IX:
Der Weg in die falsche Zukunft**

1 Jelzin 1990 S. 276 f.
2 Jelzin 1990 S. 276
3 Jelzin S. 15
4 Sacharow S. 850
5 Kowaljow S. 128
6 Kowaljow S. 130
7 Kowaljow S. 131

## Zitierte und weiterführende Literatur

*Berücksichtigt wird zitierte, benutzte und weiterführende Literatur. Zeitschriftenbeiträge sind nicht aufgenommen, ebensowenig russische Titel, von denen keine Übersetzungen vorliegen. Differenzen in der Schreibweise der Namen gegenüber dem Text und dem Personenverzeichnis erklären sich aus publizierten Vorlagen.*

**Äslund, Anders:** Economic Transformation in Russia. London 1994
– Gorbachev's Struggle for Economic Reform: The Soviet Reform Process, 1985–1988. London 1989
**Albaz, Jewegenija:** Geheimimperium KGB. Totengräber der Sowjetunion. München 1992
**Albrecht, Ulrich; Nikutta, Randolph:** Die sowjetische Rüstungsindustrie. Opladen 1989
**Albrecht, Ulrich; Heinemann-Grüder, Andreas; Wellemann, Arend:** Die Spezialisten. Deutsche Naturwissenschaftler und Techniker in der Sowjetunion nach 1945. Berlin 1992
**Antonov, Aleksandr:** Sowjetisch-russische Atom-U-Boote: Gefahr aus der Tiefe. Berlin 1998
**Arbatov, Georgij A.:** Das System. Ein Leben im Zentrum der Sowjetpolitik. Frankfurt am Main 1993
– Der sowjetische Standpunkt. Über die Westpolitik der UdSSR. München 1981
**Arbatov, Georgij A.; Chayes, Abram et al.:** Managing Conflict in the Former Soviet Union. Cambridge, Mass. 1997
**Ascherson, Neal:** Schwarzes Meer. Berlin 1996

**Badash, Lawrence:** Kapiza, Rutherford and the Kremlin. New Haven, Conn. 1985
**Baddeley, John F.:** The Russian Conquest of the Caucasus. (orig. 1908) Reprint: Richmond 1999
**Bailes, Kendall:** Technology and Society under Lenin and Stalin: Origins of the Soviet Technical Intelligentsia. Princeton, N.J. 1978
**Bakatin, Wadin:** Im Innern des KGB. Frankfurt am Main 1992
**Barwich, Heinz:** Das rote Atom. München 1967
**Bennigsen, Alexandre:** Soviet Strategy and Islam. Basingstoke 1989
– Le Soufi et le commissaire: les confréries musulmanes en URSS. Paris 1986
– Islam in the Soviet Union. London 1967
**Bergson, Abram:** Soviet Post-War Economic Development. Uppsala 1974
**Bergson, Abram; Levine, Herbert (eds.):** The Soviet Economy: Toward the Year 2000. Boston 1983

**Borcke, Astrid von:** Unsichtbare Weltmacht KGB. Neuhausen bei Stuttgart 1989
– KGB, die Macht im Untergrund. Neuhausen bei Stuttgart 1987
**Botti, Timothy J.:** Ace in the Hole: Why the United States did not use Nuclear Weapons in the Cold War, 1945 to 1965. Westport, Conn. 1996
**Bowlt, John E.:** Laboratory of Dreams: The Russian Avantgarde and Cultural Experiment, ed. by John E. Bowlt and Olga Matich. Stanford, Calif. 1996
**Buskov, Valentin:** Der innere Konflikt Tadschikistans als regionales Sicherheitsproblem, hrsg. vom Bundesinstitut für Ostwissenschaftliche und Internationale Studien. Köln 1996

**Chasbulatov, Ruslan:** The Struggle for Russia: Power and Change in the Democratic Revolution. London 1993
**Chlevnjuk, Oleg V.:** Das Politbüro: Mechanismen der politischen Macht in der Sowjetunion der dreißiger Jahre. Hamburg 1998
**(Chruschtschow, Nikita) / Strobe Talbott (Hrsg.):** Chruschtschow erinnert sich. Hamburg 1971
**CIA:** The 1969 Soviet Defense Budget. SR IM 69-2. January 1969
– The 1970 Soviet Defense Budget in Perspective: Trends in Spending for Defense and Space since 1960. SR IM 70-1. January 1970
– Treatment of Defense Outlays in Soviet National Income Statistics. ER IR 71-021. July 1971
– Soviet Expenditures for Defense and Space Programs, 1962–1971. SR IM 71-5. March 1971
– Soviet Defense Expenditures, 1963 – 1972. SR IM 72-7. March 1972
– Comparison of Soviet and U.S. Defense Activities. SR IR 73-12. August 1973
– Estimated Defense Spending in Rubles, 1970–1975. SR 76-10121. May 1976
– Estimated Soviet Defense Spending. Trends and Prospects. SR 78-10121. June 1978
– SOVSIM: A Model of the Soviet Economy. ER 79-10001. February 1979
– Simulations of Soviet Growth Options to 1985. ER 79-10131. March 1979
– Soviet and U.S. Defense Activities, 1971–1980. A Dollar Cost Comparison. SR 81-10005. January 1981
– Soviet Naval Ship Maintenance. SR 81-10048. April 1981
– USSR: Economic Projections, 1982–1990. SOV 82-10127. September 1982
– A Comparison of Soviet and U.S. Defense Activities, 1972–1981. SOV 83-10035. February 1983
– Soviet Defense Spending – Recent Trends and Future Prospects. SOV 83-10135 CX. July 1983
– USSR: Economic Projections through 1990 – A New Look. SOV 84-10017. March 1984

– A Comparison of Soviet and U.S. Defense Activities, 1976–1985. SOV 86-10028. May 1986
– Gorbachev's Modernization Program: Implications for Defense. SOV 86-0150 10030. March 1986
– The Soviet Weapons Industry: An Overview. DI 86-10016. September 1986
– A Guide to Monetary Measures of Soviet Defense Activities. SOV 87-10069. November 1987
– A Comparison of Warsaw Pact and NATO Defense Activities, 1976-1986. SOV 87-10077/EUR 87-10032. December I987
– Projecting Soviet Military Forces and Weapons Procurement. SOV 87-10066. November 1987
– The Costs of Soviet Involvement in Afghanistan. SOV 87-10007. February 1987
– The Soviet Defense Industry – Coping with the Military-Technological Challenge. SOV 87-10035 DX. July 1987
– A Guide to Monetary Measures of Soviet Defense Activities. SOV 87-10069. November 1987
– A Comparison of Soviet and U.S. Defense Activities, 1973–1980. SOV 88-10052. July 1988
– Measuring Soviet GNP: Problems and Solutions. SOV 90-10038. September 1990
– Assessments of the Soviet Union: The Record Versus the Charges. CIS 96-001. May 1996
– At Cold Wars End. US Intelligence on the Soviet Union and Eastern Europe, 1989–1991. Washington D.C. 1999

**Cikov, Vladimir:** Perseus: Spionage in Los Alamos. Berlin 1996

**Cochran, Thomas B; Norris, Robert S.; Bukharin, Oleg A.:** Making the Russian Bomb: From Stalin to Yeltsin. Boulder, Colo. Oxford 1995

**Colton, Timothy J.:** The Dilemma of Reform in the Soviet Union. New York 1984
– Patterns in Post-Soviet Leadership. edited by Timothy J. Colton and Robert C. Tucker. Boulder 1995

**Colton, Timothy J.; Gustafson, Thane (eds.):** Soldiers and the Soviet State: Civil-Military Relations from Brezhnev to Gorbachev. Princeton, N.J. 1990

**Conquest, Robert:** Der große Terror: Sowjetunion 1934–1938. München 1992

**Cox, Terence M.:** Rural Sociology in the Soviet Union. Its History and Basis Concepts. London 1979

**Dahlmann, Dittmar; Hirschfeld, Gerhard (Hrsg.):** Lager, Zwangsarbeit, Vertreibung und Deportation. Dimensionen der Massenverbrechen in der Sowjetunion und in Deutschland 1933 bis 1945. Essen 1999

**Drobizeva, Leokadija M.:** Ethnic Conflict in the post-Soviet World: Case Studies and Analysis. Armonk, N.Y. 1996

**Ellman, Michael; Kontorovitch, Vladimir:** The Destruction of the Soviet Economic System. Armonk, N.Y. und London 1998
**Erlich, Victor:** Modernism and Revolution: Russian Literature in Transition. Cambridge, Mass. 1994

**Feshbach, Murray:** Atlas »Okruzajuscaja sreda i zdorov'e naselenija Rossii«. Environmental and Health Atlas of Russia. Moskva. Izdat. PAIMS, 1
- Ecological Disaster: Cleaning up the hidden Legacy of the Soviet Regime. New York 1995
- Ecocide in the USSR: Health and Nature under Siege. New York 1992
- Workshop on National Security Issues. National Security Issues of the USSR. Dordrecht 1987

**Firth, Noel E.; Noren, James H.:** Soviet Defense Spending. A History of CIA Estimates, 1950–1990. Texas 1998

**Gaddis, John Lewis:** We now know: Rethinking Cold War history. Oxford 1997
- The United States and the End of the Cold War: Implications, Reconsiderations, Provocations. Oxford 1992

**Galeotti, Mark:** Afghanistan: The Soviet Union's Last War. London 1995
- The Age of Anxiety: Security and Politics in Soviet and post-Soviet Russia. London 1995

**Garthoff, Raymond L.:** Soviet Relations and the End of the Cold War. Washington, D.C. 1994
**Gelman, Harry:** The Brezhnev Politburo and the Decline of Detente. Ithaka, N.Y. 1984
**Getty, John A.:** Stalin and the Self-destruction of the Bolsheviks, 1932–1939. New Haven, Conn. 1999
**Ginsburg, Alexander:** Weißbuch in Sachen Sinjawskij/Daniel. Frankfurt am Main 1966
**(Goethe) / Christoph Michel (Hrsg.):** Johann Peter Eckermann, Gespräche mit Goethe. Frankfurt am Main 1999
**Gorbatschow, Michail:** Erinnerungen. Berlin 1995
**Green, Donald W.; Higgins, Christophe I.:** SOVMOD I. A Macroeconomic Modell of the Soviet Union. New York 1977
**Gregory, Paul R.:** Before Command: An Economic History of Russia from Emancipation to the First Five-Year Plan. Princeton 1994
- The Institutional Background of the Soviet Enterprise: The Planning Apparatus and the Ministries. (Berichte des Bundesinstituts für Ostwissenschaftliche und Internationale Studien) Köln 1989
- Russian National Income: 1885–1913. Cambridge 1982
- Socialist and Nonsocialist Industrialization Patterns: A Comparative Appraisal. New York 1970

**Goytisolo, Juan:** Landschaften eines Krieges: Tschetschenien. Frankfurt am Main 1996

**Grigorenko, Pjotr:** Erinnerungen. München 1981

**Gromyko, Andrej:** Erinnerungen. Düsseldorf 1989

**Hammond, Grant T.:** Plowshares into Swords: Arms Races in International Politics; 1840–1991. Columbia, S.C. 1993

**Hardt, John P.; McMillan, Carl H. (eds.):** Planned Economies Confronting the Challenges of the 1980s. Cambridge 1980

**Hardt, John P. et al. (eds.):** Mathematics and Computers in Soviet Ecoomic Planning. New Haven 1967

**Hayit, Baymirza:** Berichte und Forschungen über Turkestan. Köln 1997

**(Hegel) / Johannes Hoffmeister (Hrsg.):** Briefe von und an Hegel. Band 1. Hamburg 1952

**Heinrich, Hans-Georg:** Der zerbrechliche Riese. Rußland heute. Wien 1994

**Hewett, Ed A.:** Reforming the Soviet Economy. Equality versus Efficiency. Washington, D.C. 1988

**Hobsbawm, Eric J.:** Industrie und Empire. Britische Wirtschaftsgeschichte seit 1750. Frankfurt am Main 1969

**Holloway, David:** New Stalin and the Bomb: The Soviet Union and Atomic Energy; 1939–1956. New Haven 1994

**Jakovlev, Aleksandr N.:** The Fate of Marxism in Russia. New Haven, Conn. und London 1993

**Jelzin, Boris:** Auf des Messers Schneide: Tagebuch des Präsidenten. Berlin 1994

– Aufzeichnungen eines Unbequemen. München 1990

**Jöhr, Walter Adolf:** Zum Rüstungswettlauf in der Nachkriegsepoche: Die Circuli vitiosi der nuklearen Aufrüstung der Supermächte. Bern 1987

**Joint Economic Committee:** Soviet Economic Prospects for the Seventies. Ed. by John P. Hardt. Washington 1973

– Soviet Economy in a New Perspective. Ed. by John P. Hardt. Washington 1976

– Soviet Economy in the 1980s: The Problems and the Prospects. Ed. by John P. Hardt. Washington 1982

**Kantorovich, Leonid V.:** Essays in Optimal Planning. New York 1976

**Keep, John L. H.:** Power and the People: Essays on Russian History. Boulder, Colo. 1995

– Last of the Empires : A History of the Soviet Union; 1945–1991. Oxford 1995

**Kokh, Alfred:** The Selling of the Soviet Empire. Politics and Economics of Russia's Privatization. New York 1998

**Kolarz, Walter:** Die Nationalitätenpolitik der Sowjetunion. Frankfurt am Main 1956

**Kopelew, Lew:** Verbietet die Verbote. In: Moskau auf der Suche nach der Wahrheit. Hamburg 1977
- Aufbewahren für alle Zeit. München 1979
- Und schuf mir einen Götzen. Lehrjahre eines Kommunisten. München 1981
- Tröste meine Trauer. Autobiographie 1947–1954. Hamburg 1981

**Kotkin, Stephen:** Magnetic Mountain: Stalinism as a Civilization. Berkeley 1995
- Steeltown, USSR: Soviet Society in the Gorbachev Era. Berkeley 1991

**Kowaljow, Sergej:** Der Flug des weißen Raben. Von Sibirien nach Tschetschenien: Eine Lebensreise. Berlin 1997

**Kremencov, Nikolaj:** Stalinist Science. Princeton, N.J. 1997

**Krüßmann, Thomas M.:** Privatisierung und Umstrukturierung in Rußland: Zur Rolle des Rechts als Instrument struktureller Wirtschaftsreform im Übergang zur Marktwirtschaft. Berlin, 1998 zugleich Passau, Univ. Diss. 1997.

**Landes, David, S.:** Der entfesselte Prometheus. Technologischer Wandel und industrielle Entwicklung in Westeuropa von 1750 bis zur Gegenwart. Köln 1973

**Lapidus, Gail Warshofsky:** State and Society in the Soviet Union, Boulder, Colo. 1995
- The New Russia: Troubled Transformation. Boulder, Colo. 1995
- From Union to Commonwealth: Nationalism and Separatism in the Soviet Republics. Ed. by Gail W. Lapidus; Victor Zaslavsky; Philip Goldman. Cambridge 1992

**Leonhard, Wolfgang:** Spiel mit dem Feuer: Rußlands schmerzhafter Weg zur Demokratie. Bergisch Gladbach 1996
- Die Reform entläßt ihre Väter: Der steinige Weg zum modernen Rußland. Stuttgart 1994
- Spurensuche: 40 Jahre nach Die Revolution entläßt ihre Kinder. Köln 1992
- Der Schock des Hitler-Stalin-Paktes. München 1989
- Dämmerung im Kreml. Stuttgart 1984
- Die Dreispaltung des Marxismus: Ursprung und Entwicklung des Sowjetmarxismus, Maoismus und Reformkommunismus. Düsseldorf 1970

**Lewytzkyj, Borys:** Die Rote Inquisition: Die Geschichte der sowjetischen Sicherheitsdienste. Frankfurt am Main 1967

**Lieberman, Sanford R. et al. (eds.).:** The Soviet Empire Reconsidered: Essays in Honor of Adam B. Ulam. Boulder, Colo. 1994

**Ligachev, Yegor:** Inside Gorbachev's Kremlin. Boulder, Colo. 1990

**Lih, Lars T.; Naumow, Oleg; Chlewnjuk, Oleg (Hrsg.):** Stalin. Briefe an Molotow 1925–1936. Berlin 1996

**MacGwire, Michael:** Perestroika and Soviet National Security. Washington, D.C. 1991

**Maddox, Robert James:** Weapons for Victory: The Hiroshima Decision Fifty Years Later. Columbia, Miss. 1995

**Malia, Martin:** Vollstreckter Wahn. Rußland 1917–1991. Stuttgart 1994

**Matlock, Jack F.:** Autopsy on an Empire. The American Ambassador's Account of the Collapse of the Soviet Union. New York 1995

**Medvedev, Roy A. (Hrsg.):** Aufzeichnungen aus dem sowjetischen Untergrund: Texte aus der Moskauer Samisdat-Zeitschrift »Das XX. Jahrhundert«. Hamburg, 1977

– All Stalin's Men, Oxford 1983

– Chruschtschow: eine politische Biographie. Stuttgart 1984

– Let History Judge: The Origins and Consequences of Stalinism. Oxford 1989

– On Soviet Dissent. Interviews with Piero Ostelliono. New York 1980

– Time of Change: An Insider's View of Russia's Transformation. London 1991

**Medvedev, Zores A.:** Das Vermächtnis von Tschernobyl. Münster 1991

– Der Generalsekretär: Michail Gorbatschow. Eine politische Biographie. Darmstadt und Neuwied 1986

– Der Fall Lyssenko: Eine Wissenschaft kapituliert. Hamburg 1971

**Menshikov, Stanislav:** Catastrophe or Catharsis? The Soviet Economy Today. London und Moskau 1991

**Morsbach, Petra:** Plötzlich ist es Abend. Frankfurt am Main 1995

**Naumow, Vladimir:** Zur Geschichte der Geheimrede N.S. Chruščevs auf dem XX. Parteitag der KPdSU. In: Forum für osteuropäische Ideen– und Zeitgeschichte, hrsg. von Nikolaus Lobkowicz et al., 1. Jg., Heft 1, S. 137-177. Köln, Weimar und Wien 1997

**Nekritsch, Alexander; Grigorenko, Pjotr:** Genickschuß. Die Rote Armee am 22. Juni 1941. Herausgegeben von Georges Haupt. Wien 1969

**Nemtschinow, Wasili S.:** Ökonomisch-mathematische Methoden und Modelle. München und Wien 1966

**Oberender, Peter:** Theorie und Praxis der Transformation von Wirtschaftssystemen. Bayreuth 1998

**Odom, William E.:** The Collapse of the Soviet Military. New Haven 1998

– Trial After Triumph: East Asia after the Cold War. Indianapolis, Ind. 1992

– On Internal War: American and Soviet Approaches to Third World Clients and Insurgents. Durham 1992

**Odom, William E.; Dujarric, Robert:** Commonwealth or Empire?: Russia, Central Asia, and the Transcaucasus. Indianapolis, Ind. 1995

**Palazcenko, Pavel R.:** Memoir of a Soviet Interpreter. My years with Gorbachev and Shevardnadze. Pennsylvania 1997

**Park, Chris C.:** Chernobyl: The Long Shadow. London 1989

**Pasternak, Boris:** Doktor Schiwago. Frankfurt am Main 1966

**Prozeßbericht** über die Strafsache des antisowjetischen »Blocks der Rechten und Trotzkisten«. Vollständiger stenographischer Bericht. Herausgegeben vom Volkskommissariat für Justizwesen der UdSSR Moskau 1938. Moskau 1938

**Pryce-Jones, David:** Der Untergang des sowjetischen Reichs. Reinbek bei Hamburg 1995

**Remnick, David:** Lenin's Tomb: The last Days of the Soviet Empire. New York 1993

**Rhodes, Richard:** Dark Sun: The Making of the Hydrogen Bomb. New York 1995

**Roman, Peter J.:** Eisenhower and the Missile Gap. Ithaka und London 1995

**Rostow, Walt W.:** Stadien wirtschaftlichen Wachstums. Eine Alternative zur marxistischen Entwicklungstheorie. Göttingen 1967

**Roth, Paul:** In spätsowjetischer und nachsowjetischer Zeit (1985–1995). Die Karikatur in Rußland. Köln 1996 (Sonderveröffentlichung des Bundesinstituts für Ostwissenschaftliche und Internationale Studien)

**Rüesch, Andreas:** Staatsbetrieb, Wirtschaftsreform, Kampf der Interessen: Die Bedeutung der Unternehmensdirektoren und der »Industrielobby« in der Sowjetunion und in Russland nach der Wende. Sinzheim 1996, zugleich Zürich, Univ. Diss. 1996

**Sacharow, Andrej:** Mein Leben. München 1991

– Wie ich mir die Zukunft vorstelle. Gedanken über Fortschritt, friedliche Koexistenz und geistige Freiheit. Frankfurt am Main 1968

**Sachnazarov, Georgij Ch.:** Preis der Freiheit: Eine Bilanz von Gorbatschows Berater. Bonn 1996

– Die sozialistische Demokratie. DDR-Ausg.: Heinz Hensel (Red.); Gertrud Lehmann (Übers.). Berlin 1973

**Salewski, Michael:** Das nukleare Jahrhundert: Eine Zwischenbilanz. Stuttgart 1998

**Samuelson, Paul A.:** Economics. New York 1955

**Savel'yev, Aleksandr' G.; Detinov, Nikolay N.:** The Big Five. Arms Control Decision-Making in the Soviet Union. Westport, Conn. 1995

**Scheibert, Peter:** Lenin an der Macht. Das russische Volk in der Revolution 1918–1922. Weinheim 1984

**Schewardnadse, Eduard:** Die Zukunft gehört der Freiheit. Reinbek bei Hamburg 1993

**Schewardnadse, Eduard; Gurkow, Andrej; Eichwede, Wolfgang u. a.:** Revolution in Moskau. Der Putsch und das Ende der Sowjetunion. Reinbek 1991

**Schmidt-Häuer, Christian:** Rußland in Aufruhr. Innenansichten aus einem rechtlosen Reich. München 1993

**(Schostakowitsch, Dmitrij) / Solomon Volkow (Hrsg).:** Zeugenaussage: Die Memoiren des Dmitrij Schostakowitsch. Hamburg 1979

**Schwartz, Stephen I. (ed.):** Atomic Audit. The Costs and Consequences of U.S. Nuclear Weapons Since 1940. Washington, D.C. 1998

**Shtromas, Alexander; Kaplan, Mortan A. (eds.):** The Soviet Union and the Challenge of the Future. Vol. 1–3. New York 1988

**Sinjawskij, Andrej:** Der Traum vom neuen Menschen oder Die Sowjetzivilisation. Frankfurt am Main 1989

**Sobtschak, Anatoli A.:** Rußland nach dem Kommunismus: Chaos oder Demokratie. Wien 1996

**Solschenizyn, Alexander:** Rußland im Absturz. Weimar 1999

– Rußlands Weg aus der Krise: Ein Manifest. München und Zürich 1990

– Der Archipel GULag. Bde 1–3, Bern 1974/76

– Krebsstation. Gütersloh 1970

– Der erste Kreis der Hölle. Frankfurt am Main 1968

– Ein Tag im Leben des Iwan Denissowitsch. München 1963

**Steinberg, Dmitri:** The Soviet Economy 1970–1990: A Statistical Analysis. San Francisco, Calif. 1990

**Terzano, Tiziano:** Gute Nacht, Herr Lenin. Reise durch ein zerberstendes Reich. Hamburg 1993

**Tjulpanow, S. I.:** Politische Ökonomie und ihre Anwendung in Entwicklungsländern. Originalausgabe Moskau 1969, dt. Ostberlin und Frankfurt am Main, o. J.

**Tolz, Vera:** The Demise of the USSR: From Communism to Independence. Basingstoke 1995

**Trautmann, Ljuba:** Rußland zwischen Diktatur und Demokratie. Die Krise der Reformpolitik seit 1993. Baden-Baden 1995

**Treml, Vladimir G.:** Alcohol in the USSR. A Statistical Study. Durham, N.C. 1982

**Treml, Vladimir G. (ed.):** Studies in Soviet Input-Output Analysis. New York und London 1977

**Trutanow, Igor:** Die Hölle von Semipalatinsk. Berlin 1992

**Tschernajew, Anatoli:** Die letzten Jahre einer Weltmacht. Der Kreml von innen. Stuttgart 1993

**Tschertok, Boris:** Raketen und Menschen. Klitzschen 1998

**Tucker, Robert C.:** Stalin in Power: The Revolution from Above 1928–1941. New York 1990

**Ulam, Adam B.:** The Communists: The Story of Power and lost Illusions, 1948–1991. New York 1992

**Utechin, S. V.:** Geschichte der politischen Ideen in Rußland. Stuttgart 1966

**Vambery, Hermann:** Mohammed in Asien. Verbotene Reise nach Buchara und Samarkand 1863–1864. Stuttgart 1983

**Viola, Lynne:** Peasant Rebels under Stalin: Collectivisation and the Culture of Peasant Resistance. New York 1996

**Volkogonov, Dmitrij A.:** Autopsy for an Empire: The Seven Leaders Who Built the Soviet Regime. New York 1998

**Werth, Alexander:** Russia at War 1941–1945. London 1964

**Wiles, Peter J. (ed.):** The Prediction of Communist Economic Performance. Cambridge 1971

– The Soviet Economy on the Brink of Reform. Boston 1988

**Wittner, Lawrence S.:** Resisting the Bomb: A History of the World Nuclear Disarmament Movement, 1954–1970. Stanford, Calif. 1997

**Wolter, Günter:** »Volksfeind Dmitri Schostakowitsch«: Eine Dokumentation der öffentlichen Angriffe gegen den Komponisten in der ehemaligen Sowjetunion. Berlin 1997

**Yakovlev, Alexander:** The Aim of a Lifetime. The Story of Alexander Yakovlev, Designer of the YAK Fighter Plane. Moskau 1972

**Zaslavsky, Viktor:** Das russische Imperium unter Gorbatschow. Seine ethnische Struktur und seine Zukunft. Berlin 1991

## Personenverzeichnis

*Westliche Presse, Literatur und wissenschaftliche Publikationen differieren in der Schreibweise der russischen Namen. Für das Register wurde die mit der Tendenz zur größten Vereinfachung geläufigste Schreibweise gewählt, die mit jener innerhalb von Zitaten und Angaben des Literaturverzeichnisses durchaus differieren kann.*

**A**



**B**

**C**



**D**

**H**



**I**



**J**

**K**

**L**

**M**



**N**



**O**

**P**



**R**



**S**

**W**

EBERHARD JÄCKEL

**Das deutsche Jahrhundert**

Eine historische Bilanz

368 Seiten,
87 teilweise farbige Abbildungen
ISBN 3-421-05036-8
DM 49,80

Die Ereignisse und Umbrüche des vielleicht dramatischsten aller Jahrhunderte in einer glanzvollen Zusammenschau – und in vielfach neuem Licht.

»Jäckels zugleich analytische und anschauliche Schilderung deutscher (Irr-)wege durch unser Jahrhundert ist leicht lesbar und anregend.«
*Neue Zürcher Zeiung*

»Eine Darstellung von hohem Rang«
*Arnulf Baring*

DVA

Moskau
Brjansk
Tula
Orel
Kursk
Kasan
R U S S I S C H E
Don
Charkow
Bugulma
UKRAINE
Kujbyschew
Saratow
Saporoschje
Donezk
Wolgograd
Orenb
Schwarzes Meer
Rostow
Wolga
Krasnodar
Ural
Aktjubinsk
Stawropol
Astrachan
Gurjew
Suchumi
GEORGIEN
Grosny
Batumi
Tiflis
Machatschkala
ARMENIEN
Aralsee
Eriwan
Kirowabad
ASERBAI-DSCHAN
Baku
Kaspisches Meer
Schewtschenko
Täbris
USBEK
Rescht
TURKMENISTAN
Aschchabad
Tschardschou
Teheran
Mary
Meschhed
IRAN
Isfahan
AF
Herat